프루동 평전

Pierre-Joseph Proudhon :

프루동 평전

조지 우드코크 지음 | 하승우 옮김

A
Biography

한티재

프루동과 그의 딸들.
노동자의 블라우스와 싸구려 구두, 논문과 책, 춤이 낮은 모자 사이에 있는 프루동의
모습과 곁에서 노는 건강한 딸들은 이 인물의 매우 성실한 이미지를 보여 준다. 그리고
이 이미지는 프루동의 크고 호전적인 얼굴이 발산하는, 생각에 잠긴 온화함과 잘 어울
린다. 귀스타브 쿠르베 그림.

차례

일러두기

• 이 책은 George Woodcock, *Pierre-Joseph Proudhon: A Biography*(Montréal: Black Rose Books, 1987)를 우리말로 옮긴 것이다.

• 본문에서 [ ] 안에 든 말은 이해를 돕기 위해 옮긴이가 삽입한 말이다.

• 각주 중 '[옮긴이 주]'라고 밝히지 않은 것은 모두 원래 저자가 붙여 둔 것이다.

• 신문, 잡지 등 정기간행물은《 》로 표시하고, 그 원서명은 이탤릭으로 처리하였다.

• 단행본은『 』로 표시하고, 그 원서명은 이탤릭으로 처리하였다.

• 잡지 등에 실린 논문은「 」로 표시하고, 그 원제목은 이탤릭으로 처리하였다.

• 연극, 오페라 등의 제목은〈 〉로 표시하고, 그 원제목은 이탤릭으로 처리하였다.

• 인명과 지명 등 고유명사는 가급적 외래어 표기법을 따르되, 많은 독자들에게 이미 익숙해진 일부의 경우에는 예외로 처리하였다.

　　예 : 크로풋킨 → 크로포트킨

• 본문 중 진하게 적고 이탤릭 처리한 것은 원래 저자가 강조한 것이다.

프루동이 150년 뒤
한국 사회에 던지는 질문

프루동이라는 이름은 우리에게 낯설다. 오래 전 형설출판사에서 프루동의 책 몇 권이 번역되어 나오긴 했지만 널리 읽히지 않았고, 프루동의 첫 대중서인 『소유란 무엇인가?』 번역판도 이미 절판되었다. 『경제적 모순들의 체계 혹은 곤궁의 철학』(한국어 번역판 2018년)[1]만이 지금 서점에서 구할 수 있는 프루동의 책이다. 마르크스와 같은 시대를 살았지만, 비슷한 목표를 다른 시각에서 조망했던 프루동, 왜 그는 우리에게 '여전히' 낯선 사람일까?

이 책에서 상세하게 다루고 있는 프루동의 일생을 간략하게

---

1 [옮긴이 주] 이 책에서는 제목을 『경제 모순의 체계, 또는 빈곤의 철학』으로 번역하였다.

요약해 보자. 그는 프랑스 브장송의 농촌에서 태어나 인쇄소에서 식자공으로 일하며 독학으로 공부했다. 학문의 재능을 인정받아 신분 상승의 기회를 잡았으나, 외려 '소유'를 공격하며 자신이 속한 계급을 도우려 했다. 『소유란 무엇인가?』의 출간으로 프랑스에서 유명해진 프루동은 조금씩 끓어오르던 혁명의 기운을 느끼며 정의로운 사회를 만들 방법을 찾기 시작했다. 평생 가난에서 벗어나지 못했기에 인쇄소와 운송 회사에서 일하며 틈틈이 공부했고, 그 결과물을 꾸준히 책으로 펴내 당대의 혁명가들과 논쟁을 벌였다.

1848년 2월 혁명이 일어나자, 그해 6월에는 제헌의회 선거에 출마해 당선됨으로써 제도 정치권에 진출하기도 했다. 의회에서도 프루동은 자신이 속한 계급의 이익을 지키기 위해 노력했고, 노동자들의 폭동이 군대에 진압되자 이에 적극적으로 항의했다. 프루동은 《인민의 대표》, 《인민》, 《인민의 목소리》 같은 신문을 발행하기도 했는데, 신문에서 나폴레옹 대통령을 공격하다 징역형을 선고받고 감옥에 갇히기도 했다. 감옥에서 나온 뒤에도 비판과 저술 활동을 중단하지 않았고 또다시 종교와 공중도덕, 국가를 공격했다는 이유로 기소되었다. 가족과 함께 벨기에로 망명했으나 당시 폭발하던 민족주의의 열기를 비판하다 그곳에서도 신변의 위험을 느끼다가, 특별 사면을 받은 뒤 프랑스로 돌아온다. 그 뒤에도 프루동은 정치가 사회를 바꿀 수 없고 사회가 혁명을 이끌어야 한다며, 제도 정치를 거부하는 투표 거부 운동을 벌였다. 또 신용과 생산 체계를 바꾸는 인민은행 설립 운동과 조합 운동을 벌였다. 그리고 끝까지 혁명을 호소하고 정의의 도래를 선언하는 글들을 쓰다 숨을 거뒀다.

이 일대기에서 드러나듯 파란만장한 삶을 살긴 했지만, 그는 성공한 혁명 영웅도 아니고 초지일관 한 분야의 길만 걸었던 지식인도 아니다. 성공보다는 실패가 잦았고, 자신의 이름을 알리기 위한 조직을 만들지도 않았다. 사회주의자였지만, 자본가들을 불태우고 가진 것을 빼앗자고 자극적으로 선동하지도 않았다. 빚을 갚기 위해 죽을 때까지 일해야 했고, 자신의 학문적인 업적을 신분 상승의 수단으로 삼지도 못했다. 그 시대에도 프루동은 특이한 인물이었지만, 우리 시대에도 그는 여전히 특이한 인물이다. 특히 성공과 입신양명을 좋아하는 한국 사회에서 그는 그리 호감 가는 인물이 아니었는지도 모른다. 사회운동 내에서도, 마르크스로부터 '공상적 사회주의자'로 비판 받은 인물에 대한 관심이 생길 리 없었다. 그래서 그는 아직도 우리에게 낯설기만 하다.

사실 프루동은 자신을 가두는 일상의 틀을 깨기 위해 악착같이 싸웠다. 프루동의 별명인 '역설의 인간a man of paradox'은 그가 싸워야 했던 일상의 두 가지 단면을 그대로 보여 준다. 한편으론 현실을 뛰어넘어야 하지만, 다른 한편으론 여전히 현실에 묶여 있는. 프루동은 그 역설을 애써 거부하지 않고 그대로 받아들였으며, 자기 것으로 만들었다. 현실에서 드러나는 모순의 각이 다양하듯이 프루동의 삶과 이론 역시 다양한 각을 지니고 있다. 그런 다양함은 분명 현실적이지만, 무언가 신비스러운 요소를 가져야 할 영웅의 상을 만들지는 못한다.

또 프루동은 마르크스처럼 체계적인 이론가도 아니었다. 프루동은 어려운 집안 형편을 돕기 위해 취직한 인쇄소에서 일하며 공부를 시작했다. 프루동은 인쇄할 책의 활자를 맞추고 교정을 보면서 라틴어와 유대어를 독학으로 익혔고, 당대의 사상 흐름을 배웠다. 나중에 쉬아르 장학금을 받아 파리의 대학에서 공부할 기회를 얻기도 했지만, 전수받고 외우는 지식이 아니라 스스로 찾아가는 깨달음을 원했다.

이렇게 새로운 길을 만들어 가는 사람에게는 그 새로움을 뒷받침할 사회·경제적인 조건이 필요하다. 하지만 프루동은 아무런 학위도 받지 못했고, 바쿠닌이나 크로포트킨처럼 귀족의 작위를 가지지도 못했다. 18세기 이후 앎의 체계가 대학에 의해 독점되고 동질화되었다는 점을 감안할 때, 이 책에서도 드러나듯이 프루동의 인기는 학계보다 운동 판에서 더 높을 수밖에 없었다. 프루동의 주장은 당시 평범한 노동자들 사이에서 큰 인기를 모았지만 체계적인 '이론'으로 인정받지 못했다.

게다가 마르크스는 『철학의 빈곤』을 비롯해 여러 책에서 프루동을 혹독하게 비판했다. 그 영향으로, 혁명을 주장하던 사람들도 '역설의 인간' 프루동과 그가 실현하고자 노력했던 사회 구상을 프티부르주아의 '공상'이나 '오류'로 무시해 왔다. 함께 사회주의 운동을 하자고 마르크스가 제안했을 때 프루동이 말했던 두

가지 전제 조건, 즉 "선험적인 독단주의를 파괴한 뒤에, 이번에는 우리가 인민에게 이론을 세뇌시키겠다는 꿈을 제발 꾸지 맙시다." "가진 자들에 대한 성 바르톨로메오의 밤[대학살]을 거행해서 그들에게 새로운 힘을 주는 것보다, 소유를 천천히 불태우는 쪽"을 택하자는 얘기 역시 무시되어 왔다.

게다가 "나는 아나키스트요!"라고 선언했던 프루동의 뒤를 이은 후예들은, 즉 바쿠닌을 비롯한 아나키스트들은 '인터내셔널'에서 벌어진 마르크스주의자들과의 대결에서 패했다(패배의 이유에 대해서는 여러 가지 해석이 있다). 언제나 그렇듯이 패배한 자는 승자의 기록에서 지워졌고, 아나키즘이나 아나키스트라는 단어는 노동 운동사나 민중 운동사, 사회주의 운동사에서 사라졌다.

그럼에도 프루동의 삶과 사상은 지금 한국 사회에 여러 질문을 던진다.

누구의 혁명인가?

한국 사회는 이미 여러 차례 격렬한 사회 변화를 경험했다. 시민들은 독재자와 군사독재 정권을 몰아내고 대통령을 탄핵시킬 정도로 적극적으로 거리에서 시위를 벌였다. 그러면 세상이 좀 살 만해져야 할 텐데, 여전히 힘없고 가난한 사람들은 살기가 어렵다. 여러 차례의 변화가 실질적으로 사회를 바꾸지는 못했다.

그런 점에서 프루동이 던지는 첫 번째 질문은 "누구의 혁명인가?"이다. 우리는 언제나 무엇을 위한 혁명인지에 초점을 맞춰 왔다. "혁명의 대의는 무엇인가?" 그런데 정작 누가 그 혁명을 일으키고 어떻게 마무리 지을 것인지에 대해서는 별로 얘기하지 않는다. "이만큼 했으면 알아서 잘 하겠지", 이런 식이다. 그래서 언제나 큰 사건이 벌어지고 난 뒤엔, 거리로 나섰던 사람들은 일상으로 복귀한다. 그리고 나머지 과정은 이미 이름이 알려진 사람들이 주도한다. "아니오, 이건 우리의 혁명이오. 그러니 우리가 주도하겠소" 하고 말하는 사람들은, 혁명을 이용한다며 비난 받았다.

국민이, 시민이 나라의 주인이라는 이야기는 있지만 정말 평범한 사람들이 권력을 행사할 수 있나? 공권력의 폭력을 무릅쓰고 거리로 나왔던 수많은 시민들이, 무너질 것 같지 않던 독재자들을 끌어내렸지만, 그 뒤는? 시민들은 부조리한 권력을 무너뜨렸지만 그 권력을 재구성하는 과정은 정치인들에게 위임했다. 누군가가 우리의 억울함과 분노를 풀어 주기를 기다렸지 우리 자신이 권력의 주체로 설 수 있는 구조를 고민하지 않았다. 그냥 좋은 지도자가 나오기를 기대할 뿐이다. 그래도 이만큼이라도 바뀐 게 어디냐고 위안하며.

물론 한국전쟁과 분단이라는 특수한 상황, 반공 이데올로기의 강력한 탄압은 그렇게 주체로 서는 걸 두렵게 만들었다. 앞으로 나선 사람들은 피해를 봤고, 피해를 줄이려면 학벌과 혈연 같은 최소한의 안전장치를 가진 사람들이 나서야 했다. 격정적인 몸짓에도 질서가 요구되었고, 혁명적인 요구도 분수를 넘지는 않아야 했다. 민주화가 되었음에도 그런 금기는 우리에게 아직도 뿌리 깊이 남아 있고, 그것은 우리가 직접 나서는 것을 가로막는다.

그러다 보니 그 혁명이 절실하게 필요했던 사람들은 혁명에서의 역할과 무관하게 '수혜자'로만 여겨졌다. 혁명 과정에 모습을 드러내고 목숨을 내걸었던 사람들은 이름 없는 주체로 남았다. 혁명에는 능력 있는 지도자가 필요했고, 그 '능력'은 학벌과 지연, 혈연 등과 뒤섞여 있기에 기득권층은 언제나 출구를 찾을 수 있었다.

당신들을 대변해 주겠다는 사람들의 정치가 아니라 우리들의 정치, 민중의 권력을 실제로 행사할 수 있는 정치, 프루동이 원했던 것은 이런 정치였다. 그러나 보통선거권만을 허용하는 대의 민주주의는 이런 정치의 실현을 가로막았다. 프루동의 시대에도, 그리고 지금도 그것은 엘리트들의 정치이고, 변화를 절실히 원하는 사람들에게는 권력이 없다. 그래서 다들 지위를 상승시키려 한다. 자신의 지위를 높이려는 사람들에게만 열린 좁은 통로는, 자기 계급을 제치고 올라오는 사람만을 통과시켰다.

세월호 참사 이후 "이게 나라냐"라는 탄식이 나왔지만, 여전히 진상규명조차 제대로 되지 않았다. 지금도 누군가는 단식을 하고 철탑이나 망루에 올라야만 자기주장을 할 수 있다. '촛불 혁명'이 얘기되고 '촛불 정부'를 자처하는 정부가 탄생했지만, 권력은 여전히 엘리트들의 수중에 있다. 만약 권력이 당사자들에게 있다면 일이 이렇게 되었을까?

당사자들이 권력을 행사하게 하자는 말은 현실을 무시한 낭만적인 얘기처럼 들린다. 그러나 이해관계에서 자유롭고 공평한 관료제야말로 비현실적인 낭만이다. 청와대에서 노골적으로 거래가 이루어지는 부패는 차치하더라도, 누가 자신의 이해관계에서 자유로울 수 있단 말인가? 차라리 새로운 환경에서 충분한 정보를 얻은 당사자들이 자유로이 계약을 맺는 것이 더 현실적인 방법일 수 있다. 그리고 권력이 작은 단위로 나뉘면 당사자들의 경험과 판단은 더욱더 효과적일 수 있다. 프루동에게 아나키즘은 이론적인 구상이 아니라 구체적인 방법이었다. 우리의 혁명을 하려면 권력은 쪼개져야 하고, 우리식대로 하려면 우리가 가진 자원을 활용할 수 있어야 한다. 그리고 그 힘은 이미 우리에게 있다.

이런 입장은 프루동이 자신의 계급에서 벗어나려 하지 않았기에 가능한 것이기도 했다. 프루동에게 인민의 비참한 현실과 사회 변화의 필요성은 어느 날 벼락처럼 가슴속의 양심에 내리꽂힌 충격에 따른 것이 아니었다. 스스로 밝혔듯이, 프루동은 "노동계급으로 태어나고 자랐으며 지금도, 그리고 앞으로도 진심으로, 천성적으로, 여느 때처럼, 특히 이익과 희망을 나누면서 여전히 노동계급에 속할" 사람이었다. 즉 프루동에게 모순과 혁명의 필요성은 추상적인 당위나 목표가 아니라 구체적인 삶의 문제였다. 프루동은 평생 '빈곤'과 싸워야 했고, 자기 가족만이 아니라 부모와 형제까지 돌봐야 했으며, 인쇄소의 파산과 신문의 청산 비용, 동생과 친구의 죽음으로 인한 빚마저 떠안아야 했다. 그 가난은 어린 두 딸을 저세상으로 먼저 보내야 할 만큼 처절했다. 프루동 자신도 결국 병마에 시달리다 삶을 마감해야 했다. 그래서 프루동에게 혁명은 자기가 사는 세상을 바꿔야만 삶을 이어 갈 수 있는 운명의 과제였다.

반면에 150년의 시간이 흘렀음에도 우리는 여전히 혁명을 기다리며 투표권을 부여잡고 있다. 하지만 프루동의 말처럼 투표권은 반혁명의 보루가 될 수도 있다. 대통령과 국회의원, 시장, 군수를 직선으로 뽑는 것만으로는 아무것도 바뀌지 않는다. 프루동은 보통선거권이 가진 약점을 신랄하게 비판하며 "보통선거권은 반혁명이다"라고 부르짖었다. 프루동은 사회를 근본적으로 변화시키는 과제를 정치적인 수단에, 더구나 선거라는 수단에 맡기는 것이 환상일 뿐이라고 비판했다. 이는 우리 시대의 과제를 푸는 데에도 적절한 비판이다.

또 하나, 우리의 정치는 미래를 살아가는 현재의 정치이다. 먼 미래의 공산주의가 아니라, 현실의 부조리를 실제로 해결해 가는 삶을 살아야 앞으로도 살아갈 수 있는 사람들의 정치는 '지금'에 주목한다. 미래를 기다리며 살기엔 당장의 삶이 너무 힘든 사람들이 바로 농민, 노동자들이기 때문이다. 프루동은 평생 자기 계급과 함께할 방법을 찾았다. 흔히 '반反정치'를 주장했다는

비판을 받지만, 프루동처럼 헌신적으로 정치에 개입했던 사람이
있을까?

왜 정치혁명이 아니라 사회혁명social revolution이어야 하는가?

1997년 국가부도 위기 사태를 거치면서 한국 사회에서 많이
제기되었던 비판은 정치민주화의 속도에 비해 경제민주화가 느
리다는 것이었다. 군사독재에서 민간 정부로 권력의 성격은 바뀌
었지만, 정경 유착의 재벌 중심 경제는 흔들리지 않았다. 그러니
일상이 바뀌지 않는다. 거리의 투사나 키보드 워리어도 먹고사
는 문제에서는 기득권층의 말을 들어야만 했다.

비슷한 맥락에서 프루동은 정치혁명이 아니라 사회혁명이어야
한다고 강조했다. 이 책 『프루동 평전』의 저자 조지 우드코크는
소규모 작업장과 노동/협동조합 체제를 주장했던 프루동이 대
규모 산업화 이전의 고리타분한 사상가로 보이지만, 이제 대규모
산업구조가 쇠퇴하고 있는 상황에서, "과거로 회귀하는 사상가
에서 앞서 나아가는 사상가로 바뀌는 듯이 보인다"고 평가한다.
사회적 경제social economy가 대안으로 떠오르는 지금 상황을 보면
이런 해석은 제법 타당하다.

프루동의 경제 구상은 현실의 모순에 대한 구체적인 고민에서
시작했다. 특히 프루동 스스로도 평생 벗어나지 못했던 빈곤은

단지 물질의 부족만을 뜻하지 않았다. 몇 번의 기회가 생겼지만 프루동이 다른 삶을 살지 못했던 건 바로 빈곤 때문이었다. 새로운 삶의 가능성을 봉쇄하는 지긋지긋한 빈곤, 그것을 하나씩 해결하지 않으면 가난한 사람들은 결코 미래를 기대할 수 없다.

그런 점에서 프루동은 빈곤을 해결하기 위해 두 가지를 핵심으로 주장했다. 첫째, 소유를 점유possession로 대체하는 것이고, 둘째, 인민은행과 조합을 통해 신용대부 제도를 개혁해 새로운 삶의 기회를 부여하는 것이다.

프루동은 "소유란 도둑질"이라고 주장해서 당대의 부르주아지를 경악하게 했다. 사실 그렇게 외칠 수밖에 없었던 이유를 우리는 미셸 푸코의 『감시와 처벌』에서 확인할 수 있다. 조금 길지만 당시의 정황을 잘 설명해 주기에 인용해 본다. 18세기 후반이 되면서 "부르주아지가 토지의 소유권을 부분적으로 획득하게 되고, 자신을 속박하던 봉건적인 부과에서 해방되자, 부르주아지의 소유권은 절대적인 소유권으로 되어 버렸다. 즉, 농민층이 획득하거나 보유해 왔던 모든 묵인 사항(과거에 부과되었던 강제적 의무의 불이행이나 변칙적인 관행의 기정사실화, 예를 들어 공동 방목권, 고사목 채취 등)은 바야흐로 새로운 지주들에 의해 무조건 범법 행위로 규정되어 버렸다(그 결과, 농민들 편에서는 연쇄적인 반발 사건이 있어 점점 더 위법적이 되고 점점 더 범죄적이라고 말할 수 있는 현상이 생겨나게 되었다. 예를 들면 소유지에 대한 불법 침입, 가축의 강탈 내지는 학살, 방화, 폭행, 살인). 극빈자들의 생계를 보장해 줄 수 있었던 여러 권리에 대한 위법 행위는, 소유권의 새로운 위상과 더불어 재산에 관한 위법 행위로 바뀌는 경향을 보였다. 그리하여 그 위법 행위를 처벌할 수밖에 없게 된 것이다. 또한 이 위법 행위는 토지의 소유권이라는 점에서 부르주아지에 의해 용인되지 못할 뿐 아니라, 상업적이고 공업적인 소유권이라는 점에서도 허용될 수 없게 된다. 즉, 항구의 발달, 상품을 쌓아 두는 대형 창고의 출현, 대규모적인 공장의 설립(기업가의 소유로 되어 있으면서 관리가 어려워진 원료와 도구와 제품의 대량생산 및 축적과 더불어)에 의해 위법 행위에 대한 엄격한 단속이 필요하게 된 것이다. 완전히 새로운 엄청난 양적인 규모로 상품과 기계에 재산을 투자하는 방식은 위법 행위에 대한 조직적이고 강력한 탄압 조치를 전제로 한 것이다(미셸 푸코 지음, 오생근 옮김, 『감시와 처벌』, 나남출판, 135~136쪽)." 이처럼 소유가 도둑질이라는 주장은 당시 인민이 뒤집어쓰던 억울한 누명을 부르주아지에게 되돌려준 것이다. 그리고 프루동이 맞선 것은 소유의 권리 그 자체라기보다 당시 절대화되던 부르주아지의 소유권이었고, 그렇게 대량화되면서 사회를 규율하던 메커니즘이었다. 결정적으로 부르주아지는 과거로부터 축적된 경험과 공동 노동의 성과를 착취한다.

이렇게 소유권을 비판하는 한편, 프루동은 건설적인 대안으로 인민은행의 설립과 노동/협동조합의 구성을 통한 사회의 재구성을 제안했다. 프루동은 정치혁명이 결코 사회를 바꿀 수 없고 사회혁명만이 사회를 바꿀 수 있다고 봤다. 이 사회혁명에서 중심 역할을 하는 것이 인민은행이다. 프루동은 노동자들의 상호주의에 바탕을 둔 인민은행이 신용대부를 통해 상업과 공업에서 노동조합과 협동조합들의 결성을 지원하면 점진적으로 자본주의에서 벗어날 수 있을 것이라고 기대했다. 그리고 인민은행이 활성화되면 자본가들도 자금을 위탁할 수밖에 없으리라 기대했다.

현재의 관점에서 보면 프루동의 구상은 이미 실현되고 있다. 아직도 완강하게 저항하는 사람들이 있긴 하지만, 소유가 신성불가침하다고 여기는 사람들은 이제 거의 찾아보기 어렵다. 기득권층의 상속에 대해서도 높은 세금을 매기거나 제한해야 한다는 목소리가 높아지고 있다. 프루동이 염려했던 통제되지 않는, 독점화된 거대 자본의 체계, 즉 산업 봉건주의Industrial Feudalism가 세계화의 물결을 타고 승승장구하고 있는 점은 분명하다. 그런데 그런 체계에 대한 구체적인 대안(이념적인 대안이 아니다!)으로 많이 제시되고 있는 것은 지역을 토대로 한 생산자들의 자주관리체계, 조합 체계이다.

지금 한국에서 사회적 경제라는 이름으로 얘기되는 것이 이런 경제 시스템이다. 그런데 프루동은 이런 결사체들이 정치적인 역할을 맡아야 온전해질 수 있다고 봤다. 아니 경제적인 자립과 정치적인 자치가 분리될 수 없다고 봤다. 프루동은 『노동계급의 정치적 능력』(1865년)에서 정치조직이란 경제조직을 반영하는 것이라고 보면서 "일련의 상호제가 없고 경제적 권리가 없다면, 정치제도는 무력한 그대로 머무르며, 정부는 언제나 불안한 것"이라 주장했다. 또 "모든 정치적 질서의 기초로서 경제적 권리를 선언하는 것"이 필요하다고 봤다. 그런 점에서 협동조합은 일하는 계급이 자신의 의식과 사상을 갖추고 사회를 구체적으로 변화시킬 방법이었다. 다만 협동조합은 단순히 경제적인 필요를 해결하는 것을 넘어 자신의 사상을 가져야 한다. 일하는 계급은 경제적인 방법을 통해 자신의 정치적 능력을 강화해야 한다.

프루동은 『노동계급의 정치적 능력』에서 "정치적 능력을 갖는다는 것은, 하나의 공동체의 일원으로서 자기의 '의식'을 갖고, 그 결과로서의 '사상'을 확신하고, 그리고 그 '실현'을 추구하는 것"이니, 이 세 가지 조건을 갖춰야만 능력을 가졌다고 말할 수 있다고 강조했다. 프루동은 이런 질문을 던졌다. 첫째, 노동계급은 사회와 국가에 대해 그 자신의 의식을 가지고 있는가? 집단적인 존재, 도덕적인 존재, 자유로운 존재로서 노동계급은 부르주아 계급과 자신을 구분하고 있는가? 둘째, 노동계급은 하나의 사상을 가지고 있는가? 즉 자신의 존재법칙, 조건 및 형식을 인식하고 있는가? 국가와 민족, 우주의 질서와의 관련 속에서 스스로를 이해하고 있는가? 셋째, 노동계급은 사회를 조직함에 있어 자기 자신의 실질적인 결론을 가지고 있는가? 프루동은 노동계급이 자신의 의식과 사상을 가지고 그것을 실현할 때에만 능력을 갖춘 것이라고 말했다.

지금의 협동조합들은 경제 능력을 강화하고 정치 능력을 약화시키고 있는데, 프루동은 그것이 결국 협동조합의 힘을 약화시킬 것이라고 보았다. '필요'와 더불어 '열망aspiration'을 담는 조직이 협동조합인데, 지금의 결사체는 어떤 열망을 담고 있고 그 열망을 실현할 힘을 어떻게 비축하고 있는가? 대안적인 경제조직들은 자신의 의식을 가지고 있는가? 우리는 사상을 가지고 있는가? 그것을 실현할 방법을 가지고 있는가? 누구를 통해서가 아니라 우리를 통한 혁명을 구상했던 프루동은 이런 질문이 매우 중요하다고 보았다.

이렇게 프루동은 단순한 경제조직이 아니라 사회를 바꿀 조직, 사회혁명을 조직할 결사체들을 인민이 하나씩 건설해야 한다고 봤다. 단순한 저항과 파괴를 넘어서 대결과 창조로 가는 길을 프루동은 닦으려 했다. 이를 위해서는 끊임없이 현실을 조망하고 비판적인 방향을 인식할 좌표가 중요했다. 프루동에게는 그것이 바로 정의였다.

정의란 무엇인가?

한때 한국 사회에서 "정의란 무엇인가?"라는 물음이 유행했다. 정의와 관련해서도 프루동의 사상은 흥미로운 사상적 단초들을 많이 가지고 있다. 푸리에의 이론을 이어받아 발전시킨 '계열 법칙'은 프루동 사상에서 우주와 인간, 공동체와 개인을 묶는 해방의 법칙으로 자리 잡는다. 다양성 속의 통일, 차이 속의 종합이라는 계열 법칙의 원리는 차이와 다양성에 대한 강조를 넘어서 그것들 간의 관계와 의존성에 주목한다.

다만 프루동은 '종합'이라는 개념을 포기하고 인간의 삶과 사회를, 그리고 우주를 '역동적인 균형'의 논리로 바라봤다. 즉 모순이나 적대는 결코 해소될 수 없고 유동적인 균형을 이룰 뿐이다. 그리고 이 균형을 통해 보존되는 에너지는 적대를 더 높은 단계로 상승시키고 운동을 전체적으로 혁신시킨다. 따라서 우주처럼 인간에게도 최종적인 결말이란 없다. 진보는 계속된다.

프루동은 『연방주의의 원리』(1863년)에서 모든 정치 질서가 기본적으로 권위authority와 자유liberty라는 두 가지 원리를 품고 있다고 말한다. 이 두 원리는 서로 대립하지만, 하나가 다른 하나를 완전히 압도하지는 못한다. 때로는 자유의 질서 자체가 자유를 가로막기도 하고, 때로는 권위가 자유의 가면을 쓰고 등장하기도 한다.

그래서 프루동은 어떤 순수한 원리를 표방하는 것보다 두 원리를 조절해야 한다고 믿었고, 이를 가능하게 하는 체제가 연방주의라고 봤다. 불가능한 순수성을 탐하지 않고 현실적인 해결책을 추구하자는 것이다. 자유로운 상호계약으로 연방 국가를 세운 시민은 자신이 국가를 위해 희생한 만큼을 국가에게 보장받아야 하고, 계약의 구체적인 목적을 실현하기 위한 경우를 제외하면 국가가 시민의 자유와 주권, 주도권을 보장해야 한다. 어떤 경우에서건 시민의 자유와 주권, 주도권은 양도될 수 없고, 시민이 자신의 자유와 주권을 보류하는 건 더 많은 자유와 권위를 누리기 위해서이다. 즉 연방 국가는 지배나 통치를 위해서가 아니라, 시민들이 더 많은 자유를 누리기 위해, 서로가 서로에게 지운 의무이다. 뒤집어 말하면 그런 자유를 보장하지 못한다면 그것은 연방 정부가 아니다. 프루동에게 정의는 이런 역동적인 균형을 잡기 위한 좌표였다.

특히 프루동은 이 정의가 인간에게 내재된 원리라고 봤다. 집단과 연결된 존재로서 인간은 내면에 정의의 원리를 품고 있고, 정의의 과제는 외부에서 부과되는 것이 아니라 인간과 사회의 성장과 더불어 실현되는 것이다. 따라서 개인과 사회 역시 상호적으로 서로의 성장을 지원해야 한다. 정의는 상호 존중이나 평등과 분리될 수 없다.

그럼에도 여러 한계들

이런 흥미로운 고민거리를 던졌지만, 프루동의 한계도 분명하다. 프루동의 여성관은 가부장적이고 보수적이다. 그리고 노동관은 금욕적이며, 조지 우드코크는 지적하지 않지만 반유대주의 성향도 지니고 있었다. 프루동은 시대를 넘어선 인간인 동시에, 시대에 묶인 인간이었다.

나는 프루동의 가장 큰 의미를 그의 별명인 '역설의 인간'에서 찾는다. 역설의 인간은 선택을 하지 못해 머뭇거리는 인간이 아니다. 어찌 보면 프루동은 역설적이고 모순될 수밖에 없는 우리의 삶을 그대로 받아들이면서 '능동적인 삶'을 추구했다. 쉽게 절망하지 않고 어떤 상황에서도 희망을 버리지 않았다는 점, 어쩌면 어두운 시대를 살아가는 우리에게 프루동이 비추는 가장 밝은 빛은 바로 그 점일지 모른다.

1951년, 뉴욕에 있는 '존 사이먼 구겐하임 재단The John Simon Guggenheim Foundation'이 프루동과 그 시대를 연구하라는 특별 연구비를 제공하고 재정 지원을 하지 않았다면, 이 책을 끝내기란 아주 어려웠을 것이다. 그리고 프루동이 손수 작성한 일기와 자신들이 가지고 있던 다른 자료들을 검토하도록 허락했을 뿐 아니라 질문에 답할 시간을 내고 끈기 있게 대답해 준 프루동의 손녀들인 수잔 에네귀Suzanne Henneguy 양과 포레 프레미에E. Fauré-Fremiet 부인에게도 큰 빚을 졌다. 프루동과 그가 영향을 미친 운동을 연구하는 프랑스 연구자 중에서 라베 피에르 오트만l'Abbé Pierre Haubtmann 씨와 알렉산드르 마르크Alexandre Marc 씨, 앙드레 프루옴므André Prudhommeaux 씨가 조언을 아주 많이 해줬고, 아르튀르 레닝Arthur Lehning 씨는 '국제사회사연구소The International

Institute for Social History'가 소장하고 있던 프루동의 자료에 관해 알려줬다. 마지막으로 이 책을 준비하는 동안 내 아내는 자료 조사와 타이핑으로, 그리고 다른 무엇보다도 유익한 비판으로, 가치를 헤아릴 수 없을 만큼의 도움을 줬다.

1955년 캐나다 밴쿠버에서,

조지 우드코크

『프루동 평전』의 신판―제3판―서문을 쓰려던 참에, 나는 이 사람의 유익한 말을 떠올렸다. "나는 25년의 시간이 흐른 뒤에도 일관성을 유지하려 애쓰는 작가를 믿지 않는다." 자기 자신을 '역설의 인간a man of paradox'이라 자랑스럽게 불렀듯이, 프루동은 모순이 세계에 대한 인식의 변화무쌍함을 다룰 유일한 방식이라며 소중하게 여겼다. 그런데 프루동의 이 말은 진정 살아 있는 사유가 그 변화의 힘을 계속 지니고 있을 때에만 옳다.

『프루동 평전』은 31년 전에 처음 출간되었고, 나는 35년 전부터 이 책을 쓰기 시작했다. 그러니 내 경력은 프루동이 말한 25년보다 더 오래된 셈이다. 첫 번째 책은 아니었지만, 언제나 나는 이 책을 내 초보 작가 생활의 마침표이자, 달인은 아닐지라도 적어도 숙련 작가의 완성도를 가진 책이라 여겼다. 그리고 시를 제외한 내 초기 저작 중에서 여전히 이 책을 좋아한다.

이 책을 쓴 뒤로 내 사상은 프루동의 사상처럼 많은 변화를 겪었다. 심지어 이 책을 쓰면서도 내 입장은 근본적으로 바뀌고 있었다. 이 책을 쓰리라 결심하기 전부터, 나는 이미 유행이 지났던 아나키즘을 확고하게 믿고 있었다. 왜냐하면 크로포트킨 Kropotkin과 19세기 [아나키스트] 운동의 다른 개척자들처럼 나도 한동안 아나키스트들의 사회가 아주 가까운 미래에 실현될 수 있다고 믿었기 때문이다. 심지어 1938년에 스페인 내전에서 프랑코가 승리함으로써, 아나키스트 사회를 실현하리라는 희망이 무너졌을 때에도, 많은 동료들처럼 나는 믿음을 버리지 않았다. 단순히 한 지배 체제에서 다른 지배 체제로 권력을 넘겨주는 방식이 아니라 권력 구조를 부수는 올바른 상식을 사람들이 가진다면 새로운 사회가 출현할 것이기에, 당연히 제2차 세계대전이 전 세계적인 불만과 반란의 물결을 일으키리라고 믿고 있었다.

물론 이 믿음은 실현되지 않았고, 그때 나는 많은 예전 운동권 아나키스트들의 편협한 당파성을 깨닫게 되었다. 내가 또 다른 형태의 권력이라 여겼던 폭력적인 수단으로 아나키즘 이론을 구현할 수 있다는 예전 동지들의 낭만적인 신념에 동감하지 않았지만, 나는 여전히 자유로운 협력, 상호부조, 분권, 연방주의라는 [아나키즘의] 핵심 이론을 포기하지 않았다. 따라서 나는 신념을 버렸다기보다 입장을 보류했다. 다른 무엇보다도 타인을 죽이는 것—설령 해방을 명분으로 한다 해도—은 타인에게 가장 절대적인 권력을 행사하는 것이 아닐까?

아나키스트라는 호칭이, 좋게 보면 순진하고 나쁘게 보면 리버테리언libertarian[2]을 반대하는 듯한 입장을 연상시켰기 때문에, 지난 몇 년 동안 나는 내 자신을 아나키스트라고 부르지도 않았다. 내가 프루동에 빠져든 건 바로 그때였고, 어떤 점에서 그런 몰입은 크로포트킨에 관한 나의 책 『아나키스트 공작 *Anarchist Prince*』을 쓰면서 시작된 '광신자true-believer' 단계에서 벗어나려는 것이기도 했다. 1940년대의 정통 아나키스트들은 크로포트킨의 코뮌주의 아나키즘communist anarchism[3]과 혁명적 생디칼리슴syndicalism[4]을 곁들인 바쿠닌의 반란주의insurrectionism에 의지해서 현 사회를 비판하고 미래를 위한 계획을 짰다. 그리고 그들은 의

2 [옮긴이 주] 보통 libertarian을 자유지상주의자나 자유의지주의자, 절대자유주의자로 번역하는데, 이런 번역은 자칫 '개인만'의 자유를 강조하게 된다. 그렇지만 아나키즘의 흐름에는 개인주의자만이 아니라 조합주의자, 코뮌주의자도 섞여 있다. 이들은 개인을 단자나 사회와 분리된 존재가 아니라 '사회 속의 개인'으로 봤고, 개인의 해방이나 자유만큼 자율성을 촉진하는 사회의 구조 변화가 중요하다고 여겼다. 이런 다양성을 무시하면, 자유주의자들을 공격했던 아나키스트들이나 아나키스트들을 공격했던 자유주의자들 모두 리버테리언을 자처했다는 사실을 이해할 수 없다. 그래서 영어 발음 그대로 '리버테리언'으로 옮긴다.
3 [옮긴이 주] 크로포트킨은 파리 코뮌에서 희망을 보고 상호부조에 의지하는 자율적인 공동체를 주장했다. 크로포트킨은 사적 소유와 소득의 불평등을 재화와 서비스의 자유로운 분배로, 코뮌의 자율적인 질서로 대체하려 했다.
4 [옮긴이 주] 바쿠닌은 혁명적인 열정과 본능을 품은 버림받은 자들, 몰락한 계급들이 스스로 반란을 일으키고 산업을 접수하리라 믿었다. 바쿠닌은 노동자가 스스로 관리하는 조합, 조합의 자유로운 연합이 자본주의를 대체하리라 믿었다.

심과 존중이 뒤섞인 시선으로 고드윈Godwin[5]을 바라봤듯이 프루동을 바라봤다. 사실 프루동은 공개 석상에서 자랑스럽게 자신이 아나키스트라고 선언했던 최초의 인물이었다. 그렇지만 바쿠닌과 크로포트킨을 따르는 비판가들은 점진주의gradualism로 흐르는 숙명적인 성향, 개인주의의 일종인 소규모 장인주의, 그 장인들을 의심스런 부르주아로 만들려는 인민은행People's Bank과 같은 신용대부 체계에 대한 집착을 프루동에게서 찾아냈다. 그 비판가들은 자신들이 가르치는 [아나키즘의] 기본적인 내용 모두를 프루동이 얘기했고―프루동이 크로포트킨이나 생디칼리스트만이 아니라 고드윈과도 공유했던―생산자들의 지나칠 만큼 폐쇄적인 조합을 불만스러워했다는 점을 깨닫기에 충분할 만큼 프루동의 책―가장 좋은 책은 영어로 번역되지도 않았다―을 읽지 않았다. 그리고 그 비판가들은 자신들의 스승인 바쿠닌이 한때 "프루동은 우리 모두의 스승이다"라고 공언했다는 점을 까먹었다.

이 근본적인 아나키스트[프루동]는 『혁명의 일반 이념 *General Idea of the Revolution*』 같은 책에서 리버테리언주의의 근본 원리들을 만들었지만, 그를 계승한 사람들은 사실상 그 원리들을 거

---

5 [옮긴이 주] 윌리엄 고드윈William Godwin(1756~1836)은 에드먼드 버크Edmund Burke의 프랑스 혁명 비판을 반박하는 『정치적 정의와 그것이 일반 미덕과 행복에 미치는 영향에 관한 연구 *An enquiry concerning political justice and its influence on general virtue and happiness*』라는 책을 썼다. 아나키즘을 최초로 이론화한 사람으로 얘기되기도 한다.

부했다. 프루동은 "나는 체계적인 이론을 만들지 않겠다", "나는 분파를 만들지 않겠다"고 선언했고, 한때 팔랑스테르주의자 Phalansterian[6]인 빅토르 콩시데랑Victor Considérant은 "그 누구도 자신과 생각이 같지 않아야 한다고 결심했던 이상한 사람"으로 프루동을 묘사했다. 프루동은 "아이러니하고 진정한 해방irony, true liberty"을 신조로 삼았고, 1848년 혁명기에 의회에서 활동하며 쓰라린 경험을 한 뒤 "정치에 몰두하는 건 똥물에 손을 씻는 짓이다"라고 선언했다. 프루동은 의심으로 가득 차 방황하는 사람들에게 이상적인 동반자로 보였다. 게다가 나는 사상만이 아니라 우리가 가난poverty[7]과 자존심을 공유했고, 비슷하게 유년기와 성장기를 시골에서 보냈다는 점을 알게 되면서, 프루동을 이상적인 동반자로 여기게 되었다. 정말 진지하다면 모든 전기 작가들은 자신을 그 대상과 동일시하고 배우가 연기를 하듯이 일시적으로 자기 자신을 잊어버린다. 프루동에 관해 글을 쓰며 나 자신을 그와 동일시하면서, 나는 프루동을 죽음에 이르게 한 병인 천식을 심하게 앓는 지경에 이르렀다. 나는 예전에 천식을 앓은 적이 없고 그 후에도 마찬가지였다.

---

6 [옮긴이 주] 팔랑스테르는 샤를 푸리에Charles Fourier의 구상에 바탕을 두고 고댕Godin이 완성한 이상 공동체를 가리킨다. 푸리에는 자신의 계열 이론에 따라 공동체 공간을 배치했고 팔랑스테르주의자는 이 공동체 이론을 받아들인 사람들이다.

7 [옮긴이 주] 프루동이 poverty를 무조건 부정적으로만 보지 않았기에 결핍의 의미가 강한 '빈곤' 대신 '가난'으로 번역한다.

프루동에 관한 책을 완성했을 때는 내 삶에서 가장 결정적이었다고 판단하는 사건이 벌어진 때였다. 그 당시 나는 워싱턴 대학에서 임시로 1년 동안 강의를 했었는데, 영문학부에서 정규직을 제안 받았다. 그때까지도 캐나다에서 작가로 자리를 잡지 못하고 있었기에, 나는 미국에서의 작가 생활을 기대하며 그 제안을 받아들이기로 결심했다. 나는 캐나다로 돌아가 미국에서 생활하며 일할 수 있는 이민 비자를 받아야 했다. 그 당시 미국 정부는 아나키스트 활동가로서의 내 과거—이미 정신적으로 거리감을 느끼던 그 과거—에 대한 사실을 조사했다. 그때 나는 이 책의 마지막 교정을 보고 있었고, 중요한 인터뷰를 하러 밴쿠버에서 [미국] 영사를 만나러 갔던 그 날도 프루동에 대한 생각이 내 머릿속을 꽉 채우고 있었다. 나는 《자유 *Freedom*》의 편집자로서의 내 과거가 맥캐런McCarran법[8]에 따라 입국 금지 조치를 받기에 충분할 거라 예상했고, 실제로 영사는 내가 여전히 아나키스트인지 물으며 마지막 기회임을 환기시켰다. 나는 잠시 생각한 뒤 내 마음속의 프루동과 함께 "근본적으로, 철학적으로 그렇다"고 대답했다. 이 대답은 영사와 내 자신 모두에게 충분했다. 미국은 나를 영원히 추방했고 전 세계에서 내가 입국할 수 없는 유일한 나라가 되었다. 그리고 나는 캐나다에서 작가가 되는 것으로

---

8 [옮긴이 주] 1950년 미국에서 매카시 열풍이 불 때 제정된 보안법으로, 공산주의자와 그 동조자들에 대한 정치 사찰과 입국 금지를 승인했다.

만족하리라 마음먹었고 결코 후회하지 않았다. 나는 아나키스트 였지만 사회를 즉각적으로 바꾸려는 공식으로서가 아니라 지금 사회를 평가하고 비판하는 기준이자 관점으로, 모든 사회에 존재 하는 리버테리언적이고 상호주의[9]적인 요소들을 계속 활성화하고 권위주의적인 요소들을 줄일 수 있도록 행동하게 하는 기준 이자 관점으로 아나키즘을 믿고 있다는 점을 깨달았다.

거의 죽기 직전에 쓴 『연방주의의 원리 *Du Principe fédératif*』라는 초고 형태의 글에서 프루동은 자신이 사상을 발전시켜 온 전 과 정을 짧은 한 문단으로 요약했다.

통치라는 개념을 비판하고 그 해결책인 아나키로 1840년을 시작 했다면, 나는 유럽 인민들의 권리이자 나중에 모든 국가조직의 필수 적인 기반이 될 연방federation으로 끝을 맺으려 한다.…시민의 해방 과 양심, 모든 강압과 경찰·권력·판사·군대 등이 없는 '아나키'에 직 접 의존하는 공공질서는 최상의 사회 미덕과 비슷한 말이자 더 나아 가 '인간이 만든 정부human government'의 전형이 될 것이다. 당연히 우리는 아직 그런 단계에 이르지 못했고 그런 이상이 달성되려면 수 세기가 지나야 할 것이다. 그렇지만 우리의 길은 그 방향을 따라야

---

9 [옮긴이 주] 상호주의는 자영농민과 독립적인 장인들로 구성되고, 노동조합의 연합체 가 공장과 공공시설을 운영하며, 이 모든 요소들이 인민은행의 상호신용체계에 의해 조 화를 이루는 경제 공동체와 평등한 사회 공동체의 건설을 주장했다.

하고, 끊임없이 그 목표에 점점 더 다가서야 한다. 그런 점에서 나는 연방이라는 원리를 고집한다.

그 이상이 즉시 실현될 수 없다 하더라도 그 '법칙'을 따르겠다고 결심하면서 프루동은 모든 원로 아나키스트들이 그 본심을 잃지 않았다면 해야만 하는 가장 중요하고 즉각적인 사명—계속 활동하며 가장 미완성된 사회에서 승리를 얻어 내, 사회가 종교의 형태든 유토피아의 형태든 정체 상태에 빠지는 것을 막는 것—이란 영원히 계속될 변화의 가능성을 유지하고 적극적으로 변화를 권장하는 것이라는 점을 받아들였다. 내가 이 책에서 말하듯이 "프루동의 이상은 언제나 역동적인 사회였고, 생명력을 유지하고 지속적인 비판으로 운동 상태를 유지하는 사회였다. 그리고 그런 사회는 결코 미리 정해진 계획에 따라 건설될 수 없다."

때때로 사람들은 조지 오웰George Orwell의 책보다 모범적인 인물로서 오웰의 사람됨이 더욱더 중요하다고 말했다. 오웰의 삶이 보여 주는 한결같음과 스스로의 목소리로 얘기하려는 완강한 고집, 오직 올바르고 상식적인 주장으로만 지지자들을 모으려 했고 정파나 당파 같은 것에 이끌리는 사람들을 모으는 것을 적극적으로 거부했다는 점에 있어, 종종 프루동도 마찬가지였다고 얘기된다. 프루동은 언제나 자신이 인정했던 것보다 더 일관되게 사회에 대한 급진적인 의견을 독자적으로 주장했고, 그 외에 어떠한 이익이나 지위도 추구하지 않았다. 생의 마지막 순간까지도 프루동은 자신이 살아온 생활 방식, 즉 장인(그의 경우 식자공)이 된 농민의 생활 방식을 계속 지켰고, 지식인 세계—또는 그중 많은 사람들—의 찬사를 받았지만 자신의 기원[노동계급]과 단절하지 않았다. 쿠르베Courbet가 그린 아주 유명한 그림은 파리 집의 정원에 있는 프루동의 모습을 묘사했다. 그림에서 드러나듯 노동자의 블라우스와 싸구려 구두, 논문과 책, 춤이 낮은 모자 사이에 있는 프루동의 모습과 곁에서 노는 건강한 딸들은 이 인물의 매우 성실한 이미지를 보여 준다. 그리고 이 이미지는 프루동의 크고 호전적인 얼굴이 발산하는, 생각에 잠긴 온화함과 잘 어울린다. 프루동은 모든 계급의 사람들에게서, 즉 같은 시대를 살았던 위대한 인물 미슐레Michelet와 생-보베Sainte-Beuve, 쿠르베, 보들레르Baudelaire, 게르첸Herzen, 톨스토이Tolstoy 같은 사람들만이 아니라, 브장송에 있던 인쇄소의 어린 시절 친구들—죽을 때까지 좋은 관계를 유지했던—에게서도 사랑과 존경을 받을 만큼 사람을 사귀는 재능이 뛰어났다. 프루동이 죽었을 때 파리의 노동자들도 이 점을 인정했다. [프랑스] 제2 제정기 대부분을 감옥이나 망명지, 집에서 보냈던 프루동은 고독한 인물이었다. 프루동은 제국주의자들과 달랐던 만큼 그 시기의 중앙집권적인 자코뱅 좌파와도 달랐다. 프루동은 자신의 정파를 만들지 않았고, 죽기 10년 전부터는 자신의 사상을 구체화하며 1848년을 수놓았던 《인민의 대표 Le Représentant du Peuple》 같은 신문도 만들지 못했다. 그럼에도 프루동의 사상은 노동자들에게 전해졌고, 말년에는 찾아오는 노동자들이 늘어났다. 프루동의 장례식이 있던 날에는 노동자들이 프루동의 집 밖, 파시Passy 가의 큰길을 가득 메웠다. 6천여 명의 인민들은 자신들의 지도자—프루동이 결코 되고자 하지 않았을—로서가 아니라, 자신들의 욕구와 열망을 대변한 사람으로서 프루동에게 감사의 마음을 표했다.

나는 이 책에서 존경을 받을 만한 자질들만이 아니라 자만심과 편견을 가졌고 의식적으로 역설을 숭배했던 사람의 모습을 성실하게 묘사하려고 노력했다. 이 책을 다시 읽으면서 나는 그런 노력이 어느 정도 성공했다고 여긴다. 『잃어버린 시간을 찾아서 *Remembrance of Things Past*』에서 마르셀이 소설가의 죽음을 목격한 뒤에야 그의 진정한 업적을 깨달았던 베르고트의 책처럼, 프루동의 책은 여전히 실속 있고 중요하다. 아나키스트들이 19세기 말까지 고드윈Godwin을 재발견하지 못했기 때문에, 프루동의 책은 역사적인 운동과 관련된 아나키스트의 기본적인 사상을 대표한다. 아나키즘 사상의 근본적인 요소들이 모두 프루동의 책에 있다. 프루동의 뒤를 이은 사람들이 자신과 프루동을 구별한 것은 전술상의 문제일 뿐이었다.

프루동의 책들과 그 책들의 상대적인 중요성에 관한 생각을 말해야 한다면, 대부분의 사람들처럼 프루동의 책들 중에도 평범하고 일시적인 가치를 가지는 책이 있다는 점을 나도 인정한다. 그러나 적어도 여섯 권의 책은 아나키스트의 경전이 될 가능성을 가진 책으로서 중요하다. 무엇보다도 『소유란 무엇인가? *Qu'est-ce que la propriété?*』(벤자민 터커Benjamin Tucker가 *What is Property?* 로 번역했던)는 집이나 작업장, 생산도구, 일할 수 있는 토지, 사람이 진정 자유로워지기 위해 가져야 하는 그런 노동 생산물을 소유할 기본권과 타인을 착취할 권력인 절대적인 소유권absolute property을 구분했다. 이 기본권을 개인에게 적용하든 아니면 이웃이나 동료 노동자의 집단에 적용하든, 이 구분은 아나키스트 경제학의 핵심으로 자리를 잡고 있다. 『어느 혁명가의 고백 *Confessions d'un révolutionnaire*』은 1848년의 사건에 대한 탁월한 분석이자 프루동이 말했듯이 '이념 없이 일으킨' 혁명이 불가피하게 소小나폴레옹Napoléon le Petit[루이 나폴레옹]의 모험주의로 귀결된 원인을 아주 흥미로운 자전적 기록과 결합시켰다. 『어느 혁명가의 고백』에서 프루동은 민주주의를 지키기 위해 보통선거권이나 다른 종류의 선거권에 의지하는 것이 잘못되었다는 점을 탁월하게 증명했다. 당연히 방대한 네 권의 『정의론 *De la justice*』도 프루동의 대표적인 철학책이다. 그 이유는 두 가지 점 때문이다. 먼저 『정의론』은 참된 정의란 권력이 만든 제도 바깥에 존재한다는 점을 훌륭하게 설명했고, 프루동이 생-보베와 보들레르 같은 비평가와 심지어 위대한 작가 귀스타브 플로베르Gustave Flaubert의 존경을 받았던 이유를 알려주는 뛰어나고 논쟁적인 산문이기 때문이다. 이 네 권 중 한 권도 아직 영어로 번역되지 않았다.

그런데 프루동[의 이론]이 20세기 말에도 적실성을 가지는 한에서, 내가 핵심 주장을 담고 있다고 생각하는 책은 『혁명의 일반 이념 Idée générale de la révolution』(존 비벌리 로빈슨John Beverley Robinson이 *General Idea of the Revolution*으로 번역한 책)과 『연방주의의 원리』, 병으로 쓰러진 프루동이 귀스타브 쇼데이Gustave Chaudey에게 구술했던 『노동계급의 정치적 능력 De la capacité politique des classes ouvrières』이다. 프루동의 다른 책보다도 『혁명의 일반 이념』은 작업장과 코뮌부터 종교와 국가, 전 세계까지 사회의 모든 측면에 영향을 미치는 아나키스트 사상을 세부적으로 설계했다. 이 책은 크로포트킨의 위대한 두 저작, 『상호부조론 Mutual Aid』과 『빵의 쟁취 The Conquest of Bread』만이 필적할 만한, 자유로운 사회의 상을 다룬 고전이다. 『연방주의의 원리』는 『혁명의 일반 이념』의 사회·경제적인 설명에 정치적인 측면을 덧붙였다. 『연방주의의 원리』는 한 국가와 대륙, 전 세계 단위에 연방주의 원리를 적용하는 것이 민족국가nation-state를 대체할 대안, 실행 가능하고 조금은 덜 위험한 대안을 제시할 수 있다는 점을 증명했다. 『노동계급의 정치적 능력』은 1860년대 초반에 노동운동의 부활을 자극했고, 이 부활은 프루동이 죽음을 맞이하기 직전에 프루동주의 상호주의자들의 주도로 '국제노동자협회International Workingmen's Association[인터내셔널]'가 창립하도록 했다. 『노동계급의 정치적 능력』은 루이 나폴레옹이 최초로 권력을 잡게 해 준 투표 게임에 의지해서 제국 건설에 몰두하던 시기에 씌어졌다. 그럼에도 『노동계급의 정치적 능력』은 노동하는 인민이 나폴레옹 3세 같은 제국주의자나 카를 마르크스와 그의 추종자—중앙집권적인 권력을 지지하는 좌파로서 자코뱅을 대체했던—같은 권위주의적 사회주의자의 권력 게임에 휘말리지 않고 자신의 경제적·정치적 운명을 통제할 수 있는 방식을 탁월하게 설명했다.

근대 사회에서 프루동이 갖는 적실성은 한 작가의 중요성이 역사적인 상황의 변화와 함께 바뀔 수 있음을 보여 주는 대표적인 예이다. 프루동은 『소유란 무엇인가?』에서 농민과 소규모 장인을 지지했고, 자신이 브장송과 리옹, 파리의 공장 지대에서 만난 노동자들을 지지했다. 나중에 철도가 놓이고 영국보다 다소 늦게 프랑스에서 산업혁명이 확산되자, 프루동은 더 큰 규모의 노동자 조합을 감안하기 위해 이론을 수정했다. 그렇지만 프루동은 걱정하며 [자신의 이론을] 수정했다. 왜냐하면 프루동의 본심은 더 친밀한 규모로 노동관계를 맺는 사회에 있었기 때문이다. 그 결과 마르크스주의자들이나 심지어 아나키스트 코뮌주의자와 혁명적 생디칼리스트조차도 그들은 프루동이 과거의 소규모 소유권을 옹호하는 산업화 이전 시대의 사상가라고 평가했다.

그러나 역사가 다시 그 축을 바꾼 지금의 산업화 이후 시대에, 우리는 경제와 사회의 관계를 다시 검토하면서, 얼마 전의 거대한 구조 자체가 무너지고 있다는 점을 깨닫기 시작하고 있다. 이런 상황에서 프루동은 과거로 회귀하는 사상가에서, 앞서 나아가는 사상가로 바뀌는 듯이 보인다. 나는 [우리 시대에] 프루동이 어울리지 않는다고 인정하지 못한다. 왜냐하면 나는 그 시대의 마르크스주의자와 혁명적 생디칼리스트 모두가 중앙집권적인 대규모 산업구조라는 현상을 아무런 비판 없이 수용했다는 점에서 틀렸다고 생각하기 때문이다. 우리가 산업의 거대화 gigantism(그리고 정치의 거대화)에 뒤따르는 모든 사회적·경제적·생태적 악을 깨닫고 있는 오늘날, 나는 다른 위대한 아나키스트들보다도 프루동이 우리 시대의 사람이며, 그가 살았던 시대의 문제점들을 밝혔던 것처럼 우리 시대의 문제점들도 그의 목소리에서 더 분명하게 드러나리라 생각한다.

1987년 9월,
조지 우드코크

1장

쥐라의 언덕에서
유년을 보내다

브장송이라는 오래된 도시는 두Doubs 강이 U자 형태로 굽어지는 넓은 강변에 아늑하게 자리를 잡고 있다. 회색의 벽돌집들이 늘어선 브장송의 거리는 20세기 초반까지도 거의 변하지 않았다. U자형 강변에 놓인 다리 위쪽은 17세기에 바탕Battant의 교외 지대였다. 그곳에는 언제나 노동하는 인민들이 살았다. 지금은 대체로 더럽고 페인트가 벗겨진 집들에서 시계 공장이나 인조방직 공장 노동자들이 살고 있지만, 지역사 연구자인 루시앙 페브르Lucien Febvre는 19세기 초에는 "포도를 재배하는 사람들과 직공, 부지런하고 정직하며 비판적인 기질을 가진 소농들"이 살았다고 말한다. 피에르-조제프 프루동은 절반쯤 시골풍인 프티바탕 37번 가에서 1809년 2월 15일에 태어났다.

프루동의 부모는 1808년 초에 결혼했고 두 사람 모두 프랑슈-콩데 출신의 농민이었다. 클로드-프랑수아 프루동Claude-François Proudhon은 스위스 국경과 가까운 카스낭의 산악 마을 출신이었고, 어머니 카트린 시모넹Catherine Simonin은 두의 마을과 나란히 자리 잡은 오농의 촌락 코르디롱 출신이었다. 그래서 나중에 프루동은 자신의 '시골 혈통'을 자랑할 수 있었다. 프루동은 "나는 쥐라의 맑은 석회암반에서 태어났다"고 주장했다.

사실 프루동 일가는 도시의 중간계급으로 점점 흡수되던 농민이었다. 이런 동화 과정에서 이미 일가는 '좌파'와 '우파'라는 두 개 흐름으로 나뉘고 있었다. 프루동 일가에서 촉망받던 대표적인 '우파'는 디종 대학의 법학 교수인 프랑수아-빅토르François-Victor와, 로베스피에르Roberspierre가 몰락한 뒤 두 현의 행정부에서 일했던 장-바티스트Jean-Baptste였다. '좌파' 계열은 대부분 반항적이고 고집스런 기질을 가진 농민이나 장인, 소규모 상인으로 살았다. 한때 프랑수아-빅토르는 좌파 계열에 대해 "우리 가문에는 나쁜 피가 약간 섞여 있는데 그 피가 좌파로 이어졌다"고 말했다. 이 말은 나쁜 의도를 품지 않은 판단이었기에 나중에 프루동은 "매우 다급한 상황에서 튀어나온 말"이라고 얘기했고, 끝없이 논쟁을 벌였던 '좌파' 계열의 식구들도 자신들의 뛰어난 사촌이 "결코 도움이나 충고를 거부하지 않았다"며, 분개하지 않았다.

프루동 일가의 '좌파' 중에서 가장 유명한 인물은 "훌륭하고…아주 완고한 성품을 가진" 프루동의 사촌 멜쉬오르Melchior로 1789년 프랑스 대혁명 때 성직을 버리고 브장송의 혁명 지도자가 되었다. 멜쉬오르는 지역의 자코뱅 클럽을 통솔했고, 공포정치 시기[로베스피에르가 통치하던 시기]에 감옥에 갇혔다. 그리고 멜쉬오르는 혁명 운동이 대중의 마음에서 혁명적이고 세속적인 생각들을 읽어 내던 시기에 '프리메이슨단Freemason'[10]을 이끌었다.

피에르-조제프 프루동은 이따금씩 아버지 쪽 혈통의 용기와 자긍심, 반항심을 자랑했지만 가장 자부심을 많이 가진 건 어머니 쪽 조상이었다. 프루동의 외할아버지인 장 클로드 시모넹Jean-Claude Simonin은 하노버 전쟁Hanoverian war[왕위 계승 전쟁] 당시 투르네Tournay 연대에서 복무하며 "투르네지Tournesi"라는 별명을 얻었다. 장 클로드 시모넹은 이웃들 사이에서 "지주들의 요구에 맞서는 대담함과 지주의 산림 감독관과의 싸움"으로 유명했다. 투르네지는 땔나무를 얻기 위해 벌어진 한판 싸움에서 산림 감독관들 중 한 명에게 중상을 입혔다. 피해자는 "천사가 투르네지의 손을 빌려 복수한 것"이라고 인정하며 빈민들을 억압한 걸 뉘우치고 숨을 거두었다. 투르네지도 1789년 겨울에 이웃들에게 반란을 선전하러 돌아다니다 미끄러운 도로에서 굴러 떨어져 아주 갑자기 사망했다. 프루동은 낭만적인 열정에 사로잡혀서 "나는 외할아버지를 플루타르크의 영웅들과 마찬가지라고 여긴다"고 말했다.

피에르-조제프 프루동의 먼 사촌 한 명은 모든 일을 실패하게 만드는 로마 교황의 저주가 프루동 일가를 괴롭힌다는 점을 귀

---

10 [옮긴이 주] '프리메이슨'이란 '자유석공조합'이란 뜻으로, 중세시대 석조 건물을 짓는 건축 설계사 조직을 뜻했으나, 신비주의를 토대로 점차 세력을 넓혀 정치에 관여했다.

스타브 쿠르베Gustave Courbet에게 납득시키려 했다. 이 늙은이는 브장송에 있을 때면 언제나 도시의 문서 보관소에서 [자신이] 추정하던 저주의 단서를 찾곤 했다. 분명히 저주는 이 늙은이의 유별난 상상력 안에서만 존재했겠지만 '좌파' 프루동 일가가 실제로 거의 성공하지 못한 것은 사실이다. 아주 열심히 일했고 성실했지만 죽을 때까지 가난했다는 점에서 피에르-조제프 프루동의 아버지인 클로드-프랑수아가 대표적이다.

클로드-프랑수아의 온화한 무기력은 아내인 카트린 시모넹의 강인한 성품과 어느 정도 대조적이다. 아이들에게 카트린 시모넹은 "자유롭고 부지런히 일하며 생활력 강한, 자존심 강한 농부"였고, 브장송의 작가인 샤를 바이스Charles Weiss는 시모넹을 '영웅'의 자질을 가진 여성으로 묘사했다. 시모넹은 요리사였고 가족들의 심각한 생활고를 극복하기 위해 집으로도 일감을 가져와야 했다. 카트린 시모넹은 자기 아버지와 마찬가지로 공화주의자였고 장남[프루동]에게 투르네지의 당당한 성품만이 아니라 외모까지도 대부분 물려주었다. 피에르-조제프 프루동은 자라면서 호전적인 성격만이 아니라 "이마와 눈, 스스럼없는 웃음, 넓은 가슴"까지 과거의 군인[외할아버지]을 닮아 갔다.

평생토록 피에르-조제프 프루동은 자신의 어머니를 존경했다. 오랜 세월 동안 프루동은 "나는 어머니에게 모든 걸 빚졌다"고 말했다. 카트린 시모넹은 프루동의 유년 시절에 가장 중요한 영향을 미친 사람인 듯하고, 심지어 어머니에 대한 애착은 성년이 되고 난 뒤에도 프루동의 사상에 상당한 영향을 미쳤다. 프루동은 어머니의 강인한 성품과 원칙주의, 힘들게 일하면서도 자신을 희생하는 포용력을 잊지 않았다. 그리고 프루동은 이런 태도가 신실한 신앙심을 품고, 남성의 일에 끼어들려고 하지 않으며, 여성이 가정을 관리하는 사람이라는 사실에 의문을 품지 않고 받아들이는 농민의 특성과 연관된다는 점을 잊지 않았다. 언제나 프루동은 만나는 여성들이 이런 특성들을 얼마나 가지고 있는지에 따라 그들을 평가하곤 했고, 아주 소수만이 이 엄격한 시험을 통과했다.

결혼했을 당시 클로드-프랑수아 프루동(그는 29세, 아내는 34세였다)은 자기 집이 있었고, 가장 힘든 시기에도 그 집을 지켰기 때문에, 완전히 무일푼은 아니었다. 그렇지만 땅이 있었다고 해도 자립하기에는 충분하지 않았기 때문에, 클로드-프랑수아는 양조장에서 일해야 했다.

그의 다섯 아이들 — 전부 아들이었다 — 은 모두 1809년과 1816년 사이에 태어났다. 셋째와 넷째 아이는 아주 어릴 때 죽었지만 1811년에 태어난 둘째 장-에티엔Jean-Etienne과 1816년에 태어난 막내 샤를Charles 모두 끈끈한 형제애로 피에르-조제프를 잘 따랐다. 피에르-조제프가 떠올린 유년기의 첫 기억은 장-에티엔이 태어났을 때 자신이 느낀 생생한 질투심이었다. 그러나 곧 질투심이 완전히 사라져서 피에르-조제프는 나중에 "나는 어느 누구도 내 동생만큼 사랑하지 않는다"고까지 말했다. 게다가 장-에티엔은 약하고 의존적인 샤를보다 독립심이 강해 피에르-조제프를 더 닮은 듯했다.

프루동이 분명하게 기억하는 유년기의 두 번째 사건은 나폴레옹 전쟁 말기에 브장송이 포위당했던 사건이다. 그 당시 클로드-프랑수아는 직장을 그만두고 자신의 양조장을 만들고 선술집을 운영하기로 결심했다. 클로드-프랑수아는 매우 훌륭한 원칙이지만 결코 금전적으로 성공할 수 없는 원칙에 따라 사업을 운영했다. 40년이 지난 뒤 그의 아들은 "아버지가 양조장을 그만둔 뒤에는 그렇게 맛있는 맥주를 마셔 본 적이 없다"고 말했다. 그런데 클로드-프랑수아는 좋은 품질의 맥주를 만들었을 뿐 아니라 거의 원가로 맥주를 팔았다. 친구가 시장가격으로 팔라고 권하자 클로드-프랑수아는 "안 돼. 원가에다 내가 일한 만큼―이게 내 가격이야!"라며 상냥하게 답했다.

여덟 살의 피에르-조제프는 선술집에서 맥주를 나르며 가족에게 손해를 끼쳤던 아버지의 원칙을 지켜봤고 이런 원칙의 문제에 호기심을 가졌다. "나는 아버지의 원칙이 성실하고 균형 잡힌 것이라는 점을 충분히 이해했으나 그런 원칙이 불러일으키는 그만큼의 위험도 봤다. 내 양심은 그중 하나를 지지했지만, 생활을 보장받으려는 감정은 나를 반대편으로 내몰았다. 그것은 하나의 수수께끼였다." 이것은 나중에 프루동의 사상에서 가장 중요한 역할을 하게 될 사회적이고 경제적인 관계 속에 내재된 모순들을 소년이 처음 경험하게 했다.

1817년에 프랑스 동부에서는 대기근이 발생했다. 이 기근은 일부 흉작 탓이기는 했지만 나폴레옹 전쟁의 경제적 여파이기도 했다. 프루동 일가는 터무니없이 비싼 가격을 치를 재산이 없었기에 대부분의 다른 이웃들처럼 굶주렸다. 그리고 피에르-조제프는 빵 대신 먹을 설익은 호밀 이삭을 줍기 위해 부모와 함께 들판으로 나가야 했다. 그러나 가족을 괴롭힌 것은 모두가 겪던 식량난만이 아니었다. 왜냐하면 다음 해 순수한 원칙을 따르던 클로드-프랑수아의 선술집 경영 실험이 파산으로 끝났기 때문이다. 이제 땡전 한 푼 없어진 가족이 의지할 곳은 한 곳뿐이었다. 카트린 프루동의 어머니[외할머니]가 브장송에서 거의 20킬로미터 떨어진 뷔르질 근처에 투르네지의 농장을 가지고 있었기에, 프루동 가족은 그곳으로 물러나서 땅을 일구며 먹고살았다.

뷔르질에서 피에르-조제프는 소를 치고 집과 주변의 땅에서 허드렛일을 하며 노동을 시작했다. 때때로 이런 노동은 어린아이를 힘들게 했지만, 나중에 프루동은 진한 향수를 느끼며 쥐라의 석회암 바위산과 깊은 골짜기를 누비던 시절을 회상했다.

50년 뒤에 프루동은 "가축들처럼 연한 싹을 뜯어먹고 싶던, 길게 자란 잔디 위에서 뒹굴던 그 시절에는 정말 즐거웠다! 맨발로 매끄러운 오솔길과 울타리를 이룬 관목 길을 따라 달려 보라! 옥수수를 심으며 상쾌한 땅속 깊이 들어가 보라! 그리고 아주 뜨거운 6월 아침에는 가끔 옷을 벗어 던지고 잔디가 흠뻑 머금은 이슬에 목욕을 했다.…나는 '나'와 '내가 아닌 것'을 거의 구분할 수 없었다. '나'는 내 손으로 만질 수 있는 모든 것, 내 시선에 들어오는 모든 것, 특정한 목적에 이로워 보이는 모든 것이었다. '내가 아닌 것'은 내게 상처를 입히거나 방해할 수 있는 모든 것이었다. 나라는 사람에 대한 생각은 내 행복과 분리되지 않았고, 나는 추상적이고 물질적이지 않은 주제를 탐구하려고 하지 않았다"며 열정적으로 말했다.

이런 생각들은 20년 동안 계속 좌절을 경험했던 도시 생활의 시각으로 어린 시절을 봐서 그때를 아름답게 과장하려 한 듯하다. 그렇지만 프루동이 계속 쥐라의 들판과 산맥으로 돌아가서 즐거움을 얻고자 노력했고, 검소하게 살던 가족에 관해 얘기할 때 감동적인 수수함이 묻어난다는 것은 사실이다.

"아버지의 집에서 우리는 아침으로 옥수수 죽을 먹었다. 점심에는 감자를 먹었고 저녁에는 베이컨 수프를 먹었지. 똑같은 식단이 매주, 매일 이어졌다. 경제학자들은 영국식 식단을 칭송했지만 채식을 했던 우리는 살이 붙고 건강했다. 왜 그런 줄 아는가? 우리는 들판의 공기를 마시고 자신이 가꾼 농산물을 먹었기 때문이다."

2

이 시기에 프루동은 이교도적인 자연과의 접촉—스스로 고백했듯이, 이런 생활은 다 자란 청년이 되어서도 요정 이야기를 믿게 했다—을 통해 배운 것을 제외하면 거의 아무런 교육도 받지 못했다.

프루동은 엄마가 어린 시절의 선생님이었고 아직 애기였던 세 살 적에 철자법을 배웠다고 기억했다. 프루동은 읽는 법을 잘 배웠지만 열 살 때까지 접했던 책은 그의 순진하고 목가적인 신념의 동반자로 적합한 『복음서』와 『에이몬의 네 형제들 *The Four Aymon Brothers*』[샤를마뉴 황제에게 맞섰던 네 형제들에 관한 동화], 그리고 몇 권의 지방 연감뿐이었다.

그런데 카트린 프루동은 장남인 프루동이 시골의 불안정한 장인 생활보다 더 나은 [삶의] 기회를 가질 수 있도록 교육을 받길 간절히 바랐다. 그리고 가족이 다시 브장송으로 돌아온 1820년에 카트린 프루동은 아들을 브장송 시의 학교에 입학시키려 했다. 예전에 아버지를 고용했던 사람의 영향력 덕분에 프루동은 장학금을 받았고, 프루동의 부모는 분명 그들이 지불할 수 없었을 [금액인] 1년에 120프랑의 수업료를 아꼈다. 프루동이 [학교에 가면] 자신의 생활비를 벌 수 없다는 사실만으로도 부모가 감당해야 할 고통은 컸다.

사실 가난은 피에르-조제프의 학창 생활도 매우 곤란하게 했다. 프루동은 모자를 쓰거나 구두를 신지 못했다. 모자를 쓰지 못한 채 학교에 가야 했고 달그락거리는 소리가 반 친구들을 방해할지 모른다는 두려움 때문에 교실에 들어가기 전에 나막신을 벗어야 했다. "언제나 가장 필요한 책도 갖지 못했다. 나는 사전도 없이 라틴어를 공부했다. 그래서 기억나는 대로 번역한 뒤에 잘 모르는 단어들은 빈칸으로 남겨 뒀고 수업이 끝난 뒤에 빈칸을 메웠다. 나는 책을 챙기지 않았다는 이유로 많은 벌을 받았다. 그런데 나는 책이 없었다."

무엇보다도 프루동은 스스로 얘기했듯이, '아주 예민한 자존심'을 가진 젊은이라면 누구라도 그런 상황에서 겪을 수밖에 없었던 굴욕감을 느꼈다. 프루동은 "가난이 범죄보다 더 나쁘다"는 지역 속담의 참뜻을 고생스럽게 깨우쳤다. 학생들은 지역 부르주아들의 아이들이었고, 실제로 부유한 동급생들의 멸시를 받거나 멸시로 짐작되는 태도에서 상처를 받으면서 피에르-조제프는 점점 더 소심해졌고, 실제로는 따뜻했던 자신의 본성을 감추며 무뚝뚝한 모습을 만들어 갔다. 곧 퉁명스럽고 염세적이라는 평판을 듣게 되었지만 피에르-조제프는 몇몇 가까운 친구들과는 일생 동안 이어질 우정을 쌓았다.

들판의 자유로움에서 교회식의 엄격한 교육으로의 변화는 처음부터 쉽지 않았다. 그리고 자연 세계가 '화술과 논문'의 세계로 대체되었을 때, 피에르-조제프는 일종의 정신적인 고립감을 느꼈다. 그렇지만 타고난 언어 감각을 가졌던 피에르-조제프는 곧 능숙하게 라틴어를 말하게 되었다. 그는 강의 시간에만 공부하거나 정해진 과목만 공부하지 않았다. 당시 브장송에는 훌륭한 공공 도서관이 있었기에, 피에르-조제프는 규칙적으로 그곳에서 책을 읽곤 했다. 곧 그의 열정은 도서관의 사서였던 샤를 바이스의 관심을 끌었다. 샤를 바이스는 한 번에 여덟 권 내지 열 권의 책을 꼼꼼하게 읽던 프루동을 주의 깊게 지켜보다 어느 날 "어린 친구, 뭘 하려고 그렇게 책을 많이 읽니?" 하고 물었다. 도전적이고 독립심이 강했던 피에르-조제프는 질문한 상대를 노려보며 "그게 아저씨와 무슨 상관이 있죠?" 하고 무뚝뚝하게 대답했다. 바이스는 이런 핀잔을 묵묵히 받아들였고, 이때부터 소년의 성장 과정에 많은 관심을 가졌다.

교사들이 열심히 주입하려 했던 종교적인 교리에 관해 피에르-조제프가 의문을 품기 시작한 것은 4학년 때였다. 광신도는 아니지만 부모님이 독실한 신앙심을 가진 콩데 출신의 평범한 농민이었고 카트린이 정기적으로 자식들을 미사에 데리고 갔기 때문에, 피에르-조제프의 유년기는 종교와 무관하지 않았다. 피에르-조제프는 거의 모태 신앙처럼 신의 존재를 인정하면서 유년기를 보냈다. 프루동은 "어릴 적부터 신에 대한 생각에 빠지곤 했던 나는 신의 존재가 내 안에서 충만하고 내 모든 능력을 지배한다고 느꼈다"고 말했다.

그렇지만 어렸을 때에도 프루동은 공공연하게 종교의식을 거행하는 것이 거의 필요하지 않다고 여겼다. 강제로 떠밀려 나간 첫 영성체에 관해 얘기하면서 프루동은, 대담하게도 돌바크 d'Holbach의 이단적인 책인 『자연의 체계 Système de la Nature』 복사본을 들고 자신보다 먼저 교회 제단에 올라갔던 한 용감한 친구를 보지 못한 것을 후회했다. 프루동은 "언제나 신앙생활에 관한 책들에 거의 흥미가 없었다"고 말했다. "고백건대, 영성체에 참석하고 십자가에 키스하며 발을 씻는 의식에 참석하는 그 모든 것이 나를 불쾌하게 만들었다."

왕정복고 시기에 종교를 부흥시키려는 많은 시도들이 프랑스의 지방들에서 나타났다. 1825년에 한 전도단이 브장송에서 설교하며 경건주의적인 입장을 지나치게 드러낸 것은 당시 열여섯 살이던 피에르-조제프에게 정반대의 영향을 미쳤다.

그런 사건들이 이 분노한 청년의 사상에 많은 영향을 미쳤다는 점은 분명하다. 그렇지만 프루동의 지적인 경험이 중심축을 형성하지 않았다면, 신앙에 대한 지나친 반감은 [이미] 깊숙이 자리 잡은 종교적인 정서들에 영향을 미칠 수 있을 만큼 강한 영향력을 행사하지 못했을 것이다.

4학년 말경에 프루동이 받았던 상품 중 하나는 오랫동안 유통되지 않던 신학변증론에 관한 글인 페넬롱Fénelon의 『신이라는 존재의 증명 Démonstration de l'Existence de Dieu』이었다. 13년 뒤에 프루동은 "이 책이 느닷없이 나의 지성을 넓히고 사상에 새로운 빛을 던진 듯했다"고 말했다. 그러나 이 새로운 빛은 페넬롱이 의도했던 바가 아니었다. 즉 이 신학자의 '불안정한 물리학tottering physics'은 피에르-조제프의 초기 신앙을 강화시키기는커녕 오히려 무너뜨렸고, 무신론을 반박하려는 [페넬롱의] 노력은 엄청난 매력을 가진 정통적이지 않은 믿음을 드러냈다. "신의 존재를 부정하고 원자의 조합으로, 또는 라 플라스La Place가 말했던 질료와 운동으로 모든 것을 설명하는 사람이 바로 무신론자라는 사실을 알았을 때 나는 특별한 공상에 잠겼다. 페넬롱을 읽으면서 나는 자기 자신의 이론을 옹호하는 사람들의 얘기를 듣고 그런 사람들의 책을 읽고 싶어졌다." 그만큼 흔들렸지만 프루동은 결코 신앙을 버리지 않았다. 캉브레Cambrai의 대주교의 무익한 논리가 극단적인 회의주의를 낳을 때까지는 몇 년이 더 걸렸던 것 같다.

피에르-조제프가 학교를 다니는 동안에도 프루동의 가족은 계속 경제적인 어려움을 경험했다. 이 시기에 클로드-프랑수아는 바탕의 집 외에 브장송 근처에 땅을 소유했던 것 같다. 그렇지만 19세기 초반 소지주의 삶은 종종 땅이 없는 노동자의 삶만큼 불확실하고 안정되지 못했다. 여전히 클로드-프랑수아는 술통을 만들어 농사일을 보충해야 했고, 휴일마다 피에르-조제프는 아버지의 술통에 테를 두를 나뭇가지를 자르러 숲으로 가야 했다. 그러나 가족의 끝없는 이런 노력들은 계속 환자가 생기고 다른 불행이 겹쳐서 아무런 도움을 주지 못했다. 소송에 대한 클로드-프랑수아의 집착은 가족의 희망에 가장 치명적인 상처를 입혔다. 피에르-조제프가 졸업식에서 월계관을 쓰던 날도 아버지는 가망 없는 마지막 소송에 가족의 전 재산을 쏟아 붓고 있었다. 피에르-조제프는 비통하고 굴욕적이었던 그 시기를 다음과 같이 회상했다.

"나는 모두가 즐거워 보이던 졸업식에 아주 슬픈 마음으로 참석했다.…당시 우리 가족은 법정에서 판결을 기다리고 있었다. 언제든 그때를 떠올릴 수 있다. 학장은 자신이 손수 월계관을 씌워 주는 장면을 보도록 친지나 친구들이 참석해 주면 좋겠다고 부탁했다. 나는 '학장님, 아무도 올 사람이 없어요'라고 대답했고, 학장은 '알았다, 내가 월계관을 씌워 주고 껴안아 주마' 하고 말했다. 나는 아무런 감동도 느끼지 못했다. 하지만 나는 [졸업식장에서] 깜짝 놀라는 가족과 눈물을 흘리는 어머니의 모습을 발견했지만 재판에는 졌다. 그날 저녁 우리 가족 모두는 빵과 물로 저녁을 때웠다."

계속 공부하기 위해 대학 입학 자격시험을 치는 대신에 피에르-조제프는 절망에 빠진 부모님을 돕기 위해 일을 시작해야 했다. 아버지는 피에르-조제프에게 "이제 너도 일해야 해"라고 말했다. "열여덟 살에 나는 내 밥값을 벌었고 그리 오래 학교를 다니진 못했어." 프루동은 동의했고 그 즉시 학업을 포기했다. 부족하나마 프루동의 회상에서 행간을 읽는다면, 이 결정은 마지못해서 내린 것처럼 보인다. 학교에서 굴욕감을 느꼈지만 프루동은 힘든 집안일과 달리 더욱더 넓고 흥미로운 세계를 잠깐 동안이나마 경험했던 학교를 다니고 싶었던 것처럼 보였기 때문이다.

3

피에르-조제프는 아버지의 어려움을 너무나 많이 봐 왔기에 농부나 시골의 장인이 되어 그 뒤를 이을 수 없었다. 농사를 좋아했고, 클로드-프랑수아가 실제로 땅을 가지고 있었기에 프루동은 자기 땅을 경작하며 소유권을 물려받을 수 있었다. 많은 시간이 흐른 뒤에 프루동은 "시골에 훌륭한 신용대부 제도가 있었다면 아마도 한평생 농부이자 보수주의자로 남았을지 모르지" 하고 말했다. 그러나 가족이 지녔던 조그만 토지는 곧 저당을 잡혀 소유권을 잃어버렸기에, 프루동은 도시의 장인이자 반란자가 되었다.

프루동이 선택한 직종은 인쇄였다. 1827년 말까지 프루동은 바탕 교외에 있는 벨레보Bellevaux의 집에서 도제로 일했다. 그리고 다음 해 부활절에, 학교 친구인 앙투안 고티에Antoine Gauthier의 가족이 운영하던 브장송의 인쇄소로 옮겼다. 여기서 프루동은 처음으로 식자공이 되었고 나중에는 교정자가 되었다. 프루동은 빨리 배웠고 복잡한 업무에 자부심을 가졌다. 프루동은 "나는 조판 막대가 내 자유의 상징이자 도구였던 그 멋진 날들을 언제나 즐겁게 기억한다"고 적었다.

그밖에도 프루동은 동료애가 넘치는 작업장의 환경을 좋아했다. 학교를 다녔을 때 프루동은 자신이 중간계급의 구역을 침범했다고 느꼈다. 인쇄공들 사이에서 프루동은 어렵게 살아왔거나 적어도 자신이 경험했던 궁핍을 이해하는, 그리고 자신을 동등하게 받아들이는 자기 계급의 구성원들을 발견했다. 장인 계층 중에서 드물게 지적인 호기심을 계발하는 직업을 가졌던 인쇄공들 중 몇몇에게서 지적인 자극을 받았다. 그리고 평생 동안 우정을 이어갈 수 있었던 재능 덕분에 곧 대부분의 동료들과 좋은 관계를 맺었다. 고향을 떠난 지 25년이 지난 뒤에도 여전히 프루동은 열두 명이 넘는(나머지는 죽었다) 오랜 직장 동료들이 자신의 친구라고 자랑스럽게 밝혔다. 생존자 중 한 명으로 나중에 부르고뉴의 신문 편집자가 된 밀레Milliet는 프루동이 '아주 뛰어난 소년'이었다고 기억했다. "그는 항상 머리를 쓸어 올렸고 때때로 교정자의 책상으로 와 오자를 찾는 일에 관해 묻고 역사와 그 날의 사건들에 관해 질문했다."

사실 피에르-조제프는 자신이 감당할 수 있는 것보다 책을 인쇄하는 노동이 훨씬 더 번거롭다는 점을 깨달았다. 프루동은 "하루에 열 시간씩 일했다"고 회상했다. "당시에는 가끔 내 능력에 무리한 작업량인, 여덟 장이나 되는 신학적이고 경건한 책의 활자판을 읽어야 했다. 나쁜 공기와 금속성 증기, 사람의 호흡에 오염된 내 정신이 재미없는 독서로 활기를 잃었을 때, 나는 이런 오염 상태에서 벗어나는 제일 빠른 방법이 시내를 벗어나는 것이라는 점을 알았다.…가장 깨끗한 공기를 마시기 위해 두 강 계곡 부근의 높은 언덕을 올랐지. 폭풍우가 몰아칠 때면 나는 큰마음을 먹고 그 장관을 놓치지 않았다. 바위에 난 구멍에 웅크리고 앉아 얕보거나 두려워하지 않으면서 나는 번쩍이는 제우스의 얼굴[천둥]을 보는 걸 좋아했다.…나는 번개와 천둥, 바람, 구름, 비, 이 모든 게 나와 하나라고 혼잣말을 했다."

프루동이 조직화된 종교를 가장 심하게 거부했던 1858년에 쓴 이 글들은 미숙하나마 범신론으로 흐르던 경향을 과장하는 듯 보일 수 있다. 그럼에도 이중의 위기[종교와 사랑]를 겪던 인쇄공으로 일하던 초반기는 [종교적인] 원리의 갈등기를 나타내고 그렇게 비치는 것이 옳다. 당시에 프루동은 그의 삶에서 두 번 다시 없던 강렬하고 낭만적인 사랑을 경험했기 때문이다. 이 사랑으로 프루동의 종교적인 열정이 2, 3년 더 이어졌지만 결국 가톨릭교회에 환멸을 느끼는 것으로 끝났다.

프루동 자신이 언급했던 것 외에는 첫사랑에 관해 알려진 바가 없다. 그리고 그런 언급조차 분명하지 않다. 프루동은 1846년의 일기[11]에 이렇게 썼다. "오늘 나는 스무 살의 내 영혼이 그토록 충만하고 사랑스러우며 황홀해질 수 있음을 깨달았다. 그 여자는 내게 아주 천사 같고 신성하기까지 하다. (신과 불멸의 영혼, 종교적인 실천에 대한 믿음이 무한한 사랑에 대한 믿음과 뒤섞이고 결합하는) 내 사랑스런 꿈에서 종교는 아주 소중해진다.…나는 사

---

11 프루동의 후손이 보관하고 있는 이 일기는 아직 출판되지 않았다. 이 일기는 1843년부터 시작되는데, 열한 권의 일기는 1865년에 프루동이 죽을 때까지의 모든 시기를 다양하고 충분하게 담고 있다.

랑에 빠져 있기 때문에 기독교인이고, 기독교인이기 때문에 사랑에 빠진다. 그건 내가 수도자라는 의미이다."

프루동의 사랑이 제대로 실현되지 않았다는 점은 분명한 듯하다. 왜냐하면 『정의론 De la Justice』(1858)에서 성적인 순결을 정말로 지켰다고 주장했던 프루동은, 일기를 썼던 해인 1846년에 나온 『경제 모순 Les Contradictions Economiques』에서도 다음과 같이 과장되게 기록했기 때문이다. "여러 해가 지나도 한 남자의 가슴속에 남는 기억은 젊은 날 어린 소녀의 순결을 지켜 준 사람이자 친구, 함께했던 사람이었다는 사실이다." 아무렇지 않은 듯 얘기했지만 자신의 과거 경험을 분명하게 언급했던 1841년의 한 편지는 결국 몇 가지 생각을 드러낸다. "곰곰이 복기하며 내 자신을 위로하곤 해.… 순결한 마음으로 그처럼 깊이 흔적을 남긴 첫사랑은 종종 두 번째 사랑을 위해 더 알찬 행복을 준비하는 장점을 가지지. 친애하는 친구여, 보통의 젊은 연인들은 자신들의 사랑으로 행복해지는 법과 그 행복을 최대화하는 법을 알지 못해. 어리석은 방식으로 서로 좋아하기에 그들의 영혼은 진정한 열정을 넘어 지나치게 활활 타오르지. 때때로 연인들은 서로를 잘 알지 못하거나 서로의 진정한 가치를 깨닫지 못해. 달리 말하면 그들의 열정에는 서로 보답하는 기술과 그것에 대한 인식이 부족하지."

우리는 프루동의 청년기 인간관계에 대해 어렴풋이 알 수 있을 뿐이다. 사랑을 이루지 못한 책임은 부분적으로 어린 시절의 굴욕감으로 생긴, 다소 오만하고 버릇없는 행동 탓일 수 있고, 또 여인이 원했을 수 있는 때 이른 청혼을 프루동의 가난이 막았을 가능성도 있다. 프루동의 어머니도 어느 정도 영향을 미쳤을 것이다. 왜냐하면 프루동은 어머니가 "청춘 남녀의 꿈들로 괴로워한다"고 자신을 보던 때에 관해 말했기 때문이다. 어머니는 조심하라고 충고하며 말했다. "네가 그녀와 결혼하려고 마음먹었더라도 결코 그녀에게 사랑을 얘기하면 안 돼." 그러나 이건 추측일 뿐이고 우리는 연애를 뒤따랐던 종교적인 격정에 관해 얘기하기 위해 이 분명치 않은 관계를 그대로 남겨 둬야 한다.

프루동이 살던 시기에 브장송은 프랑스 동부의 종교 중심지였다. 스탕달Stendhal은 『적과 흑 Le Rouge et le Noir』에서 브장송의 신학교를 칭송했고, [브장송의] 성직자들은 신앙과 관련된 많은 글들을 쓴 학풍을 가지고 있었다. 그래서 인쇄소가 종교적인 논문들을 많이 찍었기에, 프루동은 청년기의 더 분명한 믿음으로도 깨닫지 못했던 신학의 많은 난해한 점들에 관해서 눈을 뜨게 되었다. "곧 기독교를 지지할 거란 소명을 받았다고 나는 믿게 되었다. 그리고 나는 기독교를 반대하는 사람과 옹호하는 사람들에 관한 책을 읽게 되었다. 그 결과를 말할 필요가 있을까? 뜨거운 논쟁의 용광로에서 가끔 공상에 사로잡혀 흥분했고, 내밀한 생각에 귀를 기울이면서 나는 소중히 품어 온 신앙이 점점 사라지는 걸 봤다. 나는 계속 교회가 비난하는 모든 이단들을 믿게 되었다.… 결국 [신앙이] 완전히 사라지면서 나는 가장 비합리적인 최후의 인간이 되었다. 나는 소시니언주의자socinian[12]가 되었다."

아이러니하게도 프루동을 신앙에서 멀어지게 한 사람들은 기독교를 지지했던 사람들이었다. 프루동이 키우고 있던 강한 의문을 알지 못했던 한 마음씨 좋은 성직자가 빌려준 책, 급진주의자 아베 라메네Abbé Lamennais가 쓴 한 권의 책(『종교에 대한 무관심에 대하여 De l'Indifférence en Matière de Religion』)은 피에르-조제프의 종교적인 열정을 완전히 없앴다. "결정적인 경우에 항상 그렇듯이, 그 변명은 당시에 자주 읽던 논쟁들로 이미 심하게 흔들리던 나의 지적 체계를 무너뜨린 마지막 일격이었다."

그렇게 정통 기독교와 헤어졌지만 종교에 대한 관심은 결코 사라지지 않았다. 프루동은 신앙이 인간의 삶에 미치는 영향력이나 사회 진보에서의 중요성, 도덕적인 진리에 관해 많은 통찰력을 주는 [종교의] 지속적인 가치를 결코 과소평가하지 않았다. 그리고 종교는 가톨릭교를 강력하게 반대했던 시기에도 프루동의 연구와 사상에서 중요한 주제였다.

---

12 [옮긴이 주] 소시니언주의는 인성과 신성을 구분하면서, 예수는 인성만 소유했는데 부활 후에 신적 능력을 부여받았다고 본다.

4

1829년이 되자 프루동의 사상에서 사회적인 문제들이 종교와 비견할 만큼 자리를 잡기 시작했다. 그리고 [식자공이라는] 직업 덕분에 그런 문제들을 접할 기회가 잦았으므로, 이런 관심은 더욱더 커졌다. 1827년 이후 프루동은 의식적인 공화주의자였다. 1830년 7월 혁명이 터질 수밖에 없었다는 점에 의문을 제기하지 않았지만(오히려 그 달에 파리의 바리케이드에서 싸우던 거의 굶주린 노동자들을 이상적으로 묘사했다), 프루동은 예전에 완고한 왕정주의자였던 브장송의 시민들이 지금은 샤를 10세Charles X를 무너뜨리려고 서두른다며 매우 냉소적으로 바라봤다.

프루동 자신이 7월 봉기에서 맡았던 역할에 대해서는 남아 있는 자료가 없다. 이 당시 프루동의 삶에서 감지될 수 있을 만큼 두드러졌던 급진적인 영향은 정치보다 사회적인 영향이었다. 1829년에 고티에 인쇄소를 이용했던 고객 중 한 명은 팔랑스테르 공동체를 최초로 구상했던 샤를 푸리에Charles Fourier였다. 샤를 푸리에는 자신의 대표작인 『산업과 사회의 신세계 *Le Nouveau Monde Industriel et Sociétaire*』를 인쇄소에 맡겼다. 이 책은 날카로운 통찰력과 기발함을, 진지한 사회 분석과 천년왕국의 공상을 가장 특이하게 결합한 책들 중 하나였다. 당시 교정자로 일했던 프루동은 이 책의 인쇄를 감독했고, 푸리에와 대화를 나눌 기회를 많이 가졌다.

프루동은 푸리에의 외모가 그다지 인상적이지 않다고 봤다. 나중에 프루동은 이렇게 회상했다. "나는 푸리에와 아는 사이였다. 푸리에는 중간 크기의 머리, 넓은 어깨와 가슴, 긴장된 몸가짐, 좁은 이마, 평범한 두뇌를 가졌다. 얼굴에서 드러나는 특이한 분위기의 열정은 그를 자기도취에 빠진 아마추어처럼 보이게 했다. 푸리에에게는 천재로 여길 만한 어떠한 점도 없었고 그저 허풍선이처럼 보였다."

그렇지만 푸리에의 사상은 당시까지도 보잘것없던 신학의 결의론casuistry[13]에 빠져 있던 프루동의 사상에 많은 영향을 끼쳤다. 그리고 프루동은 푸리에의 고독하고 사색적인 정신이 제안한 혼란스런 공상들 중에서 유리 건물처럼 대담한 개념들에 엄청난 매력을 느끼며 사로잡혔다. 프루동은 "6주 동안 나는 이 괴이한 천재에게 사로잡혔다"고 말했다. 얼마 가지 않아 프루동의 타고난 올바른 상식이 푸리에의 모순에 반감을 품게 했지만, 푸리에의 계열 이론serialist theory(나중에 자세하게 다시 설명하겠다)과 몇 가지 사소한 제안은 프루동의 철학과 사회 신념에 계속 영향을 미쳤다.

1829년 [프루동에게] 더 직접적인 영향을 준 건 몽벨리아르에

---

[13] [옮긴이 주] 일반적인 원리를 특수한 경우에 적용시키는 것을 가리킨다. 신학이나 철학에서는 좀 더 좁은 의미로 일반적인 도덕적 원리를 특수한 윤리적 결단이나 양심의 문제에 적용시키는 것을 뜻한다.

서 온 젊은 위그노[신교도] 학자 귀스타브 팔로Gustave Fallot와의 만남이었다. 이즈음에 이미 프루동은 브장송 지식인들의 관심을 끌기 시작하고 있었다. 학창 시절에는 무뚝뚝한 염세주의자로 자랐고, 자연스럽고 효과적으로 얘기하지 않고 처음 만난 사람에게 경직되고 말수가 적은 사람이었지만, 프루동의 대화는 지식에 대한 열정적인 갈망 탓에 지적이고 계몽적이었다. 샤를 바이스는 브장송의 도서관에서 우연히 퉁명스런 만남을 가진 뒤 프루동의 [지적] 발전에 계속 관심을 가졌다. '브장송 아카데미'의 간사인 페레네Pérennès는 1827년에 프루동의 스승들 중 한 명이었다. 프루동의 교우 관계는 점점 넓어졌는데, 도교에 관한 책을 준비 중이던 중국 연구자 장-피에르 포티에Jean-Pierre Pauthier와 젊은 콩트주의자 시인 올림프 미코Olympe Micaud와 평생의 우정을 쌓기 시작한 것도 이즈음이었다.

프루동은 우정을 높이 평가했고 우정을 실현하는 법도 알았다. 프루동은 "나는 신도 인간도 멸시하고 학문과 우정만을 믿는다"고 선언했다. 프루동은 '우정amitié'을 말할 때에는 언제나 즐거워했고 가끔 '사랑amour'을 얘기할 때에는 불쾌함을 드러냈다는 점에서 우정과 사랑은 분명하게 구분되었다. 일생 동안 친구를 사귀고 우정을 지키는 것은 프루동의 재능 중 하나였지만, 팔로와의 관계에서처럼 아주 강렬하고 낭만적인 관계를 지속했던 적은 전혀 없었다. 부유한 기업가였던 팔로의 가족은 지식인이 되려는 팔로의 욕망을 인정하지 않았다. 그래서 팔로는 가족과 의절하고 소박하게 독립해서 공부하려고 브장송으로 왔다. 먹고 살기 위해 팔로는 『성인들의 삶 *Lives of the Saints*』의 라틴어판을 준비하고 있었다. 고티에가 이 책을 인쇄했는데, 어느 날 팔로는 라틴어를 공부했던 사람이 작업하고 있음을 증명하는 사실, 즉 자신의 라틴어 번역본에서 몇 군데가 더 훌륭하게 고쳐진 점을 발견하고 놀랐다. 팔로는 식자공에게 누가 교정을 봤는지 물었다. 식자공은 "우리 일꾼 중 한 명이오" 하고 대답했다. 팔로는 뛰어난 라틴어학자이자 직공인 사람에 관해 듣고서 깜짝 놀랐고, 그 즉시 프루동의 친구가 되었다.

팔로는 프루동보다 두 살 많았고 성장 과정이 매우 순탄했다. 그러나 이 두 사람은 똑같이 언어에 대한 열정이 남달랐고 다방면의 박식함에 집착했다. 식자공이라는 직업을 통해 이미 히브리어를 독학으로 깨우치는 놀라운 업적을 이뤘던 프루동은 어원 연구에도 관심을 두고 있었다. 그리고 팔로는 이런 방면으로 공부하도록 프루동을 격려했다. 그런데 팔로는 친구인 프루동의 관점을 더 보편적인 방향으로 확장시켰다. 팔로는 지금껏 프루동이 만나지 못했던 지식인, 즉 가톨릭 교리의 편견에 사로잡히지 않은 정신을 가진 최초의 지식인이었기 때문이다. 팔로는 프랑스 신교도의 대표적인 특징이던 왕성한 호기심을 가졌다(지드Gide는 우리 시대의 대표적인 표본이다). "나는 눈이 되고 싶다"는 말은 팔로를 가장 잘 묘사하는 문장이었지만, 팔로는 언어에 대한 자신의 열정을 담기 위해 눈에다 귀를 추가했을 것이다.

팔로의 음울하고 담배 연기 가득한 방에서 함께 밤을 보내면서 프루동은 신학 논쟁의 모호한 세계에서 벗어나기 시작했다. 그리고 17, 18세기의 위대한 프랑스 작가들, 즉 몽테뉴Montaigne, 라블레Rabelais, 루소Rousseau, 볼테르Voltaire, 디드로Diderot에 빠져들었으며 철학적으로 사유하는 방법을 이해하기 시작했다. 프루동의 충동적이고 관념적인 면을 누그러뜨렸다는 점에서 팔로는 아주 유익한 영향을 미쳤다. 팔로는 "같은 주제에 오랫동안 몰두해라. 어떠한 것이든 하나의 학문에, 또는 한 권의 책이나 한 명의 저자에게 집중해" 하고 강하게 권유했다. 이 충고는 훌륭하고 적절했다. 팔로의 영향을 받으면서, 프루동이 첫 책을 쓰기 전에 자신의 사유를 단련하는 어려운 과정을 밟기 시작했다는 점은 분명하다. 엄밀한 의미에서 프루동은 결코 체계적인 사상가가 아니었지만, 그의 모든 저작에는 팔로에게 배운 방법과 계획성을 자신의 타고난 역동성과 결합시켜서 만든 강력한 유기적 패턴이 있다.

1830년의 정치 소요가 두 친구의 재정 상황을 어렵게 만들었기에 두 사람은 잠시 동안 헤어졌다. 팔로가 일자리를 구하러 파리로 떠난 사이에 프루동은 인쇄업계의 심각한 불황으로 고통을 받기 시작했다. 1830년 9월에 프루동이 식자공 장인 증명서를 딴 뒤에도 자신이 지닌 유일한 장서였던 학교 상품을 팔 정도로 실업과 가난의 시기가 이어졌다. 프루동은 브장송을 떠났고 일자리를 찾기 위해 인쇄업이 아닌 다른 일자리도 마다하지 않았다. 1831년 초 프루동은 브장송 북서쪽의 작은 도시인 그레의 학교에서 교사로 일하기도 했다. 교사라는 자리가 불만스러웠는지 아니면 잘 맞지 않았는지, 프루동은 참회의 화요일Shrove Tuesday부터 사순절 중반the middle of Lent[근 한달]까지만 그곳에 머물렀고 결국 자신의 운을 시험하기 위해 해외로 떠나기로 결심했다. 그리스도 수난일Good Friday에 프루동은 걸어서 쥐라를 가로질러 스위스로 갔고 그곳에 있는 뇌샤텔Neufchâtel 출판사에 일자리를 얻어 반 년 동안 머물렀다. 스위스 당국이 싫어한다는 점을 깨달을 즈음, 프루동은 부당하게 추방되었다. 11월에 프루동은 브장송으로 돌아와 인쇄업에 복귀했다.

그런 떠돌이 삶은 프루동에게 연구를 계속할 시간이나 수단을 허용하지 않았다. 친구의 재능을 높이 평가했던 팔로의 간곡한 권고가 없었다면 프루동은 연구를 그만뒀을지도 모른다. 1831년 말엽에 쓴 특별한 편지에서 팔로는 "이건 나의 예언이야"라며 프루동을 설득했다. "본인의 의지가 없다 해도 너의 운명에 의해서, 프루동, 너는 반드시 작가나 저술가가 될 거야. 너는 철학자가 될 거야. 너는 이 시대를 지도하는 인물들 중 한 명이 될 테고 네 이름은 19세기 연감에 실릴 거야.⋯그게 바로 네 운명인 거야! 인쇄소에서 교열을 보든 어린 애들을 가르치든, 깊이 은거해서 단조로운 생활을 하든, 구석지고 고립된 마을을 찾든 마음대로 해. 내게 그런 건 별 차이가 없어. 너는 네 운명에서 벗어날 수 없을 거야.⋯나는 사색하고 플라톤을 연구하며 파리에서 너를 기다려. 좋든 싫든 너는 이곳으로 오게 될 거야."

사실 이 말은 숭고한 약속이었고, 그들을 자극했던 열정에 한 치의 거짓도 없었다는 점은 그 즉시 팔로가 프루동에게 연구와 집필을 위한 숙소를 제공할 방법을 찾았다는 사실로 증명된다. '브장송 아카데미'는 평론가 장 바티스트 쉬아르Jean-Baptiste Suard 가 남긴 기금을 3년에 한 번 프랑슈-콩데 지방에서 오는 뛰어나 고 전도유망한 청년들에게 주는 장학금으로 관리했다. 처음에 팔로는 프루동을 지원시키려 했지만 학문적인 배경이 부족한 육체노동자가 '아카데미' 회원의 지지를 받기란 불가능해 보였다. 그래서 이미 한 달에 100프랑을 보장받고 있던 팔로는 프루동이 파리로 오도록 설득할 수 있다면 그와 나눠 쓰기에 충분하리라 여기고 자신이 장학금에 지원한다는 묘안을 생각해 냈다.

팔로는 쉽게 쉬아르 장학금을 받았고, 정말 어려운 것은 돕고 싶다는 자신의 제안을 프루동이 받아들이도록 설득하는 것이 었다. 다니엘 알레비Daniel Halévey는 프루동이 당시에 뽐낼 만한 기술[식자 기술]을 배웠기에 그것을 포기하고 자신이 태어나고 함 께 커 온 사람들과 떨어지는 것을 주저했다고 주장한다. 분명 이 런 점들은 고려될 만하지만 [그 당시] 프루동의 입장을 설명해 줄 유일한 이유나 근본적인 이유는 되지 못하는 것 같다. 우리는 팔 로가 서슴없이 확신을 가지며 제안했던 배움의 영역[철학]이 여 전히 프루동에게 새롭고 비교적 생각하지 못했던 영역이었다는 점을 기억해야만 한다. 그리고 그 당시에 프루동은 비천하고 독학한 노동자인 자신이 철학 영역에서 성공할 수 있다는 얘기를 믿기 어려웠을 것이다. 실패는 자신이 선택한 직업을 헛되이 중단하는 걸 의미했고, 그보다 더 나쁠 경우 프루동의 실패는 가족들을 도울 수 없게끔 만들 수 있었다.

그렇지만 팔로는 프루동이 결심하도록 아주 끈덕지게 몰아붙였다. 팔로는 미코와 바이스처럼 함께 아는 친구들의 지원도 받으며 쉴 새 없이 편지 포탄을 날렸다. "의지야, 의지, 프루동! 이건 네가 알지 못하는 힘을 가진 지렛대야!" 팔로는 망설이는 친구를 간곡히 타일렀다. "결정해, 매듭을 지어. 네가 인쇄소를 떠나고 싶다면, 브장송에서 벗어나고 싶다면, 네 목표를 가장 빨리 달성하고 싶다면, 바로 이곳, 파리로 와. 네게 줄 침대도 하나 구했고 너와 같이 쓸 1,500리브르의 수입도 확보했어. 도착한 뒤 6개월 내에 네가 살 수 있는 숙소를 마련할 수 있을 거야."

이 제안이 프루동의 망설임을 없앴다. "나는 그의 제안에 이끌려 날아갔다." 더 정확히 말하면, 프루동은 파리로 걸어갔고, 3월 말이 되기 전에 그곳에 도착했다. 팔로의 환영은 프루동의 말처럼 아낌이 없었다. 프루동은 "나는 아버지의 집인 양 그의 집으로 들어갔다"고 말했다.

이제 프루동은 팔로가 살던 마자랭 가의 라틴계 지구에 익숙해지리라 마음을 먹었다. 오스망Haussmann이 대규모 재건축 프로그램을 시작하기 전의 파리는 프랑스 대혁명에서 드러났듯이 좁은 중세식 도로를 가진 도시였다. 그리고 프루동이 자주 갔던 지역은 사실상 제정 시기에도 거의 변하지 않았다. 오늘날에도 그곳을 걷는 방문객들은 여전히 좁은 마찻길을 가로질러 프루동이 그곳에 처음 도착했을 때—1830년 7월 혁명이 일어난 지 채 2년도 지나지 않았을 때—봤던 높고 허름한 집들 사이를 걸어 다닌다.

몇 가지 점에서 대도시 생활은 이 타협할 줄 모르는 젊은 시골뜨기를 불안하고 넌더리나게 했다. 팔로는 학구적인 친구들과 자신의 삼촌 퀴비에Cuvier 목사의 집에 모이던 학자들에게도 프루동을 소개했다. 그렇지만 프루동은 이런 전문 지식인들 속에 있는 것을 거북해 했고 그들을 믿지 않았다. 프루동은 혼자서 자신의 연구를 계속하고 싶었다. 게다가 [당시에] 파리는 목숨을 위협하는 치명적인 콜레라 전염병의 영향권에 있었다. 성 목요일에 프루동은 부모에게 편지를 써서 주변 환경에서 느끼는 자신의 불만을 담았지만, 분명 이 편지는 부모의 불안한 근심을 안심시키려는 의도를 저변에 깔고 있었다. 이 편지는 프루동의 서명이 있는 첫 번째 편지이고 단연코 그 당시 프루동의 삶에 관한 몇 안 되는 기록들 중 하나이다. 당시에 혁명의 예언자는 언어에 집착했던 독학한 장인의 다듬어지지 않은 모습에서 막 변화를 경험하고 있었다.

친애하는 아버지, 어머니

파리의 물은 문제가 없어요. 파리의 물은 더 효과적으로 콜레라를 예방하기 위해 완전히 정수되고 산소를 함유해서 브장송의 물보다 더 좋아요. 잠자리도 걱정하지 마세요. 파리의 가장 안 좋은 곳에서도 질병은 삼백 명 중 한 명조차 죽이지 못해요. 이건 잘못된 도박이 아니에요. 파리는 염소[살균제]와 장뇌camphor[방부제]로 뒤덮였어요. 지금까지 저는 제 방과 도서관에서 읽고 쓰기만 해요. 이게 부모님을 약간 불쾌하게 만들 거라는 점 알아요. 이건 부모님이 기대하는 것과 다를지 몰라요. 하지만 모든 일에 있어 누구나 항상 출발점에서 시작해야 해요. 게다가 아직 6개월도 지나지 않았어요. 만약 6개월이 다 되어도 아버지, 어머니 보시기에 만족스럽지 않다면, 원하면 언제든지 할 수 있는 식자공과 교정자로 돌아가겠어요. 저는 작가가 되는 데 실패했다는 얘기를 듣는 걸 가벼운 창피로 여길 겁니다. 왜냐하면 지금 저는 작가가 되려고 노력하거나 굶주려 죽거나 아니면 다시 식자공이 되거나 하는 여러 대안들을 가지고 있으니까요. 다시 식자공이 되는 건 그리 매력이 없고 굶주려 죽는 건 더더욱 그렇죠. 더 나아질 것이 없기 때문에 저는 작가가 되는 걸 선택했어요. 제가 죽거나 콜레라에 걸리는 걸 원하지는 않으시겠죠? 저는 파리의 생활에 어느 정도 만족해요. 저와 마찬가지로 팔로도 가능한 한 빨리 이곳을 뜨려고 해요. 다른 사람들처럼 브장송이 우리도 불러요.

　사랑하는 부모님께 따뜻한 포옹을 보내며,

당신의 아들 P. J. 프루동.

팔로가 콜레라에 걸리고 프루동이 간호를 해야 했기에, 두 친구가 함께 브장송으로 출발하는 것은 성공하지 못했다.

목숨은 건졌지만 팔로의 병은 돈과 다시 돈을 벌 능력까지 다 소모시켰다. 이런 환경에서 프루동이 팔로의 호의를 계속 받아들이는 건 불가능했다. 프루동은 "어느 정도의 조판할 책과 읽을 만한 교정쇄"를 찾아 파리의 인쇄소를 여기저기 떠돌기 시작했다. 프루동은 일거리를 구하지 못하자 결국 지방을 여행하고 병이 최대한 회복될 때까지 팔로를 떠날 필요가 있다며 체념했다.

결국 팔로는 학계에서 약간의 성공을 거두며 파리에 남았다. 팔로와 프루동은 계속 소식을 주고받았으나 다시 만나지는 못했고 팔로는 1836년에 죽었다. 파리에서 함께 보낸 시간은 두 사람의 열정적인 우정을 많이 누그러뜨린 듯 보인다. [헤어진] 뒤부터 팔로의 편지들은 1831년과 32년의 뜨거운 우정을 나누던 시기에 분명하게 나타났던 발견의 열정을 보이지 않았고, 성숙해지던 프루동은 초반기 조언자의 영향에서 벗어나고 있었다. 그럼에도 상당히 많은 감정이 남아 있었고, 팔로가 죽었다는 소식을 들었을 때 프루동은 바이스에게 이렇게 말했다. "내 생명과 영혼의 절반이 떠나간 듯 느껴져요. 세상에 홀로 서 있는 것 같아요. 분명 팔로는 나처럼 자신의 죽음을 애도할 친구들이 있을 거예요. 나는 눈물을 흘리지 않을 겁니다. 눈물이 나오지 않으니까요. 하지만 아마 네 시간도 지나지 않아 나의 생각을 사로잡았던 확고한 이념과 참된 열정 같은 그의 기억을 떠올리게 될 거예요."

한 가지만 덧붙이자면, 파리로 떠났던 원정은 분명히 실패했지만 이 사건은 미래에 대한 프루동의 태도를 완전히 바꾸었다. 파리로 가지 않았다면 프루동은 식자공으로 사는 데 만족했을지 모른다. 그러나 일단 삶의 새로운 목표를 받아들이기로 마음을 먹은 이상 방향 전환은 없었다. 이후 몇 년 동안 종종 프루동은 과거의 장인 생활을 다시 시작하는 듯 보였다. 하지만 자신의 운명이 작업장 바깥에, 즉 활자에 쓰이는 납의 증기와 경건하지만 공허한 책들, 덜컹거리는 프레스기와는 다른 장에, 공공 영역이라는 자유로운 장에 있다는 생각을 중요하게 받아들였다. 분명이 모든 것이 프루동에게 잠재되어 있었지만 그것을 표면으로 끌어올린 것은 팔로의 영향력이었다. 그리고 이때부터 젊은 식자공이 정당하게 속하게 된 사상과 배움의 공동체가 아주 넓다는 점을 처음 보여 준 사람도 팔로였다.

5

"호주머니의 50프랑과 등에 멘 배낭 하나, 구상 중인 철학에 관한 필기장을 갖고서 나는 프랑스 남부로 발을 내딛었다." 사실상 프루동은 일자리를 찾아 이 도시 저 도시를 떠도는 불안정한 삶을 살았지만 경비로 쓰이는 돈 이상의 경험을 얻던 장인들의 훈련 과정인 '투르 드 프랑스tour de France'14의 일원이 되었다.

프루동은 론 계곡을 걸어 내려가 리옹으로 갔고 그곳에서 몇 주 동안 일을 한 뒤 마르세유로 갔다. 프루동이 툴롱에 도착했을 때쯤, 전 재산은 3프랑 50상팀으로 줄어들었다. 그곳에서 일자리를 찾지 못하자 프루동은 일자리를 요구하며 파리에서 바리케이드를 치던 실업 노동자들의 선례에 고무되어 직접 '정부 당국에 호소'하기로 결심했다. 그는 툴롱 시장의 사무실로 가서 여권을 제시하며 일자리를 구하도록 도와 달라고 공식적으로 요구했다.

"내가 말을 붙인 사람은 금테 안경을 쓴, 작고 토실토실하며 독선적인 사람이었다. 분명히 시장은 이 요구에 부응하지 못할 듯이 보였다.…그는 트리페트Tripette라 불리던 쥐유Guieu 씨였다. 그는 안락의자에서 벌떡 일어나며 내게 말했다. '선생님의 요구는 선례가 없습니다. 그리고 선생님은 여권의 의미를 잘못 이해했습니다. 여권이 의미하는 건 선생님이 공격을 받거나 도둑질을 당했을 경우 정부 당국이 선생님을 보호할 것이라는 점입니다. 그게 전부입니다.'"

프루동은 그런 건 [국적에 상관없이] 모든 사람에게 적용되는

---

14 [옮긴이 주] 여행을 하며 수련하는 장인들의 단련 운동인 콤파뇽 운동의 프랑스 일주 훈련 과정. 장인들은 프랑스 여행을 하며 지역의 콤파뇽 훈련 기관이나 숙소에서 먹고 자며 공동체를 형성했다.

권리이기에 여권에서 언급된 보호는 그 이상을 의미해야 한다고 주장했다. 그러자 트리페트는 집으로 돌아가는 여비로 쓰겠다고 약속하면 15상팀을 주겠다고 제안했다. 프루동은 그런 제안이 자선일 뿐이라며 당당하게 거부했고, 트리페트가 '기독교인의 얼굴'을 하고 있었기 때문에 [공식적인] 직무에 호소하는 것보다 사람됨에 호소하는 게 더 나을 수 있겠다고 생각했다. 프루동은 "당신의 직무가 내 요구에 응하는 걸 허용하지 않는다면 내게 조언을 해 주시오. 필요하다면 나는 인쇄소 외에 다른 곳에서도 도움이 될 수 있어요. 내게 조언을 해 주시겠소?"라고 말했다. 그토록 집요하게 권리를 따지는 사람을 견디지 못한 트리페트는 "가시오" 하며 투덜댔다.

프루동은 "나는 이 사람의 그릇을 알아차렸다. 투르네지에게 물려받은 피가 머리끝까지 치솟았다. '좋아요, 시장, 이 만남을 기억하겠다고 맹세하오', 나는 이를 악물고 그에게 얘기했다"고 기록했다. 정말 오랫동안 프루동은 이때를 지독히도 기억했고 26년이 지난 뒤 『정의론』에서 이 이야기를 상세하게 다뤘다.

이 사건은 혁명가의 교육 과정에서 하나의 단계였다. 그런데 이 분쟁이 권력의 부정적인 면을 가르쳤다면, 얼마 지나지 않아 프루동은 권력의 분명한 해로움도 알게 되었다. 잠시 동안 프루동은 드라귀냥에서 일을 했고, 그곳에서 자신이 세상 어느 누구보다 사랑했던 동생 장-에티엔이 불행히도 군대에 징집되었다는 소식을 들었다. 만일 프루동 일가가 부유했다면 그들은 군대에 갈 대리인을 샀을 것이다. 하지만 사실상 장-에티엔은 선택의 여지가 없었고, 돈을 벌 가능성이 없던 피에르-조제프는 부모님을 도우러 돌아가야 했다. 프루동은 어머니를 위로했다. "이런 슬픈 상황에서는 특히 어머니가 가장 위로받아야 했다." 그렇지만 프루동 자신도 [그 일을] 운명이 자신에게 가한 충격으로 받아들였기에 울컥하며 비통함에 젖어들었다. "운명이 이리도 나를 반대편으로 몰아갈 줄이야! 나를 따라다니는 불행은 내가 다가서는 모든 것에 바짝 붙어 있는 듯하다.… 간혹 겁이 나면서도 동시에 황당하기도 한 분노에 빠진다. 내게 무슨 일이 벌어질지 나는 알지 못한다. 나는 검은 천사를 불러내 그에게 도전한다. 나는 검은 천사에게 정복되거나 아니면 그를 쓰러뜨리기를 애타게 바란다!"

이처럼 아주 우울한 상태로 프루동은 브장송에 돌아왔고 새로운 일자리를 찾기 시작했다. 푸리에의 제자인 쥐스트 뮈롱Just Muiron이 프루동에게 브장송의 신문 《공정함 L'Impartial》을 이끌어 달라며 초빙했기에 일자리는 즉시 구해졌다. 이 제의는 꽤 괜찮았지만 프루동은 여전히 자기 자신을 너무 믿지 못했기에 [그 제안을] 마음 편히 받아들이지는 못했다.

프루동은 뮈롱에게 "지난 2년 동안 내 사회적인 처지와 가장 비슷하다고 여기던 그리 중요하지 않은 사람들을 연구하고 탐구하며 온 세상을 돌아다녔어요. 읽을 시간이 거의 없었고 쓸 시간은 더욱더 부족했어요. 많은 대상들을 관찰하고 비교하면서 떠올랐던 상념들을 성급하게 조합했죠. 그래서 내게는 언론인에게 필수적인 자질인 모든 종류의 주제에 관해 상상력 풍부하게 쓰고 말하는 능력이 매우 부족해요" 하고 말했다.

[그렇지만] 뮈롱은 계속 초빙했는데, 그 이유는 《공정함》을 편집하는 동안에는 프루동이 자신의 개인적인 의견들을 드러내지 않을 것이라 생각했기 때문인 듯하다. [그러나 오히려] 이것은 프루동이 대담한 글쓰기를 고집하도록 만들었다. "왜 《공정함》은 공화주의를 따르는 잡지가 되면 안 될까요?… 왜 우리는 과거와 현재, 미래의 모든 장관들을 절대적으로 불신한다고 공개적으로 말하면 안 될까요? 왜 우리는 대중이 자신의 일과를 조절하고 인민들의 연방을 만들기 위한 길을 열 능력을 갖추도록 요청하면 안 될까요? 지침과 과학, 공중보건과 애국주의를 통해 모든 행정적이고 법률적인 위계질서가 인민에게 베푸는 사소한 이득을 취하면서도 그 위계질서를 제거할 방법을 인민들이 알게 합시다."

전체적인 윤곽을 볼 때 이 편지는 프루동이 나중에 발전시킨 입장을 가장 분명하게 예고하는 문서이자 정치적인 입장을 분명하게 드러내는 최초의 문서이다. 최초의 논쟁적인 글을 발표하기 8년 전부터 중앙집권적인 권력을 불신하고, 노동하는 인민이 정부의 간섭을 받지 않고 자신들의 삶을 관리하는 법을 깨닫기를 프루동이 원했다는 점은 인정된다. 사실 이런 주장은 그 시대에 프루동이 기여했던 사회사상, 즉 아나키즘과 연방주의, 상호주의 이론의 씨앗이었다. 이런 사상의 유래를 추적하는 것은 분명 홍미로운 일이지만 초기에 프루동이 읽었던 책에 관해서는 기록이 거의 남아 있지 않다. 따라서 프루동 자신이 목격한 공무원들의 부당함이나 그가 속했던 농민의 자연적인 실천 능력에서 이런 생각이 어느 정도로 발전되었는지를 판단하는 건 불가능하다.

계속 설득을 당한 뒤에 결국 프루동은 시험 삼아 편집 일을 맡는 데 동의했다. 그런데 이 동의는 하루를 채 넘기지 못했다. 자신의 첫 기사를 작성한 뒤 프루동은 사환에게 원고를 넘기면서 인쇄공에게 전해 주고 15분 내로 돌아오라고 말했다. 사환은 한 시간 넘게 걸린다고 대답했다.

"왜 그런데?"

"지사Prefecture가 제법 떨어진 곳에 살고 있는데 지사가 기사를 읽고 허가를 내 줄 시간이 필요할 거예요."

이것으로 충분했다. 프루동은 기사를 불 속에 던져 버리고 사무실을 나섰다. 다음 날 프루동은 "고백건대 나는 전 세계에서 내가 맡은 일을 가장 잘 해낼 수 없는 사람입니다. 게다가 나는 우리의 원칙이 그리 잘 맞지 않는다고 생각해요. 당신에게 말해 왔듯이, 많은 사안들에 관해 처음부터 선입견을 가지고 있진 않지만 나는 내 원칙을 고집하죠. 내게 어떤 일이 일어난다 해도 나는 그 원칙을 결코 버리지 않을 거예요. 나는 장인이라는 지위에 만족합니다" 하고 뮈롱에게 썼다.

프루동은 자신의 원래 직업으로 돌아갔다. 얼마 지나지 않아 프루동은 브장송에서 30마일 떨어진 아르부아의 인쇄공 오귀스트 자벨Auguste Javel과 가까워졌다. 자벨은 라틴어와 콩데 사투리로 쓴 많은 중세 시대 문헌들을 인쇄해 달라는 주문을 받았다. 자벨은 자기 친구인 프루동만큼 이 일을 잘할 식자공은 없다고 생각했고 즉시 프루동에게 부탁했다. 프루동은 이렇게 말했다. "아르부아? 그곳은 와인이 아주 괜찮지. 포도를 기르는 사람들도 공화주의자이고. 이웃 간의 정이 살아 있어. 받아들이겠네." 아르부아에서의 생활에 관한 자벨의 설명은 지적인 야심을 품은 젊은 인쇄 노동자 프루동의 초기 모습을 가장 잘 보여 준다.

브장송을 떠날 때 자벨은 마차로 가자고 제안했다. 프루동은 "별 말씀을" 하며 냉소적으로 대답했다. "나는 튼튼한 다리를 가지고 있고 30마일은 별 거 아니네. 원한다면 마차를 타게." 프루동은 아침 일찍 출발해 콩데의 언덕을 넘어 저녁 무렵 활기차게, 여유를 보이며 아르부아에 도착했다. 자벨은 프루동을 접대하려 했지만 프루동은 다음과 같이 말하며 거절했다. "너는 부인과 애가 있어. 너는 네 시간이 필요하고 나도 그런 시간이 필요해. 내 방을 가질 수 있고 독서를 방해받지 않으면서 필요한 식사를 제공받을 수 있는 집을 찾도록 도와주게. 그게 내가 원하는 전부야."

자벨은 프랑스 혁명전쟁에 참전했고 지금은 쥐꼬리만 한 연금과 딸이 자수로 벌어들이는 돈, 그리고 조그만 포도밭으로 살아가는, 나이 들고 다리를 저는 대위의 집을 추천했다. 그들은 순박하고 친절한 가족이었고, 프루동은 바람대로 따뜻한 대접을 받는 데 감사했다.

곧 프루동은 대부분의 시간을 활용할 수 있도록 하루 계획을 짰다. 프루동은 해가 밝아 오기 전에 일어나 일찍 일을 시작했고 오후에는 두세 시간 동안 일한 내용을 훑어봤다. 그 뒤엔 활자 상자를 정리하며 "일과가 끝났다"고 말했다.

프루동은 오후 시간을 산책하며 보냈고, 이 긴 산책의 말동무가 "아르부아의 전 주민들 중에서 가장 어두운 성격을 가진, 가장 완고한 보수주의자"로 평가받던 공중인notary이었다는 점은, 정반대의 것을 뒤섞길 좋아하는 프루동의 성격을 보여 준다. 아마추어 화가였던 이 공증인이 쉬기에 좋은 장소를 찾아 풍경을 스케치 하는 동안, 프루동은 공책을 꺼내 그날 떠오른 생각을 간단히 메모했다. 자벨은 어쩌다 이 공책을 손에 넣었고, 당시 프루동의 생각을 보여 주는 한 면을 자신의 회고록에 실었다. 그 내용은 다음과 같다.

"권위AUTHORITY. 존중해야 옳을까? 좋아, 선출되고 협정에 따르며 일시적이라면. 옛 것은 옛 것으로Senis si senis. 자본CAPITAL. 생산에서 자본의 역할(맬서스Malthus). 자본의 이익배당(이 학파의 이론을 연구하고 논박하자). 부정적. 성직자의 무류성CLERICAL INF.[15] 인

---

15 [옮긴이 주] 가톨릭교회에서 교황이 전 기독교의 우두머리로서 신앙이나 도덕에 관하여 교황좌에서 장엄하게 결정을 내릴 경우(ex cathedra), 그 결정은 성령의 특은으로 보증되기 때문에 결단코 오류가 있을 수 없다고 하는 교리.

간 존엄과 시민적 자유, 경제와 모순됨."

어느 여름 오후에 쥐라에서 쓴 이 짧은 메모에 담긴 힌트들은 훗날 중요한 주장으로 확장되어 프루동의 훨씬 더 성숙한 글 속에 자리를 잡게 된다.

저녁에 가끔 프루동은 식사를 마친 뒤, 읽고 공부하기 위해 방으로 돌아갔다. 그러지 않을 때에 프루동은 대위에게 혁명전쟁에 대한 기억을 얘기해 달라고 조르곤 했고, 가만히 앉아 파이프 담배를 피우며 독특한 자세―의자에 거꾸로 앉아 등받이에 올린 손 위에 수염 난 턱을 걸치는―로 조용히 얘기를 들었다. 일요일 저녁에는 카드 숫자 맞추기 놀이를 하러 오곤 했던 가족의 젊은 친구들과 파티를 벌이기도 했고, 게임에 진 사람은 도수 높은 담황색의 아르부아 포도주와 함께 밤을 즐겼다. 프루동은 기꺼이 파티에 참여하곤 했지만, 다른 청년들이 경박하게 굴 때면 예의 바르게, 모두에게 좋은 밤이 되기를 바란다며 자리에서 일어나 수줍게 자신의 방으로 도망치곤 했다고 자벨은 귀띔했다.

그런데 프루동의 바로 이런 과묵함은 그가 후두염에 걸렸을 때 간호했고 이런 친절한 보살핌에 감사하는 선물을 줬을 때 받기를 거부했던 그 집 아가씨들의 마음을 사로잡았다. 자벨에 따르면, 가장 어린 딸 카롤린Caroline이 프루동과 사랑에 빠졌고 시간이 흐른 뒤에도 그 감정을 지켰다. 그곳을 떠나는 프루동이 아주 난처해 하며 친구들을 포옹했을 때, 카롤린은 슬픈 목소리로 "당신은 금방 우리를 잊게 될 거예요" 하고 말했다.

프루동은 "아니오"라고 대답했다. "어느 누구도 자신이 사랑해 온 사람들, 그런 사랑을 받을 만한 사람들을 그렇게 잊지는 못할 거예요." 그런데 카롤린은 프루동보다 더 오래, 그리고 더 깊이 기억했던 것으로 보인다. 우리는 편지와 공책에서 프루동이 그때의 친구들을 아주 생생하게 기억하고 있다는 흔적을 전혀 찾을 수 없다. 반면에 카롤린은 세심하게 프루동의 삶에 관심을 가졌고, 몇 년 뒤 자벨에게 프루동에 관한 소식을 걱정스럽게 묻곤 했다. 카롤린은 독신으로 살았고 프루동이 수감된 1849년에 그를 만나기 위해 파리로 왔다. 프루동이 결혼했다는 사실을 알고 카롤린은 돌아갔고, 두 번 다시 프루동에 관해 얘기하지 않았다. 만약 그 사실을 알았다면 지조가 굳었던 프루동은 그런 지조를 고맙게 받아들였을지 모르나, 우리가 아는 한, 프루동은 결코 그 사실을 몰랐다.

6

1833년 초에 프루동은 브장송으로 돌아왔다. 그리고 얼마 지나지 않아 동생 장-에티엔이 군사훈련을 받던 중에 죽었다는 소식을 접했다. 몇 년 뒤에 프루동은 "결국 이 죽음이 나를 현존 질서와 화해할 수 없는 반란자로 만들었다"고 얘기했고, 알렉산드르 게르첸Alexander Herzen에게 다음과 같이 말했다. "20년 전에 난 동생을 잃었어요. 한 젊은 군인을 강제로 공금횡령의 공모자로 만들려 했던 나쁜 지휘관의 횡포 때문이었죠. 그의 괴롭힘이 동생을 자살하게 만들었어요."

우리는 이 얘기 외에 다른 어떤 상세한 설명도 알지 못한다. 7월 왕정July Monarchy[16] 하의 모든 국가기관에 존재했던 부패가 바로잡힐 수 있었을지라도 프루동이 상급자를 고발했는지 확인할 방법은 없다. 이 사건이 프루동에게 미친 개인적인 영향에 관해서도 상세한 설명은 불가능하다. 그보다 콩데 출신의 이 힘없는 농민 일가가 느꼈던 무기력한 비통함을 상상하는 것이, 그리고 이 비극이 가난한 자와 정직한 자를 괴롭히는 사회에서 가장 밑바닥을 차지했던 그들 조건의 직접적인 결과라는 점을 이미 반항기가 있었던 피에르-조제프가 얼마나 처절하게 깨달았던가를 아는 것이 더 중요하다. 억압적인 조직을 가진 국가는 장-에티엔의 바람이나 가족의 감정을 무시하고 그를 징집해서 이용하고 죽였으며 계속 똑같은 방식으로 또 다른 젊은이를 그런 구렁에 밀어 넣으려 징집을 하고 있다. 이 과정은 무한정 반복될 것이었다. 다른 한편으로─이것이 두 번째 교훈이다─국가는 결코 공정하게 작동하지 않는다. 영향력은 그 작동 과정을 왜곡하

---

16 [옮긴이 주] 1830년 7월 혁명은 샤를 10세를 영국으로 망명시켰지만 공화국을 수립하지 못하고, 루이-필리프가 라 파예트La Fayette와의 협상을 통해 국왕으로 추대되었다.

여 부유층의 자식들을 보호할 수 있다. 그래서 국가는 권력을 가진 자들의 도구라는, 프루동의 사상에서 이미 나타나던 아나키스트의 경향들이 그때부터 점점 더 강해지기 시작했고 주요한 공격 목표가 권력이라는 점은 프루동에게 분명해졌다. 따라서 사랑하는 동생의 죽음은 프루동이 반란자로 성장하는 데 가장 중요한 계기 중 하나가 되었다.

이 비극 뒤 몇 년 동안은 거의 기록이 없고 거의 아무런 사건도 없었던 것처럼 보인다. 사실 1834년과 35년, 프루동은 자전적 기록에서 "일 때문에 행복한 날들이 이어지고 있다"고 말하며 만족했다. 아르부아에서 돌아왔을 때 브장송의 경제 상황은 훨씬 나아졌고, 오랜 고용주인 고티에 가족은 프루동을 기꺼이 다시 주임으로 받아 주었다. 프루동은 한 달에 120프랑을 받았고 유년기 이후 그 어느 때보다도 편안하게 가족과 생활할 수 있었다.

이 시기의 일은 프루동의 식자공 경력을 가장 만족시켰던 듯이 보인다. 당시에 고티에 가족은 프루동이 자신의 장인 경력에서 대표작으로 인정했던 『불가타 성경 *Vulgate Bible*』만이 아니라 아베 베르지에Abbé Bergier의 『신학 사전 *Dictionnaire Théologique*』도 인쇄했다. 라틴어와 히브리어에 대한 지식 덕분에 프루동은 몇 개월 동안 이런 책들을 조판하고 인쇄하는 걸 감독했다. 그리고 어린 시절의 소박한 신앙을 회복한 것은 아니었지만 매일의 업무를 통해 다시 신학적인 사색의 미로에 빠져서 종교에 관한 많은 정보—나중에 신앙의 본성에 관한 연구와 교회에 대한 비판에서 아주 효과적으로 이용했던 정보—를 얻고 싶어 했다.

프루동은 아베 베르지에가 제안했던 구상을 많이 비판했지만 그의 사람됨과 글을 진심으로 존경했고 그를 "내 전담 신학자"라고 부르곤 했다. 이 반란자와 성직자 사이에는 많은 공통점이 있었다. 두 사람 모두 콩테 출신의 농민이었고 무뚝뚝했으며, 드러내놓고 시골풍의 삶을 살았다. 베르지에는 당시 유행하던 설교사의 영예를 누리지 않고 프랑슈-루즈라는 마을의 농부들 사이에서 사는 걸 선택했다. 그리고 나막신을 신고 산책하며 자유시간에는 아주 오래된 자료를 근거로 교회 원리를 연구했다. 달랑베르d'Alembert는 [고대 프랑스 가톨릭 신앙인] 갈리카니즘 교회 Gallican Church가 제공하는 세속적인 호화로움을 거부하던 베르지에에게 유명한 백과사전의 신학 항목들을 편집해 달라고 부탁했고, 이 항목들은 고티에가 다시 인쇄한 신학 사전에 들어갔다. 종교적인 사안을 고민하던 프루동은 당시에 거의 잊혀진 이 신학자를 처음 접했을 때의 느낌을 평생 간직했다. 아마도 프루동을 실제로 사로잡았고 베르지에가 실제로 가졌던 중요성보다 더 많이 이 옛날 학자를 신뢰하게 만든 것은 베르지에의 헌신적인 삶과 가난한 자에 대한 사랑, 사치에 대한 경멸이었을 것이다.

이 시기에 프루동은 지적인 야망을 포기하려 했던 것 같고 심지어 브장송의 지식인 모임들과 접촉하는 것도 피하려 했다. 하지만 이따금씩 오랜 꿈들이 프루동을 다시 괴롭혔고, 팔로의 소식을 들었을 때에는 더 괴로워했다. 파리에서 함께 지낸 뒤 여러 해 동안 팔로는 '프랑스 학사원the Institut de France'의 사서로 일했고, 1836년 초에 프루동은 편지를 써서 파리에서 일자리를 얻을 수 있을지를 물었다. 프루동은 팔로의 비서가 되었으면 했다. 아니면 프루동은 친구[팔로]의 언어학 논문을 출판할 인쇄소에서 일하길 바랐다.

사실 팔로는 지역 인쇄소의 후원을 받으며 책을 낼 만큼 영향력 있는 유명 인사가 되지는 못했다. 그리고 팔로는 프루동에게 일자리를 주기 어려울 뿐 아니라 심지어 자기 책을 찍을 출판업자를 찾기도 어렵다는 답장을 보냈다. 그래서 프루동은 파리로 돌아간다는 생각을 포기했고, 대신에 연구를 할 수 있을 만큼 여가를 가질 수 있는 지위에 오를 때까지 직업을 수단 삼아 자신을 계발하기로 결심했다. 1836년 2월 17일 샤를 바이스는 자신의 일기에 이렇게 적었다. "고티에 인쇄소의 주임인 랑베르Lambert와 프루동 둘 중 프루동은 박식한 노동자이고 랑베르는 고어에 아주 뛰어나다. 이 둘은 좋은 조건으로 몽타솔로Montarsolo 인쇄소를 인수했다. 이들은 한 공증인의 사전을 출판하는 것으로 시작할 것이다." 랑베르 외에도 친구인 마우리스Maurice가 직접 활동하지 않는[자본만 대는] 동업자로 사업에 동참했다. 랑베르와 마우리스가 거의 모든 자본을 모은 듯했고, 인쇄소는 랑베르의 이름으로 운영되었다.

랑베르 인쇄소의 초반기에 관해서는 아무런 정보가 남아 있지 않지만, 1836년 겨울과 37년 동안 프루동이 몇 달 동안 일을 하지 못하게 만든 병(병의 원인은 기록되지 않았다)을 앓았음은 분명하다. 7월 초 팔로의 죽음이 가한 충격과 함께 사업에 대한 책임감이 프루동을 혼란으로 몰아갔을 수 있다고 생각하는 것은 가능하다. 병에서 회복되던 시기에 프루동은 다시 한 번 '문법 연구'에 관심을 쏟게 했던 최초의 진지한 글―"종교 비평과 철학에 관한 꽤 분명하고 만족스런 글"―을 썼다.

우리가 프루동의 첫 번째 글로 알고 있는 책은 이 글 다음에 나왔다. 베르지에를 존경했던 프루동은 이 신학자가 주요한 세계어들의 구성 방식을 정하기 위해 그 언어들의 공통 뿌리를 찾으려 했던 『언어의 기본 요소 Eléments primitifs des langues』라는 철 지난 어학 책을 다시 출판하자고 친구들을 설득했다. 이 책을 현대적으로 개작하면서 프루동 자신도 베르지에의 텍스트를 보충하기 위해 『일반문법 시론 Essai de Grammaire Générale』을 썼다.

나중에 프루동은 이 글의 "출처가 분명하지 않고", "오류가 있고", "힘이 없다"고 하면서 자기 글이 아니라고 부인했다. 그렇지만 그 당시에는 이 글에 만족했고 쥐스트 뮈롱에게 장담했듯이 브장송의 몇몇 '명사'들이 이 글을 "아주 새롭고 흥미롭다"고 봤다며 즐거워했다. 나중에 프루동 스스로 얘기했듯이 이 글이 "과학적으로 완전히 반박된 책"에 의지했기 때문에 그 내용을 길게 얘기할 필요는 없다. 그렇지만 그 이후 프루동의 지적인 발전과 어느 정도 연관되어 있다고 보는 게 적절한 몇 가지 특징들이

[이 글에] 있다.

먼저 프루동은 모든 언어의 핵심어가 *존재*être라고 주장하던 언어학자를 비판하면서 핵심 단어가 실제로는 *나*moi라고 주장하려 했다. 이 주장의 심리적인 함의는 프루동이 자신의 자아를 단련시켰던 유년기의 고통으로 거슬러 올라가는 듯하다. 그리고 나중에 이 함의는 모든 가르침의 바탕이 되었던 아나키즘만이 아니라 평상시에도 아주 개인적이고 체계적이지 않았던 생각으로도 이어지는 듯하다.

이 책의 이미 철 지난 언어학적 논리를 읽을 때마다 몇 번씩 프루동에게 잠재된 반란의 가능성을 알아챌 수 있고 때로는 나중에 신과의 전쟁을 선포할 사람이라는 점도 아주 잘 드러나는 듯하다. 프루동은 거의 실존주의적인 말투로 "우리가 새로이 밝아 오는 완전무결한 선善의 새벽을 맞이하지 못할지라도, 우리의 지성이 우연과 필연만을 신으로 인정할지라도, 우리가 밤을 인식하고 우리의 사상을 외치며 자신의 운명에 맞섰다는 점을 입증할 것이다"라고 선언했다. 생-보베는 "한 프로메테우스 같은 지식인이 베르지에의 제자들 속에서 으르렁거렸다"고 논평했다.

알 만한 지역 사람들의 칭찬을 제외하면 이 글은 주목을 받지 못했다. 그렇지만 프루동은 아주 낙관적이었고 이미 자신이 언어학 연구를 혁명적으로 변화시켰다고 여겼다. 프루동은 자신이 문법상의 혁명을 일으키기 직전이고 독학한 다른 많은 사상가들처럼 언어의 기능이 모든 철학의 핵심이라는 거의 신비주의에 가까운 믿음에 사로잡혔다고 뮈롱에게 장담했다. 프루동은 언어의 비밀을 발견한 사람이 지식 세계 전체를 가로지르는 새로운 장을 열 것이라고 느꼈다.

1837년 말이 되어도 아무런 인정을 받지 못한 것은 프루동의 열광을 누그러뜨렸다. 프루동은 새로운 친구인 알자스 출신의 시인 폴 아케르만Paul Ackermann에게 자신이 "[한 끼에] 두 개나 세 개의 샤토브리앙[비프스테이크]을 먹을 만한 사상"을 가졌지만 문체상의 결점으로 어려움을 겪고 있다고 떠벌였다. "나는 악마에게도 글을 쓸 만큼 엄청난 열정을 가지고 있어. 그 점이 나를 지탱하는 힘이자 나를 버겁게 하는 일이지.…나는 문법에 맞게 말하고 내 모든 생각을 한 면에 담을 수 있으면 좋겠어." 그러나 분명프루동은 자기 야심을 포기할 만큼 낙담하지 않았고, 존경하던 소수의 사람들이 인정한 글을 출판했다는 단순한 사실은 프루동이 마음으로 품었던 더욱더 원대한 계획을 실행하리라는 확신을 줬다.

7

그동안에 랑베르 인쇄소의 일거리는 거의 늘지 않았고, 심지어 두 명의 동업자가 계속 일할 수 없다는 점도 분명해졌다. 그래서 1838년 초에 프루동은 파리로 돌아가기로 결심했다. 이 결심의 한편에는 자신의 인쇄소를 위해 어느 정도의 일거리를 찾겠다는 바람이 있었고, 다른 한편에는 그곳에서 식자공으로 살아보겠다는 바람이, 또 한편에는 지난 6년간의 경험을 더해 작가로 살 수 있을지를 알아보려는 마음이 있었다.

당시에 프루동은 교정 일거리를 찾는 데 어려움을 겪지 않았다. 가난에 시달리지 않았음에도 파리 생활에 대한 프루동의 혐오감은 처음 방문했을 때보다 더 커진 듯했다. 프루동은 "파리에서 생활하기 싫은 이유는 천 가지가 넘고 이 절망적인 주민들은 이루 말할 수 없는 연민을 자극합니다"라고 예전의 선생님인 페레네에게 불평했다. "내 주위의 사람들은 모두 노래를 부르고 웃으며 들떠 있어요. 그들은 끝장을 볼 때까지 즐기려는 듯 보입니다. 부자들은 무일푼이 될 때까지 마셔대요. 가난한 사람들조차 한 달에 단 한 번 *즐거운* 밤을 보내기 위해 일하고 저축합니다."

프루동은 프랑스의 지방을 칭송하고 "프랑슈-콩데 사람이 인류 중 최고가 될 수 있다"고 결론을 내리며 위안했다. 이건 대도시에서 길을 잃은 시골 사람의 과장된 주장이자 애국주의와 향수병을 뒤섞은 반항적인 외침이었다. 그러나 이 점은 나중에 프루동을 지역주의의 가장 위대한 예언자 중 한 사람으로 만들었던, 중앙집권에 대한 불신에서 자라난 사상 노선을 예고했다.

파리에서의 체류는 그곳에 도착한 지 몇 주일 뒤 동업자인 랑베르가 실종되었다는 소식을 접하고 갑작스럽게 끝이 났다. 4월 9일 프루동은 프랑슈-콩데로 출발했고 포티에에게 급하게 편지를 썼다. "내 친구 랑베르는 이미 죽었거나 거의 미칠 지경에 있을 겁니다. 따라서 나는 그를 대신해 실패한 사업을 이끌 참입니다. 당분간 언어학과 철학이여, 안녕!" 4월 15일에 프루동은 브장송에 도착했다. 얼마 지나지 않아 랑베르의 시신이 브장송에서 6마일 떨어진 숲에서 발견되었다.

즉시 프루동은 인쇄소 업무의 혼란을 바로잡는 데 착수했다. 그렇지만 프루동은 이미 많은 손해를 입은 사업에 대한 열정이 거의 없었다. 프루동과 마우리스는 기회가 닿는 대로 인쇄소를 팔기로 결심했다. 성공한 인쇄 장인이 되려는 시도가 사실상 실패한 것은 인쇄소를 포기하고 학업을 시작하려는, 이미 파리에서 생각했던 결심을 굳히게 했다. 팔로가 받았던 쉬아르 장학금이 1838년에 다시 공모될 것이고, 책 한 권을 출판했으며 브장송의 지식인들 사이에서 명성을 얻고 있었기에, 프루동은 1832년보다 목표를 달성하기가 훨씬 더 수월하리라고 여겼다.

이런 희망을 품었던 프루동은 당시 '브장송 아카데미'의 사무 간사였던 페레네의 격려를 받았고, 랑베르가 죽기 전부터 페레네와 장학금에 관한 편지를 주고받았었다. 2월에 프루동은 장학금을 받을 경우에 진행하려고 계획했던 연구 주제의 개요를 페레네에게 설명했다. 그 주제는 프루동이 언어에 관한 연구를 출발점으로 삼아 연구하고 싶어 했던 철학이었다. 브장송으로 돌아오자마자 프루동은 장학금을 받도록 최선을 다해 도와줄 사람들을 찾기 시작했고 곧바로 자신의 지원서를 준비했다.

프루동은 자신의 낮은 신분을 밝히는 것으로 시작해서 페레네가 "대체 당신은 어디서 그런 글을 쓰는 교육을 받았는가?" 하고 놀라서 소리치게 했던 호소력을 담아 자신의 삶과 학업에 관해 이야기했다. 그 뒤 프루동은 자신의 조언자인 페레네에게 설명했던 연구 과정을 상세히 적었고, 자신의 가난한 친구들에게 바치는 맹세인 유명한 헌사로 끝을 맺었다.

"노동계급working class[17]으로 태어나고 자랐으며 지금도, 그리고 앞으로도 진심으로, 마음을 담아, 여느 때처럼, 특히 이익과 희망을 나누면서 계속 노동계급에 속할 것입니다. 만일 여러분의 선택을 받는다면, 지원자의 엄청난 기쁨은 사회에서 이로운 역할을 하길 바라는 여러분의 온당한 바람을 충족시키는 최초의 노동계급 대표가 되기에 충분하다는 판단을 내리도록 만들 겁니다. 또한 앞으로 쉬지 않고 철학과 과학을 공부할 수 있을 겁니다. 내 모든 의지와 정신력을 다해, 내 형제들과 동료들의 완전한 해방을 위해."

이렇게 [노동계급에 대한] 연민을 공개적으로 선언한 것은 페레

---

17 [옮긴이 주] 프루동이 얘기하는 노동계급은 보통 프롤레타리아트로 표현되는 공장 노동자들만이 아니라 농업노동자, 노동하는 인민 전체를 포괄한다. 그래서 프루동의 계급관은 부르주아지와 프롤레타리아트가 아니라 노동하는 자worker와 노동하지 않는 자non-worker로 나뉜다.

네를 기쁘게 한 만큼 그를 놀라게 했다. 그리고 당연히 페레네는 결정권을 가진 심사 위원회가 두려워하지 않을 만한 형식으로 똑같은 감정을 표현하는 한 문장으로 글의 어조를 조절하자고 아주 어렵게 프루동을 설득했다.

8월 23일에 '아카데미'의 결정이 내려졌고 두 번의 투표를 거쳐 프루동은 수많은 후보자들 중에서 선발되었다. 심사 보고서는 다음날 페레네가 읽었는데, 보고서는 다른 경쟁자들에 비해 "재산이 거의 없고 더구나 돈 때문에 심각한 어려움을 겪으리라는 분명하고 슬퍼할 만한 이점"을 가졌고, 프루동의 뛰어난 지적 발전이 "성공적인 미래를 거의 확실히 보장"하기에 '아카데미'가 프루동을 선택했다고 말했다.

브장송에서 연구를 계속하고픈 프루동의 희망과 달리 '아카데미' 회원들이 파리로 가야 한다고 고집했기 때문에, 장학금을 받은 기쁨은 괴로움과 뒤섞였다. 화가 난 프루동은 "회원들이 장학금 수혜자에게 원하는 건 석학이 되는 것만이 아니라 세상에서 **좋은 지위**를 얻어야 한다는 것이다. 이건 **평등주의자***egalitarian*의 사상과는 거리가 멀다"고 말했다. 그리고 브장송의 부르주아들이 훌륭한 경력—프루동은 아주 혐오했던—을 시작하게 되었다고 축하하며 뒤를 봐주겠다고 하자, 결국 프루동은 고향보다 파리가 적합할지 모른다고 생각하기 시작했다. 3주가 지난 뒤 프루동은 아케르만에게 "여전히 너는 파리에 지성과 광명이 있다고 말하겠지"라고 소리쳤다. "나로서는 바보들 사이에서 사는 것일 뿐이야." 프루동이 불평했듯이, 2백 명 이상의 사람들이 재산을 모으고 "집과 좋은 관직을 얻을 기회를, 명예와 훌륭한 지위를 가질" 기회를 얻게 되었다며 축하를 보냈다. 어느 누구도 프루동이 "가난한 사람들을 위해, 비천한 자의 해방을 위해, 인민의 교육을 위해" 장학금을 받았다고 얘기하지 않았다. 어느 누구도 프루동이 "형제들의 축복" 외에 어떠한 다른 보상을 기대하지 말고 "진실을 말하며 고아들을 위해 일하라"고 얘기하지 않았다. 프루동은 '아카데미'에 제출한 지원서에 적었던 맹세를 진지하게 받아들였다. 자신을 낳은 계급을 위해서가 아니라 부유함과 권력의 길을 걸어야 한다는 말에서 암시되는 냉소주의만큼 프루동을 화나게 만든 얘기는 없었다. 그 이후에도 프루동은 1838년에 자신이 '아카데미'에 지원서를 쓰면서 아주 개인적인 판단에 따라 스스로 정한 방침이 옳다고 여겼다.

8

1838년 11월에 프루동은 세 번째로 파리를 향해 떠났다. 그 이후의 삶에 관해 이야기하기에 앞서, 브장송에서 친구와 주고받았던 편지에 관심을 끌 만한 내용이 있다. 이 내용은 8월 20일 아케르만에게 보낸 편지에 있다. [당시에] 이 시인은 약간의 개인적인 불운으로 슬퍼하고 있었고, 프루동은 절제된 태도로 그를 위로했다. 이 위로의 내용은 자서전에서 불충분하고 파악하기 어렵게 뒤섞여 있다.

"한 사람이 행복이나 희생, 때론 고통과 견디기 어려운 좌절, 포기, 절망을 경험했다고 해서 우리가 걸어갈 길이 끝난 건 아냐.…지난 며칠간 루체른에 있는 내 예전 애인에게 편지를 쓰고 있어. 그녀는 지루해서 죽거나 어쩌면 사랑 때문에 죽어 가고 있어. 그녀는 내게 위로해 달라고 해. 그녀에게 말했지. '당신 주변의 돌아가는 상황을 봐요. 솔직히 당신은 친절하거나 정숙하지 않고 힘든 일을 하지도 않잖아요. 안 그래요? 창피한 줄 모르고 쾌락을 전시하며 사는 매춘부들이 수없이 많은데, 어떻게 당신이 사는 게 힘들다고 해요? 나는 이 미스터리를 당신에게 설명하고 싶어요. 신은 사악함과 악덕이 인간들 사이에서 절정에 달해 선한 사람들이 가장 먼저 고통 받기를, 그래서 선한 사람들이 깨어나 자신들을 집어삼키려는 홍수에 맞서게 되기를 의도했어요. 프랑스에는 나처럼 신성한 사명을 따르겠다고 맹세한 수십만 명의 청년들이 있고 이들은 곧 정복하거나 죽게 될 거예요. 이들은 지배자나 군대와 싸울 용기가 있는 사람들이기 때문이지요. 그러니 가엾은 여인이여, 당신은 신이 우리에게 지성과 용맹함을 주기를, 우리의 열정을 축복하고 그의 뜻이 승리하기를 빌어야만 해요.' 너는 한 젊은 여성이 자신에게 이렇게 말하는 애인에게 어떤 감정을 느끼리라 생각해?"

우리는 "정말 뭐야!" 하고 소리칠지 모른다. 그러나 아니꼬운 설교보다 더 흥미로운 것은 프루동이 20대 초반에 순수한 열정을 넘어서는 연애를 했다는 암시이다. 여기서도 우리는 프루동이 얘기한 여성을 확인할 수 없지만, 『정의론』에는 이 사건의 전모를 밝힐 두 문단이 있다. 먼저 프루동은 자신이 호언장담하던 순결을 깼다는 비판자들의 비난—아마도 아주 터무니없을—을 다뤘다. 프루동은 자신의 삶이 사실상 순결했다고 완강하게 주장했다. 그런데 프루동은 자신의 주장을 흥미롭게 수정했다.

"나는 순결하다. 나는 타고난 기질에 따라 원래 그렇다.……무엇보다도 그건 여성에 대한 존중 때문이었다.……그렇다고 내가 언제나 순수하게 금욕적이었다는 말은 아니다. 당신도 알다시피 순결과 금욕이 항상 서로를 전제하는 것은 아니기에 두 말 사이에는 큰 차이가 있다.……좋다, 자유연애의 시대에 내가 자연적으로 순결한데도 한 번 이상 금욕의 미덕을 어기는 죄를 저질렀다고 형식적으로 말하는 것이 좋은 일일까?"

순결이라는 말의 정의가 반드시 금욕을 의미하는 것은 아니라는 점을 염두에 두고 프루동이 이상주의적인 사랑을 비판하고 청년기의 첫 열정을 회상하는 다음 구절을 보자. "많은 다른 사람들이 그랬듯이 내 청년기는 나를 아주 어리석고 슬프게 만들었던 정신적인 연애로 시작되었다. 그 덕에 나는 사춘기 이후 10년 동안 **성을 탐닉하게***agnus castus* 되었다."

프루동이 순수한 순결을 지켰던 사춘기 이후 10년이라는 시기는 묘하게도 그가 루체른의 '연인'을 낙담시키는 편지를 썼던 시기와 거의 일치한다. 그리고 이때 프루동은 다음과 같은 말을 남겼다.

"그 오랜 위기[10년]가 끝나고, 자유로워졌다고 믿었다. 그러나 그 뒤에도 나는 성 바오로를 괴롭혔던 악마의 공격을 받았다. 그리고 그것이 나를 가장 불쾌하게 만들었다고 말할 수 있다. 그토록 오랫동안 마음 한 켠에서 나를 괴롭혀 온 악마는 이제 나의 자제력마저도 뒤흔들었다. 그래서 일이나 독서, 산책, 어떤 종류의 완화제도 나를 평화롭게 만들 수 없었다. 나는 영혼을 거스르는 감각의 제물이 되었다.…육체는 하라고 말했고 양심은 하면 안 된다고 말했다. 포기해야 할까, 아니면 끝을 볼 수 없던 그런 신비화[연애]에 다시 사로잡혀야 할까? 정신적인 사랑으로 육체적인 사랑과 싸우는 것은 계율로 해결되지 않는다. 계율이 무너지면 다른 것들도 매우 폭력적으로 무너진다."

이 에두른 고백의 숨겨진 의미로 보건대 프루동이 열정적으로 성관계를 탐닉했던 시기는 1833년부터 1838년까지 브장송에서 보낸 시기 중 대략 끝 무렵인 듯 보인다. 이 경험이 유쾌했는지는 알 수 없다. 사실 극도로 예민했던 청년기의 프루동에게 이 경험은 그 자체로, 육체의 욕망에 굴복했다는 점에서 수치심을 느끼게 했을 것이다. 그리고 편지 내용에서는 어떠한 상황에서건 더 큰 의무를 내세워서 내키지 않는 의무에서 벗어나려 했던 프루동의 욕망이 드러난다. 분명 진실이 무엇이건 간에 이것은 그로부터 10년 뒤에 결혼할 때까지 프루동의 삶에서 어떤 내밀한 부분을 차지했던 여성에 관한 마지막 기록이다. 그리고 이 성적인 위기의 시기가 정신적인 활기와 생산성의 시기로 이어졌기 때문에, 프루동이 아주 어쩔 수 없을 때에만 인정했던 욕망의 힘을 승화시켰을 가능성도 있다.

프루동의 여성관이 형성되는 속도를 설명하려면 『동정녀의 신비에 관해 on the Mystery of the Virgin』라는 글을 쓴, 지역 성직자에게 보냈던 1839년 여름의 편지 한 통을 언급하는 것이 적절하다. 이 편지는 조르주 상드George Sand를 인용했는데, 여기서 상드는 프루동이 처음으로 여류 작가를 아주 심하게 혹평하고 여성의 사회적 지위에 관한 이론을 거칠게 만들기 위한 구실이 되었다. 이 구절은 프루동 자신의 성적인 경험에 관해 또 다른 힌트를 제공하기 때문에 길게 인용하겠다.

"내게 조르주 상드는 허풍과 과장된 말에 매료된 사람들의 많은 지지를 받는 드 스타엘de Staël 부인과 비슷한 부류의 인간입니다. 이 무리들은 상드의 과장된 표현, 문체에 힘을 싣기 위한 극단적인 형용사, 깊이에 대한 일반화와 추상화, 숭고함이 없는 과장, 새로움이나 탁월한 관찰을 위해 필요하다고 인정된 공리를 뻔뻔스럽게 거부하는 것을 잘못 해석합니다. 나는 당신이 인용했던 다음과 같은 일부 구절만으로도 이 모든 걸 증명할 수 있습니다.…'수세기 동안 기독교 철학의 숭고한 전통을 지켜 온 사람들은 여성이다.' 이 구절은 지나치게 많은 것을 말하기에 아무것도 의미하지 못합니다. '오늘날 영성의 흔적을 지킬 사람도 여성이다.' 정확히 그 반대가 진실입니다. 보통 여성은 자신을 관능의 수렁으로 던져 넣고 우리를 그 속으로 끌어들입니다. 생시몽주의나 푸리에주의를 따르는 여성들을 보세요. 루소가 탁월한 논리와 호소력으로 『에밀 *Emile*』의 후반부에서 발전시켰던 것 이상을 말하지 못한다면, 여성의 평등에 관한 조르주 상드의 이야기는 전부 진부한 사실에 지나지 않습니다. 그리고 상드의 주장이 루소의 주장 이상이라면, 조르주 상드는 거짓말을 하기 시작한 겁니다. 권리를 비교할 때 남성과 여성은 동등합니다. 의무를 비교해도 남성과 여성은 마찬가지로 동등합니다. [그러나] 성을 서로 비교하면 여성은 열등합니다."

문학적인 관점에서 보면 조르주 상드에 대한 프루동의 혹평은 이 시기에 매우 가혹한 비판적 평가들이 등장했음을 의미한다. 그러나 개인 전기의 면에서 더 흥미로운 점은 교회의 교부들에 관해 비꼬는 만큼 여성의 타고난 관능도 비꼰다는 점이다. 그래서 어떤 이는 [프루동의] 개인적인 경험과 유혹에 대한 굴복, 궁극적으로 자신의 취약함에 대한 책임을 다른 곳에 뒤집어씌우려는 욕망에서 이렇게 비꼰다고 느낄 수 있다.

내가 인용한 문단의 끝부분에서 프루동은 성적인 두려움과 공화주의 원리 사이에서 갈등하면서 여성에 대한 일반적인 생각을 끌어낸다. 평등주의자는 권리의 평등을 부정할 수 없고 그 점은 자신이 인정하지 않는 사람들의 권리에 대해서도 마찬가지이다.

그리고 권리의 평등은 의무의 평등을 뜻한다. 그러나 권리와 의무가 **반드시** 지적인 자질이나 도덕적인 자질의 평등을 의미하는 것은 아니다.

프루동은 남성과 여성의 상대적인 기능에 관해, 우리가 가끔 다루는 매우 논쟁적인 주제에 관해 많은 글을 썼다. 그렇지만 여기서는 프루동이 노동계급의 생활환경에서 경험한 것일 뿐이라는 점을 떠올리는 것이 좋을 것 같다. 그리고 프루동이 평생 동안 보인 수많은 반발은 충격적이지만 라틴계 노동자의 시선과 다르지 않았다. 그 시기에 '자유연애'는 진정한 노동계급 급진주의자들보다 중간계급 유토피아주의자들 사이에서 더 유행했었고, 성의 평등이라는 생각도 노동계급보다 부르주아지에게서 더 자주 나타났다. 이런 상황은 19세기 내내 계속되었다. '제1 인터내셔널'에서 여성에 관해 프랑스 노동자들이 [발표했던] 초기 성명서들은 프루동이 평생 주장했던 얘기와 매우 비슷했다. 이런 관점은 그 당시 소수의 사회주의자들이 공유했고 프루동의 아나키스트 제자들이 거부했으며 오늘날 대부분의 계몽된 사람들이라면 거부할 만한 남성과 여성의 관계에 대한 프루동의 경직된 사고방식을 정당화하는 것이 아니라, 그 사고방식을 해명explain하도록 돕는다.

2장

소유를
비판하다

1838년 늦가을에 프루동은 파리에 도착했고, 곧바로 '브장송 아카데미'가 자신의 연구를 돕도록 지명한 조제프 드로Joseph Droz와 연락을 취했다. 웅변술과 행복해지는 법에 관해 무난한 글을 썼던 온화하고 정직한 학자 드로는 학생의 거친 성품 때문에 처음에는 아주 곤란해 했다. 그렇지만 드로는 거친 겉모습에 감춰진 우수한 자질을 똑똑하게 알아챘다. 프루동을 만난 뒤에 곧바로 드로는 페레네에게 편지를 썼다. "저는 오래지 않아 프루동이 뛰어난 프랑슈-콩데인의 기질을 잃지 않으면서도 야성을 벗어나고 그의 수줍음이 능력 있는 사람에게 적합한 겸손함으로 변했다는 사실을 당신에게 알려드릴 수 있으리라 믿습니다."

이 말은 드로가 프루동과의 첫 번째 만남에서 틀림없이 경험했을 당황스러움을 암시하고, 드로와의 관계에 대한 프루동 자신의 언급도 이 점을 분명하게 밝힌다. 프루동은 "내가 역설의 인간이고 그는 틀리지 않았다"라는 결론에 드로가 도달한 듯하다고 페레네에게 얘기했다. 이 말은 주목할 만한 가치가 있다. 이 말은 스스로를 과장해서 표현하는 프루동의 성향—나중에 이

성향은 거의 천성으로 발전했다―이 드러나기 시작했다는 점을 보여 준다. 그런데 이런 자기규정이 정당하다는 점 역시 부정할 수 없다. 왜냐하면 이 성향은 프루동의 논쟁 기술에서 가장 고유한 특징을, 즉 자신의 추론을 분명하게 만들고 비판을 심화시키기 위해 역설과 모순, 이율배반을 효과적으로 활용하는 특징을 예고하기 때문이다.

개인적으로 드로를 상당히 존경했지만, 학술원 회원들이 프루동에게 거의 아무것도 가르칠 수 없다는 점도 곧 분명해졌다. 왜냐하면 학술원 회원들은 철학과 역사, 언어학, 프루동이 연구 중이던 다른 모든 주제들의 목적[노동계급의 해방]에 관해 거의 즉각적으로 동의하지 못했기 때문이다. 드로는 거의 모든 회원들이 이미 그런 분야의 지식에 관해 이야기해 왔다고 주장한 듯하지만, 프루동은 그런 이야기가 매우 과장될 수 있다고 느꼈다. 드로는 그런 불만을 깨달을 만큼 충분히 민감했기에 한 주에 두 번의 회의로 프루동과 회원들의 만남을 제한했다. 그리고 이 만남은 프루동이 개인적인 작업 패턴에 몰두하게 되면서 점점 더 부정기적으로 이루어졌다.

자신의 제자를 파리 지식인의 사교계로 끌어들여서 그 소심함을 극복하게 하려던 드로의 노력은 성공하지 못했다. 드로가 저녁 모임Soirées에 초대했을 때, 프루동은 너무 겁이 나 참석할 수 없었기 때문이다. 프루동은 드로에게 보낸 사과와 해명의 편지에서 "당신은 하늘과 소나무 사이에서 홀로 명상에 잠겨 자신

의 꿈만 꾸면서 살아온 순수한 혈통의 프랑슈-콩데인이 된다는
게 어떤 건지 잊었나요?" 하고 물었다. "저는 여전히 그런 사람이
에요. 이성적으로 생각하게 된 후로 20년의 대부분을 저는 홀로
살았어요. 그런 저를 가장 유명한 모임에 갑자기 이식하려 하다
니요! 안돼요, 저는 그런 시험을 결코 견딜 수 없어요!"

프루동의 지나친 수줍음은 그의 흥미를 끌던 분야를 연구하
던 학자들과의 만남도 방해했다. 프루동은 서로 토론하는 과정
에 거의 참여하지 않는 외로운 학생이 되었다. 어떤 이는 프루동
의 후기 저작을 아마추어 철학자의 책으로 여길 만한 구실을 제
공했던 엉뚱한 상상과 무질서한 박식함이 바로 이런 수줍음 탓
이라고 할 수도 있다. 그렇지만 그 주장은 이런 특징들이 독창성
과 유연성과 같은 개인적인 자질로 여겨질 수도 있다는 점에서
잘못이다.

파리 생활을 시작할 때부터 프루동은 열의와 정열을 품고 자
기 방식으로 공부했다. 프루동은 소르본 대학the Sorbonne과 콜
라쥬 드 프랑스the Collège de France, 공예학교the Conservatoire des Arts
et Métiers에서 공개 강의를 들었고, 피상적인 강의와 교수들의 알
랑거리는 파벌 근성을 아주 심하게 비판한 글을 친구들에게 보
냈다. 프루동의 공부 시간은 대부분 왕립 도서관the Bibliothèque
Royale과 마자랭 도서관the Bibliothèque Mazarine에서의 독서로 채
워졌다. 처음 몇 달 동안 프루동의 연구 활동은 거의 체계가 없
었다. 프루동은 학자 경력을 시작하기 위한 예비 단계로 학위

를 받기 위해 공부한다고 생각했다. 프루동은 유대인들의 위태로운 역사를 깊이 고민했다. 프루동은 독일어와 산스크리트어를 배우기 시작했다. 그렇지만 프루동은 여전히 철학 분야부터 공부했고 '프랑스 학사원'이 수여하는 볼네이Volney 상에 도전하기 위한 논문을 준비하느라 바빴다. 이를 위해 프루동은 초기에 썼던 문법에 관한 글을 다듬고 보충했으며 이 글에 「프랑스어의 문법 범주 및 몇 가지 기원에 관한 연구Recherches sur les catégories grammaticales et sur quelques origines de la langue française」라는 제목을 붙여서 기고했다. 심사 위원들이 충분히 다듬어진 뛰어난 논문으로 생각하지 않았기 때문에 프루동은 상을 받지 못했다. 그렇지만 프루동의 원고는 가작으로 뽑혔다. 심사 위원들은 프루동의 독창적인 분석, 특히 히브리어의 구조에 대한 분석을 높이 평가했지만 "필자가 위험한 추론을 포기해야 했고, 때때로 심사 위원단이 각별히 권했던 경험적이고 비교적인 방식을 생각하지 않았다는 점에서 아쉽다"고 평가했다.

그러는 동안에 프루동은 재정 상황이 공부에 완전히 몰두하게끔 허용하지 않는다는 것을 점점 더 분명하게 느끼고 있었다. 물론 1830년대의 평범한 환경에서 1년에 1,500프랑을 받는 것은 학생 한 명이 파리에서 검소하게 생활하기에 충분할 돈이었다. 그러나 프루동은 평범하고 자유로운 학생이 아니었다. 프루동은 여전히 가난했던 부모님을 돕기 위해 돈을 보내야 했을 뿐 아니라, 1년 이자로 적어도 300프랑을 내야 하는 인쇄소와 관련된 빚에 대한 책임도 어떻게든 맡는다는 어려운 결정을 내렸던 것이다. 프루동은 "만일 쉬아르 장학금을 믿고 생계 문제를 까마득히 잊을 만큼 어리석었다면, 여섯 달 동안 빵 껍질조차 먹지 못했을 것이다"라고 말했다.

파리에 도착한 지 얼마 되지 않아 프루동은 수입을 늘리기 위해 인쇄소의 야간 일자리를 구하기 시작했고, 1839년 3월에 가톨릭 백과사전을 위해 문법과 논리학, 철학에 관한 글을 쓰기 시작했으며, 《뤼로프 L'Europe(유럽)》라는 왕당파 잡지의 논문 교정을 봤다. 그러나 돈을 벌려는 계획들은 크게 성공하지 못했다. 가톨릭 백과사전의 편집자는 프루동에게 의뢰한 모든 글에 대한 원고료를 지불하지 않은 채 출판을 연기했다. 그해 여름 말 프루동은 마우리스에게 30프랑을 빌려 달라고 청하는 편지를 썼다. 마우리스는 프루동이 의지할 최후의 보루였다.

그렇지만 프루동은 가난이 자신의 저술 활동을 방해하도록 허용하지 않았고, 알파벳 활자에 관한 자신의 첫 번째 논문을 준비할 시간을 만들었다. 이 논문이 《공개 강좌 L'Instruction Publique》지에 실리자 프루동은 "나는 이제 루비콘 강을 건넜다"고 선언했다.

1839년 말 '브장송 아카데미'가 "공중위생과 도덕, 가족관계 및 도시와 관련해 일요 예배의 유용성"에 관한 글을 공모했을 때, 프루동은 사상의 발전을 증명할 새로운 기회를 잡았다. 한 달 동안 프루동은 완전히 탈진해 쓰러질 때까지 논문을 썼고, 논문의 완성은 그에게 새로운 확신을 줬다. 프루동은 이 논문을 저술 경력의 출발점으로 봤다. "내 첫 작품이 어느 정도 성공을 거둔다면, 나는 6개월마다 어떤 결과물을 출판할 위치에 금방 서게 될 거다. 강하고 빠르게 공격하는 게 필요하다"고 프루동은 얘기했다.

「주일 예배에 대하여 *De la Célébration du Dimanche*」라는 제목의 논문은 생-보베가 올바로 봤듯이 해당 주제가 "자신의 사상 체계를 소개하기 위한 구실일 뿐이고 그럼에도 모호하고 명쾌하지 않은" 주장을 펼쳤다. 프루동은 안식일 제도를 지지했고, 논문은 그런 관습이 제자리를 찾은 평화로운 시골 생활을 목가적으로 서술하느라 대부분의 분량을 썼다. 이 논문은 어쩔 수 없이 멀어진 전원생활의 아름다움을 유배된 자의 시선으로 그리던 사람, 즉 한 **실패한 농민**이 고향을 그리워하는 향수의 표현이었다.

그런데 프루동은 유익한 계율을 제정한 사람인 모세를 종교 지도자만이 아니라 사회 개혁의 아버지로 봤다. 프루동은 모세의 가르침을 검토했고 철학적인 성찰을 통해 *Lo thignob*라는 계율의 의미를 "도둑질하지 말라"가 아니라 "그대 스스로 무엇도 축적하지 말라"라며 파격적인 주장을 했다. 프루동은 이 주장에 도덕법의 절대성에 관한 선언을, 그리고 "조건의 평등이…사회의 목적"이라고 단언하는 주장을 덧붙였다. 결국 프루동은 "소유는 거짓 신들 중 마지막 신"이라고 선언했다. 프루동은 "가진 자들의 증가"를 비난했고 "노동계급의 착취자들"을 공격했으며 가난한 자가 "가진 자들이여, 스스로를 지켜라!"고 절규하는 도발적인 가상 대담으로 끝을 맺었다.

우리는 이미 이 글에서 프루동주의 사상과 평등주의, 소유 이론, 자연적이고 내재적인immanent 정의에 관한 사상이 대강의 틀을 세우고 있다는 점을 깨닫게 된다. 공부를 시작한 뒤 경험하고 연구할 시간이 비교적 적었음에도 프루동은 평생 동안 관철할 사회에 대한 입장을 발전시켰다. 그 이후로 프루동이 한 일은 이 글을 통찰력과 관찰, 연구로 풍부하고 분명하게 만들며 새로운 사상 분야로 확장하는 것이었다.

게다가 이 글은 나중에 프루동이 발전시킬 비교적 덜 중요한 주장들에 관한 단서들을 담고 있어 흥미롭다. 예를 들어, 루소의 사회계약론에 대한 프루동의 생각은 18세기 사상가의 오류를 아주 예리하게 지적하는 구절에서 이미 모습을 드러낸다. "인간의 관습을 권리의 근거로 삼고, 법을 의지의 표현으로, 달리 말해 정의와 도덕을 다수의 결정과 다수결의 지배에 굴복시킴으로써 루소는 자신이 벗어났다고 믿던 심연 속으로 더 깊이 빠져들었고 자신이 고발했던 사회를 사면했다."

루소에 대한 프루동의 비판은 윌리엄 고드윈William Godwin이 거의 50년 전에 했던 비판과 비슷하게 도발적이다. 그리고 [프루동과 고드윈] 두 사람 사이에 더 많은 공통점이 있다는 것은, 평등에 대한 생각과 함께, 고드윈이 '소유의 축적accumulated property'이 부당하다고 했던 것과 프루동의 생각이 일치한다는 데에서도 드러난다. 그렇지만 프루동이 고드윈의 글을 읽었다는 증거[18]는 없는데, 아마도 아주 비슷한 사상가들이 프랑스 대혁명의 원리와 사건들을 각자 독자적으로 추론하면서 그런 결론에 도달했던 것 같다.

사실 사상적인 면에서 프루동에게 영향을 미친 요소를 찾는 것은 어렵고 종종 보람 없는 일이기도 하다. 독창성이 프루동의 사상에서 정말 대단히 많은 부분을 차지하는 듯 보인다. 그리고 [다른 사람의] 생각을 빌려올 때에도 프루동은 그것이 새로운 형태로 여겨질 정도로 자신의 생각과 일치하도록 완전히 수정했고, 프루동주의 체계와 가장 유사하게 보이던[프루동은 체계를 세우지 않았다] 유동적인 변증법의 전장dialectical battleground에 맞도록 변형시켰다. 게다가 프루동은 사상과 정보를 엄청나게 수집했다. 프루동은 폭넓게 읽었고 친구들이 전문적인 지식을 가지고 있는 분야들에 관해 자신에게 알려 주도록 기꺼이 친구들을 활용했다. 그래서 포티에는 프루동에게 중국 철학을, 티소Tissot는 칸트를, 그륀Gruen과 바쿠닌Bakunin은 헤겔을 전수했다. 그렇지만 종종 프루동은 전수받은 사실들의 의미에 관해 친구들과 생각을 달리했다.

18 프루동은 1846년 『경제 모순』에서 맬서스에 관해 얘기하며 고드윈을 언급하지만, 그를 오웬Owen과 같은 '공산주의자'로 분류하는 것으로 보아, 고드윈의 『정치적 정의 Political Justice』를 읽지 않았을 가능성이 크다.

그 영향을 전체적으로 볼 때 프루동은 프랑스 대혁명기의 다양한 사상들을 받아들였다는 점에서 그 시대의 적자였다. 그런데 이 경우에도 프루동은 자코뱅의 전통에 반발했고 나폴레옹만큼이나 로베스피에르도 거부했다. 이미 나는 기독교 신학이, 특히 베르지에가 프루동에 미친 영향을 말했거니와, 프루동의 논쟁적인 문체는 [기독교] 예언자들의 위협적인 발언들을 많이 본받았다. 그렇지만 예언자들의 도덕이 주로 구약의 도덕이었다면, 프루동은 아주 정통적이지 않은 방식으로 모세의 계율을 받아들이고 이용했다. 그리스-로마 시대의 영향은 그리 두드러지지 않았다. 프루동은 플라톤의 사상 속에 숨어 있던 권위주의를 거부했고, 가장 많이 공감한 고대 그리스 철학자들은 헤라클레이토스Heraclitus와 스토아 학파였다. 그렇지만 이 경우에도 이런 연관성은 우연인 듯했다. 즉 직접적인 영향을 받았다기보다 입장의 비슷함 정도였다.

성경 외에 프루동이 영향을 받았다고 인정한 인물은, 1848년에 자신의 제자인 아마데 랑글루아Amadé Langlois에게 얘기했던 헤겔과 아담 스미스Adam Smith였다. 확인되진 않지만 틀림없이 칸트와 생시몽Saint-Simon, 푸리에도 프루동이 사상을 발전시키는 데 기여했을 것이다. 시간이 흐를수록 프루동은 다른 사람들의 이론에서 점점 더 독립하게 되었다. 미슐레와 게르첸도 어느 정도 프루동에게 영향을 미쳤다. 그러나 프루동은 당시의 주도적인 인물들 대부분—르낭Renan 같은 자유주의적 지식인이든, 블랑키

Blanqui 같은 직업 혁명가들이든—에게 다소 강하게 반발했다.

심지어 그 영향이 분명한 경우에도 프루동은 결코 사제 관계를 인정하지 않았다. 주로 프루동의 태도는 비판적이었고 아주 소란스런 학생이었다. 항상 프루동은 스승들의 이론을 어느 정도 개인적인 방식으로 뒤틀어서 끝을 맺었다. 예를 들어, 프루동의 변증법은 마르크스와 엥겔스 같은 정통이 아닌 헤겔주의자들에게도 지나치게 이단으로 보였고, 티소 같은 칸트주의자들은 프루동이 이율배반을 대담하게 구사하는 것을 난처해 했다. 프루동이 푸리에나 생시몽을 다뤘던 방식은 더 무자비했다. 푸리에나 생시몽이 특정한 사안을 아주 명석하게 인식했다고 인정했지만, 프루동은 서슴지 않고 이들의 사상 체계가 이런 통찰력—자신이 이런 통찰력을 수용할 수 있다고 여겼음에도—을 잘못 이용했다고 비판했다. 달리 말해, 프루동은 스스로 검토하지 않고는 어떤 것도 받아들이지 않는 건강하고 독특한 지성을 증명했지만, 그런 시사점들을 효과적으로 이용할 수 있도록 자기 것으로 만드는 방식은 그리 꼼꼼하지 않았다.

2

일요 예배에 관한 프루동의 담론으로 스며들었던 소유와 평등에 관한 생각은 '브장송 아카데미' 회원들의 관심을 끌었고, 심사 위원 중 한 명이었던 아베 도니Abbé Doney는 "정치와 사변철학, 평등 체계에 관한…논지를 벗어난 이야기와 과장되고 무례하며 무모하고 받아들일 수 없는 주장"이 위험하다고 봤다. 그러나 도니는 논문에서 엿보이는 뛰어난 문학 자질을 높이 평가했다. "항상 문체가 분명하고 자연스러우며 거침없고 빠르며 독창성으로 충만하고 선의와 진리에 대한 뜨거운 애정으로 생긴 열정은 주목할 만하다."

이런 평가는 급진적인 사상이라는 위험한 분야에서 장난을 치라고 '아카데미'의 장학금을 주는 것이 아니라는 점, 즉 프루동에게 보내는 분명한 경고를 의미했다. 그리고 영예의 금메달 대신에 단지 동메달을 줬던 나머지 '아카데미' 회원들도 도니의 의도에 동의했다. 수상자는 디종 대학의 철학 교수이자, 칸트를 번역했고 나중에 프루동의 절친한 친구가 된 티소였다.

시상식에 참석하기 위해 브장송으로 돌아온 프루동은 도전적일 만큼 태연하게 상을 받았다. "나는 내가 받은 동메달이 더 좋아"하고 프루동은 아케르만에게 말했다. "내 논문은 산만하고 건방지다고 분류되었어. 네가 동의하겠지만 내 논문은 *[금메달과] 동등한*ex aequo 게 아니라 더 뛰어나." 프루동은 자신의 인쇄소에서 『주일 예배에 대하여』를 책으로 제작하기에 충분할 만큼 오랫동안 브장송에 머물렀다. 11월에 프루동은 파리로 돌아가 야곱Jacob 가에 숙소를 잡았고 몇 주 뒤에는 "자만에 취했던 내가 이번 한 번만 발전을 위해 의지할 인물인" 칸트에게 전념하기 위해 [다른] 철학 공부를 잠시 중단하겠다고 선언했다.

그런데 프루동의 사유는 결코 철학에만 머물지 않았다. 철도가 쥐라 산맥을 관통함으로써 브장송의 특징이던 지리적 고립이 사라지자, 프루동은 당시의 혼란스런 사회 조건들을 관찰하고 그 관찰을 자신의 사유와 연결하기 시작했다. 특히 프루동은 파리의 실업 노동자들 사이에서 끓어오르던 불만에 관심을 가졌다. 12월에 프루동은 "실업 노동자들의 혁명적인 사기는 절망과 맞닿아 있는 듯 보입니다" 하고 페레네에게 말했다. "이들은 일단 봉기를 시작하면 정부가 도시의 모든 거점을 순식간에 장악할 수 있도록 파리의 도시계획을 세웠다는 점을 알고 있어요. 이들은 오늘날 수천 명이 학살당하지 않고는 봉기할 수 없다는 점도 압니다. 이들을 더 비참하게 만드는 건 바로 그 무기력이에요.…만일 권력을 잡는다 해도 이들이 2주 이상 지배하지 못하리라는 점도 분명합니다. 자기 조직이 없기에 이들은 저절로 흩어질 겁니다. 그렇지만 이들은 정부 관리들에게 소름끼치는 교훈을 주는 시간을 만들 겁니다." '사계절파'의 음모the Conspiracy of the Seasons[19]로 알려진 몇 달 뒤의 봉기는 프루동이 암시했던 바로 그 이유―전략적인 능력의 부족과 반란자들 사이의 응집력 부

19 [옮긴이 주] 1839년 5월 12일, 블랑키주의자인 '사계절파'가 일으킨 반란 시도.

족―때문에 무너졌다.

그러는 동안 프루동의 경제 사정도 점점 더 나빠지고 있었다. 1840년 2월 프루동은 알자스 출신의 새로운 친구 프레드릭-귈롬 베르흐만Fréderic-Guillaume Bergmann에게 "쓰라린 마음으로 네게 편지를 써" 하고 말했다. "작년에 너는 내가 가난하다고 생각했을 거야. 네가 지금 파리로 온다면 올해는 무일푼인 내 모습을 보게 될 거야.…3월 20일부터 9월 20일까지 살려면 250프랑이 있어야 해. 많이 읽고 쓰며 공부하지만 나는 중압감을 느끼고 당황해 하며 지쳐 가고 있어. 가끔 다리를 건널 때면 센 강을 뚫어져라 내려다봐. 또 가끔씩 나는 도둑질을 할까 생각도 해. 가난의 무게가 너무 무거워서 내일 부자가 될 수 있다면 나를 따라다니는 악몽이 2년 동안 계속되어도 좋아."

준비 중이던 새로운 책을 출판할 업자를 찾을 수 있을지 없을지를 알지 못했기 때문에 프루동의 근심은 더 깊어졌다. 지난 한 달 동안 프루동은 부지런히 일했고, 개인적인 고통은 어조와 의지를 더 도전적으로 만들었다. 프루동은 베르흐만에게 "나는 이제 어떤 **찬양 노래**gloria patri**도** 부르지 않을 거야" 하고 말했다. "이 책은 사실상 경고가 될 거야.…네가 비밀을 지켜 줬으면 하는데, 새로운 책의 제목은 『소유란 무엇인가? 소유는 도둑질이다』 또는 『정치와 시민, 산업의 평등에 관한 이론』이야. 나는 이 책을 '브장송 아카데미'에 헌정할 거야. 제목이 섬뜩하겠지만 이 책이 나를 비난하는 근거는 되지 않을 거야. 나는 논증을 하는 사람이고 사실을 증명했을 뿐이야.···출판업자를 찾을 수 있기를 신께 기원해. 그렇게 된다면 이 나라는 구원을 받을 거야." 그러고 나서 자아도취를 깨달았는지 프루동은 "여느 때처럼 솔직하게 얘기한 거야. 너는 내가 거짓 겸손을 좋아하지 않는다는 걸 알잖아. 친구에게 다른 식으로 말하면 내가 위선자나 거짓말쟁이처럼 보일 거야" 하고 덧붙였다.

프루동이 베르흐만에게 얘기했던 책의 목적은 "정의라는 개념과 그것의 원리, 특성, 공식을 정하는 것", 특히 소유 제도를 예로 들어 설명하는 것이었다. "배고픈 사자는 포효"하기 때문에 문체가 "거칠고 신랄"하며 아이러니와 분노가 아주 분명하게 나타났을 수도 있다. 결정적으로 프루동은 이 책의 독창성과 시의적절함을 한 번도 의심하지 않았다. 프루동은 "철학 영역에서 이 책에 견줄 만한 건 하나도 없어" 하고 아케르만에게 말했다. 프루동은 작업을 빨리 추진했고 4월 말경에 책을 끝냈다. 프루동이 걱정했던 것보다 출판업자는 훨씬 빨리 구해졌고, 6월 말에 책이 출판되었다.

3

유난히 어려운 환경에서 혼자 공부해 온, 서른 살 정도의 사

"소유는 도둑질이다!"

『소유란 무엇인가?』의 출간으로 프랑스에서 유명해진 프루동은 조금씩 끓어오르던 혁명의 기운을 느끼며 정의로운 사회를 만들 방법을 찾기 시작했다. 평생 가난에서 벗어나지 못했기에 인쇄소와 운송 회사에서 일하며 틈틈이 공부했고, 그 결과물을 꾸준히 책으로 펴내 당대의 혁명가들과 논쟁을 벌였다. 그림은 당시 프루동이 일으킨 논란을 풍자하는 만평. '소유를 파괴하는 유일한 방법'이라는 제목이 붙어 있다.

람이 쓴 첫 번째 책인 『소유란 무엇인가? *Qu'est-ce-que la Propriété*』는 모든 점에서 주목할 만한 책이었다. 프루동의 열정적이고 흥미로운 글쓰기, 역설에 대한 애정, 문단을 나누는 재능, 인신공격과 사람을 빨아들이는 독설, 프루동의 탁월한 저작임을 시사하는 이 모든 특성들이 이미 완전히 자리를 잡았다. 문체의 뛰어남만을 놓고 보면, 『소유란 무엇인가?』는 당시 프루동보다 더 많이 알려졌던 작가들 대부분의 책들과 견줄 만했다. 『소유란 무엇인가?』는 프루동을 가장 무자비하게 비판했던 아르튀르 데자르댕Arthur Desjardins마저도 결국에는 인정했던 힘 있는 개념과 구성 감각, 언어의 균형, 모두를 지니고 있었다. 데자르댕은 "이 하층민은 자신의 문장을 뛰어난 기법으로, 가장 위대한 고전주의자의 기법으로 조각한다. 몰리에르Molière와 마찬가지로 프루동은 '프랑스 한림원the Academie Française'에 소속되어야 한다"고 인정했다.

다른 무엇보다도 내용의 우수성, 그리고 그만큼 뛰어난 독창성은 또 다른 적—프루동의 가장 강력한 이데올로기적 라이벌이었던 카를 마르크스—도 증언할 수 있다. 마르크스는 1842년 10월 《신라인신문 *Neue Rheinische Zeitung*》에 쓴 글에서, 프랑스 밖에서는 최초로 『소유란 무엇인가?』의 가치를 인정했다. 마르크스는 이 책을 "통찰력이 뛰어난 책"이라 말했다. 3년 뒤 『신성가족 *The Holy Family*』에서 마르크스는 이 첫 언급을 다음과 같이 보충했다. "프루동은 **소유**라는 정치경제학의 토대를 비판적인 실험대 위에 올렸다. 그리고 사실상 프루동은 최초로 결정적이고 활기차며 과학적인 연구를 진행했다. 이것은 정치경제학을 급진화하고 최초로 정치경제학을 참된 과학으로 만든 위대한 과학적 진전이다."

『소유란 무엇인가?』는 프루동이 정치적인 글을 쓸 때의 특징으로 여겨지던 대담한 문장들의 대표적인 예를 보여 줬다. "만일 '노예제도란 무엇인가?'라는 물음에 답해야 한다면, 나는 한 마디로 '살인!'이라고 대답할 것이다. 그러면 내 말의 의미는 금방 이해될 것이다. 한 인간에게서 그의 사상과 의지, 인성을 빼앗는 권력이 생사여탈의 권력이다. 한 사람을 노예로 만드는 것이 그를 죽이는 것이라는 것을 증명함에 있어 그 이상의 논증은 필요하지 않을 것이다. 그런데 왜 '소유란 무엇인가?'라는 질문에 마찬가지로 '도둑질'이라고 답하면 안 될까?"

처음에는 거의 주목받지 못했던 "소유는 도둑질이다"라는 문장은 19세기의 가장 유명한 문장들 중 하나가 되었다. 이 문장은 아나키스트와 보수주의자들 사이에서 논쟁을 일으켰고 사회주의자와 공산주의자가 빌려 썼으며, 프루동의 대중적인 이미지에 선정적인 플래카드처럼 따라다녔다. 아주 의외지만 프루동은 문학적인 방식으로 말하려 했던 것은 아니었다. 프루동의 대담한 표현은 강조를 하려고 의도한 것이었고, **소유**로 이해되기를 바란 것은 자신이 나중에 "온갖 남용abuses의 총합"이라 불렀던 것이었다. 프루동이 비난한 것은 스스로 어떠한 노력도 하지 않으면서 다른 노동자를 착취하는 사람이 사용하는 소유였다. 그리고 이 소유는 이자나 고리대금, 지대와도 다르고, 생산하지 않는 사람이 생산자에게 부과하는 세금과도 달랐다. 인간이 자신의 거주지와 토지, 일하고 생활하는 데 필요한 도구를 통제할 권리인 '점유possession'로 여겨진다면, 프루동은 소유에 아무런 적의도 품지 않았다. 프루동은 점유가 해방에 반드시 필요한 근본 원리라고 여겼는데, 공산주의자들에 대한 주요한 비판 역시 그들이 이 점유를 파괴하려 한다는 점에 있었다.

그렇지만 프루동의 책을 한 문장으로만 이해했던 사람들은 이 점을 잘 몰랐다. 때때로 프루동은 모든 형태의 소유를 거부하는 사람들이라며 몹시 싫어했던 유토피아주의자로 자신이 분류되고 있다는 점을 알고 매우 난감해 했다. 그렇지만 가장 유명한 금언이 오해되는 만큼 프루동은 그 금언에 심하게 집착했다. 프루동이 국가사회주의자 루이 블랑Louis Blanc에게 화를 냈던 가장 중요한 이유 중 하나는, 지롱댕 브리소Girondin Brissot가 『소유의 권리와 절도에 관한 철학적 연구 Recherches philosophiques sur le Droit de Propriété et sur le Vol』에서 말했던 다음 구절을 자신이 도용했다고 블랑이 비난했기 때문이다. "필요의 척도가 부의 척도여야 한다.… 배타적인 소유는 사실상 **도둑질**이다." 결국 프루동은 예전에 누군가가 소유와 도둑질을 똑같이 생각했을 수 있더라도, [그 누군가가] 이 말의 진정한 의미를 몰랐다고 주장하면서 이 문제를 만족스럽게 해결했다. 문장의 참된 의미를 보여 줌으로써 프루동은 자신만이 그 의미를 발견했고, 그것이 자신의 "가장 소중한 점유"라고 주장했다. 나중에 프루동이 재화의 소유라는 개념만큼 사상의 소유라는 개념에 대해서도 강하게 문제 제기한 것을 보면, 이 점은 분명히 예외적인 집착을 드러낸다.

『소유란 무엇인가?』를 쓰면서도 프루동은 서론의 대담한 주장이 많은 독자들에게 미칠 영향을 분명히 알고 있었다. 왜냐하면 프루동은 서둘러 "자신은 불화를 모의하거나 폭동을 선동하는 사람이 아니다"라고 말해 독자들을 안심시켰고, 이 책이 역사를 예측하고 진보의 과정을 서술하고 있다고 주장했기 때문이다. 프루동은 한 명의 연구자, 진리를 좇는 사람의 태도를 취했고 정파의 지도자나 학파의 창설자가 되려는 야심을 전적으로 거부했다. "나는 체계를 세우지 않는다. 나는 특권의 종식, 노예제의 폐지, 권리의 평등, 법의 지배를 요구한다. 정의, 그뿐이다. 이것이 내 주장의 요체이다. 세계를 다스리는 일은 다른 사람에게 맡기련다."

사회사상가로서 프루동의 전체 경력에서 이 정의라는 개념—헤라클레이토스의 관점과 비슷했던—은 삶이 일종의 유동적인 균형 사이에서 움직인다는 원리로, [프루동이 얘기한] 몇 안 되는 일반 원리들 중에서 가장 중요한 원리로 자리를 잡았다. 그리고 『소유란 무엇인가?』에서 프루동은 자신이 훗날 쓰게 되는 방식 못지않게 분명한 언어로 정의를 서술하고 칭송했다. "정의는 세상을 지배하는 별들의 중심이자, [자신의] 주위를 도는 정치 세계의 중심축이며, 모든 거래의 원리이자 규칙이다. 권리의 이름을 빌리지 않고서는 사람들이 어떠한 일도 처리하지 못하듯이, 정의에 호소하지 않을 때에도 마찬가지이다."

정의는 "자기 자신과 전쟁 중인" 인간이 그동안 왜곡해 온 사회의 동력인데, 이 왜곡은 오류에 빠지기 쉬운 인간 의지의 주권―프랑스 대혁명의 원리로 제시된 주권―[프루동은 의지의 주권과 이성의 주권을 구분하고 이성의 주권으로 대체되어야 한다고 본다]에 위임해서 사회가 입은 피해의 원인을 파악하지 못하게 한다. 프루동은 소유를 공격하기 위한 기반을 만들기 위해 내재적인 정의라는 개념으로 돌아간다.

프루동은 소유에 관해 가장 익숙한 세 가지 변명을 열거하는 것으로 시작한다. 소유가 선점occupation에 근거를 둔다는 주장에 대해, 프루동은 "선점권은 모두에게 동등하다"고 답한다[모든 사람에게 평등하게 선점권이 주어진 뒤에야 정당화될 수 있다]. 소유가 민법에 근거를 둔다는 주장에 대해, 프루동은 법이란 사회 현실을 바로잡기 위해서라면 수정될 수 있는 단순한 관행일 뿐이라고 답한다. 그리고 소유가 노동을 통해 만들어진다는 주장에 대해, 프루동은 모든 노동자들이 소유권자는 아니라고 명확하게 반박한다.

노동과 관련해 소유를 논하면서 프루동은 아주 중요한 몇 가지 주장을 펼친다. 프루동은 노동이 가치의 유일한 근원이지만 결코 노동이 노동자에게 소유권을 주지 못한다고 주장한다. 왜냐하면 노동자의 노동이 상품으로 만들 재료를 만들어 내지는 못하기 때문이다. "상품에 대한 권리는 배타적 권리, 즉 **물권**物權, *jus in re*이다. 반면에 생산수단에 대한 권리는 공통의 권리, 즉 **대물권**對物權, *jus ad rem*이다."

그런데 프루동이 말한 **생산수단**은 자연이 제공하는 천연자원으로만 구성되지 않는다. 생산수단은 인간이 과거에 만든 장비라는 엄청난 유산, 즉 문명의 축적된 기술과 전통, 더 중요하게는 각 개인의 노동을 홀로 일할 때보다 훨씬 더 효과적으로 만드는 협동 노동collective work이라는 요소를 포함한다. 프루동에 따르면, 자본가들이 부당하고 불공평하게 전용하는 진정한 '잉여가치'는 바로 이런 요소이다. "이제 이 재생산의 효모leaven—영원한 생명의 씨앗, 생산을 위한 토지와 제작된 장비의 준비—는 자본가가 생산자에게 빚지고 있는 것이며 생산자에게 상환하지 않는 부채이다. 노동자의 빈곤과 게으름뱅이들의 사치, 조건들의 불평등을 낳는 것은 바로 이 기만적인 지불 거부이다. 즉 사람들이 인간에 의한 인간의 착취라고 적절히 부르는 것은 바로 이 지불 거부이다."

따라서 우리는 『소유란 무엇인가?』에서 마르크스와 조금 다르고—마르크스보다 몇 년 앞섰지만—리카도Ricardo의 이론에 바탕을 둔 노동가치론만이 아니라 아주 색다른 잉여가치론을 접할 수 있다. 이 잉여가치론은 잘 발전되지는 못했지만 도발적인 틀을 만들었다는 점에서 수용할 만한 점이 아주 많아 보인다. 마르크스의 잉여가치론은 고용주와 피고용인이라는 특수한 관계로 제한된다. 19세기 '임금의 철칙'—노동자들은 생활과 생식에 필요한 최소한의 것만 보장받고, 노동자들의 노동이 생산한 나머지 상품은 자본가가 가져가는—과 암묵적으로 연계된 마르크스의 잉여가치론은 근대사회에서 낡은 공식이 되었다. 왜냐하면 생존을 위한 필수 품목에 자동차가 포함된다는 점으로까지 확대해석하지 않아도, 미국 노동자들이 단지 생존에 필요한 만큼만 [임금을] 받는다고 주장하는 것은 불가능하기 때문이다. 그런데 비교적 높은 생활수준이 널리 보장되고 중간계급이 노동계급으로 전락하지 않으며 노동자가 낮은 계층의 중간계급으로 신분 상승하는 이런 문화에서도 여전히 프루동의 이론은 타당성을 지닌다. 프루동이 주장했듯이 노동자와 자본가, 생산자와 기생하는 자 모두 과거와 사회에 결코 갚을 수 없는 빚을 지고 있기 때문이다. 공동 노동common work의 시대가 있었기 때문에 우리는 지금처럼 산다. 사회적인 노력에 따른 협동과 도구가 없었다면, 노동자는 '잉여가치'를 생산하는 임무를 수행할 수 없었다. 그리고 사실 착취하는 자들이 전유하는 것은 노동에서 사회적이고 비인격적인 요소이다. 착취하는 자는 개인 노동력의 결과를 빼앗는 것이 아니다. 오히려 착취하는 자는 협동 노동이 우리에게 제공하는 여분의 생산력을 자신을 위해 갈취한다.

아주 뛰어난 이 시사점의 의미를 프루동이 완전히 깨닫지는 못한 것 같다. 자신의 주장을 관철한 뒤에 프루동은 평등주의를 반대하는 생시몽주의자와 푸리에주의자의 주장을 반박하기 시작했다. 생시몽주의자와 푸리에주의자 모두 인간의 능력이 불평등하기 때문에 [각자의] 노동에 대해 평등하지 않게 대가를 지불해야 한다고 주장했다. 프루동은 모든 노동이 사회에 의지한다는 개념에서 출발해, 인간의 능력이 동등하지 않다 해도 그 권리에서 동등해야만 한다고 선언했다. 왜냐하면 인간이 능력을 발전시킬 수 있도록 하는 것은 그의 타고난 능력이 아니라 사회 속에서 구체화된, [과거에서] 물려받은 전통과 기술, 생산수단이기 때문이다. 이 말은 제아무리 많은 기여를 했다 해도 자신의 능력만큼 일하는 모든 인간이 자신의 이웃과 똑같은 권리를 누려야만 한다는 점을 의미한다.

이렇게 주장한 뒤, 프루동은 사실상 소유라는 것이 사회의 생산물을 즐길 동등한 권리에서 노동자를 배제하기 때문에, 소유가 정의와 일치하지 않는다고 선언했다.

그렇다면 소유가 평등과 일치하지 않고 암묵적으로는 정의와도 일치하지 않으므로, 그리고 현재의 사회질서가 소유에 근거를 두고 있으므로, 남은 문제는 대안에 대한 고민이다. 그 대안은 공산주의일까? 확실히 그렇지는 않다. 인간은 사회적인 존재이고 사회관계에서 평등과 정의를 추구하지만 독립성도 사랑하기에, 자연스레 사회도 그런 방향으로 발전하기 때문이다. 프루동이 보기에 공산주의는 원시적인 결사체의 형식이고, 소유는 노예 상태에서 벗어나려는 인간의 욕망에서 비롯되었다. 여기서 우리는 그 당시 프루동의 연구에서 아주 흥미로운 징후와 만나게 된다. 왜냐하면 프루동은 공산주의를 테제로, 소유를 반反테제로 삼아 자신이 "헤겔의 공식"이라 부르던 명제로 변형시키려고 했기 때문이다. "세 번째 테제, 즉 합을 찾는 일이 남는바, 우리는 이를 해결해야 할 것이다."

1840년에 프루동이 진행하던 연구의 범위를 밝히고 프루동에게 헤겔을 소개한 사람이 누구인가—그륀이냐, 마르크스냐, 바쿠닌이냐—에 관한 이후의 논쟁을 해결해 주기 때문에, 헤겔에 대한 언급은 중요하다. 해답은 분명하다. 즉 그들 중 어느 누구도 프루동에게 헤겔을 전수하지 않았다. 왜냐하면 프루동이 이들 헤겔 좌파를 만난 것은 1844년과 1846년 사이인데, 프루동은 몇 년 전부터 헤겔의 기본 사상에 관해 이미 알고 있었기 때문이다.

프루동이 어떻게 헤겔의 사상을 접하게 되었는지에 관해서는 알려져 있지 않다. 분명 프루동은 헤겔의 책을 원어[독일어]로 읽지 않았다. 1845년에 베르흐만에게 쓴 편지에서 프루동은 그 사실을 인정했다. 프루동이 독일철학에 능한 친구와 지인들—예를 들어 아케르만과 베르흐만, 티소—로부터 상당히 많은 얘기를 들었을 가능성은 있다. 다른 한편으로 프루동은 1836년에 빌름Willm이 《독일평론 La Revue Germanique》에 실었던 헤겔에 관한 글을 분명히 읽었다. 왜냐하면 프루동은 1843년에 완성한 『인류에게서 질서의 탄생 De la Création de l'Ordre dans l'Humanité』에서 그 글을 언급하기 때문이다. 그러니 우리가 『소유란 무엇인가?』에서 목격한 변증법의 단순화된 형태를 언급할 필요는 없을 것 같다. 나중에 프루동이 철학자들의 저작에 관한 지식을 넓히기 위해 헤겔을 원어로 연구해 온 사람들과 만날 기회를 가졌다는 점은 분명 사실이다. 그러나 프루동은 이미 자신의 목적에 맞게 헤겔의 철학을 개조하고 있었다. 그리고 헤겔의 사상을 아주 조금 알았던 1840년만큼 프루동이 헤겔주의를 좋게 본 적은 없었다고 말하는 것이 옳다고 나는 생각한다.

이상적인 사회 모델이라는 문제로 돌아가서 프루동은 공산주의가 거짓된 평등만을 낳을 뿐 소유를 실제로 폐지하지 못하는 체제라고 보고, 결국 공산주의를 거부했다. 아주 놀랍게도 프루동의 비판은 우리 시대에 실현되고 있는 권위주의적인 공산주의를 예언한 것이다.

"공동체의 일원이 사유재산을 가지지 못한다는 점은 사실이다. 그러나 공동체가 [곧] 가진 자이고 재화만이 아니라 사람과 [그의] 의지까지 소유한다. 이 절대적인 소유 원리의 결과로, 태생적으로 인간이 지게 된 조건일 뿐인 노동은 모든 공동체에서 인간의 명령을 받게 되어 불쾌해진다. 성찰하는 의지와 모순되는 수동적인 복종이 엄격하게 강요된다. 제아무리 현명하게 고안한다 해도 언제나 불완전해지기 마련인 통제를 엄격히 따르는 것은 불평을 용납하지 않는다. 생명과 재능, 인간의 모든 능력들은 공공선을 충족시킨다는 이유로 그 능력을 이용할 권리를 가지는 국가의 소유가 된다. 그리고 여러 단체의 옳고 그른 성향들을 구분하지 않고 사적인 조합들은 엄격하게 금지된다. 왜냐하면 그런 조합들을 받아들이는 것은 큰 공동체 내에 작은 공동체들을 만드는 것일 수 있기 때문이다.…본질적으로 공산주의는 인간 능력의 자유로운 활용과 가장 고귀한 욕망, 심오한 감성을 막는다."

그렇기에 공산주의가 비난받아야 한다면, 가장 많이 비난받아야 할 점은 소유이고 "배제와 증식의 권리가 평등을 침해하고 독재가 자유를 침해하기" 때문이다. 달리 말하면, 공산주의는 자기 것을 지키려면 반드시 강자나 교활한 자의 권력과 결탁하게 되는 도둑질의 일종이다. 그래서 바로 이 지점에서 우리는 정당한 권위라는 문제에 직면한다. 여기서 프루동은 중요한 대화와 역사적인 해설을 한다.

"미래의 정부는 어떤 형태일까? 독자들은 '아니 어떻게 당신이 그런 질문을 할 수 있나요? 당신은 공화주의자이잖아요' 하고 반문할 것이다. '공화주의자! 그렇습니다, 그러나 그 말은 아무것도 설명하지 못합니다. **공화국**Res publica은 바로 공적인 것입니다. 그런데 어느 누구라도 공적인 일에 관심을 가진다면, 어떤 형태의 정부라도 스스로를 공화주의자라 부를 수 있지요. 심지어 왕도 공화주의자입니다.' '그렇다면, 당신은 민주주의자이군요.' '아니오.'…'그렇다면 당신은 누구입니까?' '나는 아나키스트요!'"

프루동은 얘기를 나누던 사람이 깜짝 놀라서 자신을 쳐다보며 당연히 농담을 한 것으로 여기리라 생각했다. 결국 프루동은 사회적인 동물이자 지배자가 되려 하는 인간의 원초적인 본능에서 권위가 발생한다는 사실로 거슬러 올라가 자신의 주장을 설명했다. 인간은 사유하는 능력을 발전시키면서 권위를 첫 번째 사유 대상으로 삼았고, 이 과정에서 저항과 불복종, 결국에는 반란이 일어난다. 이 반란은 정치학의 출현으로 그 방향을 잡고, 사회를 움직이는 법칙이란 [사회를] 지배하는 몇몇 개인이나 집단의 생각에 달린 것이 아니라 사회의 성격에 있다는 점을 깨달아. 간다. "정의의 힘이 점점 강해지면서 무력을 사용할 권리와 기만할 권리가 사라지듯이, 그리고 마침내 평등이 [그런 권리를] 소멸시키듯이, 의지의 주권은 이성의 주권 앞에 굴복하고 마지막에는 과학적 사회주의로 귀결되어야만 한다.…인간이 평등 속에서 정의를 추구하듯이, 사회는 아나키anarchy 속에서 질서를 찾는다. 아나키, 즉 지배자나 주권자가 없는 상태는 우리가 매일 다가서고 있는 바로 그 통치 형태이다."

그래서 프루동은 자신을 아나키스트라고 부른 최초의 인물이 되었다. 프루동보다 앞서 여러 사람들이 정부라는 개념을 공격했고, 『정치적 정의』에서 고드윈은 세밀하게 사회를 비판—최초의 리버테리언 이론가라는 명칭을 받게 한 비판—했다. 1793년의 가장 극단적인 혁명가들 중 일부가 자신의 적들을 '아나키스트'라고 불렀지만, 그들은 결코 그 별명을 받아들이지 않았다. 그리고 이 혁명가들의 사상은 대부분 진정한 의미의 아나키즘과 거리가 멀었고, 나중에 블랑키나 마르크스주의자들이 제안했던

'계급독재' 개념과 훨씬 더 가까웠다. 그렇지만 프루동은 자신이 구상한 사회형태에 '아나키'라는 이름을 스스로 붙인 최초의 인물이었고, 실제로 그 말—프루동은 언어를 엄격하게 구사하는 사람이었다—은 정부 없는 사회를 의미했다.

그래서 우리는 정의로운 사회를 만들기 위한 기반으로 공산주의나 소유 모두가 적절하지 않다는 최종 결론에 이르게 된다. 공산주의나 소유는 목적이 좋다 한들 그 결과가 나쁘다. 왜냐하면 공산주의는 독립성을 거부하고 소유는 평등을 거부하기 때문이다. 그러나 공산주의와 소유를 [변증법적으로] 종합한 '해방'은 이런 부족한 부분들을 채워서, 자유로운 계약 체제로 서로 결합된 소규모 생산자들의 세계에서 평등과 정의, 독립성, 개인의 재능에 대한 인정이 완전히 실현될 수 있는 사회를 제안한다.

정부와 소유의 축적을 거부하고 경제적인 평등과 노동자 사이의 자유로운 계약관계를 지지했다는 점에서 『소유란 무엇인가?』는 나중에—톨스토이Tolstoy와 와일드Wilde처럼 소속이 분명하지 않은 사람들을 포함해—모든 리버테리언 이론가와 분권주의 이론가들이 제안할 기본 요소들을 담고 있다.

그렇지만 소유와 정부에 대한 직접적인 비판은 프루동의 해결책에서 비교적 발전되지 않은 형태로 가해졌다. 테오도르 로셍Theodore Royssen이 말했듯이, 17, 18세기 철학자들에게서 빌려 온 공리와 추론을 따랐던 프루동의 사유 방식에는 '정체된' 면이 있었다. "진정한 의미의 역사는 그 책에서 거의 아무런 자리도 차지하지 못했다."[20] 이 점은 소유에 접근하는 방식이 매우 제한적이었다는 점과 분리해서 생각할 수 없다. 프루동이 다룬 논의는 다른 무엇보다도 토지의 소유였고, 거의 전적으로 농업의 방식이라는 점은 분명하기 때문이다. 모든 프랑슈-콩데인이 공정하게 토지를 분배받고 저당권자의 위협을 두려워하지 않는 사회를 프루동이 기대했다는 사실은 그의 성장 배경을 고려할 때 피할 수 없는 결론이었을 것이다. 그렇지만 소규모 장인 '점유자possessor' 한 명이 관리할 수 없는 [규모의] 산업에 관해 거의 아무런 관심을 주지 못했다 해도, 우리는 1840년까지 프루동이 산업혁명이라는 신세계를 살필 기회를 갖지 못했다는 점을 고려해야 한다. 철도와 대공장 산업의 선봉대는 경제적인 면에서 여전히 영세 농민의 작업장들로 고립된 상태였던 브장송에 [아직] 다다르지 못했다. 프루동은 대공장 산업이 점점 성장하던 리옹과 같은 도시들에 대해 거의 몰랐고, 프루동에게 익숙했던 파리의 지역은 오늘날까지도 작은 작업장들의 본산지로 유지되고 있다. 나중에 산업이 매우 발달한 지역을 더 많이 알게 되고 당대의 노동 생활과 더욱더 폭넓게 만나게 해 준 모험적인 사업에 관여하게 되었을 때, 프루동은 자신의 이론에서 아주 중요한 몇 가지 점들을 수정했다. 『혁명의 일반 이념 The General Idea of the Revolution』을 다룰

20 『진보의 철학 Philosophie du Progrès』(1946년)의 한정판 서문.

때 분명해질 테지만, 프루동은 『소유란 무엇인가?』를 근거로 자신이 농민의 세계관에서 벗어나지 못했다고 비난하던 사람들의 주장을 반박했다.

4

협박을 하듯이 프루동은 『소유란 무엇인가?』를 '브장송 아카데미'에 헌정했다. 그리고 6월 말 '아카데미'에 제출한 편지 한 통에서, 꾀를 부린 프루동은 '아카데미' 회원들이 자신의 파트너이고, 심지어 선동적인 자신의 책을 부추겼다며 경의를 표했다. 프루동은 "만일 내가 확실한 연구 방법으로 조건의 평등에 관한 학설을 정립한다면, 내가 소유를 영원히 폐기한다면, 여러분, 모든 영예는 바로 여러분의 몫입니다. 그건 여러분의 도움과 영감 덕분입니다" 하고 선언했다.

프루동은 이 도전적인 태도에 대한 '아카데미'의 반응을 파리에서 기다리지 않겠다고 결심했다. 아케르만에게 "어리석고 추악하며 수다스럽고 이기적이며 거만하고 잘 속인다"고 묘사했듯이, 프루동은 다시금 파리 생활에 염증을 내고 있었다. 그리고 시골의 식자공으로서 프루동의 생활고는 예전보다 조금씩 더 어려워지고 있었다. 당시 프루동은 가난에 지쳐 "다시 책 조판을 시작할 날을 고대한다"고 고백하게 되었다.

　프루동은 엘메리흐Elmerich라는 알자스 화가와 함께 걸어서 파리를 떠났다. 엘메리흐는 스트라스부르로 여행하던 중이었는데, 프루동의 집까지 동행하기 위해 프랑슈-콩데를 지나가는 데 동의했다. 7월 중순경 브장송에 도착했을 때, 프루동은 동료 시민들 사이에서 자신이 격렬하게 토론되고 있는 주제임을 알게 되었다. "책이 '아카데미'에 미친 영향은 내게 끔찍했어"라고 프루동은 베르흐만에게 편지를 썼다. "'아카데미' 회원들은 치욕이자 배은망덕이라고 울부짖어.⋯나는 한 명의 야만인이자 늑대, 뱀이야. 모든 친구들과 후원자들이 나를 멀리해.⋯이제 모든 게 끝났어. 나는 배수의 진을 쳤어. 내겐 희망이 없어. 그들은 어떤 식으로든 철회하라고 강요하는 걸 아주 즐기는 듯해. 나는 공부를 하지 않았다고 비난받았어."

　난처하게도 자신들의 보호를 받던 사람[프루동]이 자신들이 감히 의문을 품지 않고 물어볼 마음도 들지 않는 개념[소유]을 강하게 비판하는 사람으로 성장했다는 사실을 인정하는 것이 지방 소도시의 소심한 성직자들과 학자들에게 끔찍했으리라는 점은 누구라도 쉽게 상상할 수 있다. 사실 적지 않은 '아카데미' 회원들이 널리 퍼진 편견에 영향을 많이 받지 않고 프루동을 계속 우호적으로 대했다는 점은 '아카데미'의 영예였다. 그렇지만 이들조차도 프루동이 너무 과격하게 [글을] 썼다고 느꼈다. 이들 중 한 명은 온화한 바이스로, 프루동에게 "친구여, 너는 대의를 옹호하는 태도 때문에 그 대의를 어긋나게 했어. 식초 백 통보다 한 스푼의 꿀로 더 많은 파리를 잡는다는 앙리 4세의 말을 잊었나?" 하고 말했다. 프루동은 "이건 파리를 잡는 문제가 아니라 파리를 죽이는 문제입니다" 하고 대답했다.

그럼에도 프루동은 친구들의 의견을 듣고, 자신이 도발했던 그 많은 적개심을 느끼며 다소 침착함을 되찾은 듯했다. 왜냐하면 당시에 프루동은 『소유란 무엇인가?』에 대해 제기될 수 있는 오해를 없애기 위해 두 번째 글을 쓰려고 계획했기 때문이다. '아카데미'에 해명하는 편지를 쓰면서 프루동은 이 계획을 언급했고 "철학과 형이상학, 도덕"을 계속 연구해서 나중에 보답하겠다고 약속했다. 프루동은 '아카데미' 회원들을 다음과 같이 안심시켰다. "여러분, 나는 어떠한 정당이나 모임에 속하지 않습니다. 나는 추종자나 공모자, 패거리도 없습니다. 나는 파벌을 만들지도 않습니다. 나는 호민관 역할을 제의받는다 해도 거부할 겁니다. 그 유일한 이유는 내 자신을 노예로 만들고 싶지 않기 때문입니다. 내겐 오직 여러분밖에 없고 여러분만을 믿습니다. 여러분에게서만 호의와 건설적인 비판을 기대합니다. 여러분이 내 *의견*opinions이라 말하며 비난하고 내 사상과의 모든 관련을 부인할 작정이라는 것을 압니다. 그럼에도 나는 여러분의 짜증을 불러온 만큼 칭찬을 받을 시간도 오리라는 믿음을 계속 가지고 있습니다."

가장 적대적인 '아카데미' 회원들은 이런 [유화적인] 접근에도 마음을 풀지 않았고, 8월 10일 프루동은 티소에게 "그들은 내 장학금을 철회할 작정이야. 그들은 내게 가장 많은 걸 기대해야 할 바로 그 순간에 더 이상 아무것도 기대하지 않아. 그들은 가장 왕성하고 생산적인 순간에 나를 버릴 거야" 하고 말했다.

그러나 여름이 끝나 가면서 프루동의 상황은 꽤 나아지고 있었다. 드디어 『소유란 무엇인가?』는 파리에서 관심을 모으고 있었다. 루이 블랑의 《진보평론 Revue du Progrés》과 다른 잡지들이 『소유란 무엇인가?』를 다루었다. 파리의 출판업자 프레보 Prévot 는 재판으로 3,550부를 찍자고 제안했다.

그와 동시에 놀랍게도 두 현의 지사와 은행가, 사업가를 포함한 한 무리의 '아카데미' 회원들이 "열성적인 신자와 법률가, 순수문학가의 적개심"에 맞서 프루동을 후원하고 싶다는 의향을 비쳤다. 이런 내분의 결과, 분노한 모임의 개최는 잦아졌다. "결국 내가 심리를 받을 때까지 아무것도 해결되지 않았다. 그리고 나는 다가오는 12월에 내 자신을 변호하고 **형식과 내용 모두에서 소유에 반대하는 반反사회적인 책**을 썼다는 비난을 듣도록 '아카데미' 이사회로 출석하라는 요구를 받았다."

계속 머무르며 인쇄소를 재건할지 말지 마음을 정할 수 없었던 프루동은 가을까지 브장송에 머물렀다. 당시 파리에 머물던 베르흐만이 10월 15일에 스트라스부르로 떠날 거라는 소식을 듣자, 프루동은 『소유란 무엇인가?』의 재출간과 염두에 두었던 속편을 논의하고 싶은 친구를 만나려는 희망을 품고서 파리로 돌아가기로 결심했다. 프루동은 "15일에서 20일로 체류를 연장해 주게"라며 간청했다. "그러면 내가 너를 볼 수 있어.…내 다리가 부러지면 그건 너 때문이야." 프루동은 10월 11일에 브장송을 떠났고, 걸어서 지친 몸으로 17일 파리에 도착했다. 베르흐만은 프루동을 기다릴 수 없었고, 프루동의 가난은 6일간의 노력을 헛수고로 만들었다.

프루동은, 쉬아르 장학금을 받지 못하게 되리라는 예상이 『소유란 무엇인가?』의 출판에 따른 가장 나쁜 위험은 아니라는 점을 파리에서 깨달았다. 『소유란 무엇인가?』는 7월 왕정에 맞서는 소책자들이 홍수처럼 쏟아져 나오던 시기에 출간되었고, 검사는 이 작가[프루동]를 기소해야 한다는 의견서를 법무장관 비비엥 Vivien에게 보냈다.

프루동은 운 좋게 살아남았다. 프루동은 '정치학 아카데미 the Academy of Political and Moral Sciences'에 책을 보냈고, 유명한 음모가의 동생이자 경제학자인 제롬-아돌프 블랑키Jérome-Adolphe Blanqui가 검토를 맡았다. 블랑키는 긴 보고서를 준비했고 프루동의 관점이 과장되었다고 생각하는 부분을 비판했다. 블랑키는 소유의 남용 때문에 그 폐지를 주장하는 것이 간통의 치유책으로 결혼을 금지하자고 요구하는 것만큼 어리석은 짓이라고 주장했다. 그런데 동시에 법무장관이 『소유란 무엇인가?』의 선동적인 성격에 관해 의견을 물었을 때, 블랑키는 이 책이 "뛰어난 지성과 교양 있는 정신"에만 호소력을 가진 철학 논문이라고 단언했다. 비비엥은 블랑키의 권고를 받아들여 프루동을 기소하지 않았다. 프루동은 행운아였다. 불과 두 달 뒤에 라메네Lamennais는 자신의 책 『나라와 통치 Le Pays et le Gouvernement』─『소유란 무엇인가?』에서의 아나키스트 경고보다 군주제의 기본 원리를 더 강하게 공격하지는 않았던─때문에 1년의 징역형과 2천 프랑의 벌금을 선고받았다. 그러나 이때부터 정부 당국은 프루동을 계속 의심했고, 몇 달 뒤 다르메Darmés라는 노동자가 루이-필리프Louis-Philippe를 암살하려 했을 때 수사관 지로드Girod는 불길한 기록을 남겼다. "소유가 도둑질이라는 논문을 쓴 작가도 있는데, 국왕을 살해하려는 짓에 그리 놀랄 수 있을까?"

프루동은 블랑키의 중재를 고마워했고 계속 그런 마음을 가졌다. 그럼에도 프루동은 이 우호적인 비판자의 혹평에 답하지 않고 지나칠 의향이 없었다. 프루동은 원래 의도했던 대로 '브장송 아카데미'에 두 번째 보고서를 제출하는 대신에 "블랑키 씨에게 보내는 편지"를 쓰기로 결심했다.

5
___

프루동이 글을 쓰기 시작하면서 불안감을 완전히 떨쳐 버린 것은 아니다. 프루동은 베르흐만에게 "한편으로는 지식에 대한 사랑이 나를 기만하며 소유라는 문제에 관해서는 이미 충분히 얘기했다고 믿게 만들면서 다른 영역으로 나아가라고 명령해. 다른 한편으로는 부조리에 대한 마음과 열정적인 기질이 나를 새로운 전쟁으로 몰아가고 있어"라고 말했다. 논쟁을 좋아하는 충동은 더욱더 강해졌지만, 프루동은 정통 소유 이론에 대한 추가 공격을 보류할까 잠깐 동안 고민했다.

이 시기에 프루동은 가능하다면 과격한 비난보다 호소력 있는 주장으로 독자들을 설득하려는 의도로 작업을 시작했다. 프루동은 아케르만에게 "앞으로는 화살을 식초에 담그는 대신 올리브유에 담글 거야"라고 썼다. "화살을 맞은 사람들은 덜 괴로워하겠지만 그건 정말 치명적인 상처가 될 거야." 그렇지만 『소유란 무엇인가?』에서 분노를 키웠던 개인적인 불만은 줄어들지 않았고, 그 불만의 근본 원인들도 사라지지 않았다. 프루동은 언제나 가난했고 지독하게 외로웠다. 프루동은 아케르만에게 "나는 거의 사람들을 만나지 않고 지내" 하고 말했다. "베르흐만과는 300마일, 너와는 1,200마일 떨어져 있어. 팔로는 죽었고 그에 대한 기억은 계속 고통스러워. 말로 표현할 수 없는 고립감에 빠질 때가 있는 법이지." 그리고 개인적인 어려움들로 고통을 받으면서도 프루동은 지난 분노를 줄이겠다고 약속했지만 그 분노에 대해 변호하지 않을 수 없었다. 프루동은 아케르만에게 단언했다. "한 가지 변명을 하자면, 서른둘이나 먹은 사람이 스스로 잘못한 게 없는데도 거의 기아 상태에 있을 때,… 동시에 그 사람이 무능력과 어리석음을 넘어 몰염치한 특권과 나쁜 신념을 옹호하는 사람들을 목격했을 때, 그의 노여움이 불타오르고 문체가 영혼의 분노를 드러내는 것을 막기란 매우 어려운 법이야."

실제로 그 당시 세상에 대한 프루동의 불만은 모든 방면으로 흘러넘쳤고, 반동 세력의 배신만이 아니라 동료 공화주의자들의 어리석음에 대해서도 불만을 쏟아냈다. 공화주의자들의 자코뱅적인 방식은 진실되고 지각 있는 인민이 사회를 재구성하는 것을 불가능하게 만들었다. 프루동은 예언적인 통찰력으로 "1년 전에 어떤 이는 우리가 개혁을 지속하고 있다고 믿었을지 모른다. 오늘날 우리는 혁명을 향해 행진하고 있다"고 선언했다.

그러는 사이에 또 다시 '브장송 아카데미'와 논쟁을 시작했다. 계속 장학금을 받을 권리를 증명하려면 12월에 브장송으로 돌아오라는 요구를 받았지만 프루동은 돌아가지 않았다. '아카데미' 회원들은 이것이 단체의 명예를 다시금 모욕했다고 여기며 분노했다. 12월 말 프루동은 페레네로부터 이 행동에 대해 설명하라고 요구하는 한 통의 편지를 받았다. 또 한 번 프루동은 분노와 절망이 뒤섞인 상태에 빠졌고, 자신이 받은 명령을 따르지 않고 [오히려] 그 명령을 위협하고 도전하겠다고 페레네에게 불평했다. 따로 '아카데미'에 보낸 한 통의 공식적인 편지에서, 프루동은 장학금 지급이 중단될 경우 자신의 일을 브장송 사람들에게 공개하겠다는 의도를 밝혔다.

1841년 1월 15일 '아카데미'는 프루동의 편지를 신중하게 검토했다. 프루동을 반대했던 사람들은 예전보다 더 적대적이었지만 페레네와 바이스는 프루동을 지지했다. 프루동은 장학금을 수여하거나 철회하려면 3분의 2 이상의 찬성이 필요하다는 규정 덕분에 살아남았다. 프루동은 깜짝 놀랐지만 안심했다. 이 논쟁의 성공적인 결과는 프루동이 새롭게 자신감을 가지고 미래를 설계하도록 만들었다.

심지어 프루동은 소유에 관한 두 번째 글이 인민들만이 아니라 정부 당국에게도 '아주 좋은 영향'을 미치리라는 희망을 베르흐만에게 이야기했다. "어느 날 권력층으로부터 어떤 임무—물론 **복종해야 하는 신민으로서**_servatis servandus_—를 받더라도 포기하지 않고 내 원리의 확실성과 의도의 올바름을 확신할 거야." 이제 막 아나키스트임을 선언한 사람이 관직을 받는다는 생각은 분명 낯설다. 그런데 프루동은 때때로 자신의 이론을 [현실에서] 추진하기 위해 영향력 있는 사람들을 이용하려는 이상한 마키아벨리주의 기질을 가지고 있었다. 프루동의 외교적 수완은 아주 빤히 들여다보였고 허세를 부리며 무대의 악역 곁에서 속삭였기 때문에, 그리고 언제나 자신이 잔꾀의 일인자라고 여겼기 때문에, 프루동이 그런 작전에서 거의 매번, 가끔은 우스꽝스럽게 실패했다는 점은 놀랄 만한 일도 아니다.

6

1841년 4월에 출간된 『블랑키 씨에게 보내는 편지 *Lettre à M. Blanqui*』는 『소유란 무엇인가?』의 특징이던 신랄한 문체를 실제로 누 그러뜨렸다. 문체의 활기가 조금 줄어들고, 자신이 비판했던 사람 들도 대부분 과거의 흐릿한 기억 속으로 사라졌지만, 논쟁을 즐기 는 프루동의 성격은 여전히 흥미로운 읽을거리를 제공했다. 예전처 럼 뼈에 사무친 분노를 드러내진 않았을지라도 프루동은 반대자 들을 계속 조롱했다. 프루동은 팔랑스테르주의자의 체계를 "어리 석고 형편없다"며 낙인찍었고, 정통 경제학자들을 "이성과 상식이 결핍된 재미없는 논평가들"로, 무엇보다 라메네[자신과 비슷하게 군 주제를 공격하고 징역형과 벌금을 선고받은 작가]를 "반ᵣ철학적이고" 평범한 "사이비 급진 정파의 도구"라며 가장 강하게 공격했다. 결 국 소유 자체는 "사람을 괴롭히고 잡아먹는" 것이고, 가진 자들은 살아남기 위해 "타인의 생산물을 강탈하고 노동자들을 죽여야만 한다." "계략과 폭력, 고리대금"은 이 약탈에 사용되는 수단이다.

이런 공격 외에도 『블랑키 씨에게 보내는 편지』는 대부분 프 루동의 첫 번째 책[『소유란 무엇인가?』]에 주석을 달며 [그 주장을] 확대했다. 프루동이 아케르만에게 보낸 편지에서 잘 요약했던 다 음과 같은 역사 연구를 제외하면, 이 책에서 진정 새로운 것은 거의 없다. "나는 새로운 관점을 발전시키고 있어. 예를 들어, 지 난 4천 년 동안 인류는 계급을 무너뜨리는 과정을 겪고 있어. 스스로는 잘 의식하지 못하지만 신법의 이치에 따라 프랑스 사회는 매일 소유를 폐지하는 중이야(예를 들어, 몰수법, 부채의 차환, 여성과 아동 노동의 보호)."

프루동은 보통 폭력적인 혁명가라는 오해를 받아 왔지만 역사 발전의 필연적인 과정을 지지할 뿐이라고 주장하며 자신을 변호하려 했다. 프루동은 "경쟁, 이권의 배제, 독점, 특권, 자본의 축적, 독점적인 향유, 직능의 종속, 개인을 위한 생산, 이윤과 이자의 권리, 인간에 의한 인간의 착취"를 공격했다. 프루동이 소유라고 부른 것은 이런 사악함들이었다. 다른 한편으로, 프루동은 자신이 몹시 갖고 싶었던, 소유에서의 "필수적이고 변하지 않으며 절대적인" 요소를 인정했다. 그리고 프루동은 이런 요소를 "허구적인 선점이나 게으른 변덕이 아니라 노동을 척도로 삼는 개인적이고 양도할 수 있는 점유, 변화될 수 있지만 소외되지 않는 점유"라고 정의했다. 달리 말해 농민이나 장인은 생산수단과 생활수단을 점유할 수 있지만, 어느 누구도 다른 사람의 노동력을 착취하도록 돕는 소유권을 갖지 못한다.

프루동은 하나의 계급으로서 가진 자들proprietors[21]에 대한 증오를 불러일으킬 의도가 없다고 얘기했다. 자신이 공격한 것은

---

21 [옮긴이 주] 앞서 노동계급을 얘기하며 설명했듯이, 가진 자들은 단순히 부르주아들만을 지칭하지 않는다. 가진 자들은 소유권을 통해, 일하지 않고 타인을 착취하는 자들 모두를 가리킨다.

소유였고, 상황에 따라 소유가 모든 것을 더럽혔다. 오히려 프루동은 노동자들에게 복수심을 고취시키는 자들[가진 자들]을 돌보지 말고 내팽개치라고 요청했다. "오, 프롤레타리아, 프롤레타리아들이여! 당신의 거짓된 친구들이 부채질했을 그 증오심, 그리고 정부의 부패와 무관심, 악의만큼 혁신적인 이념의 발전에 많은 피해를 줬을 영혼의 분노와 달래기 힘든 증오심에 얼마나 오랫동안 시달렸던가?"

그리고 선한 애국자이자 질서를 사랑하는 사람을 자처하며 프루동은 훌륭한 사회의 기둥으로, 다름 아닌 시민왕 루이-필리프를 추천하는 반어적인 문장으로 끝을 맺었다. "우리는 군주제에서 살기 때문에, 나는 죽음의 고통을 겪는 것보다 '왕이여, 만수무강하시기를!' 하고 외치련다. 이것은 해고할 수 없고 신성불가침이며 세습되는 국가의 대표[왕]가 특권계급에 맞서 노동계급과 함께 행동해야 한다는 나의 요구이다. 달리 말해, 왕은 급진적인 정파의 지도자가 되어야 한다."

프루동의 이 모호한 호소는 프랑스를 비롯한 다른 국가의 지도자들이 자신의 사회개혁안을 지지하도록 속일 수 있다고 희망할 때마다, [나중에도] 몇 번이고 다시 등장했다. 아무튼 전체적으로 볼 때 『블랑키 씨에게 보내는 편지』 마지막 페이지의 문장들은, 의심스럽지만 『소유란 무엇인가?』에서 설명된 입장을 옹호할 만하고 저자가 진지한 학자임을 성공적으로 정당화했다는 점은 분명하다.

7

프루동은『블랑키 씨에게 보내는 편지』에 대한 적대적인 반응을 대비했고, 책이 출판되고 며칠 뒤에는 자신을 위협할 적대감을 즐기듯이 이야기하는 편지를 오랜 학교 친구인 앙투안 고티에에게 썼다. "나는 어떤 편이든 내게 인정을 베풀지 말라고 얘기해. 바람이 불고 하늘은 어두워졌어. 힘겨운 시절이 될 거야." 프루동은 "동료들의 야유…아무렇게나 글을 쓰는 언론인들의 음모론…공중public이라 불리는 거대한 야수"에 맞서겠다며 도전적인 자세로 분통을 터뜨렸다. 프루동은 자신이 "정직하고 독립적인 사람들"의 존중으로 보상을 받았다고 주장했다.

그렇지만 자신을 스스로 변호하려 했던 프루동의 발 빠른 대처는, 안타깝지만 부적절했다. 왜냐하면『블랑키 씨에게 보내는 편지』의 저자를 더욱더 괴롭게 만든 것은 적대적인 논평자들이 가했을 수 있는 강한 공격보다도, 칭송이나 비난이 거의 없었다는 점이다. 블랑키나 몇몇 유토피아 사회주의자들(특히 팔랑스테르주의자들), 책에 주목했던 소수의 작가들을 제외하면『블랑키 씨에게 보내는 편지』는『소유란 무엇인가?』만큼 많이 팔리거나 널리 읽히지 않았다.

심지어 프루동이 전향시키려 했던 몇몇 영향력 있는 인물들도 아무런 반응을 보이지 않았다. 1841년 초에 프루동은 왕년에 생시몽주의자였고 당시는 기독교 사회주의의 지도자였던 피에르 르루Pierre Leroux를 만났다. 프루동처럼 르루도 식자공으로 일했으며 하층계급 출신이라는 점도 비슷했다. 또 이들은 앙팡탱Enfantin의 생시몽주의 위계질서의 무절제와 팔랑스테르주의자들을 똑같이 싫어했고, 서로를 존중했다. 그런데 흥분한 프루동은 당파심과 우정을 혼동했다. 4월에 프루동은 티소에게 "내 이론에 완전히 동의할 수 있는 사람들 중 한 명이 피에르 르루 씨야" 하고 말했다. 그러나 한 달 뒤 르루에 관해 "상냥하고 재치 있다"고 아케르만에게 말했을 때, 프루동은 자신들의 입장이 동일하다고 더 이상 말하지 않았다. 나중에 당대의 다른 사회주의 이론가들과 멀어졌던 것만큼 르루와 멀어지게 만든 의견 차이는 이미 드러나기 시작했다. 사실 그런 멀어짐이 전적으로 의견 차이만의 문제는 아니었을 것이다. 왜냐하면 나중에 프루동은 자신을 "그 누구도 자신과 생각이 같지 않아야 한다고 결심했던 이상한 사람"으로 묘사했던 빅토르 콩시데랑보다도 더 심하게 [르루를] 비판했기 때문이다. 프루동은 자신의 개별성을 제한하거나 활동의 자유를 손상시킬 수 있는 동맹을 맺는 것을 아주 꺼려했다. 프루동은 추종자가 되려 하지 않았던 것과 마찬가지로 지도자가 되려는 욕망도 품지 않았다. 다른 사람들과 함께 일할 때에도 그 단체는 분파나 정파의 초기 형태라기보다 친밀감으로 뭉친 일종의 친구 집단으로 만들어졌다. 이런 이유 때문에 곧 프루동은 이미 지위와 추종자들을 확보하고 있던 사회주의자들과 친해지는 것을 꺼리기 시작했다. 초기 단계에서 르루에 대한 처음의 흥분이 사라진 것은 사회주의에 대한 생각 때문에 분명해진 차이만큼, 폐쇄적인 동맹을 꺼리는 본능적인 성향 탓일 수 있다.

　사회주의자 르루를 전향시키는 데 실패한 것과 마찬가지로 프루동은 헌정사를 바친 블랑키에게도 영향을 미치지 못했다. 블랑키는 프루동의 글을 꼼꼼히 읽은 뒤에 긴 반박문을 썼다. 블랑키는 "이 위험한 가르침에서 저의 공을 인정한다는 영광을 주셨지만 저는 그런 협력 관계를 받아들일 수 없습니다. 분명 그 재능에 대해서만큼은 인정할 만하지만 다른 모든 점에서는 의심스럽습니다.…당신이 우리 시대 광신도들의 특징으로 본 개념은 당신의 의도를 매우 의심하는 생각들을 안심시킬 만큼 충분히 강력합니다. 그러나 당신은 소유의 폐지를 지지하는 쪽으로 결론을 내립니다! 당신은 인간 정신에서 가장 강력한 동기를 폐지하려 하고 자본의 형성을 막으려 합니다. 그러면 우리는 앞으로 바위가 아니라 모래 위에 집을 지어야 합니다. 그 점이 저를 동의할 수 없게 만들고, 그래서 저는 좋은 내용이 가득하고 지식과 열정의 빛이 반짝이는 당신의 책을 비판합니다!"라고 반박했다.

　결국 프루동은 '힘 있는 사람들'에게 기대했던 우호적인 관심을 얻지 못했다. 프루동은 오를레앙 정권의 마지막 10년 동안 점점 더 심하게 억압하던 사악한 반동 세력을 고려하지 않았다. 프루동은 다시 한 번 기소를 당할 뻔했고, 또 블랑키가 개입해서 혐의를 벗었다. 이 당시 경찰은 소책자의 헌정사가 블랑키와 프루동이 서로 공모한 증거라는 매우 어이없는 생각을 했고 두 사람을 모두 고발하려 했다. 이 어리석은 발상은 블랑키가 음모적인 고발의 부당함에 관해 내각에 항의하도록 만들었기 때문에 [오히려] 프루동에게는 구제 수단이 되었다. 책의 저자를 따로 고발하지 않은 채 모든 사안은 종결되었다. 이런 박해가 널리 알려지지 않았기 때문에 『블랑키 씨에게 보내는 편지』도 거의 알려지지 않았으나, 나중에는 결국 프루동의 명저가 되었다.

8

1841년 봄 프루동은 아케르만에게 "사람들이 기다리던 가장 아름다운 5월 아침, 너에게 답장을 쓰고 있어"라며 편지를 썼다. "창문 위로 태양이 장엄하게 떴어. 아름답게 지저귀는 작은 새들과 장미는 사라졌어. 대신에 정신을 새롭게 하고 상상력을 높이기에는 아주 적절치 않은 똥개와 참새들만 있어." 다시 파리는 생기를 잃어 갔고, 당시에 프루동은 근근이 먹고살기 위해 꾸준히 해 왔던 대필 작업(프루동은 파리의 한 치안판사를 대신해 형법에 관한 책을 대필하고 있었다)과 대중의 무관심으로 고통 받고 있었다. 그러나 이렇게 고통을 받으면서도 프루동은 자신의 사명이 사회악을 비판하는 것이라는 점을 놀라우리만치 확신했다. 당시에 프루동은 "나는 물러설 수 없다"고 선언했다. "나는 내 사명이 너무나 위대하고 영광스럽다고 생각한다. 오직 이 사명만이 내 자신을 가치 있는 사람으로 만든다."

프루동은 소유를 다시 공격해서 자신의 지위를 만회하려고 준비 중이었고 우선 라메네—당시 프루동 자신을 비판하는 것이라 여겼던 몇몇 주장들 중 하나—를 호되게 비판할 새로운 글을 쓰려고 생각했다. 그렇지만 이런 의도는 『푸리에주의의 옹호. 프루동과 라메네, 레이보Reybaud, 블랑키 씨 등에 대한 답변. 첫 번째 연구. 절대적인 평등에 대한 반박. 푸리에의 이론으로 극도의 빈곤과 사회 전체의 부, 노동의 문제 해결하기 *Defence of Fourierism. Reply to Messieurs Proudhon, Lamennais, Reybaud, Louis Blanc, etc. First Memoir. Refutation of Absolute Equality. Solution of the Problems of Pauperism, of General Wealth and of Work by the Theory of Fourier*』라는 과장된 제목을 단, 이름을 밝히지 않은 팔랑스테르주의자의 소책자가 두 사람을 모두 공격했던 그해 여름에 포기되었다.

프루동은 비판할 저술가들의 목록을 만들었을 뿐 아니라 먼저 공격할 대상도 정했다. [이런 점을 볼 때] 우리는 프루동이 이런 의견 차이를 환영했다고 가정할 수 있다. 분명히 프루동은 라메네가 아니라 푸리에의 제자들을 비판하는 세 번째 글을 쓰겠다고 결심하면서 이 비판을 최대한 기회로 활용했다. 프루동이 비판할 상대로 선택한 인물은 푸리에 사상을 주도적으로 계승하고 《공동사회 *La Phalange*》를 편집하던 빅토르 콩시데랑이었다. 프루동을 반박한 소책자의 실제 저자는 제네바에서 정치경제학 교수를 역임했던 사회주의 언론인 클로드-마리-앙리 다메스Claude-Marie-Henri Dameth로 밝혀졌다. 그러나 프루동은 이 사실에 개의치 않았다. 비록 소책자를 쓰지 않았다 해도 분명히 그 내용에 동의했을 것이라는 점은 콩시데랑에게 상징적인 책임을 묻기에 충분한 이유인 듯 보였다.

1841년 여름 동안 프루동은 소유에 관해 새로운 글을 쓰면서 자신의 사상을 정치 언론계로 퍼뜨릴 새로운 매체를 찾겠다는 생각을 처음으로 하기 시작했다. 그리고 극단적인 개인주의자였던 프루동이 기존의 정기간행물에 기고하는 것보다 자신이 통제할 수 있는 잡지를 창간하겠다고 마음먹은 것은 자연스럽다. 1841년 7월 동안 프루동은 전혀 다른 두 방향에서 나온 제안들에 흥미를 가졌다. 한편으로 코르바쟈Corvaja 남작은 정통적이지 않은 시각의 금융 비평을 바라던 밀라노 은행가들의 비밀 모임을 대표해서 프루동에게 접근했다. 다른 한편으로 발기인들의 문학적인 재능이 부족하기 때문에 프루동이 주도적으로 편집인 역할을 맡을 수 있으리라 기대했던 정기간행물을, 의견을 달리했던 다수의 팔랑스테르주의자들이 창간 계획을 짜기 시작했다. 9년 전에 뮈롱에게 자기 스스로 얘기했던 편집 능력에 대한 의심은 사라진 듯했다. 프루동은 적극적인 언론 활동을 통해, 자신의 생각을 책으로 알릴 수 있는 것보다 훨씬 더 많은 대중에게 생각을 표현할 기회를 잡길 간절히 바랐다. 아마도 노선 차이 때문이겠지만, 두 계획 모두 실현되지는 못했다. 하지만 이 구상들은 사회의 본질에 관해 발전시켜 온 생각을 매일 벌어지는 다양한 유형의 사건들과 연관 지을 수 있는 정기간행물을 만들려는 프루동의 욕망을 점점 더 강화시켰다.

7월 말 인쇄소의 상황 때문에 프루동은 다시 파리를 떠나 프랑슈-콩데로 가게 되었다. 많은 청구서들의 지불이 임박했기에 프루동은 결제를 위해 인쇄소를 팔거나 다른 경로로 현금을 구해야만 했다. 프루동은 거래처와 은행에 호소했지만 실패했다. 친구들은 지참금을 가진 여자와 결혼하는 것이 극적인 해결책이라며 재촉했다.

프루동은 베르흐만에게 "하지만 그건 가장 사악한 짓일지 몰라!" 하고 이야기했다. "특히 나는 연애를 모르고 사람도 몰라. 조그만 명성을 얻긴 했지만 솔직히 말해서 나는 여성에게 좋은 거래물이 아니야. 가난한 여성은 나를 돕지 못할 거고 나는 그녀에게 아무런 이득도 주지 못한 채 실패할 거야. 부유한 여성은 나와 결혼해서 자신의 품위를 떨어뜨릴 거야. 중류층 여성은 내 빚을 갚느라 모든 걸 희생한 뒤에 정말 무능력한 남편과 함께 사는 자신을 발견하게 될 거야."

그래서 아내를 찾는 대신에 프루동은 자신의 사업을 더 나은 기반 위에 올려놓기 위해 열심히 일했고 약간의 성공을 거뒀다. 프루동이 도착했을 때 '완전 휴업' 상태였다면, 새해가 되면서 그럭저럭 일이 효율적으로 이루어졌고 또 한 번 프루동은 남은 생을 식자공으로 살아야 할 것이라고 결심했다. 그렇지만 12월이 되면서 프루동은 『가진 자들에게 보내는 경고 *Avertissement aux Propriétaires*』라고 제목을 붙이려던 글을 마무리했다. 그리고 다른 친구들에게 늘 그랬듯이 시골에 은둔하는 동안 소식이 뜸했던 베르흐만에게 기억할 만한 편지를 썼던 1842년 초반에는 생활 형편이 조금 나아졌다. 낙관주의가 힘을 얻었기에 프루동은 "힘든 한 해"를 예상하면서도 그 어려움이 다시 오지 않으리라 믿었다. 우선 프루동은 '아카데미'와 논쟁을 벌인 후, 생각했던 것보다 브장송 사람들이 악의적이지 않다고 느꼈다. 프루동은 "날이 갈수록 이웃들에게 공감을 얻고 있어"라며 베르흐만을 안심시켰다. 프루동은 지방의원들이 "나를 자기들 편에 붙잡아 두기 위해" 공무원을 시켜 줄 생각이라고 말했고, 그 꿈이 아주 생생했기에 프루동은 "나는 2년 내에 짐을 챙겨서 완전히 정부로 들어가게 될 거야"라고 선언했다. 프루동의 이 말이 의미하는 바는 판단하기 어렵다. 프루동은 루이-필리프가 왕실 내각의 장관을 삼으려는 생각으로 역설의 인간이자 소유를 공격한 자신을 갑자기 초빙하리라고 거의 기대할 수 없었다. 따라서 생-보베가 주장했듯이, 우리는 정부 당국이 프루동의 진정한 가치를 인정하고 더 이상 괴롭히지 않으며, 대중적인 불만의 근원이던 경제 문제를 다뤄야 한다는 점에서 프루동의 영향을 받았을 수 있다는 이데올로기적인 의미로 [프루동이] "정부로"를 얘기했다고 이해할 수 있다. 다행스럽게도 그 환상은 곧 무너졌다.

9

『가진 자들에게 보내는 경고』는 1842년 1월 10일에 출판되었다. 이 글은 이전의 글[『소유란 무엇인가?』]보다 짧았지만 더 화려했다. 왜냐하면 프루동이 '아카데미'에 제출할 생각이던 보고서에서 변명을 완전히 빼고 사회질서를 바꾸려는 전투적인 십자군에 대중을 편입시키려는 의도로 솔직하게 쓴 새로운 글이었기 때문이다. 나중에 프루동은 이 글에 대해서 "변증법은 나를 흥분시킨다. 논리학자 특유의 열정이 내 머릿속으로 들어왔다"고 말했다.

『가진 자들에게 보내는 경고』가 다룬 중요한 주제들은 프루동이 이미 윤곽을 그렸던 소유 이론에 새로운 내용을 덧붙이지는 못했다. 『가진 자들에게 보내는 경고』는 소유의 사악함을 짧게 설명하는 것으로 시작해서, 온갖 야유를 보내면서 자신이 노동하지 않는 사람non-worker을 뜻하는 가진 자들과만 싸운다는 점을 다시 한 번 분명히 밝혔다. 점유는 노동과 분리될 수 없다. 왜냐하면 노동과 분리된 점유는 고리대금과 착취로 벌어들인 이득을 의미할 수 있기 때문이다.

『가진 자들에게 보내는 경고』의 뒷부분은 주로 팔랑스테르주의자들, 특히 그들의 자유연애 사상을 반박했다. 프루동은 "고급 매춘부가 되느니 차라리 죄수가 되겠다!"고 외쳤다. "이것이 모든 자유연애 이론에 대한 내 생각이다." 이 말은 죽는 날까지 이어졌던 자유연애라는 주제에 관한 대중적인 논쟁의 첫머리를 장식했다. 프루동이 지녔던 농민의 청교도 기질과 성에 대한 두려움은 방탕함과 다를 바 없던 이 해방[자유연애]에 맞서는 투쟁으로 그를 끊임없이 몰아갔다.

그러나 『가진 자들에게 보내는 경고』에서 가장 중요한 점은 프루동이 더 이상 '권력자'에게 호소하지 않고 루이-필리프에게 프랑스 사회의 개혁을 이끌라고도 설교하지 않는다는 점이다. 이제 프루동은 대중에게 말하기 시작했다. 프루동은 "거인Briareus이여, 스스로 깨어나라!"고 외쳤고, 자신이 항상 인민의 자식임을 증명할 뿐 아니라 책 제목을 뒷받침하듯 가진 자들에게 경고하는 단호한 기도문으로 끝을 맺었다. 그리고 이 기도문은 1848년 혁명기에 더 직접적으로 부르주아에게 도전하리라는 점을 예상하게 해 준다.

"일꾼, 노동자, 인민들이여, 당신들이 누구이든 개혁의 주도권은 그대들에게 있다. 창조의 대표작이 될 사회구조의 합슴[정-반-합]을 완수할 사람은 바로 당신들이다. 당신들만이 이 과업을 완수할 수 있다.…그리고 권력자, 성난 치안판사, 어리석은 가진 자들, 당신들은 이제서야 나를 이해했나?…당신들이 **맹신과 꿈**이라 부르는 것에서, 우리의 정당한 권리라 여기는 것을 포기하게 만들 양보나 설득을 기대하지 말라. 우리를 사로잡은 열정을, 즉 평등의 열정을 당신들은 모른다.…무엇보다도 우리가 절망을 폭발시키도록 자극하지 말라. 당신들의 군대와 경찰이 우리를 성공적으로 억누른다 한들, 당신들은 우리의 마지막 수단 앞에서 버틸 수 없을 것이다. 그것은 국왕 살해나 암살, 독살, 방화, 노동 거부, 이민, 폭동, 자살이 아니다. 그것은 그 모든 것보다 더 무시무시하고 효과적인 것이다. 그것은 드러나게 될 터이나 말로 표현할 수 없는 그 무엇이다."

몇 달 뒤에 프루동은 마지막의 이 신비스런 위협이 독일의 펨게리히트Fehmgericht―중세 시대 쩨쩨한 군주를 즉결 처분했던 비밀 인민 법정―와 비슷한 것의 부활을 의미한다는 점을 아케르만에게 납득시켰다. 19세기 프랑스에서 그런 형태를 실행할 방법을 생각하는 것이 매우 어려웠던 만큼, 그 구상은 19세기 초반 혁명가들의 아주 낭만적인 음모들의 특징이었던 계획의 미숙함을 드러냈다. 프루동은 사적인 자리에서만 이런 의도를 얘기했고, 바로 이 애매한 위협 덕분에 독자들에게 더 많은 인기를 끌었다. 프루동이 글로 표현한 것 이상으로, 이 책은 현존하는 법과 질서에 노골적으로 저항하는 듯했고, 분명하지는 않지만 권리를 박탈당한 자들을 강력하게 선동하는 듯했다. 그 즉시 정부 당국은 프루동이 경고라는 말로 의미했던 내용을 엄하고 신속하게 다뤄야 할 위협으로 간주했다.

프루동은 『가진 자들에게 보내는 경고』의 발행일인 1월 10일에 파리로 돌아왔다. 1월 18일에 브장송의 검사는 책을 압수했고, 명망을 가진 호의적인 사람들이 개입할 가능성을 철저히 차단하기 위해 신속하게 소송을 진행했다. 그 신속함 때문에 프루동은 파리에서 내려진 명령이 아니라 자신에게 분노한 두 현의 검사들이 지시했다는 결론을 내렸고 '아카데미' 내의 적들을 의심했다. 압수 소식을 들은 다음날인 1월 23일에 프루동은 베르흐만에게 자신이 예상하지 않은 일이라고 말했다. 그런데 프루동은 약간의 문제가 있으리라고 예상했던 것 같고, 브장송에서의 사건을 전해 듣기 이틀 전인 1월 20일에 『가진 자들에게 보내는 경고』 한 권을 파리의 내무부 장관에게 보냈다. 프루동은 당시의 정부를 위선적이고 탐욕스러우며 변질되고 반민족적인 정부로 묘사하고 더 큰 **파국**débâcle을 막기 위해 정부의 법률 체계를 전복시키자고 권유하는 일련의 비판들 때문에 자신의 상황이 나아지기는커녕 더 나빠졌다는 긴 해명서를 첨부했다. 1월 25일에 파리 경찰이 야곱 가에 있던 프루동의 방을 수색하고 많은 친구들의 집을 방문했을 때, 이 호소가 소용없었다는 점은 드러났다.

1월 22일에 열린 브장송 법정은 2월 3일까지 사건을 계류했고, 프루동은 날짜에 맞춰 출두하기 위해 때를 맞춰 파리에서 출발할 준비를 했다. 애초에 검사는 공공 안전을 해쳤다는 등 아홉 가지 혐의로 기소했는데, 이것이 모두 인정될 경우 프루동은 5년의 징역형과 1만 프랑의 벌금형을 받을 수도 있었다. 프루동은 "한 달 정도 감옥에서 지내고 벌금으로 100프랑을 내겠다"고 결심했다. "하지만 1년의 징역형보다는 로잔이나 뇌샤텔 또는 제네바로 5년의 추방형이 더 낫다." 그렇지만 법정은 더 관대했고 마침내 프루동이 출두했을 때에 네 가지 죄목만을 다루었다. (1)

소유를 공격한 점, (2) 시민의 한 명 또는 더 많은 사람들이 불신하거나 증오하도록 자극하여 공공의 평화를 어지럽힌 점, (3) 왕정에 대한 증오와 불신을 자극한 점, (4) 가톨릭교회를 모욕한 점. 이 죄목들은 더 이상 프랑스에서 실제 효력을 가지지 않는 법률들에 근거를 두고 있었다. 이 혐의들이 유죄 판결을 받을 경우 5년형과 6천 프랑의 벌금을 선고받을 수 있었는데, 재판관들이 관대한 판결을 내릴 가능성은 별로 크지 않았다. 왜냐하면 프루동의 해명서에 대한 일종의 간접적인 답장으로 내무부 장관이 보낸 서신은, 배심원들이 유죄를 선고할 경우 가능한 한 피고를 가혹하게 처벌하라고 요청했기 때문이다. 그렇지만 예상을 깨고 프루동은 무죄로 풀려났다. 왜냐하면 배심원단은 프루동의 사상을 잘 이해하지 못했고, 이해하지 못하는 내용으로 유죄 평결을 내리는 위험을 거부했기 때문이다.

특이하게도 프루동은 이번에도 운 좋게 살아남았다. 1830년대의 끊임없는 반란들이 사람들의 가슴속에 살아 있던 때인지라 당시의 법정은 정치적인 사건일 경우 엄하게 처리했고, 브장송처럼 종교의 영향력이 살아 있던 도시의 배심원들은 판단이 어려울 때면 언제나 정부 편을 드는 경향이 있었다. 심지어 프루동이 그 뒤에 즉시 인쇄했던 변호문으로 판단하건대 프루동에 대한 변호는 평범한 콩데의 상인들을 헷갈리게 만들 만큼 아주 전문적인 내용인 듯했다. 배심원들을 감동시킨 만큼, 반대로 그들을 자칫 불쾌하게 만들 수도 있었다. 프루동은 말 그대로, 반드시 의심이 풀리고 죄가 증명되었을 때에만 유죄를 선고할 수 있다고 생각한, 아주 정의롭고 보기 드문 배심원들을 만났던 것 같다.

10

프루동이 재판에서 얻은 이득은 무죄방면만이 아니었다. 당시에 프루동이 관찰했듯이 이 재판은 그의 다른 저작들이 가져다 준 것보다 훨씬 더 큰 명성을 얻게 했다. 정부는 프루동을 충분히 기소할 만한 위험인물이라 여겼고 이번만큼은 혼을 내려 했지만, [오히려] 그 결과 대부분의 동료 사회주의자들과 의견이 다름에도 프루동은 갑작스레 급진주의자들의 영웅이 되었다. 프루동은 용[왕]에게 반항하고 [그 마수를] 벗어난 사람, 감시를 당하고 목숨이 위태로운 저술가가 되었다. 심지어 프루동의 명성은 독일까지 퍼졌고, 1842년에는 마르크스가 소유에 관한 프루동의 글을 알아보고 칭찬했다.

프루동의 이름과 프루동이 설파했던 불온한 이론은 보수주의자들 사이에서 악명을 얻기 시작했다. 라메네와 마찬가지로 프루동은 가진 자들 사이에서 무서운 유령이 되었고, '안 좋은 명성'이 '관용되는 무명'의 처지보다 낫다는 점을 깨닫게 되었다. 프루동은 자신의 역할을 받아들였고 최선을 다하기로 결심했다.

그러나 이렇게 높아진 명성이 일상생활을 그 즉시 바꾸지는 못했다. 여전히 프루동은 인쇄소에서 일하면서, 자신이 초기 저작에서 윤곽을 그렸던 이론에 근거를 마련할 철학 논문을 쓰기 시작했다. 프루동은 나중에 베르흐만에게 "당시에 나는 모든 사회조직의 경제법과 만민법을 정리하려고 했어"라고 털어놓았다. 자신이 명명했던 "탁월한 인간 경제학transcendent human economy"이라는 과제를 완수할 수 있으려면, 프루동은 여전히 더 많은 연구가 필요했다. 1842년의 편지에서 우리는 프루동에게 미치던 영향들의 흐름을 추적할 수 있다. 프루동은 칸트와 헤겔, 콩트Auguste Comte 같은 철학자들에 빠지거나 그들을 거부했다. 그들의 체계에서 필요하지 않다고 여겨지는 모든 요소들을 제거한 뒤에 프루동은 남은 요소들을 수정해서 자신의 관점에 통합시킨 것 같다. 동시에 프루동은 그만의 특징이던 아주 거만한 태도로 자신이 철학에 개인적인 공헌을 했다고 봤다. 프루동은 플뢰리Fleury에게 "내 자신을 속이는 게 아니라면, 이건 도덕학과 철학 모두에서 혁명을 일으킬 거야" 하고 말했다.

그러나 엄청난 양의 책을 읽으며 이렇게 야심차게 저작을 준비하고 있을 때조차도, 프루동의 마음은 여러 방면으로 쉴 틈 없이 움직였다. 1842년 선거는 프루동이 『정당한 의견 Avis motivé』이라고 불렀던 전단을 인쇄하도록 자극했다. 이 전단은 지금 전해지지 않지만, 프루동은 자신이 모든 사람, 즉 하원의원과 유권자, 정부 모두를 조롱하고 소수의 동료 시민들을 만족시켰다고 티소에게 말했다. 프루동은 아케르만과 함께 폭넓게 문학을 논했고 예술가의 역할에 관한 이후의 생각을 예측하게 하는 생각을, 즉 시의 맹아가 보편적으로 존재한다는 흥미로운 생각을 발전시켰다. "우리 모두가 시인의 감성을 천성적으로 가지고 있고 시적인 능력을 개화시킨다"고 주장했다. "부알로Boileau는 그렇게 생각했고 괴테Goethe처럼 그 사실을 의심하지 않았다. 하지만 부알로는 평범한 사람들의 맹아가 호머Homer의 작품처럼 될 수 있다고 인정하지 않았다. 부알로의 논문이 주장하는 건 그게 다이고 나는 그가 옳았다고 본다. 우리 모두 맹아를 가지고 있기 때문에 시를 감상할 수 있지만, 모두가 그 맹아를 키울 토양을 가진 건 아니기 때문에 우리 모두가 시인은 아니다."

그리고 언제나처럼 프루동은 계속된 경제적인 어려움으로 고통을 받았고, 인쇄소의 빚이나 궁핍한 가정으로 인한 부담들에서 헤어나지 못한 상황에서 장학금의 지급이 끝났기 때문에 상황은 더욱더 악화되었다. 이 가난과 인쇄소를 돌보는 일은 그해 가을 철학 대회에 참석하기 위해 스트라스부르로 떠나는 것을 막았고, 애처롭게도 [프루동은] 앙투안 고티에에게 150프랑을 빌려 달라고 요청하는 편지를 쓰게 되었다.

연말이 되면 상황이 나아지리라는 희망은 프루동이 지방 공무원직을 얻을지 모른다는 가능성으로 다시 모아졌다. "시에서 가장 영향력 있는 명사"가 프루동을 도우려고 노력하고 있었다. 지사는 "호의적인" 듯 보였다. 심지어 프루동은 대주교가 자신에게 자리를 마련해 주려는 생각을 지지한다는 얘기를 들었다. 그런 후원이 있기에 프루동은 실패란 있을 수 없다고 베르흐만에게 말했다. 프루동은 "사실 브장송의 친구들은 내가 공상에 빠져 있다고 생각해. 아마도 그들이 틀리지는 않을 거야. 어찌되었건 간에 부활절 전에 내 삶에서 뭔가 새로운 일이 생길 거야" 하고 털어놓았다.

친구들이 프루동의 공상을 의심한 사실은 매우 정당했다고 느낄 수밖에 없다. 왜냐하면 이 혈기왕성한 우상파괴주의자가 겸손함이라는 얇은 베일을 걸쳤다는 점을 브장송의 힘 있는 보수주의자들이 간파하지 못했을 거라 생각하기는 어렵기 때문이다. 대주교가 프루동에게 어떤 호의적인 마음을 가졌다는 것은 전혀 불가능해 보인다. 그리고 지사의 경우도 "호의적"이라는 소문이 잘못되었다는 점은, 지사가 자신을 임명하지 않을 것이라는 사실을 안 뒤인 1843년 2월에 프루동이 베르흐만에게 쓴 편지에서 분명하게 드러난다.

"지사는 어떠한 자리든지 내게 [그 자리를] 주는 걸 찬성하지 않을 거야" 하고 프루동은 말했다. "나는 지사의 속마음을 모르겠어. 친구들과 후원자들 모두가 이 상황에 실망해서 깊이 침묵하고 있기에, 거부당한 이유는 한편으론 내 과거 때문이고, 다른 한편으론 내 감정적인 성향을 바꿀 거라는 그들의 기대가 부족했기 때문이라고 추측할 뿐이야. 내가 그렇게 확신한 건 지방자치단체의 한 담당자가 내게 공직을 주자고 시장에게 제안했을

때, 시장은…내가 '아카데미' 회원들에게 했듯이 자신들을 **바보**
fools로 만들고 **도구**instruments로 삼을까 두렵다고 대답했다네."

　시장의 이런 태도보다 더 당황스러웠던 것은 프루동의 순진한
낙관주의나 그런 기대를 조장했던 이런 '영향력 있는' 친구들의
동기이다. 영향력 있는 친구들이 프루동의 생각을 바꿀 수 있다
고는 생각하지 않았기에, 그들의 행동에 대한 가장 합리적인 설
명은 프루동에게 보장된 자리를 제공하면 그의 급진주의가 누그
러질지 모른다는 기대 정도이다. 이런 생각은 생-보베가 기록했
듯이, 당시 프루동에게 연민을 느꼈던 사람들 중 한 명인 들라크
루아Delacroix 박사의 말에서 암시된다. "프루동이 우리에게서 벗
어나 다시 소동에 휘말리는 걸 보는 날, 무엇보다도 살아남으려
는 발버둥이 그를 이끌면서 세계와 맞서도록 하는 날, 나는 그의
미래가 대단히 불행해지리라는 걸 한순간도 의심하지 않는다. 내
게 프루동은 한 남자이자 길을 잃은 친구였다."

　사실 더 넓은 의미에서 보면 프루동은 결코 "길을 잃은 사람"
이 아니었지만 곧 지방의 모임에서는 그렇게 되었다. 당시에 프루
동은 브장송에서 보내는 시간이 아무런 희망도 주지 않는다는
점을 깨달았다. 그래서 브장송을 떠나려는 프루동의 계획은, 빙
토Bintot라는 여성 노동자에게 인쇄소를 팔게 되자, 1843년 봄으
로 당겨졌다. 너무 헐값으로 팔았기에 인쇄소는 프루동에게 7천
프랑의 빚만 남겼고, 대부분의 빚은 처음 사업을 시작할 때 자금
을 댔던 마우리스에게 졌다. 프루동은 이 빚을 완전히 청산하지

못했다.

그 일이 있은 직후에 앙투안 고티에는 프루동에게 리옹에 있는 [운송] 회사의 비서직을 제안했다. 프루동의 생각을 받아들이지는 않았지만 언제나 고티에는 옛날 학교 친구의 재능을 인정했고 그의 불행에 가슴 아파했다. 프루동은 이 제안을 받아들였고 4월 말경에 프랑슈-콩데를 떠났다. 짧은 기간 동안 [다시] 방문한 것을 제외하면 프루동은 자신이 자란 시골 생활로 두 번 다시 돌아가지 않았다. 그 뒤에 리옹과 파리, 브뤼셀 같은 대도시에서 살았지만, 프랑슈-콩데 출신의 흔적은 계속 남았다. 사회적인 사안들에 대한 프루동의 기본 입장은 언제나 대도시의 중앙집권제에 반대하는 시골 지역주의자의 입장이었다. 그렇지만 1843년 봄에 프루동은 사회운동과 지적인 운동이 구체화된 중심지에서 자신의 진정한 경력이 실현되리라 여기며 조금의 후회도 없이 고향을 등진 듯 보였다.

3장

활동가로
살다

1840년대 동안 리옹은 프랑스 산업혁명에서 가장 중요한 핵심 도시였다. 7월 왕정 하에서 금융 부호와 산업 부호들이 구체제의 토지 귀족과 나폴레옹 시대의 군부를 대체했고, 이들이 자리를 잡은 제조업 도시들은 그 격에 맞게 커지고 변화하기 시작했다. 이런 과정들은 리옹에서 가장 빨리 진행되었는데, 프루동이 도착했던 1843년의 리옹은 방직 수공업의 중심지에서 대규모 기계 산업단지로 경솔하고 무계획적으로 전환된 탓에 사람들이 들끓고 지저분해지고 있었다.

고티에 형제의 회사는 이런 조건에서 번창하던 많은 새로운 기업들 중 하나였다. 이 회사는 상품을 운송하고 스트라스부르와 바젤, 리옹 사이의 내륙 운하에서 예인선을 운행했으며 루르와 로렌에서 석탄을 실어왔다. 본사는 리옹의 옛 생 폴 지역의 생-마리-데-쉔느 부두에 있었는데, 프루동은 회사 일로 살롱이나 브장송, 뮐루즈, 콜마르로 출장을 가는 경우 외에는 리옹에 살면서 비서 일과 장부 작성을 맡았다. 얼마 지나지 않아 고용주들은 프루동의 능력을 믿길 잘했다는 점을 깨달았다. 정부 관리에게 보내는 송장 작성이나 행정적인 사안들에 관한 소책자 작성, 소송에 사용할 자료 수집처럼 법률과 연관된 책임이 무거운 일은 주로 프루동에게 맡겨졌다.

산업 중심지의 생활에 직접 관여하면서 얻게 된 경제적인 여유에 사로잡혀 프루동은 열심히 일했다. 그렇지만 프루동이 새로운 생활에 항상 만족한 것은 결코 아니었다. 업무량이 많았고 시간을 많이 잡아먹었기 때문에, 처음에는 여가 시간을 누리거나 연구를 끝내기 위한 시설 이용도 거의 하지 못했다. 프루동은 부모에게 "온종일 일하도록" 강요당하고 있다고 말하는 한편, 지적인 욕구불만에 대한 불평을 마우리스에게 심하게 늘어놓았다.

"리옹에서의 나는 산송장 같아. 지금 나는 의지와 욕망, 열정을 포기했어. 나처럼 이기적이고 고집 세며 격정적인 인간에게 이것이 얼마나 큰 희생인지 생각해 봐. 그러나 생필품을 마련하기 위해 나는 용기를 꺾고 마치 시체처럼 몸을 움직여. 책이 없다면, 고독이 없다면, 학식 있거나 교양 있는 모임이 없다면, 나는 아주 시시껄렁한 놈팽이로 전락할 거야. 나는 이미 [금전출납부의] 차변과 대변에 더 익숙해지기 시작했어. 나는 경쟁의 영향을 가까이서 보고 리옹의 상업에서 그 모든 메스껍고 저열한 것들에 빠져들고 있어."

처음부터 프루동은 리옹 자체를 몹시 싫어했다. 사실 뼛속까지 시골뜨기였던 프루동은 대도시 생활을 받아들이는 법을 배우지 못했다. 파리에서 주기적으로 격분했던 점은 이를 증명한다. 그리고 리옹에는 프루동이 수도 파리의 [단점을] 보완한다고 여겼던 도서관과 지적인 동료도 부족했다. 프루동은 리옹을 "더러운 도시"라며 비난했고 "리옹의 진창"에 관해 투덜거렸으며 "신이시여, 신경을 쓰지 않는 복장에 대한 무관심이 불결함으로 전락하지 않게 하소서"라고 비꼬아 말했다.

프루동이 바라본 리옹 사람들의 모습 역시 그 환경 이상으로 매력적이지 않았다. 프루동은 안경—초상화에서 보이는 가느다란 철 테 안경—을 쓰기 시작했고 그 결과가 후회스럽다고 불평했다. "전에는 모든 여성들이 무난하게 보였다. 이제 여자들은 끔찍해 보인다. 처음에는 내 안경을 원망했지만 박물관에서 지내던 어느 날 나는 아름다운 사물들이 사실 더 아름답게 보이고—맨눈으로 볼 때보다 더 아름답게—추한 것들은 더욱더 추하게 보인다는 점을 깨달았다." 이웃들의 특징에 관해서도 프루동은, 난봉꾼과 고집불통을 섞어 놓은 듯하고 성직자들의 통제를 정말 많이 받는다고 결론을 내렸다. 그리고 프루동은 우상파괴자의 빈정거리는 투로 이렇게 말했다. "나는 장미로 만든 왕관을 쓴 작은 소년 소녀들이 길게 늘어선 세계에서 가장 근사한 행진을 봤다. 어떤 이들은 그 아이들을 천사cherubim의 무리에 비유하겠지."

그렇지만 곧 프루동은 리옹에서도 반혁명 세력이 처음 등장했을 때만큼 강하지 않다는 점을 발견했다. 공장 노동자의 빈곤은 이미 엄청난 불만을 낳고 있었는데, 프루동이 [리옹에] 도착했던 1843년은 급진적인 감정이 엄청나게 부활했던 시기와 일치한다. 몽트쥐마Montezuma 혈통이라고 주장하는 페루인의 피가 섞인 페미니스트-사회주의자 플로라 트리스탕Flora Tristan도 리옹에 있었다. 이카리안 공산주의자the Icarian Communist[22] 에티엔 카베Etienne Cabet도 리옹을 방문해 많은 지지자를 확보했다. 그리고 팔랑스테르주의자와 생시몽주의자들도 적극적으로 활동하고 있었다. 그러나 프루동이 얼마 지나지 않아 접촉했던 가장 큰 집단은 직조공 조제프 브누아Joseph Benoît와 그레포Greppo처럼 1831년과 34년 봉기에 적극적으로 참여했던 조직, 일하는 사람들이 주도하는 상호주의자의 비밀결사였다. 이 비밀결사의 회원들은 자코뱅식 정치혁명을 지지하지 않았으며 경제·사회적 변화의 중요성에 관한 프루동의 생각을 어느 정도 공유하는 듯했다. 그리고 프루동은 사회를 개혁할 운동이 인민들 속에서 만들어질 수 있다는 자신의 사상을 상호주의자들이 지지한다고 여겼다.

새로운 친구들을 통해 프루동은 당시 프랑스 인민들 사이에서 터져 나오던 반란의 기미, 앞서 수십 년 동안 자주 등장했던, 그리고 폭력적인 시위를 동반하지 않았지만 아마도 그 점 때문에 널리 확산되지 않았던 징후를 깨닫게 되었다. 1844년 여름에 마우리스에게 보낸 한 통의 편지에는 아주 분명한 구절이 있다. 이

---

22 [옮긴이 주] 지도자 카베가 자신의 유토피아에 붙인 이름으로, 푸리에처럼 소규모 정착지를 건설해 공산주의를 실현하려 했다.

구절은 프랑스 산업도시들의 현실을 매우 정확하게 서술했을 뿐 아니라, 프루동이 어느 정도로 새로운 노동계급 운동에 개입하고 있는지를 보여 준다.

"인민은 사회의 지도자가 걷는 길의 반대편으로 가고 있어.…인민은 전통적인 것들 모두에 의문을 던지기 시작했고 이것은 그들이 군주제와 종교적인 사상들에 등을 돌리고 있음을 의미해. 어떤 이는 이제 막 1793년 [공화국]의 영혼이 인민들 속에 침투하기 시작했다고 말할지 몰라.…

어떤 일이 발생하려 할 때 그걸 애써 막는 건 그 등장을 도울 뿐이야. 법은 모임을 금지해 왔어. 그 결과가 뭐야? 백주 대낮에 선전이 행해지고 비밀결사의 조직원들은 세계를 끌어안으려는 개혁의 순회 세일즈맨이 되었어.…이건 예전에 봐 왔던 것보다 훨씬 더 계몽적이고 끈질긴 열정이야. 1838년 리옹에는 사회주의자가 단 한 명도 없었어. 오늘날에는 만 명이 넘을 거라고 추정해.…

결국 이 현상이 어떤 결론으로 가고 있다고 믿어도 좋아. 운동은 무너지지 않았고 오히려 발전하고 있어, 놀라울 만치 발전하고 있어. 네가 서 있는 곳이 어딘지, 바람이 어느 정도로 불어올지 알고 싶다면, 권력을 가진 자에게 묻지 마.…지도자나 교리문답, 기존에 확립된 어떠한 체계도 없이 인민들 사이에서 자연스럽게 형성되어 작게 속삭이는 선전에 주목해. 그리고 그 방향과 의미를 이해하려고 노력해. 그게 진정한 정치 지표야."

상호주의자들과의 연계는 프루동에게 사회의 밑바닥을 흐르던 암류를 포착할 통찰력을 주었을 뿐 아니라, 최초로 프루동에게 상당한 수의 노동계급 지지자를 제공했다. 이전까지는 대부분 교양인을 자처하는 사람들만이, 또는 전문 혁명가들만이 프루동의 저작을 읽는 듯했다. 이제 개인적인 접촉을 통해 프루동은 새로운 산업 프롤레타리아트라는 호전적인 성향의 거대한 세력에게 다가설 수 있었다. 프루동은 "나는 인민들 사이에, 특히 리옹과 50마일 내의 이웃한 도시와 농촌에서 상당한 지위를 얻기 시작했어"라고 브장송의 친구 투르뇌Tourneux에게 말했다.

몇 년이 지난 뒤에 프루동은 사회조직에 대한 자신의 제안을 '상호주의'라고 이름 붙여서 리옹의 오랜 동지들에게 빚을 일부 갚았다. 노동자들의 대규모 집단행동을 처음 목격했던, 그 설레었던 시간에 이 경제협력 이론의 틀이 잡혔으리라는 점은 의문의 여지가 없는 듯하다. 이때는 프루동이 비밀 혁명조직에 개입했던—단지 우리가 짐작만 할 수 있을 정도로—유일한 시기라는 점도 기억해야 한다. 프루동은 리옹의 상호주의자들이 신-자코뱅주의 음모가들의 특징이던 정치적 낭만주의를 공유하지 않았기 때문에 조직에 가입했다. 그리고 정치권력을 획득하기 위한 도구가 아니라, 사회현상 밑에 은폐된 경제 현실에 대한 의식을 프롤레타리아트에게 제공하는 수단으로 이 모임을 생각했다는 점도 분명하다.

이런 입장은 당시에 프루동이 노동자들의 조합에 관한 이론에 몰두하고 있었다는 점을 반영한다. 프루동의 일기로 판단하건대, 이 사상은 지배계급의 자비로운 지성을 자극함으로써 바람직한 사회변화를 이룰 수 있으리라는 과거의 희망을 거의 전부 대체했다. 피에르 오트만은 이 점에서 프루동이 1844년 겨울 동안 만난 마르크스의 영향을 포착할 수 있다고 주장한다. 그렇지만 나는 다른 경우와 마찬가지로 설사 그런 가능성이 있다 해도 프루동이 마르크스에게 진 빚은 적다고 생각한다. 나는 노동자들의 조합에 대한 프루동의 관심이 대부분 리옹의 모임에서 생겼다고 생각한다.

[그 이유는 첫째로] 노동하는 사람들을 모두 담으려는 조합은 마르크스와 프루동이 처음 만나기 전인 1843년부터 폭넓게 논의되었다. 그리고 리옹의 모임들과 관계를 맺었던 플로라 트리스탕은 실제로 그런 생각을 구체화한 책을 한 권 썼다. 분명한 증거는 없지만 프루동이 트리스탕에게 영향을 받았을 수 있고, 두 사람이 동시에 미디Midi 지역의 노동자들 사이에서 발견되던 조합 사상의 맹아를 주목하고 그것을 발전시켰을 수도 있다.

마르크스의 영향력을 의심하는 두 번째 이유는, 조합에 관한 생각에서 프루동과 마르크스가 조합을 옹호하는 방식이 매우 달랐다는 점에 있다. 프루동은 정치 활동에 반대했고 마르크스와 달리 사회 내의 바람직한 변화들이 폭력 없이 이루어질 수 있기를 희망했다. 첫 번째 점에 관해 프루동은 1845년 봄의 일기에서 분명하게 선언했다. "만일 정치혁명을 통해 [혁명이] 성공한다면 사회혁명은 심각하게 위태로워질 것이다." 두 번째 점에 관해 프루동은 이렇게 적었다. "일단 조직되어 세계를 정복하기 위해 행진하기 시작하면, 노동자들은 어렵지 않게 봉기할 것이지만 원칙을 세우고 모든 것에 개입해야 한다." 프루동은 다시 한 번 말했다. "증오는 없다, 증오는 없다. 원칙에 따라 제거하자." 그리고 프루동은 "가진 자들에게 요청해서 그들에게 보상을 하지 않고 재산을 빼앗"을 수 있으리라는 희망을 덧붙였다. 이를 통해 프루동은 생산품을 교환하고 함께 노동하는 경제조합을 조직할 수 있으리라 기대했다. 그리고 프루동은 갈등의 장을 거리나 의회가 아니라 작업장에서 찾았다. "새로운 사회주의 운동은…작업장에서의 전쟁으로 시작될 것이다."

프루동이 '진보적인 모임'이라 부른 조합은 사회의 근본 모순들 중 하나인 해방과 통제라는 이율배반을 해결할 것이다. 왜냐하면 조합의 성격 자체가 "조합을 자유와 질서의 진정한 합[변증법의 합]"으로 만들기 때문이다. 조합들은 "집단적이고 유한한 책임"을 기반으로 조직될 것이고, 프루동은 조합이 모든 산업 중심지들을 포괄하는 네트워크로 조직되리라고 보았다. 결국 프루동은 조합의 즉각적인 성공과 지속적인 성공을 기대했다. 프루동은 "결국은 모두 동참하게 될 팔랑스테르주의자들에게 호소하라. 그리고 공산주의자들도 동참하리라. 우리는 10만 명이다"라고 적었다. 그리고 "1860년이 되면 조합은 지구상의 모든 곳으로 퍼질 것이다" 하며 과한 신념을 드러냈다.

이런 방면에서 프루동이 자기 야심을 충족하려고 하지 않았다는 점은 말할 필요도 없다. 그렇지만 이 공책 메모들은 1843년과 1845년 사이에 작성되었기 때문에 특별한 의미를 가진다. 이 입장은 인민은행을 통해서 조합을 조직하려 했던 이후의 노력만이 아니라, 25년 뒤 톨랭Tolain과 발랭Varlin 같은 인물―이들은 프루동이 1840년대 초반에 리옹의 상호주의자들과 관계를 맺으며 발전시켰던 관점들을 고수했다―이 주도했던 '국제노동자협회'의 창설을 예측하게 한다.

2

리옹의 노동계급 반란자 세계에 대한 입문서를 쓰는 동안, 1843년 9월 프루동의 철학 논문인 『인류에게서 질서의 탄생 De la Création de l'Ordre dans l'Humanité』이 출판되었다(이하 『질서의 탄생』). 재판을 성공적으로 끝내고 인쇄소를 팔 때까지 브장송에서 보냈던 안정된 시기는 프루동이 이 야심찬 논문을 완성하도록 했다. 이 논문에서 프루동은 "사회주의가 부르주아지에게 보내는 경고나 인민에게 쓸모없는 순수한 호기심의 대상으로 남지" 않도록 철학의 토대를 재구성하려고 노력했다.

발행일이 다가오자 프루동은 자신의 책을 출판할 때마다 거의 항상 나타났던 불안과 괴상한 확신이 뒤섞인 모습을 보이기 시작했다. 프루동은 마우리스에게 "아주 지루하고 조잡하게 썼기에…소수의 사람들만이 끝까지 읽을 용기를 가질 거야"라고 말했다. 그러나 프루동은 스위스의 언론인 들르라제Delerageaz에게 이 책이 "새로운 세계를 드러내"고 "창조와 사상, 사회질서에 관한 근본 법칙"을 증명함으로써 "무지의 심연"을 드러낼 것이라고 약속했다.

『질서의 탄생』은 이런 숭고한 목적을 달성하지 못했고, 프루동 자신도 1847년에 알프레 다리몽Alfred Darimon에게 "이 책이 실패했다"고 인정했다. 책의 구성은 좀 혼란스러웠고, 보통 프루동의 가장 흡입력 있는 장점으로 인정받던 활력과 명쾌함마저도 여기저기의 과장된 추론 때문에 힘이 빠졌으며, 잘못 요약된 사실들도 많이 보였다. 얄궂게도 프루동은 "나는 백과사전을 만들고 싶었어"라고 다리몽에게 말했다. 프루동은 거의 [그 희망을] 이뤘지만, 이 사실은 프루동의 논점을 희석시켰다. 한 권의 책 안에, 그리고 하나의 철학 체계 내에 모든 분야의 중요한 지식들을 담으려던 이 시도는 실패했지만, 『질서의 탄생』은 작가가 비관적인 순간에 주장했던 것과 달리 그럭저럭 읽을 만은 했다.

『질서의 탄생』의 이론적 토대는 콩트와 푸리에, 이 두 사람의 이론과 상당히 비슷했다. 프루동은 콩트의 영향력을 부정할지 모르나, 자신이 "인류의 교육에서 신기원"으로 선언했던 "종교와 철학, 과학: 신앙과 궤변, 방법"이라는 세 요소를 많이 강조했던 점은 우연이 아닌 듯 보인다. 그리고 이 점은 실증주의자들의 세

가지 "구분", 즉 신학과 형이상학, 실증주의와 놀라우리만치 비슷하다. 프루동이 보기에 종교와 철학은 인간의 인식 발달에 꼭 필요한 단계이고, 그 점에서 종교와 철학은 효력을 가지지만, 과학으로 대체될 운명이었다.

푸리에의 영향력은 콩트보다 더 분명했고 나중에는 프루동도 아쉬워하며 그의 중요성을 인정했다. 가장 큰 연관성은 프루동이 브장송의 팔랑스테르주의자들과 처음 조우했을 때, 가장 큰 충격을 받았던 푸리에 [이론] 체계의 특징인 '계열 법칙Seril Law'을 받아들인 점이다. 그리고 프루동은 푸리에 이론의 가장 중요한 축인 이 법칙을 공격하거나 거부하지 않았다.[23] 오히려 프루동은 계열 법칙의 함의를 푸리에가 완전히 깨닫지 못했고 그 법칙을 최초로 상세히 설명한 것이 자신의 공로라고 주장했다.[24]

프루동이 주장했던 계열 법칙은 과학이 철학과 다른 속성—본질substance과 원인cause의 문제에 관심을 쏟지 않는 것—을 발휘

23 프루동이 받아들인 푸리에의 사상에서 사소하지만 흥미로운 점은 '어린 무리들Little Hordes'이라는 개념이었다. 이 개념에 따르면, 대부분의 아이들이 드러내는 자연적인 잔인성과 더러운 것에 대한 애착은 때때로 보통의 어른들이 싫어하지만 아이들이 다소 이해할 수 없이 좋아한다고 여겨지는 것들, 즉 공동체의 쓰레기 청소나 다른 역할들을 책임지는 무리를 조직하도록 장려해서 사회적인 유용성을 가질 수 있다.

24 이 책에서 계열 법칙은 프루동이 자기 자신이나 다른 사람들을 대표해서 독창성을 주장했던 여러 사례들 중 단지 하나의 사례이다. 나중에 피에르 르루는 계열 법칙 또는 그 법칙의 본질적인 원리가 푸리에가 말하기 전부터 있었다는 점을 증명했다. 그런데 그 법칙이 이미 논의되고 있었더라도 프루동이 책을 읽지 못했던 시기[일을 해야 했기에 책을 읽을 수 없었던 시기]는 그런 글을 읽지 못하도록 했을 것이다.

할 수 있는 방법이다. 과학은 사물이 존재하는 이유가 아니라 사물이 존재하는 방식을, 그 사물이 서로 작동하고 움직이며 반응하는 방식을, 다시 말해 사물 간의 관계를 발견하려고 한다. 그리고 이런 관계의 법칙은 연구 대상을 '계열'로 묶을 수 있는 계열 법칙이다. 계열은 원인이나 본질에 관심을 두지 않는 질서의 원리이고, 그래서 과학의 토대이다. 각각의 존재, 각각의 사물은 그 자체로 하나의 계열이다. 인간의 신체에서 계열의 단위는 기관이고, 한 사회에서 계열의 단위는 개인이다. 계열을 탐구하는 것은 대상을 계열의 다른 구성원과의 관계로 이해하고 구성원 모두를 포괄하는 공동체의 방향을 결정하는 데 필수 요소인 질서의 원리를 찾는 것이다. 계열 법칙은 다양성 속의 통일, 차이 속의 종합이라는 원리이다.

전형적인 프루동주의 계열은 프루동이 '불멸의 계열'이라 부른 해방의 계열이다. 역사적으로 배치된 해방의 계열은 개인의 해방, 노동의 해방, 양심의 해방, 탐구의 해방, 선거의 해방을 따라 작동한다. 이 계열 속에 내포된 통일성을 이해하지 못해서 과거에 많은 해방의 선구자들은 서로를 살해하며 다툼을 벌였다. 모든 종류의 자유freedom가 서로 의존한다는 깨달음은 이 혼란을 끝낼 수 있는 방법이다.

사실 계열 법칙 자체가 해방의 법칙이다. 왜냐하면 계열 법칙은 통일의 원리와 차이의 원리가 공존한다는 점을 인간이 깨닫게 하기 때문이다. 그래서 계열 법칙은 인간이 자신의 자유를 포기하지 않으면서도 사회 속에서 생활할 수 있게 한다. 여기서 프루동은 막스 슈티르너Max Stirner 같은 극단적인 개인주의자들과 자신을 구별 짓는 입장을 취했다. 슈티르너에게 근본적인 실재는 개인이고 사회는 그 적이었다. 프루동에게 개인은 기본 단위이지만 사회는 개개의 인간 개성이 직분과 성취를 찾을 계열 질서를 제공한다. 개인은 혼자만의 힘으로 살 수 없다. 현실에서 고립된 존재나 고립된 사실은 없다. 그리고 모든 사물, 모든 인간은 계열 집단 내에서 존재하지만, 계열 집단은 개인적인 차이들을 획일성으로 녹이고 통합시키는 총체성totality을 구성하지 않는다. 또 동시에 계열 집단은 단순히 개인들의 집합이 아니다. 계열 집단은 그 [개별] 구성원들의 힘이나 특성과 다른, 집단적인 힘과 집단적인 특성으로 구성된다. 집단적인 힘 또는 집단의식이라는 개념은 프루동의 사상에서 일관되게 중요한 요소였다.

계열 법칙은 정치경제학을 통해 인간관계에 적용된다. 마르크스와 엥겔스가 『공산당 선언 Communist Manifesto』을 쓰기 몇 년 전에, 프루동은 역사를 경제적으로 해석하는 선구자로 등장한다. 프루동은 정치경제학이 "역사의 열쇠이자 질서의 이론, 창조주의 끝판 왕"이고 사회 전체—노동과 정부, 교육과 가족관계 등—를 조직하는 방법을 제공할 것이라고 선언했다. 이런 입장은 '역사적 유물론'이라는 마르크스주의 이론을 많이 닮았으나, 프루동은 결코 미숙한 마르크스주의자가 아니었다. 기계적인 의미의 사회 결정론과 경제적 인간이라는 19세기의 신화는 프루동의 관점과 맞지 않았다. 프루동의 관점에서 개인은 집단의 발전을 호혜적으로 돕거나 방해할 것이다. 프루동은 인간이 외부의 사회적인 힘에 완전히 지배당한다고 봤던 실증주의자의 생각에 결코 동의하지 않았다. 프루동이 경제의 기반이자 본질로 파악한 것은 사회조직이었다. 따라서 개인을 움직이는 동기와 사회 변화가 따라야 하는 정의의 기준은 경제에 지배당하지 않는다.

사회의 경제조직에서 핵심은 노동의 통합에 있고, 노동의 통합에서 핵심은 평등 원리이다. 노동 분업과 노동 사회화의 이점을 계속 누리면서도 노동자를 단점에서 보호하는 것, 교육을 기반으로 삼는 균형 잡힌 도제 관계를 만드는 것, 여성을 남성과 동등한 존재가 아니라(프루동은 본성이 근본적으로 다르기 때문에 동등해질 수 없다고 봤다) "남성의 개성을 실현시키는 살아 있고 공감하는 보완체"로 만드는 것, 불평등과 산업의 노예 구조를 없앰으로써 프롤레타리아트를 제거하는 것, 이 모든 것들은 프루동이 노동조직에 경제학을 적용해서 예측했던 사회 변화였다.

그런 변화는 어떻게 이루어질까? 변화의 필요성에 대한 집단 의식이 자연스럽게 발전하면서 사회는 개혁을 향해 계속 나아갈 것이다. 그러나 프루동은 개인이 의식적으로 노력하지 않아도 이런 개혁이 이루어질 것이라는 숙명론적인 희망을 품지 않았다. 왜냐하면 집단 의지는 개인 의지의 총합이 아니라 해도, 개인 의지에서 나오기 때문이다. 혁명은 필요하고 옳으며 의무일 수 있으나, 인민들이 적절한 전망을 세우지 못한 상태에서 발생한다면 이득이 없거나 혁명의 기능을 확장하지 못해서 완성에 이르지 못할 것이다. "지금부터는 어떠한 혁명도 공교육의 개조를 가장 중요하게 여기지 않는다면 성과를 거두지 못할 것이다.…교육의 조직화는 평등의 조건인 동시에 진보에 대한 지지이다."

프랑스에서 『질서의 탄생』은 아무런 반응도 얻지 못하거나 비난을 받았다. 심지어 프루동의 친구들조차 열광하지 않았다. 티소는 칸트주의 관점으로 이 글을 호되게 비판했다. 아케르만은 소유에 관한 글보다 완성도가 떨어진다고 얘기했다. 르루는 그 독창성에 이의를 제기했고, 베르흐만과 포티에는 조건부로 이 책을 칭찬했다.

우리가 지켜봐 왔듯이, 프루동은 금세 이런 반응에 불만을 가지게 되었고 그 결함을 인정했으며, 심지어 때로는 [그 결함을] 과장했다. 갑자기 프루동은 아주 어색한 겸손함을 내비치며 "내 최근 작품이 예전 작품보다 못하다고 말하는 게 옳아"하고 아케르만에게 말했다. 심지어 4년 뒤의 비밀 일기에서는 더 가혹하게 말했다. 프루동은 "아는 체하는 바보 학생의 연구 요약문"이라고 말해 버렸다. "저자는 이미 다 아는 것을 자신이 발명했다고 생각한다." 그렇지만 『질서의 탄생』의 형식이 만족스럽지 못했을지라도, 프루동은 전체적인 주장을 결코 포기하지 않았다. 계열 법칙은 그 이후에 많이 자제되었으나, 프루동주의 체계에 가장 근접한 개념을 대표하는 사유로 계속 두드러지게 드러났다. 그리고 『질서의 탄생』은 프루동의 [지적인] 발전 과정에서 단절이라기보다 사실상 초기 작품의 파괴적인 비판과 후기의 '건설적인' 작품 사이의 중요한 전환점을 나타낸다.

『질서의 탄생』에 [대한 얘기를] 끝내기 전에, 이 책이 파리에서는 거의 주목을 받지 못했지만, 러시아와 독일의 저술가들에게 많은 영향을 미쳤다는 점을 언급해야겠다. 그 영향을 받은 사람들 중 한 명인 알렉산드르 게르첸은 1845년 2월 8일의 일기에 이렇게 적었다. "이 책은 아주 뛰어나다.…프루동은 사색적인 사유의 절정으로 단번에 도약했다. 프루동은 대담하고 예리한 방식으로 오성understanding의 범주에서 벗어났다. 프루동은 인과성과 실재성의 약점을 훌륭하게 증명했다.…이 책에는 명쾌한 사상들이 엄청나게 많이 들어 있다.…프루동의 추론은 강하고 힘차며 대담하다."

따라서 프루동과 게르첸이 실제로 만나기 몇 년 전에,『질서의 탄생』은 두 명의 중요한 19세기 사회사상가—나중에 서로의 삶과 사상에 많은 영향을 끼치게 될—를 지적으로 이어 준 첫 실마리가 되었다.

3

프루동이 고티에 운송 회사에서 일하기로 했던 조건들 중 하나는 매년 서너 달 정도 리옹의 책상을 떠나 파리로 가서 회사의 일을 보는 동안 자신의 연구를 할 수 있는 자유를 보장받아야 한다는 것이었다. 1843년 9월에 프루동은 첫 번째 출장을 떠났는데, 자신의 출발을 다음과 같이 알렸다. "아내나 연인이 없고, 열정이 아니라 진리를 사랑하고 편견을 증오하며 산책과 대화, 빈둥거림을 너무나 좋아하기에 나는 유쾌한 보헤미안의 삶을 살고 싶다."

당시의 프루동은 파리를 황폐하고 적대적인 도시로 보던 학생이 더 이상 아니었다. 프루동은 그때까지도 부모에게 돈을 보내고 가능한 한 성실하게 빚에 대한 이자를 지불해야 했지만, 예전보다 넉넉한 삶을 보장하는 수입원을 가졌다. 다른 한편으로 작가로서 프루동의 명성은 새로운 친구들을 많이 사귀게 했다. 동시에 프루동은 새로운 삶에서 보헤미안적이고 빈둥거리는 측면을 아케르만에게 과장해서 말했다. 이 시기의 파리는 프루동이 지적인 활동을 발전시켰던 시기로 기록된다.

경제적인 여유가 생기면서 당시에 프루동은 새로운 취미를 가지게 되었는데, 그것은 연극이었다. 1843년에 프루동이 쓴 일기에서 가장 흥미로운 내용들은 대부분 연극과 연관된다. 프루동은 정기적으로 오페라와 연극을 봤고, 작품을 날카롭고 신랄하게 비평하는 글을 썼다. 예를 들어, 로시니Rossini의 〈윌리엄 텔 William Tell〉을 감상한 뒤, 프루동은 안목이 뛰어난 글을 썼다. "비극과 희극, 음악이 따로따로는 높은 완성도를 보였지만, 동시에 함께 어우러지지 못했기에 공연은 뛰어난 완성도를 자랑할 수 없었다." 그리고 프루동은 〈페드라 *Phèdre*〉에서 본 위대한 여배우 라셸Rachel에게 엄청난 적개심을 드러냈다. 프루동은 프랑스 예술과 문학에서 가장 파괴적인 요소로 여기던 과도한 낭만주의를 라셸이 의인화한 듯이 봤다. "비극의 시작부터 끝까지 라셸은 잘생긴 남자와 사랑에 빠진, 히스테리 발작을 일으키는 늙은 매춘부처럼 연기했다.…라셸이 당신을 감동시켰다면, 그건 당신의 감정을 자극해서가 아니라 신경을 거슬리게 만들어서이다."

자신이 본 작품을 모조리 비판했을지라도 연극의 잠재력에 대한 관심은 여전히 많았고, 심지어 한동안 프루동은 자신이 극의 형식에서 꼭 필요한 혁명을 일으킬 작가라고 여겼다. 프루동은 많은 희곡의 초안을 잡기까지 했다. 이 초안들 중에서 유디트Judith와 홀로페르네스Holofernes에 관한 비극과 갈릴레오Galileo의 재판에 관한 희곡은 프루동 정신의 반항적인 기질과 어울리는 주제였다. 프루동이 이런 작품들을 완성하지 못하도록 가로막은 것은 자신의 능력에 대한 의심보다는 다른 사안들의 압력 때문이었던 것 같다.

1843년 겨울, 희곡을 쓰겠다는 야심은 프루동이 연구에 집중하지 못하도록 마음을 빼앗은 유일한 원인이 아니었다. 아케르만이 젊은 여류 시인과 결혼했다는 소식은, 유혹하는 불 주변을 두려움을 느끼면서도 어슬렁거리는 한 마리 짐승 같았던 지난날의 일들을 떠올리게 했다.

프루동은 이렇게 썼다. "결국 결혼했구나! 나는 이 엄청난 소식을 접하고도 놀라거나 즐거워하지 않았어. 놀라지 않은 건 그렇게 끝나는 게 너의 본성이기 때문이야. 즐거워하지 않은 건 이제 곧 서른다섯 살이 되기 때문이야. 나는 연인들의 가식적인 행복에 정말 공감하지 않고 오히려 그들을 연민하곤 해. 그렇다고 우리의 친구 포티에가 뇌이-쉬르-마른Neuilly-sur-Marne의 아리따운 농부를 소개시켜 주겠다고 한 편지를 막지는 않았어. 그 여성 농부는 철학자가 아내에게 필요로 하는 모든 것을 갖추고 있다고 포티에는 말했어. 사실 나는 그런 야심 찬 직함[철학자]을 받아들이지 못하지만, 우리는 귀여운 아가씨를 만나야 해. 내가 결혼해야 한다고 신이 정한다면 나는 매우 철학적인 사의를 표하며 운명을 받아들일 거야."

뇌이-쉬르-마른의 아가씨에 대한 정보는 더 이상 없지만, 결혼과 그것이 남편에게 미치는 영향의 문제는 프루동을 계속 괴롭혔다. 1년 뒤에 프루동은 브장송의 오래된 모임에서 자신만이 미혼이고 우정이라는 '형제애의 유대'를 계속 지키는 유일한 사람이라고 아케르만에게 말했다. "나는 결혼이 너, 아내가 있는 다른 신사들에게 이상한 영향을 미친다는 점을 알려주려 해. 처음에는 네가 누리는 만큼의 행복을 친구들도 누리길 바라겠지. 그 뒤엔 점점 가족 일에만 관심을 갖다가 결국에는 네가 동료였다는 점을 잊게 될 거야. 나는 사랑과 부성父性이 남성들 사이의 우정을 증가시킨다고 믿은 적이 있었어. 지금은 그게 단지 역설이자 환상에 지나지 않는다는 걸 깨달았어. 그러니 사랑은 지성을 제약하는 만큼 인간성도 제약하는 거야."

그런데 여기서 프루동이 사랑을 더 고귀한 우정 관계의 적으로 여기며 거부하는 듯하지만, 사랑 또는 적어도 육체적인 표현을 거부하지 않았다는 점은 분명하다. 1845년 초의 일기에는 "일이 금욕을 유도한다"라는 간결한 언급이 보인다. 이 말은 성 바오로를 유혹했던 악마가 여전히 숨어 있는, 갈등하는 내면세계를 보여 준다.

내면의 평정심이 무너진 것은 프루동의 정신 활동을 자극하는 듯했고, 『질서의 탄생』을 탈고했을 때 프루동은 이미 새로운 글을 계획하고 있었다. 프루동의 회사 생활은 자본주의 경제구조라는 드러난 실체 밑에 존재하는 모순을 예전보다 더 잘 인식하도록 도왔다. 그리고 프루동은 이런 인식을 새로운 책의 기반으로 삼으리라 계획했다. 언제나처럼 프루동이 자신의 계획을 맨처음 털어놓는 사람은 베르흐만이었다. 1843년 10월 24일에 쓴편지에서 프루동은 "정치경제학과 입법, 도덕과 정부에 관한 모든 가설이 근본적으로 모순된다는 점을 증명하려고 해"라고 적었다. "나는 이 모든 모순을 종합적으로 해결할 이론과 사례를 제시할 거야."

동시에 촉망받는 사회 비평가로서의 명성이 늘어나서 프루동은 좌파 신문 편집자들의 관심을 끌었고, 이들은 프루동에게 시험 삼아 협력을 제안하기 시작했다. 산악당의 공화주의자들은 새로운 정기간행물인 《개혁 La Réforme》을 구상 중이었고, 프루동은 아케르만에게 "편집 이사회진 전체가 나를 거론하고 있어"라고 말했다. 이 외에도 카베의 《대중 Le Populaire》의 편집자들도 신문을 일간지로 전환하면서 무척이나 프루동의 도움을 받고 싶어 했다.

1848년에 혁명 의회revolutionary Assembly의 의원으로 선출된 석공mason 마르탱 나도Martin Nadaud는 최종 계획안을 가지고 프루동과 협상하러 온, 카베의 친구들 두 명 중 한 명이었다. 이들은 마자랭 가 36번지의 좁은 마당으로 통하는 작은 창문으로만 빛이 들어오는, 1층의 조그마하고 어두운 방에서 살던 프루동을 만났다. 나도는 "프루동, 당신은 크고 약간 토실토실한 얼굴과 몸가짐 덕분에 시장에서 흥정을 잘하고 행복하게 집으로 돌아오는 순진한 농민의 풍채를 가졌군요" 하고 말했다.

프루동은 방문객들에게 묘한 지적인 아부를 계속했다. 프루동은 카베를 정직한 사람이라 여긴다고 그를 칭찬하며 말을 꺼내다, 이 이카리안주의자들이 자발적인 협력을 기대했을 때 갑자기 두꺼운 논문 파일이 쌓여 있는 긴 의자로 몸을 돌리며 말했다. "여러분, 이 논문들은 당신들과의 전투를 의미합니다." 성격이 분명하지 않았지만 이 만남은 계속되었고, 일기의 "끝내야 할 일"에 관한 긴 목록에서 《대중》을 위해 "한 주에 한 꼭지"라는 항목을 볼 수 있기 때문에, 프루동이 이 제안을 진지하게 고려했던 것으로 보인다. 1844년 봄에 파리로 돌아왔을 때 프루동은 카베를 만났고, 7월에 리옹으로 연설하러 왔을 때 카베는 프루동과 큰 거래를 했다. 프루동은 마우리스에게 "이 훌륭한 사람이 자신의 후계자로 나를 지명했어"라고 말했다. "나는 내게 커피 한 잔을 사는 사람이면 누구에게나 후계자 자리를 넘겨줄 거야." 그때부터 프루동은 공산주의자와 아나키스트라는 양립할 수 없는 두 가지 입장이 협력할 수 없음을 깨달았다.

그럼에도 자신이 통합을 주도해서 모든 사회주의 정파와 입장을 통일하겠다는 생각은 프루동을 계속 유혹했다. 1844년 10월 초가 되자 프루동은 아케르만에게 통합 전망에 관해 가장 분명한 그림을 제시했다. "오늘날 프랑스에서는 *사회주의 정파socialist party*라 불리는 것들이 조직되고 있어. 이미 많은 작가들이 협력하고 있어. 피에르 르루나 루이 블랑, 너나 네 진부한 친구들이 들어 보지 못했을 수많은 작가들이. 인민은 우리가 자신들에게 통합의 사례를 제시하고 자신들을 교육시킬 것을 요구해. 조르주 상드는 우리 사상에 완전히 빠졌어."

프루동은 10만 명이 넘는 — 심지어 20만 명도 넘을지 모를 — 사람들이 사회주의를 지지한다고 단언했고, 혼란스러운 생각들을 하나로 통합하는 데 자신이 (좀처럼 협력할 줄 모르던 한 사람에게 이상하리만치 그럴듯했던) 위대한 중개자 역할을 하리라고 여겼다. "나는 반대편 진영 내에 불화를 일으키는 동시에 우리 편 내부의 불화를 없애려고 온 힘을 쏟고 있다."

자신의 역할을 오해했다 하더라도 프루동이 1840년대 프랑스 좌파를 대표하는 정파들의 충돌 속에서 작동하던 통합의 힘을 간파하는 데 완전히 실패한 것은 아니다. 그런데 이런 통합의 힘은 내부적인 압박이 아니라 외부에서 부과된 하나의 경향, 즉 참호로 방어막을 친 부르주아 계급이 공개적으로 사회개혁을 인정함으로써, 소박한 희망이 조금 실현된 덕에 형성되었다. 사회개혁이 이루어지면서 팔랑스테르주의자와 이카리안주의자, 신-자코뱅, 생시몽주의자, 페미니스트, 공화주의자, 프루동 같은 소속 없는 아나키스트들은 대중적인 각성과 분노라는 흐름에 압도되어버렸다. 언제나 그랬듯이 혁명적인 사상가들과 연설가들은 아무런 상황도 만들지 못했다. 그들은 인민들의 불만에서 생겨난 상황에 반응할 뿐이었는데, "반세기가 지나지 않아 유럽 사회가 우리의 강력한 힘을 느끼리라 확신한다"고 아케르만에게 말했을 때 프루동은 옳았다. 급진주의자들의 영향력은 1848년에 유럽 사회 전체 운동의 그림자처럼 느껴졌다.

자신이 통합의 대리인이라고 선언했던 편지에서, 프루동은 동맹을 맺으려던 사람들에 대한 불평을 늘어놓으면서 역설적인 본성을 드러냈다. 공화주의자들은 프루동이 "전쟁을 맹목적으로 지지하는 사람"이 아니었기에 그의 진가를 잘 인정하지 않았다. 공산주의자들은 프루동을 거의 중도파로 간주했다. "나는 가장 불행한 상황에 놓여 있어. 나는 모든 사람을 만족시켜야만 해. 그러지 않으면 나는 버림받게 돼."

그런 상황에서 프루동과 동료 사회주의자들의 휴전협정이 일시적일 수밖에 없었던 것은 당연했다. 1845년 3월에 이미 프루동은 일기에서 공화주의자들과 카베가 파리 요새의 재무장을 재촉함으로써 "진보에 막대한 피해"를 주고 있다며 분개했다. 정당하게도 프루동은 감상적인 자코뱅주의 호전성을 위험스럽다고 봤고, 거의 그 시점에 카베에 대해서도 구체적인 불만을 얘기했다. "그는 종교적이고 독재적이며 관용이 없고 거만하며 음모적이다. …조심해!" 이런 의심은 프루동과 동료 혁명가들의 만족스러운 협력을 가로막았지만, 프루동 사상의 독립성과 독창성을 보호하던 개인주의 요소들로 구체화되었다.

4

1844년 2월 말에 프루동은 다시 파리로 돌아왔다. 프루동은 포티에와 티소, 다른 오랜 친구들을 만났고 카베와 부질없는 협상을 계속했다. 아마도 가장 중요한 사실은, 많은 정통 정치경제학자들과 사귄 점일 것이다.

프루동은 1843년에 편지를 교환하기 시작했던 유명한 경제학자 조제프 가르니에Joseph Garnier와 이런 관계를 발전시켰다. 처음 편지를 주고받을 때 프루동은 거의 공격처럼 느껴질 정도로, 학교를 다니지 못한 자신의 처지를 열심히 변호했다. "나로서는 교수들이 의자에 앉아서 보는 것보다 더 많은 사실을, 상상력의 도움을 받아 사무실에서 깨우쳤다고 감히 말하고 싶군요." 분명 이런 접근 방식은 《경제평론 *Revue des Economistes*》에 『질서의 탄생』에 관한 호의적인 서평을 실었던 가르니에를 불쾌하게 만들지는 않았다. "나를 *형제brother*이자 *시민citizen* 프루동이라 부르는 급진주의자와 소속을 거부하는 사람들에게서도 그런 공정한 평을 듣지 못했습니다" 하고 프루동은 고마워하며 말했다. 그러나 프루동은 "저자가 특정한 곳에, 가령 대학이나 신문사, 행정부, 성직, 특정한 학파나 조합에 소속되지 않는 한 어떠한 생각도 받아들여지지 않고 책도 팔리지 않을 것"이라는 불평을 덧붙였다.

1844년 3월 가르니에가 파노라마스Panoramas 카페에서 열리는 경제학 학회the Société des Economistes에 참석해 달라고 프루동을 초청한 것은 이런 불평이 사라지길 기대했기 때문일 것이다. 프루동은 매우 즐거워했고, 이런 학문적인 자리에서 "만나는 것 자체가 하나의 기쁨인, 좋은 동료이자 교육을 받고 올바른 상식과 좋은 취향을 가진 사람"을 만났다. 그런데 이 만남에서 가장 실질적인 이득은 프랑스에서 출판되는 대부분의 중요한 정치경제학 논문을 발행했던 출판업자 기요맹Guillaumin을 사귄 점이다. 가르니에는 프루동을, 공격적으로 말하지만 진지하고 주목할 만한 이론을 가진 사람이라고 소개해서, 기요맹이 프루동에게 호감을 가지게 했다. 기요맹은 "한 걸음 더 나아가" 만난 지 얼마 되지 않았을 때, 프루동이 1843년 10월에 베르흐만에게 얘기했던 경제 모순에 관한 글을 출판하기로 합의했다.

집필을 끝내기도 전에 책을 낼 출판사를 구한 이 성공은, 프루동이 글을 쓰도록 자극했다. 그렇지만 1844년 여름의 상황이 예전보다 아주 많이 나아졌다 한들, 여전히 프루동에게는 자신의 운명을 한탄할 만한 많은 이유들이 있었다. 프루동은 다른 사람이라면 주저앉았을지 모를 무거운 부담을 주던 빚과 가족에게서 완전히 벗어나지 못했다. 때때로 프루동은 정당한 이유가 있기는 하지만 불행이 무한히 반복되는 듯하다―그 이후 프루동의 삶을 봐도 반복되는―고 느꼈다. 예를 들어, 기요맹과의 협상을 성공적으로 끝내자마자, 프루동은 적들의 편견에 호된 비판을 받을 것을 예감한 사람의 어조로 투르네에게 편지를 썼다. "나는 파문을 당한 사람일 뿐이야. 책을 출판하면서 모든 곳의 금서 목록에 내 이름을 올렸어. 분노와 부조리한 느낌이 나를 괴롭혀. 라스파이Raspail처럼 모든 능력과 열정을 바쳤는데도, 나는 원하는 것의 4분의 1조차 얻지 못했어." 이런 태도는 일정한 정규교육을 거의 받지 못한 사람이, 잃어버린 이득을 누릴 기회를 제공할 사람을 만났을 때 종종 경험하는 열등감으로 여겨질 수 있다.

그러나 때로는 지루할 만큼 불만을 표현했다 해도, 그 불만이 프루동의 이상을 잠식하지는 못했다. 프루동은 인간 개인에게서 불완전함과 결함을 발견했고 회사 제도에서도 결점을 봤다. 그러나 프루동은 인류에 대한 믿음이나 자신의 정신에서 구체적으로 드러나던 정의와 평등, 자유라는 이상을 결코 버리지 않았다. 그리고 국제주의와 프랑슈-콩데인의 지역주의를 [동시에] 품었지만, 프루동은 프랑스의 영광을 깊이 각인시켰던 순수한 애국주의를 포기하지도 않았다. 당시 베를린에서 알렉산더 훔볼트Alexander Humboldt와 함께 연구를 하던 아케르만이 무시를 당한 경험 때문에 과감하게 조국을 비난하자, 프루동은 그를 꾸짖었다. "너는 언제나 프랑스를 비난하고 있어. 그러면 후손들은 마치 프랑스가, 온 나라 전체가, 가장 지적이고 관대한 나라가, 나라를 불명예스럽게 만드는 정부나 나라를 망가뜨리는 패거리, 나라를 착취하는 협잡꾼이나 불량배와 똑같다고 느낄지 몰라."

프루동은 조국과 인민에 대한 자부심을 결코 버리지 않았지만, 이것은 무비판적이고 맹목적인 애국주의로 전락하지 않는 애국주의였다. 그리고 프랑스의 지배자나 프랑스 인민이 전혀 가치가 없는 일을 벌일 때, 프루동은 자신이 프랑스의 참된 전통으로 여기던 혁명 전통을 따라야 한다고 가장 먼저 주장한 사람이었다.

5

1844년 9월에 프루동은 파리를 다시 방문해서 여러 달 동안 머물렀는데, 이 시기는 특별한 관심을 받을 만하다. 왜냐하면 이

때 프루동은 독일의 헤겔 좌파와 미하일 바쿠닌Michael Bakunin 같은 러시아 혁명가와 친분을 쌓았기 때문이다. 12월에 미코에게 보낸 편지에서 프루동은 "나는 스무 명 이상의 독일인—그들은 모두 철학 박사야—을 만났어"라고 적었다. 이 사람들은 당시 스물다섯 살이던 마르크스, 하이네Heine, 《독불 연감 Annales Franco-Allemandes》의 편집자 아르놀트 루게Arnold Ruge, 청년 피히테, 칼 그륀과 그의 친구 에베르베크Ewerbeck처럼 그 시대의 가장 중요한 독일 혁명가들이었다. 바쿠닌과 함께 루게와 그륀은 나중에 프루동의 사상을 전파했고, 마르크스는 프루동에게 반대한 가장 유명한 사람이 된다. 리버테리언 사회주의자와 권위주의적 사회주의자로 갈라졌던 이 유명한 19세기는 프루동과 바쿠닌, 독일의 헤겔 좌파들의 삼파전으로 시작되었다고 볼 수 있기 때문에, 나는 이 시기의 사건들을 좀 더 상세히 다루려 한다.

칼 그륀은 프루동에게 주목했던 최초의 독일인이었고《프랑스의 사회운동 Die Soziale Bewegung in Frankreich》에 자신들의 첫 만남을 다뤘다. 프루동은 침대 하나와 찬장 위에 세워진 약간의 책, 신문과 경제학 평론이 펼쳐진 테이블이 있는 '학생방'에서 살고 있었다. 그륀은 프루동을 "손으로 짠 모직 조끼를 입고 달그락거리는 나막신을 신은…키가 크고 억센 남자"로 봤다. 프루동은 "잘생긴 이마와 멋진 눈썹을 가진 사심 없는 얼굴", 둥근 머리와 단단한 턱을 가졌다. 그륀의 관심을 끈 점은 "맑고 깨끗한 눈"이 약간 사팔뜨기였다는 사실이다. 프루동은 농민의 활기를 담아 열정적으로 말했고 분명하게 발음했다. 그리고 어휘는 "적절한 표현을 정교하게 선택해서 다채로우면서도 간결했다." 프루동은 침착하고 자신감 있는 인상을 줬다.

프루동은 독일철학을 토론하는 데 각별한 관심을 보였고, 그륀은 "지금 말했듯이 인류학은 진행 중인 형이상학이다"라고 말하며 포이어바흐Feuerbach의 사상을 프루동에게 알려줬다. 그리고 프루동은 "내게는 정치경제학이 진행 중인 형이상학이다"라고 대답했다. 그 다음 대화는 프루동이 빌름의 설명을 통해 이미 접했던 헤겔의 사상으로 넘어갔다. 당시 프루동은 자신이 헤겔 사상에서 놓쳤을 수 있는 점을 이 새로운 독일 친구에게서 찾으려고 노력했다. 그륀은 "어떻게 비판 사상이 헤겔주의의 허풍을 없앴는지를 말해 줬을 때…프루동이 많이 안도했다"고 말했다.

사실 프루동은 모든 새로운 친구들과 이런 종류의 문제들을 토론했고, 변증법은 강독 원편의 때 묻고 작은 호텔 방에서 길게 이어진 대화의 중요한 주제가 된 듯했다. 그륀만이 아니라 마르크스와 바쿠닌도 이 토론에 참여했다. 마르크스는 프루동이 편안히 숨을 거둔 뒤 마지막으로 그를 공격했을 때 자신이 개인적으로 "독일어를 몰라 원어로 헤겔을 연구할 수 없어서 심한 편견에 사로잡힌 프루동에게 헤겔주의를 전수했다"고 주장했다. 이런 주장에 대해 우리는 1840년대 초반에 프루동이 헤겔에 관심을 가졌다는 점만이 아니라 사실상 마르크스를 만나기 전에도 그륀과 대화를 나눴고 바쿠닌과 헤겔에 관해 밤새도록 대화를 나넜다는 사실도 지적할 수 있다.

게르첸에 따르면 프루동은 바쿠닌과 아주 친했는데, 프루동의 편지에 나오는 바쿠닌에 대한 언급은 분명 두 위대한 아나키스트 사이에 존재했던 엄청난 애정을 믿게 만든다. 1851년에 프루동은 슐뤼셀부르크 요새에서 "서서히 암살당하고 있던" 바쿠닌 때문에 슬프다고 게르첸에게 편지를 썼다. "게르첸, 바쿠닌, 에드몽Edmond, 당신들을 사랑해요!…당신은 그곳에 있지만, 많은 사람들이 대리석처럼 차갑다고 여기는 내 마음속에 깊이 자리 잡고 있어요!"

프루동을 처음 만나고 몇 년이 흐른 뒤인 1847년에 게르첸이 파리를 방문했을 때, 바쿠닌은 부르고뉴 가에서 음악가 레엘Reihel과 함께 살고 있었다. "종종 프루동은 레엘의 베토벤과 바쿠닌의 헤겔을 듣기 위해, 그리고 심포니보다 더 오랜 시간 동안 철학을 토론하기 위해 그곳으로 왔다.…1847년 당시 부르고뉴 가에 살았고 가끔 레엘과 바쿠닌을 찾아왔던 카를 보그트Karl Vogt는 어느 날 저녁 현상학에 관한 끝없는 토론을 듣다 지쳐서 먼저 잠자리에 들었다. 다음날 아침 보그트는 '파리 식물원Jardin des Plantes'에 함께 가기로 해서 레엘을 방문했다. 그는 그 이른 시간에 바쿠닌의 연구에 관한 대화를 듣고 깜짝 놀랐다. 보그트가 문을 여니 프루동과 바쿠닌은 벽난로의 다 타 버린 깜부기불 앞의 똑같은 장소에 앉아 밤새 이어진 논쟁을 짧게 요약하며 정리하고 있었다."

당시에 많은 사람들이 헤겔주의 철학에 관해 프루동과 대화를 나눴고, 프루동이 헤겔주의의 함의에 관해 더 많이 알게 되었다는 점은 분명한 듯이 보인다. 마르크스주의자가 뭐라고 주장하든, 프루동에게 헤겔을 전수했던 사람은 그들 중 어느 누구도 아니다. 이 논쟁의 마지막 쟁점으로 프루동이 단 한 번도 말 그대로 헤겔주의자가 되었다고 인정하지 않았다는 점을 기억해야 한다. 헤겔의 주장에서 몇 가지 점들이 흥미를 끌었지만, 마르크스가 주장했듯이 무식해서 왜곡했다기보다 프루동은 그 점들을 자신의 철학적인 입장에 맞도록 신중하게 개조했다. 이 점은 『정의론』의 다음 구절에서 분명해진다. "헤겔주의 공식은 신의 상냥한 의도나 실수에 의해서만 삼위일체가 된다. 이 공식은 단지 정正과 반反만이 존재하는 상태에서 세 번째 개념[합合]을 고려하고 이율배반이 해소될 수 없다는 점을 보지 못할 뿐 아니라 이율배반이 균형을 잡을 만한 동요나 적대를 암시한다는 점도 알지 못한다."

그런 점에서 나중에 마르크스가 『철학의 빈곤 The Poverty of Philosophy』에서 프루동을 비판한 내용, 즉 "명제와 반명제라는 처음의 단순한 두 단계를 넘어 더 높이 올라갈 수" 없었고 "변증법적인 출산의 노동으로 새로운 범주를 낳아야 할 때 불임으로 고통을 받았다"는 비판은 논점이 어긋났다. 왜냐하면 프루동은 결코 헤겔주의를 표절하려고 노력하지 않았기 때문이다. 프루동의 사상에서 끝없는 이율배반을 항상 발견할 수 있다는 사실은 『정의론』의 다른 구절에서 확인할 수 있듯이 [변증법에 대한] 오해의 산물이 아니었다. "*이율배반은 해소될 수 없다.* 바로 그 점에 헤겔 철학의 불완전함이 있다." 따라서 프루동에게 헤겔주의를 가르쳤던 사람이 누구인가에 관한 논쟁은 무의미해진다.

보통 프루동은 독일 망명객들과 철학을 토론하며, 설득하기보다 자극을 받았던 것 같다. 프루동은 "그들의 변증법에 관해 얘기할 수 있는 것처럼 그들의 역사철학에 관해 말할 수 있었다"고 말했다. "이 점은 생각을 하게 만들고 이런 생각이 진실을 드러냈다. 절대적인 진실이란 없다. 매우 자주, 무엇도 확실하지 않다." 이처럼 만남은 프루동의 철학적인 관점을 확장시켰고 체계적으로 사유하도록 도왔다. 그래서 프루동은 두 번 다시『질서의 탄생』처럼 혼란스러운 책을 쓰지 않았다.

갈수록 [횟수가] 줄어들었지만 분명 점점 더 만족스러웠을 헤겔 좌파와의 만남을 통해, 프루동은 자신이 독일에서 이미 상당한 명성을 얻고 있다는 것을 깨달았다. 독일의 젊은 사상가들은 프루동을 프랑스 최고의 사회주의자로 여겼다. 이것은 설명을 더 들을 만한 흥미로운 점이다. 마르크스와 엥겔스만이 아니라 루게와 그륀을 포함한 독일의 모든 헤겔 좌파는 사회주의자들의 세계적인 협회를 만들려는 구상에 빠져들고 있었다. 이런 목적을 품고 이들은 국제적인 협회의 기관지로《독불 연감》을 창간했다. 이들의 초기 시도는 불행히도 성공하지 못했다. 이들은 자신들의 잡지에 "파괴의 충동이 창조적인 충동"이라는 유명한 선언을 실었던 중요한 비非독일계 사람, 즉 미하일 바쿠닌의 협력을 확보했을 뿐이었다. 그리고 아이러니하게도 《독불 연감》에는 프랑스인 기고자가 단 한 명도 없는 상태로 발행되었다. 심지어 파리에서 머무는 동안에도 독일의 사회주의자들은 프루동을 제외하면 단 한 명의 프랑스 사회주의자와도 더 가까운 관계를 만들지 못했는데, 그 실패의 이유는 아주 분명했다.

첫째, 피에르 오트만이 지적했듯이 독일인들은 종교에 반대하는 선전을 자신들의 혁명 프로그램에서 필수 요소로 간주했던 반면, 대부분의 프랑스 사회주의 지도자들은 최소한 종교와 유사한 형태의 영성을 주장했다. 종교를 팽개친 독일인들이 느꼈던 거부감은 1843년에 엥겔스가 쓴 한 통의 편지에서 드러난다. "신앙심이 없기로 유명한 국가에 속하는 프랑스의 공산주의자들이 기독교인이라는 점은…정말 놀랍다." 오직 프루동만이 이런 경향에서 벗어나 있었다. 프루동은 독일의 '무신론적 인본주의'에 동의하지 않았지만, 사회의 진화 과정에서 거쳐야 할 한 단계로서 종교를 비판적으로 바라봤다. 따라서 프루동의 정신은 종교를 반대하는 독일 사회주의자들의 주장에 열려 있었다.

둘째, 대부분의 프랑스 사회주의자들은 여전히 자코뱅 전통을 받아들여 프랑스가 전 세계 혁명의 중심지라는 가정을 발전시켰다. 독일의 진지한 철학 박사들이 장황한 변증법을 한 짐 싸들고 파리로 와서 혁명의 수행 방식을 가르치려 했을 때, 프랑스인들은 그저 그들을 무시했다.

성직자에게 맞서고 자코뱅을 반대했으며 동료들의 편협한 애국주의와 차원을 달리 했던 프루동만은 독일인들을 환영할 준비가 되어 있었다. 그리고 프루동은 지적인 발전 기회를 찾는 농민이었으며, 국제협회라는 독일인들의 구상을 도울 방법보다 철학에 관해 배우는 것에 더 많은 관심을 가졌다. 마르크스와 친하게 지내던 시기에 노동계급들의 협회라는 생각이 프루동의 마음을 많이 사로잡았지만, 프루동이 염두에 둔 것은 독일 사회주의자들이 구상하던 정치적인 선전을 위한 조직이 아니라 작업장에 기반을 둔 경제활동을 위한 조합이었다.

1844년과 45년 겨울 동안, 오랜 대화를 나누면서 마르크스는 [조합에 대한] 프루동주의의 이런 유보 조건들을 확실하게 깨달았다. 그러나 마르크스는 프루동이 프랑스의 사회주의자 그 어느 누구보다도 국제적인 네트워크에 관한 자신의 생각을 지지한다고 판단한 듯했다. 국제적인 네트워크라는 목적이, 파리에서 직접 만나고 있을 동안 얼마나 논의되었는지에 관해서는 기록이 남아 있지 않다. 그렇지만 어떤 점이 확실하게 제안된 것 같지는 않다. 왜냐하면 마르크스는 1845년 2월에 프랑스에서 추방되는데, 1846년 5월 5일이 되어서야 프루동에게 사실상의 협력을 제안하는 편지를 썼기 때문이다. 이 편지와 [프루동의] 답장은 사회주의 역사에서 아주 중요하다.

마르크스는 학문적인 문제들을 토론하고 사회주의를 선전하기 위해 사회주의자들의 "지속적인 통신망"을 건설하자고 제안했다. "그러나 우리 통신망의 근본적인 목적은 외국인들에게 독일에서 진행 중인 사회주의 운동에 관해 알리고 독일 내의 독일인들에게 프랑스와 영국의 사회주의 발전에 관해 알려주기 위해, 독일 사회주의자들이 프랑스와 영국의 사회주의자들과 접촉하는 것입니다. 그런 접촉 과정에서 의견 차이들이 드러날 수 있습니다. 누구라도 생각을 교환하고 공정한 비판을 받을 수 있습니다. 이것은 '말의 뜻 그대로' 표현하면 사회주의 운동을 위한 첫 걸음, '민족성'이라는 한계를 뒤흔드는 첫 걸음이 될 겁니다. 그리고 행동에 나설 순간에는 분명히 국내의 상황만이 아니라 국외의 상황도 아는 것이 우리 모두에게 매우 중요합니다.…영국과 독일의 관계는 이미 만들어졌습니다. 우리 모두는 프랑스에서 당신보다 더 나은 협력자를 찾을 수 없으리라 믿습니다. 지금까지 영국과 독일의 사회주의자들이 당신의 프랑스 동료들보다 당신을 더 높이 평가해 왔다는 사실을 당신도 알 겁니다."

프루동은 차분하게 이 제안을 받아들였는데, 프루동의 답장은 분명히 마르크스가 고려하지 않았던, 마르크스의 다양한 성격들을 드러냈다. 프루동의 타고난 영민함은 마르크스의 이후 활동에서 아주 두드러질, 잠재되어 있던 권위주의적인 속성들을 간파했다. 그리고 프루동의 천부적인 독립성은 판단의 자유를 손상시킬 수 있는 현실 개입을 우려했다. 프루동의 답장은 자신과 권위주의적인 사회주의자들을 나누는 차이점들을 분명하고 솔직하게 주장했다. 프루동은 참여하고 싶다는 의향을 표시하면서 글을 시작했지만, 동시에 여러 의미 있는 유보 조건들을 달았다.

"첫째, [사회]구성과 [계획의] 실현이라는 사안에 관해 내 생각이 어느 정도 정해진 시점—적어도 그 원칙에 관해서는—이지만, 그래도 당분간은 비판이나 의심을 받아들이는 태도를 취하는 게 모든 사회주의자들의 의무이자 내 의무라고 믿습니다. 간단히 말해, 나는 거의 전적으로 경제적 독단주의dogmatism를 거부한다는 점을 공개적으로 선언합니다.

만일 당신이 원한다면 사회의 법칙과 이런 법칙들이 실현될 방법, 그런 법칙과 방식을 성공적으로 발견할 과정을 함께 연구해 봅시다. 그러나 **선험적인**a priori 독단주의를 파괴한 뒤에, 이번에는 우리가 인민에게 교리를 세뇌시키겠다는 꿈을 제발 꾸지 맙시다.…모든 의견들을 다 드러내자는 당신의 생각을 진심으로 지지합니다. 유익하고 성실하게 논쟁을 계속 합시다. 전 세계에 지적이고 현명한 관용의 사례를 보여 줍시다. 그러니 우리가 운동에서 앞서 있다는 이유로 우리 자신을 새로운 불관용과 편협함의 지도자로 만들진 맙시다. 새로운 종교의 사도인 척하지 맙시다. 심지어 그것이 논리의 종교, 이성의 종교일지라도 말입니다. 모든 저항을 함께 모으고 격려합시다. 모든 독단주의와 모든 신비주의를 철저히 비판합시다. 문제 제기를 결코 소모적인 것으로 여기지 맙시다. 최종 선언문을 작성할 때, 필요하다면 뜻밖이더라도 처음부터 다시 힘차게 시작합시다. 그런 조건이라면 나는 당신의 조합에 기꺼이 가입할 겁니다. 그렇지 않다면, 거부합니다!

나는 당신의 편지에서 이 구절, **행동에 나설 순간에**라는 구절에 좀 주목했습니다. 당신은 **기습 공격***coup de main*이 없다면, 공식적으로 혁명이라 불리는 것이 없다면, 오늘날에는 어떠한 개혁도 가능하지 않고 실제로는 단지 하나의 충격적인 사건에 그치게 되리라는 생각을 여전히 하고 있는 듯합니다. 내가 이해한 바에 따르면 그 생각은, 양해를 구하고 기꺼이 토론하고 싶은 그 생각은 오랫동안 나 자신도 공감해 온 생각이었지만, 가장 최근의 내 연구는 그 생각을 완전히 포기하게 했습니다. 나는 우리가 승리하는 데 그런 행동이 필요하지 않다고 믿습니다. 그래서 우리는 사회개혁의 수단으로 **혁명적인 행동**을 주장하면 안 됩니다. 왜냐하면 거짓된 수단은 단지 폭력이나 독단에, 간단히 말해 모순에 이끌릴 수 있기 때문입니다. 나 자신은 **한 경제 집단***economic combination*이 사회에서 **빼앗은 부를 다른 경제 집단이 사회로 환수시키는** 방식을 고민하고 있습니다. 달리 말해 당신네 독일 사회주의자들이 **공동사회***community*라 부르고 내가 지금 당장은 **해방**이나 **평등**에 대한 요구로만 설명할 뿐인 것을 구성하는 방식으로, 정치경제학을 이용해 소유 이론이 소유에 맞서도록 하는 것입니다. 그렇지만 나는 얼마 지나지 않아 이 문제[지금 당장은 해방이나 평등에 대한 요구로만 설명하는 것]를 해결할 방법을 알게 되리라 믿습니다. 그러므로 나는 가진 자들에 대한 성 바르톨로메오의 밤[대학살]을 거행해서 그들에게 새로운 힘을 주는 것보다, 소유를 천천히 불태우는 쪽을 좋아합니다."

이 편지는 마르크스와 프루동 사이의 직접적인 대화를 완전히 중단시켰다. 마르크스는 다시 답장을 쓰지 않았고, 우리는 마르크스가 프루동의 태도에 실망했다고 들었다. 분노했다는 것이 더 맞는 말 같은데, 마르크스는 자신만큼 개성이 강하고 사회 도덕에 대한 생각이 협력을 불가능하게 만드는 사람과 협상하려 했다는 점을 깨달았다. 마르크스는 자신과 함께하지 않는 사람 모두가 자신에게 맞서는 사람이라고 굳게 믿었기 때문에, 오래지 않아 대화의 실패는 노골적인 적대감으로 이어지기 시작했다. 다만 마르크스는 자신이 [프루동과의] 전쟁 구실로 이용할 수 있는 한 가지 사건을 기다렸다.

6

출판계와 정치계에 입문하던 중에도 프루동은 끊임없이 자기 가족의 행복에 관심을 가졌다. 부모는 점점 나이를 먹어 힘들어 했고, 동생 샤를은 계속 병에 걸려 생활비를 벌 능력이 없었다. 1844년을 통틀어 가족에게 보낸 프루동의 편지들에는 삼각건과 플란넬 속옷 같은 가정의 필수품에 관해 묻는 내용이 군데군데 있었고, 가족의 행복을 위해 더 많이 돕고 싶다는 바람을 아주 강하게 드러내는 글이 적혀 있었다. 2월에 뮐루즈에서 프루동은

"사랑하는 아버지 어머니, 당신들의 생활이 더 나아지도록 제가 최대한 노력한다는 걸 꼭 믿어 주세요" 하고 썼다.

나중에 프루동은 부모가 시골로 돌아간다면 형편이 더 나아질지 모른다고 생각했다. 1년 동안 설득을 당한 뒤 결국 1845년 말에 부모는 바탕을 떠나 샤를이 대장장이로 일하던 코르디롱으로 향했다. 일단 부모가 자리를 잡자 피에르-조제프는 부모에게 걱정하는 편지를 썼다. "집은 따뜻한지, 습기가 차는 건 아닌지, 땔감은 제대로 공급받는지, 먹을 것은 어떻게 마련하는지, 마지막으로 어떻게 살고 계신지 알려 주세요.…저는 당신들이 지루해 할까 봐 걱정입니다. 만약 그렇다면 브장송으로 돌아와야 합니다. 코르디롱으로 가는 게 하나의 실험일 뿐이라는 걸 미리 말하고 싶진 않았습니다. 실험이라는 생각은 어떤 시도도 하지 못하게 막았을 겁니다. 그러나 저를 믿으세요. 저는 당신들이 외로운 죽음을 맞이하게 할 생각이 없습니다. 봄이 되어도 들판의 공기가 맞지 않으면, 다시 말하지만 도시에서 임시로 숙소를 정할수 있어요. 그동안 따뜻하게 지내고 옷을 잘 챙겨 입으세요. 저는 1846년의 1/4분기 동안 당신들이 행복하게 지내고 그래서 당신들의 생활이 더 나아지길 원해요."

그러나 시골의 평온함으로 물러나는 것이 너무 늦었던지 클로드-프랑수아 프루동은 혜택을 받지 못했다. 클로드-프랑수아는 1846년의 1/4분기를 채 넘기지 못하고 1846년 3월 30일에 코르디롱에서 죽었다. 아버지의 평온한 죽음은 피에르-조제프에게 금욕적인 죽음의 표본처럼 보였다. "우정과 엄격한 양심, 아버지가 남기고 간 더 나은 미래에 대한 희망이 힘을 합쳐서 아버지의 마지막 순간에 완벽한 평온함을 주었다. 다음날 동생은 내게 이렇게 편지를 보냈다. '아버지는 용감하게 돌아가셨어.' 성직자들은 아버지를 성인 반열에 놓지 않을 테지만, 아버지를 아는 나는 내 나름대로 아버지를 **용감한 사람**으로 선언하고 그 이상의 추도사가 없다고 믿는다."

위의 글은 10년 뒤에 씌어졌다. 당시에 프루동은, 부모님이 돌아가셨을 때 젊은이들이 종종 경험하던 슬픔과 자책감, 안도감이 묘하게 뒤섞인 감정을 느꼈다. 특히 프루동은 아버지를 더 행복하게 해 주지 못했다며 후회했다. 프루동은 베르흐만에게 "아버지가 돌아가시기 전에 내 상황이 나아질 거라고, 그러면 임종을 맞이하는 가난하고 늙은 노인은 자기 아들이 존경받는 지위에 올랐다며 만족하리라 내 자신에게 약속했어. 하늘은 그와 반대의 상황을 만들었고 나는 엄청난 고통을 느끼고 있어"라고 말했다. 그러나 프루동은 아케르만(이 사람도 해가 바뀌기 전에 탈진으로 죽었다고 기록된다)에게 이 사건[아버지의 죽음]이 자신에게 해방감을 가져다줬다고 고백했다. 이제 프루동은 프랑슈-콩데로 돌아가야 한다는 생각을 버리게 되었고 "그리운 여인(자신의 어머니)에게 보낼 얼마 안 되는 생계비만을 생각하면 되었기 때문에, 나는 할아버지 멜기세덱[구약 성경의 인물]처럼 세계에서 완전히 혼자이고 가족관계도 없는 듯 자유로워."

7

1843년 후반기부터 1846년 가을까지 프루동은 『경제 모순의 체계, 또는 빈곤의 철학 The System of Economic Contradictions, or The Philosophy of Poverty』을[이하『경제 모순』으로 줄여 쓰기도 함] 쓰고 있었다. 프루동의 거의 모든 활동들이 직접·간접적으로 이 저술 활동에 영향을 미치는 듯했다. 운송 회사 사무원으로서의 경험과 정통 경제학자들과의 만남, 독일 사회주의자들과의 철학 토론, 리옹의 상호주의 노동자들과의 협력, 프랑스 사회주의 이론가들에 대한 비판적인 고찰, 이 모두는 프루동이 가장 뛰어난 대표작이 되리라고 여겼던 이 책의 내용에 영향을 미쳤고 그 틀을 구성했다.

1846년 3월이 되어서야 프루동의 글은 [출판업자] 기요맹에게 초고로 넘길 수 있을 만큼 진전되었다. 기요맹은 프루동이 정통 정치경제학자들을 공격하자 당황한 듯했다. 4월 4일에 저자[프루동]는 후회하며, 공격적으로 보일 수 있는 구절들을 고치겠다고 약속했다. "수차례 말했지만 어느 누구도 내가 만났던 경제학자들의 성실성과 명예, 미덕을 나보다 더 잘 알지 못할 것이기에, 당신의 경고는 내게 도움이 될 겁니다" 하고 프루동은 덧붙였다. 그러나 기요맹이 계속 반대 의견을 내자, 프루동은 단호하게 거부하며 반발했다. "당신은 내 책이 정치경제학을 빈정거리기만 한다며 우기고 있어요. 우리 시대가 받아들여야만 하는 몇 가지 설명들을 제외하면, 결국 당신은 이 책에서 정치경제학의 절정을 보며 정말 놀라게 될 거요."

여전히 우려했지만 기요맹은 초고가 출판 약속을 지킬 만큼 충분히 흥미롭다고 보고 초판 인세로 1천 프랑을 제안했다. "[겨우] 1천 프랑이라니!", 프루동은 일기에다 정나미가 떨어져 불평을 늘어놓았다. "이제 어떤 식으로 정부가 사회주의를 약화시키고 용기를 없애는지 이해하겠다!" 프루동은 3주 동안 이 제안을 고민했다. 그 뒤 프루동은 양보하며 비통하게 말했다. "받아들이겠소. 만일 2쇄가 나온다 해도 인세를 더 많이 받을 수 없을 테니 더 할 말이 없소. 10년 공부에 2천 프랑이라니!"

책을 마무리 짓는 동안 프루동의 기분은 계속 확신과 비관 사이를 오락가락했다. 종종 프루동은 가장 극단적인 두 기분이 모두 드는 것에 관해 농담을 하는 흥미로운 초연함까지 보였다. 1846년 7월에 프루동은 아케르만에게 "지금부터 1년 뒤면 나는 내 이론 탓에 어리석은 조롱거리로 전락하거나 전 세계에 알려질 위대하고 급진적이며 매우 중요한 혁명운동에 불을 당기게 될 거야. 그렇지만 나는 몰락에 가까이 가지도, 이상에 도달하지도 못할 거야. 실제로는 흙 두둑에 불과한 것이 그것을 만드는 사람들에게는 산처럼 보였던 다른 많은 경우들처럼 내 계획도 그럴지 몰라."

『경제 모순의 체계, 또는 빈곤의 철학』은 1846년 10월에 출판되었다. 프루동은 베르흐만에게 한 권을 보내며 이 책이 자신의 인생에서 중요한 고비가 될 것이라고 말했다. [책의] 성공 여부에 따라 프루동은 계속 회사 직원으로 일할지, 아니면 '더 고상한 역할'을 맡을지 판단하려 했다.

두 권으로 구성된 야심찬 책에서 프루동은 그 당시 사회의 경제 기반을 종합적으로 연구하기 시작했다. 아무리 전력을 다해 진실하게 추론하고 꼼꼼히 관찰했을지라도, 언제나 모든 철학자들은 자신의 개성이 지닌 특별한 성향에서 유래하는 한 가지 중요한 요소를 사회 구상에 투영시켰다. 플라톤 같은 권위주의자들은 그 구상이 정적인 사회질서로 향하도록 했다. 헤겔의 이론과 그의 마르크스주의적인 분파들도 이런 성향을 가졌고, 모순들이 해소될 것이기 때문에 운동의 최종 종합으로 본 사회로 운동을 제한하려고 노력했다. 헤라클레이토스 같은 철학자들은 자연 질서의 기본 요소를 투쟁과 운동으로 이해했다. 프루동도 그런 사람들 중의 한 명으로, 사실 『경제 모순』에서 종합의 단서를 제시했지만 그 단서는 거의 표면에 드러나지 않았다. 실제로 프루동이 관심을 가진 것은 모순들의 실제 움직임이었다. 프루동의 책을 꿴 헤겔주의의 실은 가늘고 조화를 이루지도 않는다. 사실 프루동은 헤겔보다 칸트에게서 더 많은 것을 배웠는데, 영원히 적대하는 두 힘 사이의 역동적인 균형이라는 개념을 위해 종합이라는 개념을 포기했던 이후의 발전 단계도 미리 관찰될 수 있었다.

사실상 프루동의 세계관은 경제적 경향과 도덕적 경향의 충돌로 포장되긴 했지만 오르무즈Ormuzd[선과 빛의 신]와 아리만 Ahriham[악과 암흑의 신] 사이의 새로운 투쟁이라는 전망에 지배당했던, 본질적으로 조로아스트교적Zoroasterian인 것이었다. 책에서 화해가 제시된다 한들, 화해의 주요 목적은 모순된 세계를 넓게 보여 주려는 것이었고, 프루동은 자신의 불길한 성질을 누그러뜨려서 만든 전망을 정말 많이 사랑했다. 거룩한 지복至福이 지옥의 강한 공포를 파괴하게끔 허용하지 않았던 밀턴Milton과 단테Dante처럼, 프루동은 유토피아적인 해결책이라는 거룩한 빛이 경제적 혼란에 빠진 속세의 지옥이라는 자신의 볼거리를 망치게 하지 않았다. 프루동은 나중에 이 모순들을 해결하겠다고 약속했다.

이 종잡을 수 없고 활기에 차 호전적인 책을 몇 쪽으로 적당히 요약하는 것은 어려운 일이다. 그러나 다행히도 프루동이 마지막 장章에서 자신의 주제를 짧게 요약해 두었으니, 나는 이 요약을 인용하려 한다.

"[한편으로는] 노동으로 실현되고 있고 [다른 한편으로는] 거대한 잠재력을 가진 사회로 표현되고 있는 우리 이념의 근본적인 모순은, 모든 사물이 발생해야 하는 것과 정반대로 발생하도록 만들어서 잘못 짠 장식물이나 안팎이 뒤집혀진 가죽 같은 모양새로 사회에 나타난다는 점이다.…생산하지 않는 자가 복종해야 하는데 정말 아이러니하게도 명령하는 사람은 생산하지 않는 자이다. 말의 어원과 그 이론적 정의에 따르면 신용대부는 일자리를 제공해야 하는데, 실제로는 일자리를 억제하고 없앤다. 그 뜻에 있어 가장 훌륭한 특권이라 할 소유는 토지를 이용할 권리인데, 이 특권을 행사하면서 소유는 토지 이용을 금지하고 있다."

『경제 모순』은 이런 모든 현상들이 인류에게 주는 잠재적인 유용성과 현실적인 악 모두를 다뤘다. 그리고 그 논의 과정에서 박애를 원리로 삼아 현상을 타파하고 독점으로 이끌려는 공산주의 해결책의 근본적인 모순을 증명했다. 그러나 책의 다른 어느 부분들보다도 독자들에게 더 강한 충격을 주려 했던(그리고 분명 의도된) 가장 열정적으로 쓴 부분은, 프루동이 신학에서 나타나는 신神 개념을 해부하는 '신의 섭리'이다. 이 부분은 종교적인 태도가 인간 사회 내부의 모순을 없애지 못하도록 가로막고 부조리의 본보기 역할을 한다고 주장한다. 만일 신 또는 신의 섭리가 지금 이 세상을 실제로 책임지고 있다면, 프루동은 신이란 돌이킬 수 없을 만큼 인류에게 해를 입히는 존재라고 주장했다. "우리는 신의 뜻을 거스르고 지식을 얻었다. 우리는 신의 뜻을 거스르고 행복을 얻었다. 우리는 신의 뜻과 달리 사회를 이루었다. 앞으로 나아가는 모든 걸음은 우리가 신성을 짓밟는 하나의 승리이다."

여기서 프루동은 신성deity이라는 반동적인 이념에서 벗어나자고 열정적으로 호소했다. "신은 어리석고 우둔하다. 신은 위선적이고 거짓되다. 신은 포악하고 저열하다. 신은 사악하다"고 프루동은 부르짖었다. "왕과 사제의 노예가 되어 제단 앞에 고개를 숙이는 곳에서는 인류가 완전히 파멸될 것이다. 어떤 사람이 신의 이름으로 다른 사람의 맹세를 받아내는 사회는 거짓말 위에 세워진 것이다. 그 사회에서 평화와 사랑은 사람들 사이에서 추방당할 것이다. 신이여, 물러나라. 오늘날 두려움을 치유하고 현명해졌다면, 나는 두 손을 하늘 높이 들고 신이란 단지 내 이성의 작품이자 내 양심의 망령일 뿐이라고 맹세한다.…

만일 신이란 게 있다면 철학자들과 신학자들이 만든 우상과 전혀 닮지 않았으리라고 나는 확신한다. 신은 분석과 예측, 진보의 법칙에 따라 생각하거나 행동하지 못한다. 그것은 인간의 고유한 특성이다. 오히려 신은 정반대이거나 퇴보하는 행로를 따르는 듯하다. 즉 지성과 자유, 개성은 신이 아니라 인간의 구성 요소이다. 이 타고난 독창성은…신을 본질적으로 반문명적이고 반자유주의적이며 인간을 반대하는 존재로 만든다."

이런 내용을 무신론자의 주장으로 여기지 않는 것은, 가끔 프루동의 악마주의를 따르하는 듯했던 보들레르의 악마주의가 무신론과 달랐던 것과 마찬가지이다. 오히려 우리는 최종적인 모순, 즉 신과 인간의 모순에 직면한다. 그리고 우리가 신을 하나의 객관적인 실재로 간주해야 할지, 아니면 인간 신념과 전통의 투영물로 간주해야 할지는 크게 중요하지 않다. 중요한 점은 악이라는 원리와 선이라는 원리가 프루동의 세계에서 활동적이고 경쟁하는 실체로 등장했다는 사실이다. 1846년대 프루동의 일기에서 두 구절을 인용하면 이 구절은 이런 해석을 뒷받침한다. (1)"신과 인간 어느 쪽이나 다른 한 쪽의 상대일 뿐이다. 신과 인간은 존재의 충만함을 가지지 못한 두 개의 불완전한 실재이다." (2)"신은 이성이 필요하지만 이성은 신을 거부한다."

프루동은 자신의 세계관에서 인간을 긍정적인 요소로 놓았다. 그런데 인간의 행동이 악을 행하고 악으로 방향을 바꾸기 때문에, 이런 실패를 책임질 모순의 다른 면은 그 자체로 사악해야 한다. 그리고 신이 인간을 보완하는 다른 면이기 때문에, 따라서 신은 틀림없이 사악하다. 프루동주의 논리에 따르면 이 결론은 피할 수 없다. 그리고 몇 마디 덧붙이자면 이 생각은 프루동이 결코 거부할 수 없었던 고도의 역설이라는 요소를 가지고 있다. **소유는 도둑질이다**처럼 **신은 사악하다**도 세상을 깜짝 놀라게 하고 분노시킨 구절이었다.

『경제 모순』의 표지에는 **파괴와 건설**Destruam et Aedificabo이라는 모토가 새겨졌다. 프루동은 [기존의 이론을] 최대한 파괴했으나, [이론적인] 건설은 그리 명확하지 않았고 사회문제의 해결을 위해 생각해 둔 것을 구체적인 용어로 풀이하는 것도 쉽지 않았다. 소유의 균등화와 정부의 해체, 자유로운 신용대부 같은 프루동의 친숙한 개념들은, 프루동이 아주 열심히 공격하며 파괴했던 거짓된 이론들과 혼전을 벌이면서 아주 힘겹게 길을 만들어 갔다. 프루동이 노동의 조직화라는 노동자 스스로의 과업에 관해 말하며 여기에는 자본이나 정부가 간섭할 여지가 전혀 없다고 선언할 때조차도 가장 중요한 사상은 윤곽만 그려진 상태였다.

일반적으로 프루동의 결론은 '종합'과 '균형equation'이라는 개념으로 각기 다르게 나타났다. 예를 들어 프루동은 다음과 같이 선언했다. "우리가 가야 할 곳은 노동이나 독점의 파괴가 아니다. 독점의 모순이 가져올 수밖에 없는 [변증법의] 종합은 지금 소수를 위해 생산되는 부가 모든 사람의 이익을 위해 생산되게끔 만든다." 그런데 우리가 봐 왔듯이 프루동은 적어도 헤겔주의 의미에서의 종합을 완전히 받아들이지 않았다. 균형이라는 개념이 프루동의 성향에 더 맞았고, 적대의 화해를 생각하는 것보다 모순이 역동적인 균형을 만든다는 점을 우리가 깨닫는다면 프루동이 염두에 뒀던 더욱더 훌륭한 사상에 이를 수 있다고 나는 생각한다. 역동적인 균형은 무효화하고 파괴하는 힘보다 재생시키고 건설하는 힘이 될 더 높은 단계로 적대의 투쟁을 상승시키는 효과를 가진다.

프루동이 리옹의 노동자들과 함께 보낸 시간들을 떠올리면 우리는 이 역동적인 균형이 "상호성의 이론a theory of MUTUALITY"으로 등장할 것이라는 실마리를 얻을 수 있다. 프루동은 이 상호성 개념을 "통상적인 것이 아니라 실재적인 사회, 노동 분업을 과학의 도구로 변화시키는 사회, 노예를 기계로 대체한 뒤에 생길 위기를 해결하는 사회, 경쟁을 이롭게 만들고 독점을 모두의 안전을 위한 담보로 만드는 사회, 자본에게 신용대부를 요구하고 국가에게 보호를 요청하는 대신에 그 원리의 힘으로 자본과 국가를 노동에 종속시키는 사회"로 정의했다.

[『경제 모순』에서] 우리는 건설적인 실마리를 아주 조금 얻었을 뿐이다. 나머지 실마리는 이후에 나올 책으로 미뤄졌다. 그리고 사실상 프루동은 『경제 모순』을 쓰면서 이 체계에서 파괴적인 요소들을 제법 많이 드러냈다. 이 책은 나중에 나올 그 어떤 책보다도 비판에 초점을 맞췄고, 이런 애매한 스케치보다 훨씬 더 풍부한 건설적인 제안은 [이후의] 다른 책에서나 발견된다. 그러나 프루동이 본질적으로 정적인 해결책을 증오하며 체계를 거부했던 사상가라는 점을 잊어버리는 것은 어리석은 일일 수 있다. 프루동의 이상은 언제나 역동적인 사회, 즉 생명력을 계속 간직하며 지속적인 비판으로 운동 상태를 유지하는 사회였다. 그런 사회는 결코 미리 정해진 계획에 따라 건설될 수 없다.

『경제 모순』은 성공적으로 소란을 일으켰다. 『경제 모순』은 프루동의 악명을 높이는 한편, 프루동이 프랑스 사회주의 운동을 이끄는 지식인으로 확고하게 자리 잡도록 했다. 1848년의 사건이 증명하겠지만 『경제 모순』은 글을 읽는 노동자들 사이에서 프루동의 지지자를 엄청나게 늘렸고, 독일에서는 1847년 중반까지 무려 세 가지 번역본이 출간되면서 프루동의 인기를 높였다.

반면에 『경제 모순』은 많은 사람들이 저자에게 분노하게끔 자극하기도 했다. 독실한 기독교 신자들은 신을 공격하자 격분했다. 경제학자들은 자신들에 대한 비판을 불쾌하게 여겼다. 대부분의 동료 사회주의자들은 공산주의에 대한 경고나 반反종교적인 입장에 관해 프루동과 의견을 달리 했다. [이런] 항의에 당황한 기요맹은 투덜거렸고 출판업자와 저자가 교환한 편지들은 관계를 악화시켰다. "나는 개인이나 어떠한 사회계급, 종교, 그 무엇도 모욕하지 않았습니다" 하고 프루동은 항의했다. "나는 모든 원리를 공격할 권리, 그 원리와 싸울 권리, 그리고 그것을 혁신할 권리 등을 가지고 있습니다.…그리고 내가 아주 극적인 형식을 택했다면 그건 문학과 취향의 문제일 뿐입니다."

그렇게 많은 공격을 받은 프루동이 주기적으로 발생하던 고립감을 다시 느꼈으리라는 점은 놀랍지 않다. 1847년 초 프루동은 마우리스에게 "나는 모든 이의 반감을 사고 있어"라고 말했다. "내가 불러일으킨 반감은 공산주의자, 공화주의자, 급진주의자에서 보수주의자와 예수회 수도사—대학 내의 예수회를 포함해—까지 널리 퍼져 있어." 그래도 비판을 대하는 프루동의 태도에는 상당한 변화가 있었다. 즉 회유하려는 경향이 나타나고 있었다. 당시에 프루동은 거부를 당하는 느낌을 거의 자랑으로 여겼다. 다구d'Agoult 백작 부인이 적을 만드는 재능을 유감스러워하자, 프루동은 "적들이 많아질수록 당신은 두려움을 느낍니다. 반면에 나는 그 적들로 인해 활기를 띱니다" 하고 답했다.

프루동은 거의 1년 뒤에, 자신의 책이 가장 통렬하게, 살아가며 경험했던 공격들 중에서 가장 무자비하게 비판 받았을 때에도 어느 정도 평정심을 유지했다. 프루동이 전망에 대한 입장이 다르다는 점을 아주 분명하게 강조했던 편지에 대해, 마르크스가 직접 답장을 보내지 않았음을 우리는 기억해야 한다. 1847년 6월 마르크스가 220쪽 분량의 책 한 권에서 예전 친구의 새로운 책에다 신랄하고 난폭하게 비판의 매질을 가했을 때, 간접적으로나마 그 답변은 이루어졌다.

프루동의 책 부제를 풍자해서 마르크스는 자신의 책 제목을 『철학의 빈곤 The Poverty of Philosophy』이라고 지었다. 제목부터가 철학과 독일철학이라는 신성한 입장을 감히 유린하려 했던, 혼자 공부한 작가를 신랄하게 꾸짖고, 자신의 학식을 자만하는 사람의 논조와 트집, 사악한 우월감을 암시한다. 이런 의도는 서문의 짧은 구절로도 분명하게 증명될 수 있다. "불행하게도 프루동 씨는 유럽에서 특히 가치를 인정받지 못하고 있다. 프랑스에서 프루동 씨는 훌륭한 독일철학자로 여겨지기에 별 볼일 없는 경제학자가 될 권리를 가진다. 독일에서 프루동 씨는 가장 뛰어난 프랑스 경제학자로 여겨지기에 별 볼일 없는 철학자가 될 권리를 가진다. 독일인과 경제학자의 특성을 한 몸에 그리고 동시에 가졌기에 이 이중의 오류에 대해 항의하려 한다." 이렇게 심한 토론회식 재치는 가끔씩 나오는 개인적인 욕설과 뒤섞여서 『철학의 빈곤』의 끝까지 이어진다.

마르크스의 공격 대부분은 우리가 이미 부적절한 트집이라고 확인한 점, 즉 프루동이 잘못 이해한 헤겔주의 이론에 기초해서 변증법적 관점을 구성했다는 점에서 비롯되었다. 그리고 곧 『철학의 빈곤』은 프루동의 분명한 모순을 비판하면서 공격의 폭을 더 넓혔다. 여기서 프루동이 쓴 모든 책은 체계적으로 사유하고 사소한 점을 꼼꼼히 따지는 사람이 충분히 승리할 만큼 혼란스러운 주장과 지나치게 과격한 표현을 담고 있었다는 점을 인정해야 한다. 이런 불일치를 비판하면서 마르크스는 프루동에게 맞서서 수많은 사소한 점들을 반박했다. 그러나 마르크스와 같은 마음가짐에서 벗어나면, 프루동의 혼란스러운 사유가 그 비범한 풍부함과 독창성, 유연성—마르크스의 사유에서 아주 부족했던 자질들인—에 비하면 부수적인 요소라는 점도 사실이다.

그리고 마르크스는 프루동이 근본적으로 도덕주의를 포기할 수 없을 뿐 아니라 포기할 의향도 없다는 점을 비판했다. 그리고 마르크스는 『경제 모순』에서 사용된 방법, 즉 자신이 '경제-형이상학economico-metaphysical'이라 불렀던 방법 때문에 매우 분노했다. 사실 피에르 오트만이 지적했듯이 마르크스가 가한 공격의 진정한 핵심은 종종 신비주의로 흘렀던 프루동의 사유에서 겉으로 드러나지 않던 이상주의를 간파하고, 종교가 인류의 삶에서 불가피하고 영원히 중요한 요소라는 점을 오랫동안 믿어온, 성서를 공부하는 학생이라는 점을 폭로했다는 사실에 있다. 물론 이 점에 대한 마르크스의 비판은 자신의 역사적 유물론에서도 결국 나타났던 강력한 '경제-형이상학'의 요소를 고려할 때, 모순된 면이 있다.

『철학의 빈곤』은 출판되었을 당시에 거의 주목을 받지 못했기에 프루동의 운동에 거의 피해를 입힐 수 없었다. 그 글을 열광하며 읽었던 사람들은 이미 열렬한 마르크스주의자들이었다. 그러나 마르크스가 가한 공격의 특징[논조와 트집, 우월감] 때문에 프루동이 아주 난처해 했다는 점은 분명하다. "나는 마르크스 박사에게 모욕을 당했습니다. 이건 독설이자 비방, 날조, 표절의 연속입니다"라고 프루동은 기요맹에게 말했다.

프루동은 『철학의 빈곤』을 구해서 세심하게 읽고 많은 주석을 달았다―후손들이 이 책을 보관하고 있다. 이 점은 적어도 책을 읽던 시기에는 프루동이 반박을 시도했다는 점을 추측하게 한다. 출판물로는 전혀 답하지 않았고 편지에서도 비교적 간간히 언급했더라도, 프루동의 일기가 마르크스를 제법 거론했다는 점은 상처를 받았음을 뜻한다. 예를 들어 9월 20일자 일기에서 프루동은 "지금까지 그 책(『경제 모순』)에 관해 얘기해 온 사람들 모두는 아주 나쁜 신념이나 시기심, 어리석음으로 그렇게 말했다." 마르크스의 이름은 이 문장 뒤에 나열된 비평가 리스트에서 맨 위에 있다. 사흘 뒤에 프루동은 연필로 이렇게 휘갈겨 써서 덧붙였다. "마르크스는 사회주의의 촌충tapeworm이다."

당연히 우리는 프루동이 『철학의 빈곤』을 더욱더 공개적으로 반박하지 않은 이유에 관해 궁금해 할 수 있다. 브누아 말롱Benoît Malon은 마르크스가 프랑스에서 알려지지 않은 인물이었고 [오히려] 프루동이 유명인이었기 때문에, 자신을 "지독하게 반박한 사람"의 책에 관심을 쏟는 것보다 알려지지 않게 놔두는 것이 더 낫다는 점을 계산했다고 주장한다. 그렇다 해도 프루동은 아무리 무섭거나 알려지지 않았다 해도 결코 답장이나 비판에서 꽁무니를 빼지 않았다. 마르크스의 책에 주석을 달며 한 번 훑어본 결과, 프루동은 말롱과 달리 마르크스의 책을 "지독한 반박"이 아니라 부적절함과 비방, 모욕투성이로 본 듯하다.

사실 공개적인 답변을 하지 못했던 것은 외부의 [다른] 사건들에 관한 이야기로 더욱더 잘 설명되는 듯하다. 기요맹에게 보낸 편지로 판단하건대, 프루동은 1847년 9월까지도 『철학의 빈곤』을 다 검토하지 못한 듯하다. 그 다음 두 달 동안 프루동은 가족의 심각한 위기―[나중에] 짧게 언급할 테지만―를 경험했고, 그 위기를 극복하자마자 2월 혁명이 수년 동안의 열정적인 활동기―마르크스의 공격에 대한 기억이 더 이상 괴롭히지 못했던―로 프루동을 몰아넣었다. 프루동이 답변을 하지 않았다는 점을 우리가 아쉬워하는 것은 당연할 수 있다. 왜냐하면 이 답변은 권위주의적 사회주의와 리버테리언 사회주의 사이의 초기 갈등 단계에서 마르크스주의 입장에 대한 값진 비판을 제공했을 수 있기 때문이다. 그러나 우리는 그런 답변이 적절했을 시기에 답변을 하는 것이 어렵거나 [그렇게 하는 것을] 불가능하게 만들었던 그 모든 가능성을 가진 상황에 프루동이 처해 있었다는 점을 인정해야 한다.

8

『경제 모순』을 출판한 뒤에 1년 이상 프루동은 자신의 삶에서 저술과 무관한 쪽의 일에 묶여 있었기에, 사회에 대한 자신의 파괴적인 비판을 건설적으로 보충할 책을 쓰겠다는, 이미 세워 놓았던 계획에 더 이상 관심을 쏟을 수 없었다. 1846년의 후반기 6개월 동안은 고티에 운송 회사의 법정 소송이 매일 법원에 출두할 것을 요구했기 때문에, 프루동은 미디 지방에서 거의 모든 시간을 보냈다. 그리고 프루동은 반상근 노동이 자신에게 가하는 느슨한 강압을 슬슬 견디기 어려워하기 시작했다. 그해 가을 프루동은 어머니에게 "저는 더 이상 리옹 사람들을 견딜 수 없어요. 이렇게 사느니 코르디롱의 시골 경찰관이 되는 게 더 낫겠어요. 저는 상업과 그 비열한 행위에서 벗어나지 못하고 있어요. 사무실을 나온 뒤에야 한숨 돌려요" 하고 불평했다.

심지어 1847년 1월에 파리로 돌아왔을 때에도 프루동은 자신의 고용주 때문에 "새롭고 터무니없는 사건"에 휘말리게 되었다. 고티에 운송 회사는 론 강으로 밀을 수송하는 계획을 실행하기 위해 정부에 2천 마리의 짐수레 말을 요청하고 있었다. 1846년에서 1847년으로 넘어가는 겨울 동안 프랑스 동부 전역이 가을 흉작 때문에 심각한 기근을 겪었고, 빵 가격도 곱절로 뛰었다. 정부는 상황을 진정시키기 위해 밀을 수입하려고 했다. 빵 한 덩어리 가격을 절반으로 떨어뜨리기 위해서였다. 고티에 운송 회사가 제안했던 것은 바로 이 밀을 운송하는 것이었다. 한 달 이상 프루동은 매일 의회와 접촉했지만 계획대로 되는 것은 하나도 없었다. "우리는 하원 의원들의 환영을 받았지만…장관들은 우리를 정중하게 내보냈다. 그건 예상했던 바였다" 하고 프루동은 회상했다. 내각의 잘못된 통제로, 프랑스에서 발생했던 1846~47년의 기근은 분명히 1848년의 혁명으로 향하던 오랜 경제 위기를 심화시켰다. 이때 루이-필리프 정권이, 이 위험한 상황을 해결하는 데 도움이 되었을지 모를 제안을 거부했는지는 명확하지 않다.

그런데 경제 위기나 그 위기를 진정시키려는 자비로운 자본가의 노력도 1847년에 프루동이 파리로 돌아오는 데 가장 극적인 역할을 맡지는 못했다. 그보다는 조심스러운 미혼 남성에서 진취적이고 독창적인 구혼자로의 변신이 중요한 역할을 했다. 몇 년 전에 프루동은 많은 친구들에게 결혼의 구속력을 한탄하면서도, 자신을 위한 하나의 가능성으로서 결혼이라는 상황을 완전히 배제하지 않겠다는 생각을 이미 넌지시 비쳤었다. 예를 들어 1844년 가을, 프루동은 투르네에게 말했다. "나는 갑자기 등장하는 성공의 모든 요소들을 최대한 모으고 싶어. 신이 도우시겠지. 나중에 나를 보살피려 하는 가난하고 다정다감한 사람을 만난다면, 가능한 한 그녀가 어렵게 살지 않도록 노력할 거야. 그게 내가 말할 수 있는 전부야." 결국 우유부단한 몇 년이 흐른 뒤에 프루동은 갑자기 결혼할 때가 되었다고 결심했다.

프루동을 존경하던 다리몽은 자신의 지적인 영웅을 만나 기뻤지만, 프루동의 "독창적인" 외모를 보고 조금 놀랐다. 좌파의 언론인들조차 나름대로 고상하게 차려 입으려 애쓰던 파리에서, 프루동은 외모에 신경 쓰지 않는 완고한 시골뜨기 태도를 고집했다. 귀스타브 쿠르베 그림.

당시 프루동은 이단적인 생각과 확실히 잘 어울렸고 라틴계 거주 지역에서 특이한 옷차림의 사람으로 비치게 했던, 확실히 남다른 몸가짐과 외모를 습득했다. 몇 달 전 [프루동을] 추종하던 청년 알프레 다리몽은 노트르-담-데-빅토아르 가의 보렝 레스토랑에서 우연히 프루동을 만났다. 외판원과 예술가,《개혁》의 편집인들을 비롯한 각양각색의 손님들 사이에서, 가끔 프루동은 1프랑 60상팀 하는 훌륭한 저녁 식사를 마친 후에 커피를 마시며 건물 뒤편의 작은 정원에서 친구들과 얘기를 나눴다. "대담한 개혁가"로 이미 [프루동을] 존경하던 다리몽은 자신의 지적인 영웅을 만나 기뻤지만, 프루동의 "독창적인" 외모를 보고 조금 놀랐다. 챙이 넓은 큰 모자가 프루동의 머리를 가렸고 거의 발뒤꿈치까지 내려오는 아주 큰 황록색 프록코트가 뼈대 굵은 몸을 감쌌다. 프루동은 투박하고 끈이 달린 구두를 신었고 지나치게 짧은 바지는 싸구려 회색 양말을 드러냈다. 좌파의 언론인들조차 나름대로 고상하게 차려 입으려 애쓰던 파리에서, 프루동은 외모에 신경 쓰지 않는 완고한 시골뜨기 태도를 고집했다. 심지어 자기 방에서는 어릴 적 농민 시절에 입던 블라우스를 입고 나막신을 신은 채 지냈다. 촌스러운 의상뿐 아니라, 프루동이 파리의 명사로 지내던 시기에도 여전히 쥐라 산악인의 특징이던 퉁명스러운 태도와 딱딱한 말투, 의례적인 인사말에 대한 거부감을 품고 있는 것을 다리몽은 보았다.

1847년 2월 6일, 이 흥미로운 인물은 결혼에 대한 자신의 결심을 겉모습만큼 이상한 방식으로 실천하기로 결심했다. 그날 아침 마자랭 가 근처에서 프루동은 예전부터 지켜봤지만 한 번도 말을 걸지 않았고 이름조차 알지 못하는 젊은 아가씨에게 다가가 말을 걸었다. 프루동이 아는 것이라곤, 결혼을 해야 한다면 자신과 잘 어울리는 동반자가 되리라 생각했던 어머니처럼 일하는 독립적인 여성답게 옷을 입었다는 사실뿐이었다. 덧붙이자면 그녀는 붙임성 있게 생겼다. 흠을 잘 잡는 다리몽은 2년 뒤에 그녀를 처음 보고 "금발 머리를 땋은, 힘과 건강함이 돋보이는 아름다운 사람"이라고 말하기도 했다.

자신의 인상이 분명 나쁘지 않다고 스스로를 재빨리 안심시키면서 프루동은 갑작스럽게 얘기를 청혼으로 몰고 갔다. 불행히도 이 젊은 여성이 이렇게 비정상적인 방식으로 접근했던 사람에게 느꼈던 감정에 대한 기록은 없다. 그러나 이 여성은 프루동의 솔직함과 어울릴 만한 차분함을 지녔던 것으로 보인다. 왜냐하면 그녀는 프루동의 질문에 아주 솔직하게 답했기 때문이다. 그녀의 이름은 유프라지 피에가르Euphrasie Piégard로, 프루동보다 열네 살 어렸는데, 그녀의 부모는 옷 레이스를 손질하는 가게를 운영하고 있었다. 유프라지는 여섯 식구 중 막내였으며, 무례하게 질문하는 사람에게 대꾸했듯이 자신이 가진 일자리로 하루에 10프랑에서 12프랑을 벌 수 있었다. 결국 유프라지는 프루동에게 자기 아버지의 명함을 줬고, 이 이상한 첫 번째 만남은 끝이 났다.

미래의 청혼자[프루동]는 기다릴 사람이 아니었으므로, 다음 날 유프라지에게 그녀와 결혼하고 싶은 이유를 아주 침착하게 나열한 장문의 편지를 썼다. 이 편지는 정말 특이하게도 예전의 영국 낭만주의 세대가 신중하게 선택한 여성에게 바쳤던 흥미로운 편지들―가령, 피콕Peacock이 제인 그리피스Jane Gryffydd에게 쓴 편지나 고드윈Godwin이 해리엇 리Harriet Lee에게 변명하는 편지―에 필적할 만한 청혼 편지였다. 프루동은 이렇게 시작했다. "아가씨, 분명 나를 둘도 없는 별난 인간으로 여길 겁니다. 그리고 분명히 어제 내 행동이 아주 별나다고 여길 겁니다. 길거리에서 집도 이름도 모르는 점잖은 젊은 여성에게 다가가 말을 걸었고 곧바로 청혼을 하다니! 사실 미친 게 아니라면 이런 행동은 적어도 어떤 예감 때문일 겁니다. 그러니 아가씨, 내 감정을 고백했듯이 당신에게 설명해야 할 말이 있습니다.

우선 무엇보다도, 당신의 성격과 당신의 마음, 당신의 이성이 당신의 얼굴과 다르지 않다고 당신이 진심으로 인정한다면, 내 행동이 그렇게 생각 없이 보였다고 믿지는 않겠죠?…

원칙적으로 나는 정착하기로 마음먹었습니다. 이 고민을 하면서 만일 아내를 구한다면 젊고 예쁘면 좋겠다고 내 자신에게 말했습니다. 젊고 예쁜 게 전부라고 생각하지 않는다는 점은 믿어도 좋습니다. 그렇지만 나는 영혼과 정신을 위해서만이 아니라 눈을 즐겁게 할 배우자가 필요하다고 느꼈습니다.…

재산에 관해 말하자면, 철학에 따라 (이런 표현이 더 좋다면 절약을 해서) 작은 재산을 모았습니다. 많은 결혼 지참금은 쓸모가 있고 그만한 돈을 지참하는 것이 남편의 의무라는 점도 알지만, 내 소박한 체질을 조금도 바꾸지 않기로 결심했습니다. 아가씨, 당신은 나와 결혼할 여성도 나만큼 소박해야 한다고 생각할 겁니다. 그렇게 소박한 여성은 내게 충분히 풍요로워 보입니다.

나이와 재산, 얼굴, 도덕 다음에 고려할 건 교육이겠죠. 이 점에 관해서는 아가씨가 허락한다면 내가 여류 예술가나 작가처럼 점잔을 빼는 여성들에게 항상 거부감을 느껴 왔다는 점을 말하고 싶군요. 대부분의 유명 인사들처럼 많이 배웠다는 사람들도 내겐 언제나 그 재능이 부족해 보입니다.…그러나 소박하고 상냥하며 순박하게 일하는 여성은 일과 자신의 의무에 헌신하겠죠. 내 호의와 존경을 앗아간 당신에게서 그 모범을 봤다고 진심으로 믿습니다.…

당신의 외모, 당신의 얼굴, 당신의 머릿결, 당신의 말투, 당신의 목소리, 당신의 정숙하고 지적인 우아함을 가진 아내를 맞이하고 싶습니다. 내가 제대로 봤다면 당신은 이런 장점들을 가진 유일한 사람입니다. 그런 아내라면 반드시 근면하고 온화하며 부모님을 대하듯 남편에게 헌신할 뿐 아니라, 자신에게 엄격하고 다른 이들에게 관대할 것입니다. 무엇보다도 나는 필요하다면 아내가 후회 없이, 그리고 투덜거리지 않고 일하려는 소명을 가졌으면 합니다.

그런 아내가 받아야 하는 건 한 남자의 사랑일 겁니다. 아가씨, 내겐 그 사랑이란 말이 전부입니다."

갑작스런 이 훈계 투의 편지에 프루동은 자신의 고용주들 중 한 명인 "E. 고티에"라는 이름으로 서명했다. 왜냐하면 프루동은 자신의 악명이 첫 관계를 만족스럽게 맺기도 전에 피에가르 양을 놀라게 할 수 있다고 걱정했기 때문이다. 프루동이 스스로 자기 신분을 밝히기 전에, 유프라지나 그녀의 가족이 속임수를 알아챘다면 생겼을지 모를 나쁜 인상은 분명 생기지 않았다.

프루동의 구혼은 다소 이해할 만한 선에서 받아들여진 것으로 보인다. 며칠 동안 프루동은 계속 기다렸다. 그 뒤 유프라지는 자신의 오빠들 중 한 명이 자신을 대신해 답을 할 것이라는 소식을 프루동에게 보냈다. 답은 오지 않았고 마침내 프루동은 더 이상 마음을 졸일 수 없었다. 2월 26일 프루동은 오빠에게 저녁 식사를 청하는 편지를 썼다. 프루동은 "이 초청은 우호적인 것 이상의 의미가 없고 6개월 동안 서로 탐색하는 것보다 더 쉽게 의문을 풀 수 있을 겁니다. 다만 그녀에 대한 내 관심을 끊어야 할지 아닐지를 알고 싶습니다"라고 썼다.

이 무뚝뚝한 최후통첩은 프루동의 의도가 진지하다는 점을 피에가르의 식구들에게 분명하게 확인시켰다. 다음 달 프루동은 유프라지의 구혼자로 받아들여졌다. 그리고 유별난 E. 고티에는 다름 아닌 역설의 인간 피에르-조제프 프루동이라는 점이 폭로되어 알려졌다. 피에가르의 식구들은 이 점에 큰 충격을 받은 것처럼 보이지 않았다. 유프라지의 아버지는 국경 너머에 있는 부르봉 왕가의 왕, 샹보르Chambord 백작 때문에 마음 아파하던 완고한 왕정주의자였다. 그러나 피에가르 씨는 프루동의 급진적인 명성을 관용했다. 아마도 현 정권을 무너뜨리려는 공통된 욕망이, 확연한 정치적 입장 차이를 견딜 만한 유대감을 두 사람에게서 끌어냈던 것 같다. 프루동은 미래의 장모가 유프라지를 함부로 대한다고 생각했기 때문에 전통적인 미움을 느꼈던 반면, 자신만큼 충동적이고 비현실적인 공상을 많이 했던 피에가르 씨에게는, [정치적 입장을] 받아들일 수 없다 해도, 언제나 성심성의를 다했다.

프루동은 아주 비밀리에 약혼식을 거행했다. 프루동의 어머니만이 소식을 들었고, 아주 내밀한 사생활 이야기까지 듣곤 하던 가까운 친구들조차도 전혀 눈치를 채지 못했다. 프루동이 왜 이렇게 행동했는지는 조사가 필요할지도 모르겠다. 하지만 자신의 [결혼] 관계가 시험적일 뿐이고, 어쩌면 굴욕적인 실패로 끝날지 모른다고 프루동이 생각했을 수 있다고 추측하는 것은 충분히 타당하다.

연인으로서 프루동은 예의 발랐지만 다소 오만했다. 처음부터 프루동은 자신의 결혼관이 요구했던 가부장적인 지위를 확립하려고 애쓰는 듯했다. 유프라지에게 보낸 편지들에는 애정이나 열정을 글로 표현한 구절이 없다. 프루동은 그런 것을 타락으로, 타락한 낭만주의와 결탁하는 것으로 여겼다. "깊은 존중", "거짓 없고 완전한 헌신"이 그가 허용할 수 있는 최대한의 표현이었다. 게다가 2년 동안 프루동은 유프라지를 그저 "아가씨"라고 불렀다. 그러면서도 프루동은 유프라지의 행복에 깊은 관심을 보였다. 프루동은 유프라지의 건강을 계속 확인했고 사회주의자 라스파이의 처방을 따르는 편두통 처방전을 써 줬다. 프루동은 장모에 맞서 유프라지의 편을 들었고, 비난하지 않으면서 그녀의 지적인 단점들을 감내했다. 몇 년 뒤에 프루동은 베르흐만에게 편지를 써서 자신이 유프라지를 대하는 태도가 열정("너는 내 열정이 어떤 기질을 가졌는지 쉽게 이해할 거야")보다 "그녀의 처지에 대한 연민이나 인격에 대한 존중"에 좌우된다고 말했다. 프루동이 사랑의 황홀함에 전혀 이끌리지 않았다 해도, 유프라지를 만나면서 더욱더 희망적이고 행복한 사람이 되었다고 주장할 증거들은 넉넉하게 있다. 1847년 7월 프루동의 일기에서 한 구절은 에둘러서 이 사실을 보여준다. "남자는 젊음을 평생 지키기 위해 자신보다 열 살이나 열두 살 어린 여성과 결혼한다.…남자나이 열다섯 살이나 열여섯 살까지는 아버지와 어머니, 선생님을 두고, 열여섯 살에서 서른 살까지는 청춘이며, 서른 살에서 마흔 살까지는 아내를 통해 다시 젊어지고, 마흔 살 이후에는 아이들을 통해 다시 젊어진다. 따라서 남자는 언제나 청춘이다. 이것이 바로 사랑과 연민의 기적이다." 유프라지는 프루동보다 열네 살 어렸고, 분명히 프루동은 아내와의 관계에서 정신적인 활력이 부활하리라 기대했다.

구애의 성공은 일하는 여성에 대한 프루동의 편애와 여성 학자에 대한 적대감을 두드러지게 강화하는 것으로 이어졌다. 이당시 프루동은 여류 학자들 중에서 가장 뛰어난 사람들, 즉 다구 백작 부인과 리스트Liszt의 아내, 나중에 1848년 혁명기에 다니엘 스턴Daniel Stern이라는 필명을 썼던 역사가와 친분을 맺었다. 백작 부인은 프루동의 책에 관심을 보였고 많은 부분 동의했지만, 호의를 보였던 다른 사람들처럼 프루동이 가끔씩 사용하는 공격적인 표현에 반대하는 편지를 썼다. 결국 백작 부인은 프루동을 집으로 초청하려 했고 그랬다면 두 사람은 차이점들을 토론했을지 모른다. 프루동은 다른 문제들보다도 자신들의 관계를 부연 설명하는 논조로 답장을 썼다.

"부인, 당신처럼 균형 잡힌 판단력을 가진 사람의 지지를 얻어 기쁘고 뿌듯합니다. 그래서 집에 들러 함께 얘기를 나누자는 부인의 친절한 초청을 받은 건 제게 이로운 일일 겁니다" 하고 프루동은 말했다. "그러나 반면에 일단 논쟁을 시작하면 나는 부인에게 아무것도 양보하지 않으리라 믿습니다. 그래서 블랑키 씨와 카베 씨에게 그랬듯이 부인에게도 내 편협한 판단이 폭발하리라 믿습니다. 부인은 상냥한 방문자가 아니라 성가실 뿐인 논객을 만나게 될 겁니다. 당신의 교육 수준과 기질, 그 모든 점은 호의가 아니라 엄청난 분노만을 품은 한 남자와, 철학과 정치경제학, 예술이 음모의 도구라고 공부한 남자와 당신을 분리시킬 겁니다. 잠시 만나고 그 뒤에 다시 보지 않는 건 서로에게 도움이 안 될 겁니다. 부인 입장에서는 호기심이, 나로서는 허영심이, 그리고 결국 서로 혐오하고 오해할 겁니다. 나로서는 이런 방문이 피곤합니다. 동지나 적들 외에는 더 이상의 어떤 만남도 원하지 않습니다."

이런 주장을 액면 그대로 받아들이기는 어렵다. 왜냐하면 프루동은 언제나 자신과 의견을 달리하는 사람들과의 만남을 피하지 않았고, 교육 수준이나 기질이 다른 사람들과 사귀는 데 어려움을 느끼지 않았기 때문이다. 프루동의 남자 동료들을 고려하면 그런 점들은 그다지 중요하지 않은 듯 보인다. 바쿠닌과 게르첸처럼 귀족 출신이면서도 혁명운동의 프리메이슨주의로 귀화한 사람들은 프루동의 가까운 친구였다. 게다가 프루동은 톨스토이의 관심을 거부하지 않았으며, 나중에 제롬 보나파르트 Jerome Bonaparte 왕자의 초청조차 거절하지 않았다. 다구 부인의 자유분방한 기질에 관해 보자면, 그 세계에서 쿠르베보다 더 심했던 사람을 찾는 것은 어려웠을 것이다.

프루동이 백작 부인과의 개인적인 만남을 단호하게 피하려 했던 건 분명 도덕적 평판 때문이었던 것 같다. 보통 때의 프루동은 지지자가 보이지 않는 곳에서도 지지자를 찾으려 매우 노력했다. 그러니 명망 있는 여성이 자신의 신념을 받아들이려는 의도를 뚜렷하게 드러냈던 한 번의 기회를 맞이해서, 프루동이 그렇게 빈정대며 더 이상 관계를 맺지 않았다는 사실은 중요하게 다루지 않을 수 없다. 확실히 지나친 성적 금욕주의라는 강박 말고는, 프루동이 이 아름답고 뛰어난 여성을 퇴짜 놓은 뜻밖의 사건을 설명할 수 있는 이유를 찾기가 어렵다.

9

『경제 모순』을 출판하면서 프루동은 사회의 재구성에 관한 건설적인 생각을 제안할 후속편을 독자들에게 약속했다. 그런데 이듬해부터 이 작업 계획을 진행하면서도 프루동은 자신의 사상을 더욱더 대중적으로 표현하려는 욕망에, 언론계로 투신할 가능성을 다시 한 번 고민했다.

카베와 《개혁》의 편집인들과 합의하는 데 실패한 뒤, 자신이 바라는 연단을 마련할 유일한 방법은 실질적으로 통제 가능한 잡지라는 점이 분명해졌다. 그리고 프루동은 이런 방향으로 계획을 세우기 시작했다. 처음에 프루동은 자신이 일하는 시간에 맞출 수 있도록[당시에도 프루동은 계속 회사에 다니고 있었다] 일정을 확실하게 조절해서 주간지를 만들려고 생각했다. 그리고 1847년 7월에 프루동의 계획은 더욱더 구체화되었다. 이 주간지의 제호는 《인민 Le Peuple》이었는데, 그해 11월이나 늦어도 12월에 발간될 예정이었다.

예전에도 《인민》이라는 잡지가 1836년과 46년에 각각 몇 차례 발간되었다. 1846년도의 편집자는 아마도 1836년도와 마찬가지로 리베롤Ribeyrolles이라는 언론인이었을 것이다. 프루동처럼 리베롤은 특정한 정파와 완전히 손잡지 않고 사회주의자 모임들에 자주 참여했다. 이 점이 두 사람을 연결했을 가능성이 있다. 이런 짐작[두 사람이 손을 잡았으리라는 짐작]은 제안한 [주간지] 제호가 친구들에게 비판받자, 프루동이 베르흐만에게 편지로 답한 내용에서 확실하게 드러난다. "이 이름은 강요받은 거야. 이 제호는 전통인 셈인데, 네가 더 좋아할 만한 표현으로 말하자면 부활이야. 《인민》이라 불렸던 예전 잡지의 독자와 기고자 모두가 이 이름을 좋아하기를 기대해." 동시에 프루동은 사업을 운영할 실질적인 권리가 자신에게 없다고 말하면서도, "나는 이 사업에 생명을 불어넣고 성공을 가져올 수 있는 유일한 사람이야" 하고 덧붙였다.

《인민》은 프루동의 전체 언론 경력과 연관된 이름이었고, 그이후에도 그랬다. 그래서 프루동이 이렇게 제호를 정한 진짜 이유를 베르흐만에게 변명하지 않았고, 그 이름에 대한 자신의 입장을 이미 정했으며, 미슐레를 떠올리게 하는 말로 다음과 같이 선언했다는 점은 기록할 만한 가치가 있다. "인민은 첫 호의 주제가 될 거야. 인민은 집단적인 존재이자 오류가 없는 존재, 신성한 존재이지. 즉 이것이 내 작업에서 가장 중요한 요소야. 그러나 물론 이 점은 완전히 다른 관점에서, 『사회계약론 *The Social Contract*』과 전혀 다른 방식으로 발전되었어. 인민주권에 관한 낡은 이론은 공허하고 애매하며 완전히 거짓이야. 그것과 함께, 네가 내 사상의 분명함과 능동성, 그리고 그것이 즉각적으로 실현하기 쉽다는 점을 깨달으면 좋겠어."

한 해가 끝나 가고 《인민》의 창간일이 계속 다가오자 잡지의 잠재적인 중요성에 대한 프루동의 생각은 점점 많아졌다. 프루동은 10월의 일기에 이렇게 적었다. "그렇다, 《인민》의 발행이 사회혁명의 시작을 알릴 것이다. 동등한 교환에 관한 이론…대중의 지성으로 알 수 있는 이론은 부르주아 계급 사이에 공황을 일으키고 금융 귀족과 토지 귀족들을 깜짝 놀라게 할 것이다." 그리고 얼마 뒤에 프루동은 잡지에 사적인 지면을 확보해 또 한 번 허영심에 빠져 허우적댔다. "인민의 대표는 바로 나다. 나만이 옳기 때문이다."

이 묘한 거만함이 터져 나온 것은, 1847년 10월에 "모든 사람은 일할 의무를 가지고 그렇기에 모든 사람은 노동 생산물에 대한 권리를 가져야 한다"라는 기치를 내걸고 발행된 《인민의 대표 Le Représentant du Peuple》라는 또 다른 사회주의 잡지에 자극을 받았기 때문인 듯하다. 이 잡지의 편집자인 샤를 포베티Charles Fauvety와 쥘 비아르Jules Viard는 비록 상호주의자는 아니었지만, 분명히 프루동의 사상과 많은 공감대를 형성했다. 두 차례의 준비호를 내고 사라진 이 잡지는 프루동을 자극했는데, 다른 편집자들이 자신이 염두에 둔 제호와 유사하고 구상도 비슷한 잡지로 자신을 앞질렀다는 사실이 자존심을 건드린 듯하다. 프루동은 즉시 포베티, 비아르와 접촉했다. 그리고 12월 29일, 사라진 《인민의 대표》와 아직 태어나지 않은 《인민》은 통합되었다. "우리는 3천 명의 구독자로 시작할 것이다"라고 프루동은 일기에 적었다. "이건 창간에 좋은 기반이다. 우리는 첫 여섯 달 동안, 6천 부를 발간할 생각이다. 만약 구독자가 늘어나면, 주간지 발행을 중단하지 않은 채 일간지를 만들 것이다." 재구성된 《인민의 대표》의 첫 호는 1848년 2월 27일에 발간되었고, 언론인으로서 프루동의 야심 찬 역사는 뒤이어 터진 혁명기로 스며들었다. 그렇지만 그 와중에도 프루동의 개인 생활에서 혁명보다 앞섰던, 좀 더 꼼꼼한 관심을 요하는 사건들이 잇따라 벌어졌다.

잡지를 창간하고 편집하겠다는 결심과 밀접하게 관련된 사항은, 고티에 운송 회사와의 관계를 최종적으로 정리하는 것이었다. 이미 5월에 프루동은 명령을 받는 회사 생활에서 겪을 수밖에 없는 어려움을 마우리스와 의논한 적이 있다. 그리고 고용주의 일을 돌보며 디종에서 한 달을 통째로 날렸던 6월에는 자신의 업무가, 계획했던 연구를 수행하지 못하도록 방해한다고 베르흐만에게 불평하기도 했다. 좌절하며 바쁜 여름을 보내고, 고용주들과 약간의 의견 차이를 경험한 뒤에 10월이 오자, 결국 프루동은 안정이 보장된 생활을 포기하고 대안적인 생존 수단을 찾을 때까지 기다리지 않고서 고티에 운송 회사를 떠나기로 결심했다. "나는 다른 사람의 일을 충분히 오랫동안 봐줬어" 하고 프루동은 베르흐만에게 말했다. "나는 내 일의 주인이 되고 싶어. 그게 단지 누추한 오막살이와 낚싯줄뿐이라 해도. 그리고 다시 일자리를 찾아야 한다면 내 동료나 믿을 만한 사람, 친구도 아닌, 내 집에 발을 들여놓지 않은, 내게 관심이 없는, 내가 알지 못하는 집의, 내가 모르는 낯선 사람을 고용주로 만나는 건 조심해야겠어."

분명 이 결정은 불가피했으나 확실히 정신적인 용기를 필요로 했다. 왜냐하면 당시에 프루동은 고티에 운송 회사가 주는 것 외에 다른 수입원을 전혀 가지지 못했기 때문이다. 프루동은 자신이 계획한 주간지가 발행될 때까지 아무런 수입도 기대할 수 없었다. 그런데 『경제 모순』을 출판한 뒤에 글을 쓸 여력도 없었기 때문에 프루동은 즉시 돈을 벌 수 있는 초고도 없었다. 프루동은 호주머니에 단돈 2백 프랑을 지닌 채 직장을 그만뒀다고 베르흐만에게 이야기했다. 가까운 미래에 돈을 벌 유일한 수단은 출판업자를 통한 일이었다. 왜냐하면 기요맹이 프루동의 다음 책에 대해, 얼마 안 되는 인세를 미리 지급하고 《경제학 논집 Journal des Economistes》에 논문들을 싣겠다고 제안했기 때문이다.

프루동은 예상했던 것만큼 빨리 리옹을 떠나지는 못했다. 고티에 운송 회사와의 관계를 정리하는 데 시간이 많이 걸린 것은, 일을 제대로 마무리하지 않고 떠남으로써 회사를 곤란하게 만들지 않으려 한 양심 때문이었던 게 분명했다. 11월 15일에도 프루동은 리옹에서 유프라지에게 편지를 쓰고 있었고 적어도 한 주 뒤까지 리옹을 떠나지 못했다. 결국 프루동은 성심성의를 다하고 난 뒤에야 고용주들과 헤어진 듯한데, 덕분에 앙투안 고티에와의 우정은 평생 이어졌다.

리옹을 떠난 프루동은 『경제 모순』의 후속편을 끝내려는 욕심에 먼저 프랑슈-콩테로 갔다. 그러나 도착하자마자 프루동은 어머니가 거의 죽음에 이를 만큼 심하게 아픈 것—"이 세상 사람이 아닌 듯 몽상과 혼수상태에 빠진"—을 알게 되었다.《인민의 대표》를 발간하려는 욕구 때문에 파리로 돌아갈 수밖에 없게 되었을 때, 어머니는 겉으로는 회복된 척하면서 아들이 봄까지 자신을 떠나 있어도 좋다고 생각하도록 속였다. 프루동이 파리에 도착한 지 이틀 뒤에 어머니는 돌아가셨다. "슬픔과 불행이 저 여인을 죽였다"며, 프루동은 내면의 슬픔이 강박으로 밀려왔다고 일기에 적었다. 어머니의 죽음은 프루동의 죄의식을 되살렸다. 자신이 선택한 삶이 부모님에게 물질적인 안락을 드리지 못했고, 그들이 당연히 기대했을 자식의 성공에 따른 자부심도 드리지 못했다는 죄의식 말이다. "나는 경제학 연구에 현혹되지 말고 우리 시대의 작가임을 입증해야 한다는, 그리고 부모님이 내 노력의 결실을 누릴 수 있도록 해야 한다는 내 소중한 희망을 속여 왔다." 프루동의 고립감은 예전보다 더 심해졌다. "나는 서서히 죽어가고 있고 이제 세상과 더 이상 어떠한 관계도 맺지 못하겠다"고 적었다. "나는 내 자신이 자유롭다고 외칠 수 있다. 정말 자유로워!" 그리고 프루동은 마우리스에게 "내 자신에 대해 헛되이 말하자면…나는 더 이상 가족이나 집, 신분이나 지위를 갖지 못할 거야. 나는 이 엄청난 박탈감을 믿기 어려워"라고 편지에 썼다.

1847년 말에 프루동은 정말 치명적인 죽음을 겪었다. 프루동은 고민을 거듭한 뒤 리옹에서의 일자리를 관뒀고, 파리에서의 경력을 시작했다. 파리에서는 일상적인 저술 활동만이 아니라

[언론계에 투신했으므로] 경제적인 이해관계마저도 1848년의 위기로 치닫던 정치개혁의 흐름과 맞물리게 되었다. 가족이 해체되고 난 뒤 프루동은 떨어져서 거의 혼자 지냈다. 유프라지 피에가르에 대한 감정도, 자신이 선택한 개혁가의 길에서 벗어나게 할 만큼 강하지 않았기 때문이다. 암묵적으로 약혼자의 지위를 확보하긴 했지만, 당시에 프루동은 유프라지와의 결혼 여부를 결정하지 않은 듯했다. 왜냐하면 프루동은 어머니의 죽음을 기록할 때 의미 있는 말을 이렇게 덧붙였기 때문이다. "**만일 결혼한다면**, 나는 어머니를 사랑했던 만큼 아내를 사랑하고 싶다."

따라서 다음 해 프랑스와 유럽에 충격을 가했던 엄청난 사건 [1848년 혁명]을 선동하는 데 직접 개입하지 않았고 그 사건을 우려하며 예측했지만, 당시에 프루동은 과거의 고리[직장, 가족 등]에서 거의 벗어나서, 역사가 잠시 동안 자신에게 부여한 독특한 기회와 책임성이라는 의무를 아무런 방해도 받지 않고 받아들일 수 있었다.

4장

인민의 목소리를
대변하다

1848년 2월의 혁명은 갑자기 프랑스 정부를 타격한 듯 보이지만(1월에 루이-필리프는 프러시아 대사에게 다시는 프랑스에서 혁명이 일어날 수 없다고 말했다), 눈치 빠른 관찰자들이 예상하지 못한 사건은 아니었다. 1845년부터 계속된 경제 위기가 점점 더 심각해졌다는 사실에 주목했던 사람들은, 그리고 시민왕[루이-필리프] 통치기에 임금이 줄어드는 반면 생활비가 늘어났다는 점을 관찰했던 통찰력 있는 사람들은 빈민들의 가슴속에서 타오르던 감정들과 그 마음속에 구체화되던 목표들을 알아챘다.

1830년대의 자살행위나 다름없는 폭동들이 반복되지는 않았지만 여전히 비밀결사가 활동했고, 노동하는 계급들은 정치적인 권리만이 아니라 사회보장을 요구하기 시작했다. 2월부터 6월까지 파리 노동자들이 주로 요구했던 노동권은, 이미 영국 노동자들이 노동시간을 단축하고 작업량을 줄일 권리라는 더 혁명적인 요구를 했던 것과 비교하면 시대에 뒤처진 것처럼 보일 수 있었다. 그러나 이 요구는 1840년대 프랑스 경제 조건들의 징후이자, 더 많은 임금이나 더 많은 여가가 아니라 언제나 살아남기 위해 일할 기회를 요구했던, 일이 없어 굶어 죽지 않을 권리를 요구했던 가장 빈곤한 계급이 느끼던 절망의 징후였다.

이 상황이 지속되면 반드시 폭력적인 결과를 가져오리라고 예측했던 사람들은 혁명가들만이 아니었다. 심지어 티에르Thiers 같은 보수주의자도 내전을 예고했다. 그리고 1848년 1월 27일에 토크빌Alexis de Tocqueville은 하원 연설에서 이렇게 경고했다. "아무런 소요가 없기 때문에 위험하지 않다고 당신들은 말한다. 표면적으로 사회가 고요하기 때문에 혁명이 지난 시대의 일이라고 당신들은 주장한다. 그러나 당신들은 완전히 착각했다. 눈에 띄는 혼란의 신호가 없는 건 사실이지만 그건 혼란이 인민의 가슴속 깊이 자리 잡았기 때문이다. 노동자들의 심중을 살피시라. 나는 지금 당장은 아주 평온한 듯 보인다는 걸 인정한다. 노동자들이 예전에 그랬던 것처럼 정치적인 열정에 취해 날뛰지 않는 건 사실이다. 그러나 이제 그들이 정치적인 목표보다 사회적인 목표를 세운다는 걸 당신들은 보지 못하는가?"

프랑스의 다른 어느 누구보다도 먼저 프루동은 혁명의 정치 원리가 사회 원리와 다르다고 자신의 책에서 얘기했고, 1848년 초기에 불기 시작한 폭풍을 토크빌만큼 잘 알아챘다. 프루동은 이 폭풍을 착잡하고 걱정스런 마음으로 지켜봤다. 왜냐하면 프루동은 과격하게 말했지만 사회적인 갈등을 두려워했고, 언제나 자신이 필요하다고 생각한 변화들이 폭력적인 파멸 없이 이루어질 수 있는 방법을 찾으려고 했기 때문이다. 그래서 1847년의 마지막 날 프루동은 일기에 "모두가 다가오는 내년을 두려워한다"고 적었다. 프루동은 "노동자들이여, 경계하라"라고 덧붙였다. 순간적인 통찰력으로 당시의 격렬한 정파 투쟁 속에서 불길한 미래를 간파한 프루동은, 놀랍게도 1월 초에 다음과 같은 기록에서 보나파르트주의자들[나폴레옹 추종자들]이 1848년의 드라마를 중단시킬 것이라고 예측했다. "만일 우리가 정파들의 교시를 따른다면, 그것만으로도 프랑스는 1센트의 가치도 없는 25년간의 전쟁과 빈곤을 헤쳐 나가야 할 것이다." "*1센트의 가치도 없는*"이라는 말은 프루동이 믿었던 사회적인 해결책이 선한 의지와 이성으로 실현될 수 있다는 점을 의미한다. 그러나 프루동은 다가오는 투쟁에서 선한 의지와 이성이 어떤 역할을 하리라는 희망을 버렸다. 1월 18일에 프루동은 "난투극에서 이성이 자리 잡을 공간은 더 이상 없다. 이런 상황에서는 내가 자리를 잡지 못할 것이란 점을 점점 더 확신하게 된다"고 스스로에게 말했다.

1년이 조금 지난 1849년 2월 19일, 프루동은 혁명이 점점 무르익어가던 시기에 자신의 반응을 설명하는 글을 《인민》에 실었다. 이 솔직한 글은 그 당시 프루동의 입장이 바뀌었음을 드러내기에 가장 중요한 구절을 인용한다.

"사회구조의 밑바닥에, 노동하는 대중의 심장부에 자리를 잡았기에, 사회의 토대를 앞장서서 무너뜨리려는 광부들 중의 한 사람이기에, 나는 천상에서 논쟁을 일삼는 정치인보다 다가오는 위험과 그 모든 결과를 매우 잘 관찰했다. 불과 며칠 만에, 하다 못해 의회의 폭풍만으로도 왕정과 낡은 사회는 함께 붕괴할 듯했다.

사나운 폭풍우가 개혁을 위한 연회를 열기 시작했다. 로마와 시실리, 롬바르디아에서의 사건들은 정치 세력들의 열정을 고조시켰다. 스위스 내전은 내각에 대한 불만을 최고조로 끌어올려서 여론을 자극했다. 놀라운 추문과 끔찍한 시련들이 대중의 분노를 끊임없이 끌어올렸다. 모든 것이 사라졌다고 판단했던 1847~1848년의 회기 동안, 의회는 단 한 번도 열리지 않았다. 나는 즉시 파리로 갔다.

의회가 열리고 왕권이 붕괴하기까지의 시간, 즉 혁명이 터지기 전까지 흘려보낸 두 달은 내가 살며 견뎌야 했던 가장 슬프고 고독한 시기였다.…어제와 그제의 공화주의자, 대학과 작업장, 연구실의 공화주의자들이여, 공화국이 도래하는 것을 보고 나는 공포에 떨었다! 나는 주변의 어느 누구도 공화국의 도래를, 심지어 아주 가까워진 도래를 믿지 않는다는 점에 몸서리쳤다. 사건은 진행 중이었고 운명은 실현되고 있었다. 사회혁명은 신분의 높고 낮음과 상관없이 누구도 알아채지 못한 채 진행되고 있었다.…

나는 여러 해 동안 실업과 가난을 겪으며 희망을 포기한 가난한 노동자 때문에 눈물을 흘렸다.…나는 파산한 부르주아들을 위해 눈물을 흘렸다. 부르주아들은 파산했고, 프롤레타리아들에 대해 흥분했으며, 사상의 대립과 상황의 필요성 때문에 나와 싸웠다.…공화국이 출범하기 전에 나는 상복을 입고 공화국을 위해 속죄를 했다. 누가 또 다시 그런 사태를 예감하며 두려움에 떨지 않을까?…

그 지긋지긋한 불안 속에서 나는 사건의 진행에 맞섰고 나는 감히 운명을 비난하려 했다.…나는 공화주의자와 개혁주의자 모두의 기관지인 《민족 Le National》과 《개혁》이 항복할 때까지 죽을 힘을 다해 싸울 기관지를 무척 가지고 싶었다.…내 영혼은 고통에 몸부림쳤다. 나는 공화국의 슬픔을 미리 떠맡았고 사회주의에 쏟아질 비방의 부담도 책임졌다.

2월 21일 저녁 나는 다시 한 번 친구들에게 싸우지 말라고 타일렀다. 22일에 반대편이 물러섰음을 알고 나는 안도의 숨을 내쉬었다. 나는 순교의 시간이 끝났다고 생각했다. 23일에는 내 환상이 깨졌다. 이때 드 라마르틴de Lamartine 씨가 말했듯이 **주사위는 던져졌다**Jacta erat alea. 카푸치네 가에서의 일제사격은 순식간에 내 입장을 바꿨다."

어수선했던 한 해를 돌아보며 프루동은 그 무시무시한 시기 동안 생각했던 과정을 매끄럽게 단순화시켰다. 그때는 혁명이 거리에서 시작되던 시절이었고, 전술상의 후퇴를 결심한 반대파들은 마법사의 제자처럼, 통제할 수 없는 무엇인가가 풀려났다는 점을 발견했다. 사건이 계속 벌어지고 기조Guizot 정부가 무너졌을 때, 오스만이 도시계획을 추진하기 전의 파리에서 노동자들이 좁은 중세식 도로에다 능숙하고 세련되게 바리케이드를 세웠을 때, 부르주아 방위군이 혁명을 지지하며 가담했을 때, 프루동의 감정은 분명하게 정리되지 않았고, 스스로 말했듯이 그 감정이 순식간에 변한 것도 아니었다. 군대가 카푸치네 가에서 인민을 향해 총을 쏘았을 때, 프루동이 본능적으로 자신이 속한 계급을 지지하는 쪽으로 돌아섰다는 점은 사실이다. 그런데 프루동은 루이-필리프의 실각을 환영했지만 비판하지 않았고, 모든 상황을 수용하지도 않았다. 프루동은 혁명의 지도자가 된 당시의 자코뱅과 혁명을 구분했다. 공화국이 수립된 당일인 2월 24일 프루동은 화가 나서 일기에 "해결할 수 없을 만큼 혼란스러워질 것이다.…나는 그 혼란 속에서 아무것도 하지 못한다.…그들은 이념 없는 혁명을 일으켰다"고 적었다. 다음날 프루동은 "그들의 머릿속엔 아무것도 없다"고 경멸하는 말을 덧붙였다.

　그럼에도 봉기의 나날에 프루동은 혁명의 현장에서 멀리 떨어질 수 없었다. 22일에 프루동은 하원 의사당으로 갔고 파리 전역을 걸어서 돌아보며 관찰했다. 23일에는 마레에서 바리케이드가 세워지는 것을 봤다. 24일에는 튈르리 궁전이 습격 받을 때 그곳에 있었고, 인민들이 총 한 발 쏘지 않고 궁전으로 들어간 사건을 '점령'이 아니라 '유린'으로 묘사했다. 프루동은 수많은 바리케이드가 세워진 거리와 광장을 거닐었고 [파리를] "5백 개의 테르모필레Thermopylaes[스파르타가 페르시아의 대군을 막았던 곳, 영화 〈300〉의 무대이다]의 미로"에 비유했다. 혁명이 갑자기 발생했기 때문에 집회를 미리 계획하지 못했던 다른 많은 사회주의자들처럼, 정오에는 프루동도 좌파 공화주의자들이 관여하면서 일시적으로 비공식적인 중앙정부가 된《개혁》의 사무실로 이끌렸다. 프루동은 혁명 지도자들이 대체로 달갑지 않은 이 운명의 선물을 다룰 방법을 결정하면서 보인 혼란에 간담이 서늘해졌고, 약간은 즐거워했다.

프루동이 혁명의 날에 가장 중요한 일을 해 달라고 요청받은 것은 이런 혼란스런 상황에서였다. "플로콩Flocon 의장이 자신의 병사들에게 럼주를 나눠 주는 지휘관처럼 로베스피에르를 인용하며 우리의 사기를 북돋운 뒤, 나는 인쇄소에서 이 위대한 말, 즉 **시민들이여, 루이-필리프는 샤를 10세처럼 당신을 살해할 것이오. 그를 샤를 10세에게 보냅시다!**를 조판하는 책임을 맡았다. 내가 믿기에 이 말은 최초의 공화주의 선언이다. 페레 플로콩은 당시에 내가 일하던 인쇄소에서 내게 말했다. '시민이여, 당신은 혁명적인 지위를 얻었소. 우리는 당신의 애국심을 기대하오.' 나는 웃으며 '혁명이 끝날 때까지 내 일을 그만두지 않겠다는 걸 믿어도 좋소' 하고 말했다."

그 뒤에 다시 거리를 방황하면서 프루동은 혁명 정신으로 행동에 나섰다. 프루동은 나무를 뽑고 레일을 부수는 것을 도왔으며 바리케이드를 보강하기 위해 보도블록을 날랐다. 열띤 분위기의 거리에서 혁명을 확신했던 혁명가가 곳곳에 퍼진 해방감에 반응하지 않는 것은 불가능했다.

그러나 자신의 방으로 돌아가 친구들에게 편지를 쓰면서 프루동의 열광은 수그러드는 듯했다. 그리고 혁명 다음날 프루동이 생각한 것은, 민감하지 않은 다른 사람들이 3월까지도 깨닫지 못한 내용이었다. "그들은 이념 없는 혁명을 일으켰다." 이 말은 승리의 그날 밤에 프루동이 깨닫기 시작한 진실이었으며, 다음 한 해 동안 프루동은 이 부족함을 메우느라 온 힘을 쏟았다.

프루동이 이 생각을 처음 말한 사람은 마우리스였다. 2월 25일 프루동은 마우리스에게 "혁명이란 그것을 목격했을 때의 혼란과 공허함으로 사람의 영혼을 아주 피곤하게 만들어" 하고 말했다. 프루동은 승리를 떠들어대는 모든 곳에서 음모를 발견했다. "운동에 방향성을 부여하는 게 필요해. 나는 이미 그 방향이 토론의 물결 속으로 사라지는 것을 보고 있어." 사실 프루동은 노동자들이 "명랑하고 용감하며 익살스럽고 정직"하기에, 그들의 지도자보다 훨씬 더 가치가 있다고 생각했다. 그러나 아무리 노동자들이 대담했다 한들, 그들의 승리는 허약한 왕정이 혁명에 맞서 섣부르게 저항하는 것을 포기했기 때문에 가능했다.

2

혁명 직후에 프루동은 적극적인 활동 방향을 찾을 때까지 계속 혼자 움직이기로 결심했다. "아마 새로운 사물의 질서가 나를 고용할 것이다. 혹시 모르지, 내가 반대편으로 갈지도. 또 모르지." 프루동은 의심하며 오래 기다리지는 않았다. 2월 25일에 프루동은 당시 묵던 코트 도르 호텔의 방에 앉아 있었다. 다리몽은 이 호텔이 "매우 가난한 학생과 보잘것없는 점원들이 사는 초라한 호텔"이었다고 우리에게 말해 준다. 계단은 가파르고 보기 흉했으며, 4층에 있는 프루동의 방은 "정확하게 말하면 방이라기보다 벽장이었다."

프루동이 책상에서 작업하고 있을 때 제자들 중 한 명인 조르주 뒤센Georges Duchêne이 바리케이드를 지키는 머스킷 총을 들고 찾아온 네 명의 노동자 대표를 안내했다. 이들은 모두 식자공—바스벵테Vasbenter와 드보크Debock, 그리고 니콜라 메레 Nicholas Mairet와 조제프 메레Joseph Mairet 형제—들로 《인민의 대표》를 즉시 발간할지를 묻기 위해 찾아온 것이었다. 《인민의 대표》는 혁명이 지금까지 거의 표현하지 못했던 사회사상에 적합한 장이 될 수 있었다. 뒤센은 경영 책임을 맡겠다고 제안했고, 식자공들은 필요한 노동자들을 모으겠다고 했다. 남은 문제는 프루동이 편집장 역할을 받아들이는 것이었다. 특이하게도 프루동은 애타게 바라 오던 신문이 드디어 실현 가능해졌을 때, 생각할 시간을 달라고 했다. 조제프 메레는 "신문의 이름이 프루동과 어울리지 않았다"고 회상했다. "프루동이 말한 인민은 대표를 만들지 않아야 한다. 인민들은 스스로 주장해야 한다. 신문 제호는 더 짧고 의미심장한 말인 ***인민***으로 바뀌어야 한다.”

그렇지만 방문객이 떠날 때가 되자 프루동은 전술적으로 제안을 받아들이는 데 동의했고, 한 달 뒤에 신문이 정식 일간지로 발행되기 시작했을 때 프루동의 이름은 편집인란 맨 위에 있었다. 바스벵테가 경영을 맡았고 애초에 《인민의 대표》를 창간했던 비아르, 포베티와 함께 다리몽, 예전에 배를 탔었고 프루동의 가장 충직한 제자들 중 한 명이 된 아마데 랑글루아Amadée Langlois, [프루동과] 의견을 달리했던 팔랑스테르주의자 쥘 르 슈발리에Jules le Chevalier가 편집을 맡았다.

1848~49년에 프루동을 파리의 유명 인사로 만든 독립 언론인 경력은, 혁명 첫 달 동안은 시작하지도 못했지만, 급진 사상의 지도자로서 프루동의 지위는 [혁명이] 시작될 때부터 인정을 받았다. 프루동은 예전에 비밀결사의 공간으로 이용되었던 100여 개의 정치 클럽에 자주 드나들었다. 그리고 가끔은 ‘클럽들의 클럽the Club of Clubs’ 또는 ‘혁명 클럽the Club of the Revolution’에서 들은 어리석은 연설(어느 날 저녁 프루동은 일기에 “그 연설은 우스꽝스럽고 실망스러우며 소름 끼친다”고 적었다)에 간담이 서늘해지며 집으로 돌아왔지만, 클럽 회원들 사이에서 인기가 좋았다. 3월 17일에 클럽들은 군대가 파리에서 철수할 것을 요구하며 큰 시위를 벌였는데, 동의를 받은 것도 아니고 본인은 알지도 못했지만 프루동의 이름은 성명을 주도한 사람들이 돌린 새 정부 제안서의 각료 명단에 실려 있었다. 그리고 애매한 타슈로Taschereau 사건

[25]을 놓고 두 명의 혁명 용사, 블랑키와 바르베가 논쟁을 벌였을 때, 일종의 혁명 중재자로 활동하기로 결심하고 중재하려고 노력했던 사람도 프루동이었다. 마침내 4월에 제헌의회the Constituent Assembly를 구성하기 위한 선거가 실시되었을 때, 프루동은 리옹과 브장송, 파 드 칼레Pas de Calais, 파리의 두 선거구까지 모두 다섯 곳의 지역에서 후보로 지명되었고, 4월 3일에는 프랑슈-콩데의 유권자에게 혁명에 대한 자신의 입장을 공개적으로 밝히는 최초의 성명서를 발표했다. 프루동은 "조국이 위기에 처했습니다" 하고 경고했다. "경제 제도의 종합적인 개혁만이 조국을 구할 수 있습니다." 대부분의 다른 사회주의 후보들처럼 프루동은 혁명으로 달아오른 최초의 열기가 가라앉은 뒤에 시작되는 극단적인 정책에 대한 동요 때문에 낙선했다.

이처럼 다양한 활동에 개입하는 동안에도 프루동은 혁명의 쟁점을 다룰 세 권의 소책자를 쓸 짬을 냈다. 이 소책자는 3월 22일과 26일, 31일에 잇달아 출간되었는데, 최초의 주간 시리즈 팸플릿 발행 계획은 프루동이 신문에 고정적으로 글을 쓰면서

---

25 1848년 초 《회고 La Revue Retrospective》의 편집인 타슈로는 봉기 기간에 자신이 기조의 사무실에서 입수했다고 주장하는 한 문서를 실었다. 이 문서는 "내무장관 앞에서 XXX가 한 진술"이라는 제목으로 '사계절파'의 음모—바르베Barbès가 블랑키와 자신만이 안다고 주장했던—에 관한 정보를 담고 있었다. 블랑키가 밀고자라는 주장은 1848년에 블랑키에게 큰 타격을 줬지만, 그토록 헌신적인 혁명가가 그런 식으로 동지들을 배신했으리라고 믿기는 어렵다. 그리고 프루동도 이런 생각에 동감하는 듯했다.

중단되었다. 처음 두 책자는 각각 『사회문제의 해결 *Solution of the Social Problem*』과 『민주주의 *Democracy*』라는 제목을 달았고 당시의 시급한 문제들을 다루었다. 프루동이 도달한 중요한 결론은 실업자들을 국립 작업장national workshop으로 수용하는 정책을 쓰던 임시정부가, 만연한 경제적 빈곤의 근원인 기본 모순들을 건드리지 않고 사회 상황을 안정시키려는 것이 실수라는 점이었다. 두 번째로 보통선거권을 신성시하는 것은 중요한 진실을 깨닫지 못한 소치라는 것, "결코 사회개혁은 정치개혁으로 실현될 수 없"으며 "오히려 정치개혁이 사회개혁으로 진행되어야 한다"는 것을 드러냈다. 몇 달 뒤의 6월 봉기는 첫 번째 점에서 프루동이 옳았음을 증명했고, 보통선거권 제도에 의한 루이 보나파르트의 당선은 두 번째 점에서도 프루동이 옳았음을 증명했다.

이 두 권의 소책자는 당시의 시급한 시사 쟁점들을 다뤘고, 세 번째 책자는 사회개혁을 위한 장기적이고 건설적인 제안들의 초안을 최초로 제시했다. 이 책자는 『과세와 대부, 정화正貨, 지폐, 가격통제, 징세, 파산, 농지법, 빈민법, 국립 작업장, 조합, 주식이나 국가 개입이 없는, 상업과 산업을 방해하지 않는, 소유를 공격하지 않는 사회문제의 해결, 신용대부와 유통의 조직 *The organisation of Credit and Circulation and the Solution of the Social Problem without Taxation, Loans, Specie, Paper Money, Price Control, Levies, Bankruptcy, Agrarian Law, Poor Law, National Workshops, Association, Sharing or State Intervention, without Impediment to Commerce and Industry, and without Attacking Property*』이라는

제목으로 나왔다. 이것은 방대한 계획이었으나 프루동은 다음의 문장으로 짧게 요약했다. "우리에게 필요한 것, 내가 모든 노동자의 이름으로 요청하는 것은 교환에서의 공정성과 호혜성, **신용대부의 조직화**이다."

이 신용대부 조직을 만들기 위해 프루동은 이자율과 이익배당, 지대와 임금을 즉시 삭감하고, 통화 부족으로 프랑스가 겪고 있던 어려움을 해결할 수 있다고 생각했던 가격 인하도 동시에 실시해야 한다고 제안했다. 그러나 프루동이 주장한 주된 근거는 교환은행the Bank of Exchange, 나중에 인민은행the People's Bank이라 불렀던 것에 있었다. 인민은행 계획은 프루동이 계속 반복적으로 선호했던 사회적인 만병통치약이었지만 가장 영향력 있는 구상은 아니었다. 그래서 지금 우리는 그 계획의 기본 윤곽만 말하려 한다.

사실 인민은행 계획은 상호주의를 더 구체적인 형태로 만든 것이었다. 프루동은 회원인 노동자들이 상호적으로 서로를 보호하는 조직을 구상했다. 신용대부는 더 이상 금융가나 국가가 조정하는 사안으로 다루어지지 않을 것이다. 신용대부는 노동자들이 기꺼이 조직하려 할 상호원조에 의지할 것이다. 부족하거나 과잉되지 않도록 신용대부는 제한을 받지 않아야 하고, 그 대부 규모는 사회[전체]의 생산성과 맞먹어야 한다. 고리대금에 종속되지 않고 오히려 그것을 불필요하게 만들어야 한다. 이런 목적을 실현하기 위해 어떤 의미에서는 노동자들의 실제 생산품이 통화로 사용될 것이다. 무료 신용대부의 경우처럼 이 체계는 노동자가 다른 노동자의 생산물을 구입할 수 있는 교환권, 생산성을 기준으로 각 노동자에게 분배되는 교환권의 사용으로 실현될 수 있다.

교환은행의 활동은 재고가 많은 도매상을 구제하는 수단으로서 위탁매매, 저당권 대출, 노동자생산협동조합 권장으로 확장된다. 여기서 이런 사안들을 더 세부적으로 다룰 필요는 없을 듯하다. 현재로서는 정화正貨가 아니라 생산성에 바탕을 둔 신용대부라는 프루동의 생각이, 신용대부의 확대에 관한 여러 최신 이론만이 아니라 신용대부를 개혁할 방식—요즘 정부가 재정 파국을 막거나 화폐의 불충분한 유통으로 어려워진 산업의 위기를 완화하기 위해 의존하고 있는 방식—을 앞서 제안했다는 점을 지적하는 것만으로도 충분하다.

프루동은 프랑스은행이 교환은행을 위한 중심축을 형성하도록 임시정부가 자신의 계획을 실행해야 한다고 주장했다. 이 점을 염두에 두고 4월 8일에 프루동은 임시정부의 일원인 사회주의자 루이 블랑—유토피아주의적인 권위주의 외에도 여러 이유로 지면에서 이미 여러 차례 비판했던—에게 편지를 써서, 자기 계획의 장점을 주장하며, 블랑이 정부에서 이 계획을 지지해야 한다고 제안했다. 블랑이 답장조차 보내지 않았기 때문에, 프루동은 대중에게 직접 호소하여 교환은행을 만들겠다고 결심한다. 그러나 건설가 프루동의 노력이 시작되기도 전에 비판가 프루동이 다시 무대로 나섰다. 이제 우리가 관심을 기울여야 할 것은, 프루동이 1848년에 가장 영향력 있는 반대파 언론인으로 처음 등장했다는 점이다.

3
___

《인민의 대표》의 정기 발행은 4월 1일에 시작되었다. "지금 생산자란 어떤 사람인가? 아무것도 아니다. 생산자는 무엇이 되어야 하는가? 모든 것!"[26]이라는 구호를 첫 호 1면 상단에 내걸었다. 그리고 4월 하순에는 집권층에게 엄청난 분노를 보내며 노동하는 인민에게 깊은 호의를 계속 비쳤던 기사를, 자기 이름을 걸고 쓰기 시작했다. 프루동은 혁명의 양심을 표현하기 위해 일어섰다. 망설이지 않고 분명한 프루동의 글 덕분에 대중들은 곧 그와 신문에 관심을 가지게 되었다. 왜냐하면 당시에는 그렇게 빈틈없고 정확하게 비판의 도리깨를 휘두를 수 있거나 기꺼이 휘두르려 했던 다른 언론인들이 없었기 때문이다. 혁명의 초기 몇

---

26 [옮긴이 주] 프루동은 제3 신분, 즉 부르주아지를 옹호했던 시에예스E.-J. Seiyès의 "제3 신분이란 무엇인가? 모든 것이다. 정치적 질서 안에서 그것은 이때까지 무엇이었던가? 아무것도 아니었다. 그들은 무엇이 되려고 하는가? 무언가가 되려 하고 있다"라는 말을 패러디한 듯하다.

달 동안 발행되던 171개의 신문 중에서 《인민의 대표》는 그 활력 덕에 빠른 속도로 유명해졌고, 프루동을 호의적으로 기억할 이유가 전혀 없었던 다구 백작 부인마저도 1848년의 개인사를 얘기하면서 존경심을 감추지 않았다. 백작 부인은 이렇게 적고 있다. "신문 중에서 정말 뛰어난 독창성과 재능을 담아 발행되는 신문은 《인민의 대표》가 유일하다.⋯ 잘 어울리지 않는데도 프루동은 다중multitudes과 오래 섞여 있던 사람들이 하는 것보다 훨씬 더 강력하고 철저하게 여론을 선동한다.[27] 《인민의 대표》는 신문사에 익숙하지 않은 길을 택했다. 《인민의 대표》는 특정한 이념을 따르지 않았다. 정부 내의 소수파만이 아니라 다수파도, 미친 듯이 날뛰는 클럽들을, 신문을, 공무원들을, 거만하게 판결을 내리고 무대포로 세력을 규합하던 《민족》의 공화주의자들을, 자코뱅들을, 공산주의자들을 활기차고 당당하게 공격하기에, 매일 아침 프루동 씨는 독자들을 놀라게 한다. 독자들이, 정말 급진적이라고 알려진 프루동의 이론과, 혁명가들에 맞서 논쟁하는 그의 어조와 방식을 일치시키는 데 어려움이 따를 정도이다.⋯ 의외의 놀라운 말투⋯는 대중의 호기심을 극한으로 끌어올린다."

27 프루동이 당시의 정파들과 거의 어울리지 않은 것은 분명하지만, 전투적인 노동자들 사이에서 프루동의 영향력은 언론인이 되기 전부터 꽤 강했다. 1848년 2월 혁명의 전 달인 1월에 엥겔스는 파리의 '공산주의자 동맹'의 회원들 사이에 퍼져 있던 "바이틀링 추종자와 프루동 추종자Weitlingery and Proudhonistery"에 관해 마르크스에게 불평했기 때문이다.

코뮌 지지자인 귀스타브 르프랑세Gustave Lefrançais는 1848년에 《인민의 대표》가 다른 어떤 급진적인 신문보다도 금방 구독자가 늘고 거리에 배포되자마자 신문팔이의 손에서 낚아채질 것이라고 단언했다.

사실 프루동의 언론 활동이 프루동주의 정파를 만들거나, 많은 제자들을 모으는 식으로는 거의 이어지지 않았다는 것은 분명하다. (첫째, 프루동은 그런 바람이 없었고, 둘째, 그는 비교적 무관심했다.) [그럼에도] 그 활동은 분명 여론을 자극했으며, 단순히 공화국을 수립하거나 소수의 급진적인 감정을 표현하는 것만으로는 진정한 사회혁명을 일으키거나 조건을 상당히 개선하리라고 기대할 수 없다는 점—사건이 미리 그들에게 가르치지 못했던 점—을 동료 사회주의자들이 예리하게 깨닫도록 하는 데 지대한 영향을 미쳤다.

시작부터 프루동의 기사들은 정부와 산악당의 예전 친위대에게 정면으로 도전하는 어조를 취했고, 직접행동이라는 아나키스트의 슬로건—"프롤레타리아트는 정부의 도움 없이 스스로 해방되어야 한다."—을 높이 치켜들었다. 4월 선거가 좌파 공화주의자의 일시적인 몰락을 증명하자 프루동은 "반동The Reaction"이라는 제목의 긴 기사를 실었다. 이 글에서 프루동은 혁명적인 상황의 퇴보를 분석했는데, 이 퇴보가 다른 무엇보다도 비현실적인 정치 수단에, 특히 프루동이 가장 터무니없는 정치 환상이라 여겼던 보통선거권에 의존했기 때문이라는 점을 증명했다. 이 기사는 절정에 달한 프루동의 날카로운 비평 형식을 가장 잘 보여 주었을 뿐만 아니라, 사건이 한참 진행된 뒤에야 다른 사람들이 비로소 분석했던 상황을, 어느 정도 예리하게 제때에, 그리고 빈틈없이 분석했다는 점을 증명한다.

프루동은 "사회적인 문제가 뒤로 미루어졌다"고 단언했다. "4월 16일[선거일]에 사회주의 후보들은 낙선했다. 2월의 바리케이드 위에서 힘차게 선언된 프롤레타리아트의 운동은 4월의 선거에서 확실히 패배했다. 경악이 인민의 열정을 대체했다. 옛날에도 그랬지만, 노동자들의 상태를 통제할 사람은 부르주아지이다.…

가장 많은 박수를 받았던 임시정부의 첫 번째 활동 중 하나는 보통선거권의 도입이었다. 법령이 선포된 바로 그날, 우리는 역설적으로 보이는 기사, '보통선거권은 반反혁명이다'를 실었다. 사건 이후에는 우리가 틀렸는지 아닌지를 누구라도 판단할 수 있다. 1848년의 선거에는 대부분의 경우 성직자와 부르봉 왕가의 지지자, 왕당파, 프랑스에 사는 대부분의 덜떨어지고 보수적인 사람들만이 참여했다. 선거는 다르게 진행될 수 없었다!

게다가 인간에게는 두 가지 본능, 즉 보수적인 본능과 진보적인 본능이 공존한다는 것을 이해하는 게 그렇게 어려운가? 두 본능 중 어느 것도 다른 것을 위해 활동하지 않는다. 따라서 자신의 사적인 이해관계로 사물을 판단하는 각 개인들은 그 이해관계의 확대를 진보로 이해한다. 그런 [개인적인] 이해관계가 집단 전체의 이해관계를 거스르듯, 투표의 총합은 전체적인 진보를 나타내는 게 아니라, 전체적인 퇴보를 나타내지 않을까?

우리는 그렇게 말해 왔고, 또 다시 반복하고 있다. 공화국은 모든 의지가 자유롭고 국가가 한 사람처럼 생각하고 말하며 행동하는 통치 형태이다. 그런데 그 이상을 실현하려면 모든 사적인 이해관계들이 사회를 거스르지 않고 사회를 위해 움직이는 게 필수적인데, 그것은 보통선거권으로 가능하지 않다. 보통선거권은 공화국을 물신화한다materialism. 이 체제가 오래 유지될수록 경제혁명은 계속 미루어지고, 그럴수록 우리는 왕정과 독재, 야만주의로 퇴보할 것이다. 선거권이 더 늘어나고 합리화되고 자유로워질수록 이 모든 건 더욱더 분명해진다.

당신은 프롤레타리아의 무능력과 무관심을 비난한다! 그러나 그건 당신 이론을 비난하는 것일 뿐이다. 어린 자식이 자기 재산을 마음대로 처분하도록 내버려둔 뒤에, 그것 때문에 망했다며 자식의 경험 없음을 비난하는 아버지에게 뭐라고 말할 텐가? 그리고 프롤레타리아트의 무관심에 관해서도 진정 당신에게 반대한다!"

4월에 제헌의원으로 선출되지 못했다는 프루동의 개인적인 실망이 이 기사에 부분적인 동기를 제공했다는 점, 그리고 보통선거권을 그렇게 단호하게 비난했던 사람이 당선 가능성을 보고 선거를 이용하려 했다는 점은 다소 모순적이라고 주장할 수 있다. 첫 번째 주장은 부분적으로 사실일 수 있다. 두 번째에 관해서는, 언뜻 보면 프루동이 일관되지 않은 듯 보인다 해도, 만일 보통선거권이 주어진다면 그 위험을 인식하고 위험을 완화시키려고 노력하는 사람이 [그 기회를] 이용하는 것이 낫다는 주장으로 자신을 방어했을 것이다. 그러나 비판을 인정한다 해도, 이 비판이 프루동의 실질적인 논점을 무효로 만들지는 못한다. 영국의 차티스트들Chartists처럼 보통선거권이 사회악을 없앨 최고의 치료제라는 점은 1848년에 사람들이 품었던 으뜸가는 환상 중 하나였다. 3년 뒤에 루이 보나파르트의 **쿠데타**를 승인했던 대다수는, 사회생활을 바닥에서부터 바꾸지 않는 한 그런 정치적 책략이 때때로 헛되다기보다 [상황을] 더 나쁘게 만든다는 점을 납득하게 되었다. 그 시대의 사람들 중에서 거의 유일하게 그런 그릇된 믿음의 위험성을 즉시 파악했다는 것은 프루동의 명예이다.

《인민의 대표》에서 프루동의 기사들은 사건에 관해 논평하고 자신의 소중한 이론을 발전시키며, 때로는 정치 평론가의 영역을 넘어서 거친 반격을 가하는 타협하지 않는 문체를 계속 유지했다. 이런 글들은 독자들의 마음을 사로잡았다. 《인민의 대표》의 발행 부수는 점점 늘어났고, 여전히 정파의 지도자로 나서지 않았음에도 프루동은 사회주의 운동에서 주도적인 인물들 중 하나로 인정받게 되었다. 무엇보다 그는 독자들을 진정시키려는 노력을 전혀 하지 않았으며, 노동자들을 칭찬하는 만큼 그들을 꾸짖어야 했다.

프루동이 유명해졌음을 나타내는 하나의 신호는 블랑키와 바르베, 소브리에Sobrier, 라스파이, 위베르Huber가 이끄는 시위대가 제헌의회로 쳐들어가, 빈곤의 제거, 노동의 조직화, 폴란드 난민들을 구하기 위한 선전포고를 포함해 일련의 터무니없는 조치들을 요구했던 5월 15일에 나타났다. 마침내 위베르는 의회의 해산을 선언했고, 그 뒤에 빌 호텔에서 시위대는 환호하며 프루동의 이름을 포함한 아홉 명의 사람들로 새로운 정부를 선포했다. 반란이라는 칭호를 받기엔 너무 소란스럽고 무기력했던 소동이지만, 방위군은 재빨리 이 반란을 진압했다. 지도자들은 체포되었고 급진적인 클럽들은 폐쇄되었다. 프루동 자신은 일찌감치 시위를 비난했고 빌 호텔과 떨어져 있었기에 다행이었다. 그렇지 않았다면 거의 확실히 프루동도 블랑키나 다른 주도적인 시위 참가자들과 함께 투옥되었을 것이다.

4

6월 5일 제헌의회의 많은 공석을 채우기 위해 새로운 선거가 실시되었고, 프루동은 다시 한 번 후보로 나섰다. 프루동은 아주 진지하게 자신의 후보 지명을 받아들였으며, 센Seine 지역의 유권자들을 위해 공들여 선거 유세—《인민의 대표》에 세 차례 실렸다—를 준비했다. 거의 2만 개의 단어를 사용했고, 재정과 정부, 가족 등에 대한 자신의 생각을 상세하게 설명했기 때문에 거리의 일반인들이 이해할 수 없는 선거 유세였음은 분명했다. 프루동은 다시 한 번 프랑스은행을 교환은행으로 바꿀 필요가 있다고 주장했고 잘 조직된 사회에서 '무의미'하게 될 국가에 관해 얘기했다. 그런데 이 유세 내용에는 스스로 공인했던 아나키즘과 어울리지 않는 몇 가지 생각이 들어 있었다. 그 한 예로 법률 체계의 간소화를 요구하면서도, 프루동은 사형을 폐지하는데 반대했다. 그리고 낡은 징병제를 폐지하자고 주장하면서도 프루동은 각 시민이 1, 2년의 병역의무를 질 것을 요구했던 자코뱅의 군사주의를 계속 지지했다.

《민족 논단 _La Tribune Nationale_》을 편집했던 보들레르는 프루동의 입후보를 지지했던 사람들 중 한 명이었으며, 유권자들은 프루동의 득표수가 7만7천 표를 넘길 만큼 그의 인품과 언론 경력에 충분한 감명을 받았다. 프루동과 함께 의회로 들어간 열 명의 동료들은 대부분 유명한 인물들—빅토르 위고 Victor Hugo와 티에르, 피에르 르루, 가장 구제받을 수 없는 반동 세력을 대표했던 인물인 음흉하고 엄한 샹가르니에 Changarnier 장군—이 묘하게 뒤섞여 있었다. 결정적으로 넉 달째로 접어든 혁명의 혼란을 가장 잘 보여 주는 사실은, 그 동료들 중에 공화제를 지지하는 전향자로 보이려고 애쓰던 루이-나폴레옹 보나파르트도 있었다는 점이다. 프루동은 처음부터 이 마지막 동료[루이 보나파르트]의 의도를 의심했다. 프루동은 "인민은 이제 막 왕자에 대한 환상을 하나 제거했는데, 신이여, 마지막까지 도와주소서!" 하고 말했다.

1년 뒤에 선거를 회상하면서 프루동은 몇 가지 변명을 했다. "10년 동안 사회 내에서 국가의 역할과 권력의 종속, 정부의 엄청난 무능력에 대해 글을 쓰고 출판한 모든 것을 생각하면, 나는 내 당선이 인민에 대한 오해의 영향이었다고 믿고 싶다." 또 오해의 영향이 프루동 자신에게도 작용한 것으로 보인다고 덧붙일 수도 있다. 그 당시 프루동은 걱정이 없지는 않았으나 아주 성실하게 이 오해와 오해가 불러온 영향을 받아들였다.

선거 직후 다리몽은 코트 도르 호텔에 들렀다. 다리몽은 프루동이 1층의 좋은 방으로 옮긴 것을 발견했다. 프루동은 "여기로 내려오게 한 사람은 여주인이야. 여주인은 인민의 대표가 초라하고 작은 방에서 계속 생활하는 게 어울리지 않다고 주장했지." 그러나 다리몽이 선거 결과를 축하하기 시작했을 때, 프루동은 재빨리 말을 잘랐다. "친애하는 동지, 나는 찬사를 받아들일 수 없네. 지금 막 무거운 짐이 내게 지워졌고 나는 그 무게로 쓰러질까 봐 매우 걱정되네."

대체로 프루동은 자신의 입장을 바꿀 이유를 찾지 못했다. 1854년에 프루동은 의회에서 보낸 시간을 '지옥에서의 삶'이라 회상했고, 『어느 혁명가의 고백』에서 의회 생활이 끼친 정신적인 영향을 상세하게 서술했다.

"나는 어린애처럼 소심하게, 새로운 개종자처럼 들떠서 의회에 들어섰다. 아침 아홉 시부터 부지런히 관청과 위원회 회의에 참석했고 한밤중까지 청사를 떠나지 않았다. 그 뒤에는 피로와 메스꺼움을 느끼며 녹초가 되었다. 의회라는 시나이 산에 발을 디디자마자 나는 대중과의 끈을 놓쳐 버렸다. 의회 활동에 전념했기에 나는 사건의 흐름에 대한 통찰력을 완전히 상실했다. 나는 국립 작업장의 상황이나 정부 정책, 의회의 중심부에서 형성되던 음모 그 어느 것도 알지 못했다. 한 국가의 상황을 가장 완벽하게 모르는 사람들이 거의 항상 국가를 대표하는 사람들이라는 것을 깨닫기 위해, 의회라 불리는 고립된 곳에서 살았음에 틀림없다.…좌파와 극좌파의 동지들 대부분도 똑같이 정신이 혼란스럽고 똑같이 매일 매일의 사안에 무지하다. 인민에 대한 공포는 권력에 복종하는 모든 이들의 병폐이기 때문에, 국립 작업장은 공포의 대상이라 얘기된다. 권력을 잡은 사람들에게 인민은 적이다."

사실 프루동은 의회에 들어가서 완전히 잘못된 처지로 자신을 밀어 넣었는데, 그곳에 들어가고 불과 며칠 뒤에 노동자와 정부 간에 6월 내전이 터지자 프루동은 이 사실을 지독하리만치 절실하게 깨닫게 되었다.

5

6월 15일 프루동과 같은 날 의원으로 선출된 은행가 구드쇼 Goudchaux는, 혁명 이후 일자리를 만들기 위해 설립된 국립 작업장들을 폐지해야 한다고 요구했다. 국립 작업장은 많은 비판을 받고 있었는데, 대부분의 비판은 고용 유지를 위해 쓸데없는 일에 사람들을 고용하는 방식, 즉 옛날부터 도움이 안 되던 방식을 계속 쓰고 있다는 것이었다. 국립 작업장들은, 때때로 다른 상황에서라면 국가의 공공사업 계획이 가져왔을 긍정적인 장점을 전혀 갖지 못한, 정부 통제 경향을 대변했다. 본의 아니게 그곳에 고용된 사람들은 사실상 팔루Falloux가 그들을 경멸하며 붙였던 '부랑자'라는 호칭을 강요당했다. 다른 한편으로, 이들은 도덕적으로 완전히 타락해서, 이 빈민 군대가 "새로운 독재자의 근위대"에서 핵심 세력을 형성할지 모른다는 빅토르 위고의 경고는 타당했다.

그러나 많은 결점을 가지고 있었지만 국립 작업장은 여전히 수천 명의 사람들을 완전한 절망에서 구제하는, 일시적인 억제 기능을 수행했다. 그리고 만일 작업장을 폐쇄한다면 실업자의 에너지를 더욱더 건설적으로 활용할 특정한 계획이 승인을 받아야 했다. 6월 21일 의회는 작업장을 폐쇄하는 대신 18세와 25세 사이의 노동자들을 징집하자고 발의했다. 그리고 그 연령대를 제외한 나머지 사람들은 다른 지방에서 인부로 일하도록 파리에서 파견될 것이라고 선언했다. 이것은 공포를 확산시킨 결정이었고, 그 결정을 지지했던 사람들 중에서 가장 정직한 사람들이 피하고 싶었던 바로 그 결과를, 즉 파리 빈민가의 대대적인 폭동을 불러왔다. 6월 23일 바스티유 근처와 투쟁적인 생 앙투안 주거지역, 생 자크 가와 '파리 식물원' 사이의 왼쪽 강둑에 다시 바리케이드가 세워졌다.

이 폭동은 다른 많은 좌파 의원들과 마찬가지로 프루동을 매우 당황하게 만들었다. 나중에 프루동은 "이 폭동이 국립 작업장의 노동자들에게 기대어 권력을 노리는 자들의 음모라고 생각했다"고 적었다. "다른 사람들처럼 나도 잘못 생각했다." 시간이 흐르면서 프루동의 입장은 빠르게 바뀌었다. 싸움에 한 번도 참여해 보지 않은 사람에게서 두드러지는 침착성을 보이며 프루동은 의원 휘장의 이점을 이용해 전투가 진행 중이던 지역을 돌아봤다. 느그리에Negrier 장군이 불과 몇 발짝 떨어진 곳에서 죽자, 프루동은 자신이 목격한 장면을 슬퍼하면서(그도 약간의 눈물을 가진 평범한 인간이었다) 시신을 빌 호텔로 옮기는 것을 도왔다.

폭동 이튿날, 프루동은 정치 음모가들이 폭동을 선동했다고 믿지 않게 되었다. "나는 폭도들이 사회주의자라고 확신하게 되었습니다.… 으뜸가는 원인이자 결정적인 원인은 사회적인 문제와 사회위기, 노동, 이념이었습니다" 하고 프루동은 나중에 사건을 조사했던 위원회에 말했다. 따라서 프루동은 혁명사에 새로운 요소가 도입되었다는 것을 인식하는 데 있어 대부분의 동시대인들보다 앞서 나아갔다. 그리고 유혈 사태가 비극의 절정을 향하고 카베냑Cavaignac의 군대가 폭도를 포위하고 무자비하게 진압하자, 부르주아 방위군이 2월 혁명 때 동지였던 사람들과 맞서 싸우고 노동계급 출신의 기동대가 자신들의 이웃과 친척을 살해하자, 프루동은 6월 봉기가 그 당시 사람들에게 제기한 쟁점들을 점점 더 분명히 깨닫게 되었다.

6월 23일, 프루동은 일기에 이렇게 적었다. "공포가 파리를 다스린다. 그 공포는 대혁명의 공포가 아니라 내전과 동맹시同盟市 전쟁social war[28]에 대한 공포를 닮았다.…여기서 벌어지고 있는 일은 항상 보던 것이다. 즉 모든 새로운 이념은 세례를 받는다. 잘못 이해되고 성급하기에 맨 먼저 이념을 퍼뜨리는 사람은 지나친 철학적 독립성 때문에 그 자신을 죽음으로 내몬다."

6월 26일 바스티유 근처에서 마지막으로 전투가 벌어졌을 때, 프루동은 조사위원회에 말했듯이 "길 잃은 양들이 돌아오도록 인도하려는" 바람으로 또 한 번 그곳에 있었다. 그리고 생 앙투안 가의 마지막 바리케이드가 무너지자마자, 프루동은 상인들을 조사하고 그곳에 살던 사회주의자 친구들을 돕기 위해 곧장 직행했다. 분명 그곳에는 더 이상 호전적인 기질의 반역자가 없었다. 왜냐하면 프루동은 어떠한 나쁜 결과도 겪지 않았고, 폭도들을 자극한 것이 정말 "애매하고 막연한 사회적인 이념"이라는 인상을 확인할 수 있었기 때문이다.

이 사건에서 드러난 프루동의 무모함이 그를 위험에 빠뜨린 것은 바로 그때였다. 왜냐하면 위원회가 조사를 시작했을 때, 프

---

28 [옮긴이 주] 이탈리아 동맹시들이 연합해서 로마에 대항해 반란을 일으킨 사건. 동등한 시민권을 부여받지 못한 불만이 그 원인이었다.

루동에게 폭동의 책임을 물으려는 강력한 시도가 있었기 때문이다. 군대가 진입하기 전에 프루동이 바리케이드 안에 있었다는 것이 그러한 모함의 근거가 되었다. 프루동은 이 시도에 성공적으로 맞섰지만 또 다른 선정적인 고발이 이어졌다. 적대적인 한 의원은 프루동이 바스티유에 있었던 목적을 묻는 사람들에게 "나는 포성의 숭고한 공포를 듣고 있었다"며 오만하게 답했다고 주장했다. 이 말은 아주 프루동다운 구절[역설적인 구절]이어서 그 진정성을 의심할 수 없다. 그러나 이 말은 동료 의원들에게 충격을 줬고, 파리 부르주아지의 마음속에서 자라나던 프루동의 야만스런 이미지를 강화시켰다.

심지어 의회 내의 적들은 프루동이 폭동을 조직했다는 비난을 퍼부을 수 없게 되자 최소한 도덕적인 비난이라도 가하려고 노력했다. 이런 목적으로 의회의 의장인 세나르Senart는 "질서"의 승리를 찬양하는 대국민 연설, 즉 "가족이 허명일 뿐이고 소유가 도둑질일 뿐이라는 야만적인 이론"을 비난하는 주장을 시작했다. 아베 라코르데르Abbé Lacordaire는 이 공정하지 않은 공격(프루동보다 더 열성적으로 가족을 돌본 사람은 찾기 어려울 것이기에)으로 "의회 전체가 프루동 씨가 앉은 좌석으로 눈을 돌렸다"고 기록했다. 나머지 의원들이 대국민 연설을 지지하는 동안 프루동은 겁먹지 않고 자리를 계속 지킴으로써 자신의 불만을 드러냈다.

이리하여 프루동은 라메네만큼 단호하지는 않았지만 동료 의원들에게 "신은 당신들에게 이 모든 유혈 사태에 대한 해명을 요구할 겁니다" 하고 소리쳤다. 이렇게 프루동은 나흘간의 끔찍했던 시간 동안 자신의 입장에 생긴 변화를 표현했다. 당시 프루동은 의회의 목적이 자신의 목적과 대립한다는 점을 알았고, 의회 내에서 자신의 역할이 결연하고 반항적이어야 한다고 봤다. 6월 28일 일기에 프루동은 "의회의 사악한 의지가 폭동의 원인이다"라고 적었다.

7월 6일이 되자 마침내 프루동은 6월의 비방당하고 패배한 희생자들 곁에서 공개적으로 자신의 입장을 밝혔다. 전투가 벌어질 동안에는 《인민의 대표》가 분명한 입장을 취하지 않았고, 사건 이후에도 편집자들은 야만적인 진압의 희생자들에게 동정을 표하는 것으로 입장 표명을 제한했다. 전반적으로 [폭동을] 비난하는 분위기가 우세한데도 그런 경향에서 약간 벗어났기 때문에, 《인민의 대표》는 또 한 번 프루동을 폭동과 엮으려 하던 보수적인 《토론지 *Journal des Débats*》로부터 맹공격을 받았다. 이 공격은 제법 강했고, 프루동은 편집자에게 보내는 편지 형식의 공격적인 기사에서 정부 정책에 대한 분노를 토해냈다.

"4개월간의 실업은 갑작스레 **전쟁의 명분**_casus belli_으로, 공화국 정부에 맞서는 폭동으로 바뀌었다. 여기에 지난 슬픈 나날의 모든 진실이 있다.…영국의 노동자들은 구빈세로 당당하게 생활한다. 돈과 옷이 많은 독일 장인은 자신의 여행 경비를 여기저기의 작업장에 부탁하면서도 부끄러워하지 않는다. 스페인 거지들은 더하다. 그들은 나팔총을 들이대고 *자선*Caridad을 요구한다. 프랑스 노동자는 일자리를 요구한다. 당신이 프랑스 노동자에게 구호품을 주면 그는 반란을 일으키고 당신에게 총을 쏜다. 나는 프랑스 노동자들을 더 좋아한다. 나는 치욕을 받아들이지 않으려는 이 자랑스런 인종에 속한 것을 명예롭게 생각한다."

6

늦었지만 프루동은 박해받는 사람들을 변호하는 목소리가 거의 없던 시기에 효과적으로 말했다. 그리고 프루동은 얘기를 멈추지 않았다. 프루동은 이 사건이 이미 6월의 비통함과 폭력을 낳았던 조건들, 갈수록 나빠지던 경제적인 조건들을 개선하기 위한 과감한 조치를 호소하는 계기가 되기를 원했기 때문이다. 어음을 지불하고 지대를 갚는 2분기 지불일Quarter day[29]은 7월 15일로 정해졌는데, 프루동은 그때 고난이 [다시] 시작될지 모른다고 걱정했다. 7월 8일 프루동은 정부가 지불 기일이 다 된 모든 납입금에서 3분의 1을 삭감하는 법령을 공표하도록 요구하

---

29 [옮긴이 주] 1년을 네 번으로 나누어 지불하는 시기.

자고 프랑스 인민에게 호소하는 성명서를 발표했다. 그때까지도 [반란 지역에 대한] 봉쇄 상황이 전면적으로 전개되고 있었기 때문에, 그렇게 급진적인 주장을 하는 것은 대담한 행동이었다. 그런데 프루동의 글은 상황에 개입하던 방위군에게 직접 호소하는 말로 씌어졌기 때문에 더 대담했다.

"그렇다면 잘못 인도된 방위군이여, 당신들의 위선적인 후원자들에게 일자리와 신용대부, 빵을 달라고 부탁하라!…이건 더 이상 프롤레타리아트를 구원하는 문제가 아니다. 프롤레타리아트는 더 이상 존재하지 않는다. 그들은 쓰레기 더미에 버려졌다. 우리는 부르주아지를 구원해야만 한다. 하층 부르주아지를 배고픔으로부터, 중간층 부르주아지를 파멸로부터, 상층 부르주아지를 그 악마 같은 이기주의로부터 구원해야만 한다. 6월 23일 프롤레타리아트의 문제는 오늘날 부르주아지의 문제와 동일하다."

의회가 봉쇄 상황을 통제하기 위해 독재권을 부여했던 카베냑은 즉시 《인민의 대표》의 발행을 금지했다. 이런 상황에서 언론의 자유가 충분히 허용되지 않으리라고 느낀 편집자들은 자발적으로 신문 발행을 이틀 동안 중단하기로 결정했는데, [신문은] 거의 한 달 동안 다시 발행되지 않았다. 프루동 혼자만은, 적어도 당분간은 의원 면책특권 덕분에 기소를 피했다.

그러나 프루동은 목소리를 낮출 생각이 없었고 그 주장을 의회에 제출할 문서로 정교하게 다듬었다. 프루동은 채권자들이 지난 3년 동안 제공한 빚[임대료와 소작료, 대출 등을 포함]에서

3분의 1을 포기하고, 그중 절반은 소작인과 채무자 등의 지위를 재건하기 위해 그들에게 돌려주고, 나머지 반은 혁명 이전의 생활수준을 회복하기 위한 기금으로 국가에 귀속시킬 것을 요구해야 한다고 제안했다.

근대적인 관행에 비추어 볼 때 이 제안은 프루동이 주장했던 방식 그대로 실행할 수는 없었다 하더라도, 충분히 고려할 만한 가치가 있는 정책의 맹아를 내포하고 있다. [포기된 빚의] 절반을 농업과 산업의 보조금으로 이용해야 한다는 것은 사실상 노력 없이 얻은 소득에 대한 세금이었고, 세금과 보조금이 밀접하게 연관된다는 점은 근대 세계에서 익숙한 현상이다. 그러나 제안서를 전달받은 재무위원회의 의원들은 처음부터 적대적이었다. 그래도 프루동이 합리적으로 회유하려고 했으나 재무위원회의 의원들은 제안의 장점을 보려 하지 않았고 소유를 공격하는 데 의원들을 끌어들이려 한다고 비난했다. 토론은 곧 프루동과 티에르의 대결이 되었는데, 티에르는 이 제안이 사실상 "대중을 선동하고 봉기하게 만들려는" 시도라고 주장했다. 그리고 나중에 티에르는 사소한 표현을 비판하고 그 기본 원리는 무시함으로써 프루동의 계획을 신뢰하지 못하도록 하는 방식으로 의회에 보고했다. 프루동은 조용히 그 보고 발언을 듣고 있었는데, 한 빈정거리는 논평자에 따르면 비 맞은 개처럼 몸을 부들부들 떨었다고 한다. 프루동은 공적인 비난에 익숙해지고 있던 중이었다. 프루동은 답변을 준비할 시간을 요청했고, 7월 31일 의회에 출석해 자신의 입장을 변호했다.

프루동의 요구가 소문이 나서 대중의 기대가 상당히 높아졌기 때문에 회의장은 붐비었다. 연설자[프루동]는 검은색 프록코트를 입고 연단에 올랐다. 빅토르 위고는 프루동의 가느다란 머리칼이 "고상하고 지적인 이마 위로 감겨 헝클어지고 지저분했다"고 회상했다. 위고는 "코가 약간 평평해서 마스티프[맹견] 같았고 구레나룻이 원숭이 같았다"고 기억했다. 또 프루동의 두툼한 아랫입술이 계속 나쁜 인상을 준다고 기록했다. 이 소설가는 프루동의 시선이 "겸손하지만 날카롭고, 흔들리지 않았"으며, 프루동의 연설에는 "당혹스러움과 확신이 뒤섞여 있었다"고 판단했다.

[직접] 눈으로 목격했던 모든 사람들은 프루동의 연설이 별로였다는 점에 동의했다. 가장 우호적인 성향을 가진 사람도 세 시간 반 동안 계속된 프루동의 연설이 "어찌할 수 없을 만큼 지루했다"는 영국 대사 노먼비 경Lord Normanby에 동의할 수밖에 없었다. 그렇지만 의회에서 벌어진 사건은 그처럼 지루하게 진행되지 않았다. 프루동의 동료 의원들은 웃으며 의석에 앉았지만, 곧 연설가의 주장에 격분하게 되었다.

총소득revenues을 없애서 소유를 점유로 환원시키는 것이 자신의 목적이라고 밝히면서, 프루동은 2월 24일에 시작된 "낡은 사회의 폐지"가 "정파의 열정과 선악의 신념에 따라 폭력이나 평화로" 결판날 것이라고 말했다. 프루동은 의회가 그 첫 단계로서 소득에 세금을 매기자는 자신의 제안에 동의해서 평화로운 이행을 이루도록 도와 달라고 호소했다. 가진 자들은 "스스로 혁명적인 사업에 기부해야 하고, 만일 거절한다면 그 결과를 책임져야 한다"고 주장했다.

프루동의 동료 의원들은 해명하라고 소리쳤다. 프루동은 "거절은 여러분을 배제하고, 우리 스스로 [낡은 사회의] 청산을 진행한다는 것을 뜻한다"고 답했다.

"**여러분**이 누구를 의미하는가?"라는 고함이 터져 나왔다.

프루동은 "두 개의 대명사, **여러분**과 **나**를 사용할 때, **내 자신**을 프롤레타리아트와, **여러분**을 부르주아 계급으로 보는 것이다" 하고 답했다.

한바탕 소란이 벌어졌다. 분노한 보수주의자들은 "이건 동맹시 전쟁이야!" 하고 소리쳤다. "의회의 연단에서 발생한 6월 23일[의 폭동]이군!" 프루동의 제안은 거의 만장일치로 부결되었고, [현재] 질서의 수호자들은 그 이상을 원했다. 의원들이 앞을 다투어 자신의 적대감을 드러내기에 적합한 모욕적인 방식을 찾으려 했기에 회의장은 갑자기 소란해졌다. 마침내 프루동의 제안이 "공중도덕의 원리를 혐오스럽게 공격했고 소유를 침해하며 추문을 조장하고 가장 혐오스런 열정에 호소하게 만든다"는 결의가 이루어졌다. 마지막으로 "연설자는 1848년 2월 혁명을 자신이 개발한 이론을 따르는 양 사칭함으로써 혁명을 모욕했다"는 내용이 결의되었다.

득표 차이는 압도적이었다. 691표가 프루동을 비난했고, 단

2표만이 찬성하지 않았다. 이 두 표는 프루동 자신과 리옹에서
부터 오랜 친구였던 직조공 그레포의 표였다. 나머지 사회주의자
들은 아무도 프루동을 지지하지 않았고 프루동의 제안을 논의
조차 하지 않았으며 단지 모욕에 맞서 프루동을 변호했을 뿐이
었다. 사회주의자들 중 60명이 기권했지만, 루이 블랑은 투표에
참여해서 개인적인 적개심을 드러냈다. 나중에 또 다른 적인 추
방자 마르크스는 그런 상황에서 프루동의 제안이 아주 용기 있
는 행동이었다고 마지못해 인정했다.

이 논쟁은 사교계에서 프루동이 악명을 날리게 만들었다. 프
루동은 "7월 31일부터 나는 한 언론인의 표현에 따르면 **공포의
대명사**terror-man가 되었다.…나는 설교를 들었고, 공연으로 만들
어졌으며, 찬양되고 플래카드로 내걸렸고, 전기로 기록되고, 만
화로 풍자되며, 비난받고 모욕당하며 저주받았다"고 선언했다. 프
루동은 신문 삽화가들의 고정 주제가 되었다. 한 신앙심 깊은 부
인은 프루동에게 신성 훈장을 보냈다. 익명의 편지를 쓴 사람들
은 프루동에게 신의 분노를 전하거나 더 직접적이고 세속적인 방
식으로 처벌하겠다며 협박했다. 프루동의 제명을 요구하는 청원
이 의회에 적어도 네 번 이상 올라왔다. 도노소-코르테스Donoso-
Cortes 스페인 대사는 인류와 성령에 대해 그토록 큰 죄를 지은
사람이 이제껏 없었다고 선언하며 프루동이 악마는 아닐지라도
악마에 사로잡힌 것은 분명하다고 주장했다.

프루동은 콩데의 친구 마게Maguet 박사에게 "나는 불도마뱀처

럼 불꽃 속에서 살아"라며 아주 열정적인 편지를 썼다. "모든 사람에게 버림받고 배신당하고 배척과 저주를 받으면서 나는 전 세계와 맞섰고 반동 세력과 공화국의 모든 적들을 궁지에 몰아넣었어. 이제 나를 자신들의 유일한 대표로 여기는 인민이 내게로 *일제히* 모여들고 있어. 이들은 나만을 신뢰해."

7

여전히 프루동은 자신의 대중적인 지지도에 대해 과장했지만, 8월에 《인민의 대표》의 발행 부수가 한 세기 전 파리에서 가장 많은 부수인 최고 4만 부─특히 당시의 높은 문맹률을 고려할 때 놀라운 숫자이다─에 달했다는 것은 진실이다. 8월 9일, 한 달 동안의 침묵을 깨고 신문이 다시 발행되었을 때, 프루동은 예전보다 더 호전적인 태도를 보였다. 1면 상단에 "지금 상황에서 자본가란 무엇인가? 모든 것이다! 자본가는 무엇이 되어야 할까? 아무것도 아니어야 한다!"는 구호를 아주 크게 실었다.

프루동이 이런 성향을 계속 드러내는 것은 허용되지 않았다. 《인민의 대표》는 한 주 가량 발행된 뒤 다시 3일간 압수되었다. 탄압의 구실은 모두 보잘것없었다. 8월 16일자[에 대한 탄압]은, 정치적으로 급진적이지만 예술적인 면에서 보수적이던 조각가 앙투안 에텍스Antoine Etex가 보낸 편지에 소유를 공격하는 내용이 있다는 점을 구실로 삼았다. 다음날에는 콩시에르주리 감옥에서 한 죄수가 보낸 편지에 계급 간의 증오를 자극하는 것으로 해석되는 내용이 있다는 구실을 댔다. 그리고 18일자[에 대한 탄압]은 편집자들이 쓰기 시작했던 "6월의 사건에 관한 조사" 때문이었다.

프루동은 이런 공격을 수동적으로 받아들이지만은 않았다. 8월 21일자에서 프루동은 신문을 전체적으로 옹호하고 특히 탄압받은 뉴스 항목을 변호하는 기사를 실었다. 그 보답으로 결국 정부는《인민의 대표》자체를 탄압했다. 프루동은 개인적으로 카베냑을 방문했다. 카베냑은 프루동이 "국가에 불화를 일으키고" 있다며 비난했고, 프루동을 닮은 신문이 계속 발행된다면 질서를 유지하는 것이 불가능하다고 말했다. 카베냑은 "나는 당신을 잘 아오" 하고 덧붙였다. "원칙적인 면에서 당신은 고집불통이지. 내가 발행 금지 명령을 풀어 준다면, 당신은 전보다 더 나빠질 거야." 나름대로 카베냑은 정확한 판단을 내린 셈이다.

전면적인 탄압은 프루동과 친구들이 예상했던 결과였다. 이들은 즉시 새로운 신문,《인민》을 창간하려는 계획에 착수했다. 9월 2일 프루동은 브장송의 법률가 아브람Abram(오랜 학교 친구)에게 "훨씬 밝은 미래가 보장되어 있다"고 하면서, 약간의 광고비를 지출하면 5만 부를 발행하게 될 것이라고 주장했다.《인민》이 정기 간행물과 관련된 법률을 피하기 위해 날짜를 미리 정하지 않고 세 번 발행했지만, 정기 발행에 필요한 자금을 모으는 것은 계속 늦춰졌다. 결국 프루동이 자신의 인세에서 3천 프랑을 투자하고 브르타뉴의 젊은 귀족 바론 샤를 드 장제Baron Charles de Janzé가 프루동에 대한 존경심으로 6천 프랑을 냈던 11월 중순에야 신문은 다시 발행될 수 있었다. 편집인들이 유치하려 했던 자본금 10만 프랑은 모이지 않았고, 편집인들이 제작비로 35프랑을 쓰기 시작했기 때문에 빌린 돈을 갚자마자 금고는 금세 바닥을 드러냈다. 그러나 프루동과 그의 신문에 대한 대중적인 관심은 돈보다 훨씬 더 가치 있는 것이었다. 무엇보다 편집자들은 첫 호 4만 부가 순식간에 팔려나가자 다시 용기를 얻었다. 프루동은 한 친구를 만나 짐짓 슬픈 듯 말했다. "지금 내 신문은 돈을 벌고 있어.…천 프랑의 가치를 가진 신문이 정파의 영향을 받지 않는다는 점을 알아쳤으면 해."

8

1848년 하반기의 가장 이상한 사건들 중 하나이자 가장 많은 비방을 받았던 사건들 중 하나는 프루동과 루이 보나파르트의 만남이었다. 이 이야기는 《언론 La Presse》에서, 프루동이 자진해 미래의 황제를 만나려고 노력했다며 비난했던 에밀 드 지라르댕

Emile de Girardin을 반박하기 위해, 프루동이 썼던 1849년 7월의 편지 한 통에서 다루어졌다.

"놀랍게도 루이 보나파르트 씨를 방문해 달라는 요청을 받은 건 1848년 9월 26일이었습니다.…대화는 노동의 조직화와, 재정 및 외교 정책, 헌법에 맞춰졌습니다. 보나파르트 씨는 거의 말하지 않았고 호의적으로 내 말을 들었으며 거의 모든 점에서 내게 동의하는 듯했죠. 그는 결코 사회주의자를 비방해서 대화를 망치지 않았습니다. 보나파르트 씨는 카베냐 장군의 정책과 신문의 발행 금지, 봉쇄 상황, 이탈리아에게 독립을 위해 봉기하라고 말하는 듯했던 알프스 지역의 군대를 기탄없이—**내 의향과 상관없이**—비난했습니다.…대체로 앞에 있는 이 사람이 스트라스부르 왕가나 부르봉 왕가의 공모자와 더 이상 손을 잡지 않으리라고 믿을 만한 근거를 가지게 되었습니다. 그리고 일찍이 공화국이 보나파르트의 손에 무너졌지만, 우리 시대에는 또 다른 보나파르트가 공화국을 보호하게 될 수 있습니다.

나는 9월 26일자 노트에서 정확하게 [그 당시를] 재현한 다음과 같은 문장을 발견했습니다. '루이 보나파르트를 방문했다. 이 사람은 호의적이고 관대한 머리와 마음을 가진 듯했다. 강한 야심을 드러내기보다 자기 삼촌[나폴레옹]에게 찬사를 보내는 걸 좋아했다. 동시에 평범한 지식인이다.…그 밖에는 조심해야 한다. 무엇보다도 정파들의 우두머리가 되려는 것은 왕위를 노리는 모든 이의 습관이다.'"

그 사이에 입법부는 루이 보나파르트가 계획하고 있던 투표를 향해 삐걱거리며 움직이고 있었다. 우파가 적극적으로 혁명적인 조항들을 모두 적당히 제거했던 위원회들의 회기가 끝난 뒤에, 의회가 투표에 부치기로 결정한 헌법은 결국 11월 4일에 739 대 30으로 통과되었다. [반대한] 소수파는 14명의 왕당파와 16명의 사회민주주의자였다. 프루동은 사회민주주의자 중 한 명이었는데, 당일 《세계신보 Le Moniteur》에 보낸 성명서를 읽으면 그가 동료들과 같은 동기로 반대했는지는 의문이다.

"나는 그것이 헌법이기 때문에 반대표를 던졌다. 아주 분명하게 정치 헌법을 의미하는 이번 헌법의 본질을 구성하는 것은 주권의 분리, 달리 말해, 권력을 입법과 행정으로 분리하는 것이다.…그 첫 번째 활동으로 특권과 야망, 비난받을 만한 기대를 받는 대통령제를 만드는 이번 헌법이 해방을 보장하지 않고 오히려 해방에 위험 요소가 될 것이라 확신한다."

이때부터 프루동은 의회를 거의 이용하지 않았다. 며칠 뒤에 프루동은 예전 고용주인 자벨에게 혁명 정신이 의회에서 추구되면 안 되고 "이념은 은밀히 움직인다"고 말했다. 그렇지만 프루동은 회기 중에는 비교적 규칙적으로 계속 [회의에] 참석했는데, 그해가 끝나기 전에 프루동의 의원 활동은 이번에는 좌파의 동료들과 벌인 논쟁에 휘말렸다.

7월 31일의 논쟁 뒤에 프루동은 산악당과 자신의 불화를, 특히 사회민주주의자들과의 불화를 일시적으로 해결했다. 9월

17일에 의원 30명을 추가로 뽑는 보궐선거가 실시되었을 때, 프루동은 수감된 라스파이의 입후보를 지원했던 선거위원회에서 일했다. 그러나 정파의 규율을 받아들이기 힘들었던 프루동 특유의 개인주의와 더불어, 산악당에서 유행하던 엄격한 자코뱅 정신도 반영되었던 한 가지 사건 때문에 한 달이 채 지나지 않아 이 불안한 협력은 깨지기 시작했다.

10월 15일 공화국의 연회가 몽마르트에서 열렸는데, 주최 측이 프루동을 주 연설자로 선택했을 때, 르드뤼-롤랭Ledru-Rollin과 라메네를 비롯한 산악당의 지도자들도 참석해 이 연설을 지지하기로 합의했다. 그런데 연회 전날 밤에 불안한 협력이 깨졌다.

카베냑은 자신의 내각에서 세나르를 빼고 더 보수적인 뒤포레-비비엥Dufaure-Vivien을 그 자리에 앉히기로 결정했다. 산악당은 이를 정부를 공격할 구실로 삼았으나, 프루동은 동참을 거부했다. 프루동은 세나르가 6월의 사건 이후 자신을 엄청나게 비난했던 반면, 1840년에 비비엥이 『소유란 무엇인가?』를 기소하지 않기로 결정해서 예상하지 못한 관용을 보여 줬던 장관임을 기억했다. 그래서 프루동은 투표 때 기권했고, 이에 대한 보복으로, 피에르 르루와 신의가 두터웠던 그레포를 제외한 산악당 의원들은 연회에 참석하지 않았다.

이들이 참석하진 않았지만 2천 명의 파리 주민 앞에서 혁명의 축배를 제안하는 위대한 연설을 했던 것은 프루동에게 어느 정도의 승리였다. 이 연설은 혁명의 성격에 대한 프루동의 생각을 분명하게 보여 주기 때문에 조금 더 길게 설명하겠다. 프루동은 역사를 네 단계로 나눴다. 기독교 혁명은 신 앞에서 인간의 평등을 선포했다. 르네상스는 이성 앞에서의 평등을 선포했다. 계몽의 시대는 법 앞에서의 평등을 선포했다. 19세기의 네 번째 혁명은 일할 권리에 바탕을 뒀으며, 그 모토는 재산 앞에서의 평등이고 그 목적은 박애였다. "오늘날 노동은 자본의 통제 하에 있습니다. 혁명은 그 질서를 바꾸라고 말합니다. 자본은 노동의 우위를 인정하고, 생산도구는 노동자의 처분에 맡겨야 합니다."

프루동은 혁명 원리를 실천했다. 혁명은 기본적으로 경제를 변화시켜야 한다. 인민은 이 진실을 고집해야 하고 정부가 무엇을 하든 하지 않든, 진실이 결실을 맺게 해야 한다. "중재자 없이 스스로 움직이는 인민만이 2월[혁명]에 기초를 둔 경제혁명을 완수할 수 있습니다. 인민만이 문명을 구하고 인류를 발전시킬 수 있습니다." 불행히도 프루동은 얼마 지나지 않아, 심지어 인민들조차 역사가 자신들에게 부여한 역할을 수행할 만큼 그렇게 열정적이지 않다는 것을 깨닫게 되었다.

산악당과의 불화는 10월 10일 대통령 선거에서 비롯된 더 큰 논쟁을 통해 최종 결별로 이어졌다. 카베냑이 공화주의 우파의 후보로, 르드뤼-롤랭은 산악당 후보로 출마했고, 그 와중에 눈에 띄지 않는 곳에서 아주 다양한 불만 세력들에게 장황하고 애매하게 호소했던 루이 나폴레옹이라는 불길한 인물이 갑자기 나타났다. 보나파르트주의자와 오를레앙주의자Orleanists, 부르봉 왕가 지지자, 공화주의 우파, 성직자, 모든 종류의 반동 세력들이 사악한 연합을 형성해 나폴레옹을 지지했다.

프루동은 루이 나폴레옹이 품은 독재의 야심을 비난했지만, 르드뤼-롤랭을 공식 후보로 내세우자는 산악당의 결정을 따르는 것도 거부했다. 왜냐하면 프루동은 자신이 반대했던 입법과 행정의 권력분립을 르드뤼-롤랭이 받아들였다고 봤기 때문이다. 약간 머뭇거린 뒤에 프루동은 마침내 당시 뱅센에 수감 중이던 사회주의 후보 라스파이를 지지했다. 11월 8일 프루동은 자신과 동료들이 라스파이를 "민주적 사회주의자이자…정치의 속임수를 단호하게 거부할 사람"으로 추천하는 성명서를 발표했다. "우리는 라스파이를 대통령제에 맞서는 살아 있는 항의로 받아들인다. 우리는 인민의 선거에 그를 추대한다. 그가 당선 가능하거나 당선 가능하다고 믿어서가 아니라, 당선이 불가능하기 때문에, 라스파이와 함께라면 왕권을 닮은 대통령제란 불가능하기 때문에 지지한다."

이렇게 부정적으로 말했음에도 라스파이의 입후보는 산악당을 분노하게 만들었고, 산악당은 프루동이 공화주의 좌파의 표를 분산시켜 보나파르트를 도우려 한다고 비난했다. 너무나 분노해서 프루동은 펠릭스 피아트Felix Pyat와 결투를 벌이기까지 했지만, 두 사람 모두 경험이 없어 어느 누구도 다치지는 않았다. 곧

바로 프루동은 샤를 들레클뤼즈Charles Delescluze로부터 결투를 신청 받았지만, 이번에는 피아트와 싸우면서 이미 자신의 용기를 증명했다는 이유로 싸움을 거부했고 결투를 선호하는 반反문명적인 편견을 좌절시킬 수 있었다.

선거 결과는 프루동과 좌파 동료들 사이의 논쟁에 학문적인 운치를 더했다. 왜냐하면 12월 20일에 루이 보나파르트는 다른 후보자들을 모두 합한 표보다 두 배 이상 많은 표를 받아 당선되었기 때문이다. 농민과 도시 부르주아지의 공포, 성직자와 장군, 기업가의 야심은, 그 모든 공포와 이해관계를 구현했던 지도자이자 속물, 방탕한 인간, 위선자, 권위주의자, 왕조의 야심과 연줄을 가졌지만 그 속내는 으뜸가는 부르주아지이자 타르튀프 Tartuffe[30]를 능가하는 위선자에게 프랑스를 넘겨주었다. 《인민》의 독자들이 카베냐나 르드뤼-롤랭, 라스파이에게 투표했는지 아닌지는 **한 번의 시위를 제외하면** 중요하지 않다. 7백만 명의 유권자 중에서 겨우 3만6천 명만이 라스파이를 연호하며 대통령제에 대한 거부감을 보인 시위! 사실 이것은 사소한 시작이었다. 프루동은 선거 당일, "인민은 술 취한 사람처럼 말했다"고 말하며, 나폴레옹에게 권력을 준 바로 그 불만이 혁명의 경로를 잡게 할 수 있다고 생각하며 스스로를 위로했다. 12월 15일 프루동은《인

---

30 [옮긴이 주] 몰리에르의 작품 『르 타르튀프 *Le Tartuffe*』의 주인공. 성실한 가면 속에 자신을 감추고 끔찍한 짓을 일삼는 위선자를 대표한다.

민》에 "루이 보나파르트는 보통선거권에 의해 1848년 혁명에 사형을 선고했다. 사회주의자냐 반역자냐, 루이 보나파르트에게 중도는 없다"라고 썼다. 3일 뒤 프루동은 앙투안 고티에게 "보나파르트에게 넘어간 5백만의 목소리가 곧 '자본을 타도하라'고 울부짖을 거야"라고 말했다. 그리고 프루동은 자연스러운 한 문장으로 자신의 생활신조를 요약해서 충동적으로 덧붙였다. **"빌어먹을**, 혁명을 일으키자! 그것만이 유일하게 좋은 일이고, 이 세상의 유일한 진실이다."

9
———

1848년의 마지막 몇 달 동안 흥분과 경고로 들떴고 선거 이후에 중병[31]에 걸렸다는 기록이 있지만, 프루동은 직접적인 경제수단으로 사회혁명을 확산시킨다는 자신의 계획을 바꾸지 않았고,

---

31 어떤 병인지에 관한 기록은 없지만, 프루동은 1852년 7월 29일 황제에게 보낸 편지에서 이 병을 언급했다. 프루동은 이 병 때문에 자신이 의회를 떠나야 했다고 말했다. 프루동은 [루이] 나폴레옹을 선택한 인민 때문에 "찢겨진" 자신의 마음 때문이라고 봤다. 당시에도 프루동과 계속 연락했던 다리몽은 프루동이 "자신의 두 손가락에 잡혀" 있었다[사경을 헤맸다]고 말했다. 12월 26일과 2월 2일 사이에 편지 왕래가 뜸할 동안에도 프루동은 1월 마지막 주의 기사를 쓰고 있었을 것이다. 그래서 1848년의 마지막 며칠과 1849년의 첫 3주 동안 심하게 아팠던 것 같다.

1월 말에 오랫동안 고심해 온 인민은행 사업을 시작했다.

교환은행이라는 애초의 계획이 임시정부의 관심을 받지 못한 것은 프루동을 낙심시키지 못했다. 그는 이미 1848년 4월 초에, 명망 있고 독자 노선을 걷던 인물들에게서 지지를 얻으려고 노력하기 시작했다. 프루동이 제일 먼저 접근한 사람은 《언론》의 편집인 에밀 드 지라르댕이었다. 지라르댕은 프루동과 비슷한 기질의 사람들이 끌리는 정신의 대담성을 지닌 지적인 멋쟁이였는데, 두 사람은 적대감과 내키지 않는 호의가 뒤섞인 관계를 오랫동안 유지했다. 지라르댕은 교환은행을 지지하고 프루동의 계획을 널리 알리기로 약속했다. 많은 설득을 통해 마침내 프루동은 널리 알려진 인물들과 정기간행물들—아주 이질적이던—의 지원금을 받게 되었다. 임시위원회의 부의장직을 요청받았던 지라르댕 외에도 후원자에는 콩시데랑과 (맨체스터 자유주의자에 가장 가까운 프랑스인) 경제학자 프레데릭 바스티아트Frédéric Bastiat가 있었고, 《민족》, 《자유 프랑스 La France Libre》, 《노동조직 L'Organisation du Travail》, 《파리 코뮌 La Commune de Paris》, 보들레르의 《민족 논단》처럼 많은 신문들이 참여했다.

이런 사실은 프루동의 계획이 제법 폭넓은 지지를 받은 것처럼 보이게 한다. 하지만 프루동이 자신의 계획을 널리 알리자마자 심각한 의견 차이가 드러났다. 《민족 논단》은 보들레르가 썼음직한 성명서를 하나 발표했다. 이 성명서는 프루동의 계획에 대한 찬성이 기껏해야 조건부라는 점을 증명했다. 즉 신용대부를 늘리자는 생각에는 찬성했지만, 프루동이 말했던 더 큰 의미의 계획에 대해서는 생각이 달랐다. 《민족 논단》은 소유의 적으로 여겨지기를 원치 않았던 것만큼 노동자의 적으로 여겨지는 것도 원치 않았다. 직접적인 의미에서 더 중요한 사건은 지라르댕의 배신이었다. 지라르댕은 열렬한 관심을 표명한 뒤에, 갑자기 은행을 설립하는 데 적극적으로 협력하지 않겠다고 선언했다. 《인민의 대표》 6월 8일자에서 프루동은 직접 "못 하겠다"라고 하지 않고 "말장난과 모호한 표현, 인신공격으로 자신을 포장"했기 때문에 지라르댕을 비난했다. 혁명 활동에 관한 자신의 생각을 아주 분명하게 밝히겠다는 의미로, 프루동은 지라르댕의 혁명 개념과 자신의 혁명 개념의 차이점들을 분석하기 시작했다.

"지라르댕 씨는 **위로부터의** 혁명가이다. 그는 한 번도 **아래로부터의** 혁명가가 되지 않았고 그렇게 되지도 않을 것이다. 즉 지라르댕 씨는 가장 나쁜 부류의 혁명가들 중 한 명이다. **위로부터의** 혁명은 모든 사항에 권력이 개입하는 것이다. 이 혁명은 전제주의자가 국가를 주도하는 것이자 메흐메트 알리Mehemet Ali와 루이 블랑의 통치주의governmentalism 그 자체이다. **위로부터의** 혁명은 집단 활동을 부정하는 것이자 대중의 자발성을 부정하는 것이다.⋯진지하고 지속적인 혁명이 **아래로부터**, 인민에 의해 이루어지지 못할까? 1789년 혁명은 어떻게 발생했나? 2월 혁명은? **위로부터의** 혁명은 하층민의 의지를 억압할 뿐이다. 우리는 지라르댕 씨가 알고 있는 혁명을 거부한다."

후원자들과의 이런 식의 불화로 교환은행 사업은 곧 실패했다. 그러나 프루동은 노력을 중단하지 않았다. 이제 프루동은 노동자들에게 직접 호소하기로 결심한다. 루이 보나파르트의 당선이 결국 정치적인 활동에 거는 기대의 어리석음을 확인시킨 뒤인 1848년 12월에 프루동은 인민은행을 세우기 위해 노력하기 시작한다. 1849년 1월 31일에 가까운 친구, 동료들과 오랫동안 토론한 뒤, 프루동은 파리의 한 공증인 앞에 나타나 자신을 책임 경영인으로 하고 'P. J. 프루동 회사'로 공식 서명한 인민은행의 법인단체 안을 등록했다. 그와 동시에 인민은행은 노동자들의 조합을 장려할 목적으로 "생산과 소비의 총연합General Syndicate of Production and Consumption"으로 알려진 자회사와 제휴할 예정이었다. 이 회사는 쥘 르 슈발리에가 이끌 예정이었다.

2월 15일에 프루동은 인민은행이 생 앙투안의 노동계급 거주지역에 있는 사무실에서 신청서를 받기 시작했다고 마우리스에게 말했다. 시골 사람의 전형적인 경계심 때문에, 프루동은 관리능력이 더 뛰어난 파리의 급진주의자들을 신뢰하지 않았고, 믿음직한 프랑슈-콩테의 친구들이자 어릴 적부터 알고 지냈고 사업 경험을 가진 기유맹Guillemin과 마테Mathey, 프레벨Prével, 이 삼총사를 부르러 브장송에 사람을 보냈다. 이들은 보조 경영인으로서 인민은행의 활동을 실질적으로 관리했고, 쥘 르 슈발리에와 라몽 드 라 사그라Ramon de la Sagra처럼 더 뛰어난 명망 있는 인물들에게는 회사의 얼굴마담 역할을 맡겼다.

일단 인민은행이 설립되자 프루동은 동료들의 삶을 개선시킬수 있으리라는 약간의 희망을 봤던 다양한 관심사들을 붙잡고 이른 아침부터 늦은 밤까지 일에 전념했다. 프루동은 엄청난 열정을 가지고 많은 활동에 참여했다. "자유로운 신용대부라는 원리가 적용되거나 발전되지 않았다 해도, 구체적으로 공식화하고 인민은행이라는 공적인 사상으로 구체화시켰던 1849년 1월, 2월, 3월, 이 석 달은 내 인생에서 가장 멋진 시간이었다"고 프루동은 회상했다.

인민은행이 손해를 입기 전에는 회원수가 2만7천 명에 달했고, 이들 대부분은 조합에서 일하던 사람들과 독립적인 장인이었다. 1만8천 프랑에 조금 못 미치던 현금 수령액은 그렇게 많은 가입자 수와 잘 어울리지 않는 듯했다. 그런데 정관에 따라 인민은행은 상환 자본이 5만 프랑에 달할 때까지 사업을 시작할 수 없었다. 사실 인민은행은 재정이 마련되어야 가능한 사업이었기 때문이다. 아주 흥미로운 생각이었다는 점 외에도 인민은행 사상의 핵심적인 중요성은, 6월 이후의 어려운 시기에 경제적으로 안정될 만한 어떤 수단도 갖지 못했던 주민들 사이에서 정말 많은 지지를 받았다는 점에 있다.

　노동계급 스스로의 노력으로 상황을 변화시키려 했던 다른 많은 시도들처럼, 인민은행도 초기 자본 부족으로 실패했을 것이다. 그런데 그 실패는 저항적인 언론인의 활동에서 흔히 생기기 마련인 상황들, 프루동 인생에서의 또 다른 상황들로 인해 더욱더 빨리 찾아왔다.

　1849년 1월 말경에 의회를 지배하던 보수적인 공화주의자들과 독재의 야심을 가진 대통령 사이에 알력이 증가했다. 이미 12월 22일에 "민주주의와 사회주의는 보나파르트보다 더 강한 적을 만나지 못했다"고 말했던 프루동은, 의회가 나약함에서 벗어나 독재에 맞서 전면전을 치르도록 자극할 수 있으리라는 희망을 품고 적극적으로 이 싸움에 개입했다.

　1월 25일 《인민》은 프루동이 직접 쓰지 않았지만 분명 그에게 자극을 받았을 "전쟁La Guerre"이라는 제목의 기사를 실었다. 이 기사는 "인민을 노예로 만들고 그 모든 악습을 부활시키려고 모든 반동적인 이념을 인격화"한 나폴레옹이 "왕당파와 예수회 성직자, 전제주의자들과 음모를 꾸미고 있다"고 고발했다. 기사는 나폴레옹이 결사의 권리와 집회의 권리, 출판의 자유, 언론과 사상의 자유를 침해하고 있다고 주장했다. 기사는 "대통령, 다시 말해 군주와 부패, 거짓말, 특권, 독단, 자본가의 착취가 정말 지긋지긋하다"고 선언하며 끝을 맺었다.

다음날인 1월 26일에 프루동도 같은 주제로 더 자극적인 기사를 실었다. 이 기사는 "공화국의 대통령에게 책임이 있다"는 제목을 달았다. 나폴레옹의 제국주의 야심에 대한 증거를 제시한 뒤에 프루동은 "반동 세력이 선출한 보나파르트는 반동 세력의 도구이자 반동 세력의 인격화이고 지금 보나파르트는 반동 세력 그 자체이다. 그런 점에서 만약 보나파르트가 실각한다면, 모든 교조주의자와 부르봉 왕조주의자, 오를레앙주의자, 제국주의자, 자본가와 예수회 음모가들이 그와 함께 쓰러질 것이다"라고 결론을 내렸다.

제아무리 자기들끼리 다퉜다 해도 의원들과 대통령은 프루동을 지독하게 미워했기에 프루동을 탄압하도록 신이 준 기회로 이 기사를 이용하기 위해 단결했다. 법관들은 시간을 낭비하지 않았다. 1월 28일에 공화국 검사는 [프루동을] 선동죄로 기소했고 2월 14일에 겨우 40명의 산악당 의원들만이 저항하는 가운데, 의회는 프루동의 면책특권을 철회하는 결의안을 통과시켰다. 이미 2월 2일에 프루동은 마게에게 "나는 보나파르트와 정치적 결투를 벌이고 있어" 하고 얘기했다. 국민공회가 자신을 버린 다음날, 프루동은 마우리스에게 "너는 내 삶이 하나의 투쟁, 소름끼치는 투쟁이라 보겠지. 나를 사살하고 목을 매달겠다고 위협하는 백 통의 편지를 받았지만 나는 아직 살아있어" 하고 편지를 썼다.

3월 28일에 프루동은 재판정에 출두했다. 프루동은 기소된 기사와 자신이 쓰지 않았음에도 서명하지 않은 척했던 기사 모두를 책임졌고, 길게 변론을 했지만 3년의 징역형과 3천 프랑의 벌금을 선고받았다. 이어진 선고에서 첫 번째로 조르주 뒤셴은 《인민》의 경영자로서 1년의 징역형을 선고받았다. 게르첸에 따르면, 이 재판은 일사천리로 진행되어서 뒤셴의 경우 징역형을 받고난 뒤에야 판사를 향해 "제발 벌금형을!"하고 말했다.

프루동은 판결에 불복해 항소했고 잠시 동안 자유로워졌다. 프루동은 해외로 도피하기로 결심했다. 프루동은 의회 의장에게 항소를 준비하기 위한 한 달간의 휴가를 요청하는 편지를 쓴 뒤에 벨기에 국경으로 가는 밤기차를 탔다. 순진한 음모가답게 프루동은 자신의 평평한 안경을 파란색 유리알로 바꾸고 부피가 큰 머플러로 턱을 감쌌다. 그 외에는 늘 입던 옷을 입었다. 친구들 중 한 명이 가발을 씌우려 했지만 프루동은 그 가발을 주머니에 쑤셔 넣었다. 그래서 릴까지 프루동과 동행했던 다리몽에 따르면, "초보자도 프루동을 알아볼 수 있을 정도였다." 프루동은 탈출 도중에 체포된다면 얼마나 어리석게 보일까를 계속 걱정하며 이동했지만, 아무런 방해도 받지 않았다.

벨기에에서 프루동은 뒤퓌Dupuis라는 가명을 썼고, 판사로 행세했다. 프루동은 브뤼셀로 간 다음, "숨을 만한 곳을 찾아" 리에와 나무르, 몽스로 갔다. 몇 주가 지난 뒤 프루동은 자신의 경험을 마게에게 말했다. "나는 벨기에 전역을 헤맸어. 모든 곳의 경찰이 비밀 지령을 받았다는 점을 알게 되었고, 나에 관한 나쁜 소문이

파다하다는 걸 들었기 때문에 머물 곳을 찾을 수 없었어."

결국 이 헛된 방황을 하느라 이미 신통찮던 주머니에서 5~6백 프랑이 사라져 버렸다. 벨기에 사람들이 프랑스 여행객에게 적대적이라는 인상을 받았기에, 프루동은 비밀리에 파리로 돌아오기로 결심했다. 프루동은 4월 9일에 돌아왔다. 인민은행에서 자신을 도왔고 그 청산을 준비할 사람들인 기유맹, 마테와 함께 3일 동안 머물렀다. 4월 12일 [인민은행] 실험의 결과에 대한 프루동의 입장이 《인민》에 실렸다. 프루동에 따르면, [실패의] 중요한 이유는 인민은행이 너무나 느린 방식이기에 상황을 [금방] 개선시키지 못했으며, 빠른 사회 개혁을 열망하는 사람들은 그들의 에너지를 즉시 적극적인 언론 홍보—"폭동도, 클럽도, 연회도 없었다"—에 쏟아야 했다는 데 있다. 프루동은 인민은행을 청산하는 부담을 스스로 떠맡았다. "나는 이 사업을 처음 시작할 때와 마찬가지로 그 초기 비용을 보조하는 것이 필요하다는 점을 인민에게 요청했다.…나 자신만은 실험에 책임을 지고 지금까지 받은 모든 돈을 상환하겠다." 그렇게 프루동은 이미 지고 있던 빚에다 수천 프랑의 빚을 더 져서, 어려운 재정 상황을 더욱더 나쁘게 만들었다.

프루동은 기유맹과 마테를 제외한 다른 동료들과 의논하지 않고 인민은행 문을 닫았던 일방적인 태도 때문에 비난을 받았다. 하지만 감옥행이냐 망명이냐로 갈등을 겪고 있었을 프루동이 적극적으로 관리하지 못하는 상황에서, 인민은행은 어차피 다른 후원자들의 노력 부족 탓에 다른 식으로 실패했을 수도 있었다고 프루동을 변호할 수도 있을 것이다. 물론 이것은 확실하지 않으며, 프루동이 [인민은행을] 계속할 기회를 줬어야 했다고 반박할 수도 있을 것이다. 그러나 그렇게 하지 못한 이유 중 하나는 쥘 르 슈발리에 같은 몇몇 협력자들에 대한 프루동의 불신이었다. 프루동은 마게에게 "인민은행에서 파벌이 나를 에워싸고는 괴롭히고 감시해"라고 말하고, "나는 처음부터 그들에게서 벗어날 수 없었어. 나는 이런 기회가 필요했어" 하고 덧붙였다.

　은행을 정리한 뒤 프루동은 북부역Gare du Nord 근처의 샤브로가에서 르루아Leloir라는 가명을 쓰며 계속 숨어 다녔다. 프루동은 스위스에서 도피처를 찾을 수 있을지 알아보기 위해 라인에서 바젤로 여행하리라 생각했다. 그러는 동안에도 프루동은 차분히 일을 진행하면서, 가명과 속임수를 써서 친구들에게 편지를 쓰기 시작했다. 심지어 숨어 다니면서도 프루동은 《인민》에 계속 글을 썼고 신문의 방향을 이끌었으며 1849년 4월 13일 새로운 하원의원 후보자 명단에 자신의 이름을 올렸다. 선거 결과 선출되지는 않았지만 1848년 6월의 국민공회 선거에서 받았던 표보다 3만 표가 더 늘어난 거의 10만 표를 얻었다. 프루동은 법정에서 유죄 판결을 받았지만, 인민들에게 미치는 영향력은 분명히 계속 커지고 있었다. 그럼에도 얼마 뒤인 7월에 프루동은 "패배보다 침묵"을 선호한다고 말하며 보궐선거에 다시 나서는 것을 거부했다.

작은 가구가 딸린 방에서 숨어 지내면서 해질 무렵에만 노동자의 블라우스를 입고 나막신을 신고서 운동을 하러 다니던 프루동은, 사업이나 정치에만 관심을 둔 것은 아니었다. 이 시기에 유프라지 피에가르가 다시 한 번 프루동의 기록에 등장하기 때문이다. 프루동은 1848년에 그녀를 아주 가끔씩 만날 수 있었는데, 그것도 프루동이 의회나 《인민》의 사무실, 인민은행, 혁명가들의 클럽에 있지 않을 때에, 또는 이런 활동의 중심지 사이를 흥분하며 돌아다닐 때에 잠시 짬을 내어 만난 것이어서 아주 잠깐씩 만난 것에 불과했다. 전 생애를 통틀어 프루동의 일기에는 유프라지에 대한 언급이 하나도 없고, 편지도 12월에 고티에에게 보낸 편지에 단 한 번 아주 간접적으로 언급한 것뿐이다. "자네와 내가 서로 의견이 일치하고 완전히 서로 이해하려면 영원한 시간이 필요할 거야. 그건 아마도 네가 세 아이의 아빠이고 내가 미혼이라는 사실 때문일 거야. 아내가 생기면 생각을 바꿔야 한다고 나는 입버릇처럼 말해 왔어. 그걸 실험하고 싶지만, 내 자신을 바로잡는 대신에 아내를 더 나쁘게 만들까 봐 정말 두려워." 이 편지는 1848년 말까지도 프루동이 아직 결혼을 최종적으로 결심하지는 않았다는 것을 보여 준다.

친구들이 프루동의 비밀스런 구애를 알게 된 것은 바로 그가 도피 중일 때였다. 어느 날 호텔로 프루동을 만나러 가던 다리몽은 계단을 내려오는 두 여성을 만났다. 한 명은 중년이었고, 함께 있는 여성은 젊고 금발이며 아름다웠다. 프루동은 분명 자기 친구가 그 방문객들에 관해 추측하고 있다는 것을 바로 깨달았다. 프루동은 웃음을 터뜨리며 이렇게 말했다. "어서 와, 네게 모든 걸 말해야 한다는 걸 알아. 나는 결혼하고 싶어. 내 마음에 자리 잡은 여인이 내게 필요해졌어. 지난 2년 동안 소중히 품어 온 이 계획을 실현할 수 있다는 걸 깨닫고 파리로 돌아온 거야." 결정을 내리는 데 2년이나 걸린 것은, 그리고 그 뒤에 아내를 보살필 집도 없는 도망자 주제에 결혼을 결심한 것은, 매우 이례적으로 시작되었던 구애와 잘 어울리는 듯했다.

그러는 동안에도 친구들은 프루동이 파리에 계속 머무는 것을 걱정하여 계속 떠나라고 권유했다. 그러나 이 도망자는 계속 다른 이유를 대며 거부했다. "나는 인민은행을 청산하기 위해 파리에 있어야만 해." 청산 작업이 끝나자 프루동은 다른 이유를 들이밀었다. 프루동은 어디까지나 자기 방침을 따라야 했다. [이 무렵] 역설의 인간 프루동은 [한때] 자신이 반대표를 던졌던 헌법을 옹호하는 입장에 서게 되었다. 왜냐하면 정치적인 갈등은 너무 우경화되어서 헌법이 혁명을 보호하는 방어벽이 될 정도였기 때문이다. 프루동은 산악당을 계속 저지해야 했다. 다리몽은 만일 프루동이 브뤼셀에서 기사를 쓴다면 민주적인 대의에 이바지하면서도 체포라는 반복되는 위험을 겪지 않아도 될 것이라며 [프루동의 생각을] 반대했다. 하지만 프루동은 떠나기를 계속 거부했다. 그러던 어느 날 저녁, 여느 때보다 조금 멀리 산책을 나갔다. 라파예트 광장을 거닐고 있을 때 프루동은 안면이 있던 사람[32]의 눈에 띄었고, 그 사람은 경찰에 신고했다. 일기에서 언급 되듯이 프루동은 순식간에 체포되었고, 경찰서장 카를리에Carlier 가 "아주 호의적으로" 대했던 도청에 수감되었다. 다음날 프루동 은 생-펠라지 감옥으로 이송되었다.

---

32 프루동은 일기에서 자신을 고발했다고 의심되는 사람에 관해 언급했는데, 흥분해서 쓴 탓에 그 이름을 전혀 알아볼 수 없었다.

5장

감옥에
갇히다

'파리 식물원' 구석에 위치한 생-펠라지의 낡고 무너진 합숙소는 17세기에 회개한 성노동자와 **구속영장**Lettres de cachet을 받은[감옥에 간힌] 남편을 둔 행실이 바르지 못한 부인들을 위한 보호소로 세워졌다. 1789년 혁명기에 부인들은 떠났고 생-펠라지는 감옥으로 사용되기 시작했다. 그곳에 수감된 사람들은 유명 인사들이었는데, 그중에는 배리Barry 부인과 롤랑Roland 부인, 보아르네Bauharnais 자작도 있었다. 제1 제정[나폴레옹 제정]기에 이곳에는 정치범이 수감되었고, 7월 왕정 하에서는 일반 죄수도 수감하기 위해 증축되었지만, 여전히 한 곳, 즉 별채는 반체제 인사들에게 배정되었다. 프루동 역시 이곳에 갇혔다.

도착한 다음날 프루동은 친구들에게 자신의 행방을 알리고 채권자를 안심시키기 위해 마우리스에게 편지를 썼다. "수감되었지만 내 영혼은 자유롭고 예전처럼 명랑하고 초롱초롱해. 가능하다면 일을 많이 하도록 생활을 조절해서 수감 생활의 따분함을 없앨 거야.…내가 실수하지 않았다면 내게 일어난 사건과 관계없이 제네바에서 아주 자유롭게 지내는 것처럼, 네 이권도 마찬가지로 잘 보호받을 거야. 망명의 자유는 사치스럽고 내 경제 상황은 불확실해. 새로운 상황이 모든 걸 바꿨어. 닥쳐온 불행을 겪는 건 나 혼자로 충분해. 내 채권자들은 내 수감 생활로 이익을 보리라 믿어. 생-펠라지에서 하루에 1프랑 50상팀이나 2프랑 이상을 쓸 거라 생각하지 않거든."

러시아를 제외하면 100년 전에 정치적인 이유로 감금된 사람들이 받았던 불이익이 우리 시대보다 일반적으로 훨씬 적었다는 점을 생각하면, 자신의 상황을 받아들인 프루동의 상대적인 평온함은 더욱더 잘 이해된다. 생-펠라지 감옥에 도착한 뒤 몇 달 동안 프루동은 자신의 삶을 이렇게 묘사했다. "나는 폭 5미터의 정사각형 방을 쓰고 있다.…심지어 내가 의원으로 마자랭 가에서 살 때보다 그리 나쁘지 않다. 나는 감옥에서 괜찮은 빵을 먹는다. 그리고 매주 두 번은 아침에 걸쭉한 수프를, 다섯 번은 묽은 수프를 먹는다.…그 밖의 것은 식당에서 공급받는다. 교도소 당국은 한 병에 1프랑 50상팀을 받는 와인 상인의 것보다 더 좋은 와인을 1리터에 60상팀 받고 제공한다. 나는 내 방에서 방문객을 맞이한다. 나는 소책자와 신문을 구독해도 좋다는 허가를 받았다. 내 책도 모두 가지고 있다. 내가 가진 모든 게 나와 같이 감옥에 있다." 프루동은 책을 써도 좋다는 허가를 받았을 뿐 아니라 심지어 언론법의 규제를 따르는 한에서《인민》을 계속 편집할 수도 있었다.

사실 어떤 점에서 수감 생활은 분명 행운이기도 했다. 왜냐하면 프루동이 체포되고 8일 후에 파리는 또 다시 투쟁의 소용돌이에 빠졌는데, 설사 [그 사건에] 개입하지 않았을지라도 도피 중인 급진주의자였기에 프루동은 분명히 그 사건에 연루되었을 것이기 때문이다. 6월 13일 산악당의 지도자들은 '공예 학교' 근처에 몇 개의 바리케이드를 세우고 적기를 꽂은 뒤 파리 시민들에게 동참하라고 호소했다. 이들은 거의 1년을 늦었다. 노동계급의 활력은 1848년 6월에 사라졌고, 대부분의 투사들은 죽거나 수감되거나 유배되고 추방당했다. 나머지는 패배감과 가난으로 낙심했고, 아주 소수의 사람만이 르드뤼-롤랭을 지지하기 위해 거리에 나타났다. 반란은 손쉽게 무너졌고 다시 한 번 정부 당국은 이 사건을 보복의 구실로 삼았다. 무거운 형량이 선고되었고 신문은 정간을 당했으며, 사회주의에 동조했던 병사들은 처벌받았고 산악당의 구호, 즉 "민주적이고 사회주의적인 공화국이여, 영원하라!"를 외치는 것은 범죄가 되었다.

프루동은 6월 13일의 봉기를 지지하지 않았다. 프루동은 정부나 정부가 대변하는 세력들에 공감하지 않았지만 반란자들이 루이 보나파르트에 맞설 근거를 헌법의 수호에서 찾는 점이 일관되지 않다고 느꼈다. 왜냐하면 그들이 폭력에 호소한 것 자체가 헌법에 위배되기 때문이다. 그들의 행동은 "시기가 적절하지 않았고 미련했으며 잘못된 지도를 받았다."

그런데 "자신의 운명과 카를리에 씨[자신을 검거한 경찰서장]"에게 감사하며 봉기와 어느 정도 떨어져 있었는데도, 프루동은 6월

13일의 사건 때문에 고통을 받았다. 프루동이 《인민》을 맡겼던 두 명의 친구, 랑글루아와 필레는 봉기에 동참하라는 시대의 열정에 이끌렸고 무거운 형량을 선고받았다. 한편 《인민》은 정간되었고, 사무실을 폐쇄하기 위해 파견된 방위군은 시설을 약탈하며 분풀이를 했다. 이런 분풀이는 빠른 시간 내에 [신문을] 다시 발행하는 것을 불가능하게 만들었다. 결국 수감자가 몰려들어서 프루동 자신도 생-펠라지의 감옥에서 콩시에르주리의 습기 찬 중세식 감옥으로 이감되었다.

이 변화는 참담했다. 두 달이 지난 뒤―프루동은 9월 말까지 콩시에르주리 감옥에 있었다―프루동은 동생 샤를에게 말했다. "내가 쓰는 방은 축소해서 모형으로 만든 대성당 같아. 이 방은 쇠창살로 막힌 높은 창문 하나를 통해서만 햇볕이 들어와. 정말 무덤 같아."

그렇지만 이런 악조건도 프루동이 글을 쓰는 것을 막지 못했다. 7월 중순부터 프루동은 새로운 책을 쓰기 시작했다. 이 책에서 1848년의 혁명을 분석하고 자신이 맡았던 역할을 변명할 작정이었다.

규칙적으로 일하며 몸을 관리한 것은, 브장송에서 식자공으로 일하기 시작했을 때부터 잊고 살아왔던 평온함과 차분함을 프루동에게 선사했다. 그리고 프루동은 동생에게 "저녁 식사를 한 뒤 매일 밤 두 명의 동료와 산책할 수 없는 것을 제외하면" 자신이 거의 부족함을 느끼지 않는다고 말했다. 그리고 사실 "나약함"과

"게으름"을 불평했다 한들, 감옥의 담을 넘어 세계를 활보하던 프루동의 사색과 관심은 줄어들지 않았다.

2

1849년 여름 동안 프루동이 시급하게 몰두했던 일은 《인민》을 대체할 새로운 신문을 창간하는 것이었다. 《인민》을 접으면서 회수한 돈은 얼마 되지 않았다. 프루동은 구독 예약을 받는 지루한 과정을 다시 시작하면 편집인들이 곧 주간지를 발행할 수 있고 아마도 나중에는 다시 일간지를 발간하는 것이 가능하리라고 생각했다. 그러나 그런 완만한 속도는 당시 상황에서 매우 불리했다. "시간은 귀중하고 사건은 빠르게 벌어진다.……우리는 언론계에서 《인민》이 차지했던 지위를 다시 획득하는 가장 확실한 방법이 즉시 일간지로 복귀하는 것임을 안다." 그래서 프루동은 신문을 정기적으로 발행하기 위한 자금을 댈 사람들을 찾기 시작했다. 두 달 뒤에 프루동은 우연히 알렉산드르 게르첸을 후원자로 만났다.

1847년에 모국[러시아]을 떠났던 게르첸은 갈수록 환멸감을 느끼며 1848~49년의 혁명을 지켜보고 있었는데, 나날이 힘이 강해지는 반동 세력에 대한 프루동의 한결같은 투쟁은 게르첸에게 몇 안 되는 위안이었다. 게르첸은 그라놉스키Granovsky에게 "네가 프루동을 이해할 수 있을까?" 하고 편지를 썼다. "정말 강력한 목소리야! 프루동이 그 우둔한 루이 나폴레옹과 벌이는 전투는 분노와 불만의 시詩 그 자체였어." 게르첸과 프루동은 1847년에 바쿠닌의 거처에서 만났지만 친해지지 못했다. 그리고 1849년에 신문과 관련된 협력이 제안되었을 때, 프루동을 잘 아는 샤를 에드몽Charles Edmond과 러시아인 사자노프Sazonov가 최초의 협상을 이끌었다. 몇 년 뒤에 게르첸은 "나는 프루동에게 지적인 발전을 많이 빚졌다. 잠시 생각한 뒤 나는 자금이 금방 바닥날 줄 알면서도 [계획에] 동의했다"고 얘기했다. 8월에 기유맹은 협상을 마무리 짓기 위해 게르첸이 살던 제네바로 갔고, 마침내 열흘 뒤에 프루동은 새로운 협력자에게 각자의 지위를 정하는 편지를 썼다.

"총괄적인 책임을 지는 나와 함께 당신도 《인민의 목소리 La Voix du Peuple》를 편집할 것이고, 신문 편집인이 법을 고려해서 수정하는 것 이상의 별 다른 수정 없이, 당신의 원칙을 존중해서 글을 그대로 실을 것이라는 점은 당연합니다. 게르첸 씨, 우리가 이념적으로 일치하기에 결론이 거의 같다는 점은 당신도 알 겁니다. 외국의 사건을 평가함에 있어서도 우리는 언제나 당신에게 양보할 의향이 있습니다. 당신과 우리는 동일한 이념의 사도입니다.…우리는 민주적이고 사회적인 사안들을 '유럽 연맹European league' 차원으로 제기해야 합니다."

게르첸은 동의했고 즉시 약속한 돈을 보냈지만, 《인민의 목소리》에 적극적으로 참여해 달라는 요청은 러시아에 관한 몇 개의 글을 기고하는 것 외에 실현되지 않았다. 게르첸이 편집에서 맡았던 몫은 중개인이던 에드몽과 사자노프에게로 돌아갔다. 에드몽은 프루동의 언론인 경력이 1850년에 끝날 때까지 성실하게 협력했지만, 더 큰 야심을 품었던 사자노프는 오가료프Ogarev에게 말했듯이 "대장[프루동]이나 다리몽과 잘 지내는 게 어렵다"고 말했다. 결국 사자노프는 보수가 더 후하고 아마 개인적으로도 더 만족했을 자리인 《개혁》으로 갔다.

일단 《인민의 목소리》의 미래가 보장되자 프루동과 친구들은 준비에 속도를 냈고, 첫 호가 1849년 9월 말에 발행되었다. 그 사이에 프루동은 생-펠라지 감옥으로 다시 이감되어 '파리 식물원'이 내다보이는 두 개의 큰 창문이 딸린 훌륭한 방을 배정받았다. 이런 변화를 허가하면서 경찰서장은 신문에서 맡고 있는 역할을 분명히 할 것을 프루동에게 요구했다. 프루동은 적어도 명목상으로 9월 30일자의 1면에 편지를 실어서 이 요구를 따랐다. 프루동은 직무를 대행하는 편집자에게 "이번 달 25일자 견본에서 당신은 《인민의 목소리》의 동업자들에 나도 포함된다고 공고했습니다. 유죄 판결을 받은 사람으로서의 처지를 당신의 독자들이나 신문에 관심을 가질 만한 사람들에게 상기시켜 줘야할 의무가 내게 있습니다. 나는 모든 종류의 관행을 존중해야만 하고, 이런 어려운 시기에 당신과 강제로 떨어져 있으며, 어떤 때는 그 결과가 매우 심각할 수 있는 방침 탓에 저녁부터 다음 날 아침까지 내 일을 하는 게 불가능합니다. 내가 편지를 통해 영향력을 행사하고 《인민의 목소리》의 편집에 관해 충고를 할 수 있다 해도, 내가 서명한 기사 외에는 다른 어떠한 책임을 질 수 없고 그래서도 안 됩니다."

정부가 이 편지에 속았는지는 알 수 없지만, 프루동의 친구들 중 어느 누구도 《인민의 목소리》의 유능한 편집자로서 프루동의 역할을 의심하지 않았음은 분명하다. 게르첸이 말했듯이 "프루동은 감방에서도 대가다운 스타일로 자신의 오케스트라를 연주했다. 그의 기사에는 독창성과 열정, 감옥 생활로 자극을 받은 감수성이 가득했다." 게르첸에 따르면, 새로운 신문에 대한 수요는 예전보다 훨씬 늘어났다. 보통 4만 부가 배부되었으나 프루동이 특집 기사를 쓸 때마다 5만 부에서 6만 부가 인쇄되었고, 너무 빨리 팔려서 "가끔 다음날에는 12상팀이 아니라 1프랑에 팔리고 있었다." 분명 수감 생활은 비판적인 언론인으로서 프루동의 명성을 높였을 뿐이다.

3

《인민의 목소리》가 프루동의 다른 집필 활동을 많이 방해하지는 못했다. 1849년 10월 30일 프루동은 마게에게 "『어느 혁명가의 고백 *Les Confessions d'un Révolutionnaire*』(이하 『고백』)이 출판되었어.…뜻밖의 선물이 될 거라고 생각해"라고 말했다. 이 책은 소책자로 시작했지만 영감이 넘쳐흘러서 6주의 힘겨운 집필 끝에 한 권의 책으로 [양이] 늘어났다. 생-보베는 프루동의 책 중에서 이 책을 최고로 꼽았다. 이런 평가는 『정의론』을 좋아하는 쪽과 논쟁이 될 수도 있으나 『고백』이 예전에 썼던 다른 어떤 책들보다도 훌륭하게 씌어졌다는 점은 사실이다. 그리고 1848년의 사건에 참여했던 사람들이 그 사건에 관해 쓴 좋은 책들 중 하나이다.

제목이 좀 이상하지만 『고백』은 사실상 1789년에서 1849년까지 프랑스 내의 혁명운동에 관한 연구이자 그 운동의 발전을 예상하는 연구이다. 그리고 『고백』에는 프루동이 특정한 사건과 관련해서 취했던 입장들의 배경을 설명하는 자전적인 장들이 흩어져 있다. 『고백』은 혁명 전통이 약속했던 사회 유형에 대한 신념을 선언하는 것으로 시작한다. "공화국은 모든 사회의 이상으로 남아 있고 분노한 해방 의지는 일식 뒤에 모습을 드러내는 태양처럼 곧 다시 등장할 것이다." 그러나 민주주의가 왜 그렇게 자주 실패했는가에 대한 의문은 남았고 프루동은 그 답을 찾으려고 노력했다.

프루동은 프랑스의 정치운동이 낳았던 조류들―양 극단에는 전제주의와 사회주의가 있고 그 사이에는 **중용파***juste-milieu*나 중도파("보수주의의 위선"), 민중 선동가와 자코뱅("진보의 위선")이 있었다―을 검토하면서 시작했다. 물론 사회주의만이 건설적이고 객관적인 과학의 빛으로 사회를 비췄지만 프루동이 카베와 콩시데랑에 주목하면서 인정했듯이, 사회주의조차도 "현실에 대한 추측과 제도에 대한 과신에 사로잡히기 쉬웠다."

전제주의와 사회주의는 사회가 움직이는 과거와 미래의 양 극단을 나타낸다. 중용파와 자코뱅은 진행 중인 사건에 대한 인간의 열정과 논리적 사유가 낳은 우파와 좌파의 타협적인 정파를 대변한다. 이것은 프루동이 역사적인 상황을 분석하면서 만든 기본틀이다. 그리고 여기서 우리는 프루동주의가 혁명의 모든 사건들을 판단하는 이론적 기준을 접하게 된다.

"모든 사람은 동등하고 자유롭다. 그렇기에 인간의 본성과 목적 탓에 사회는 자율적이고 통제되기 어렵다. 만일 각 시민의 활동 공간이 자연적인 노동 분업과 스스로 선택한 직업으로 결정된다면, 사회 기능들이 조화로운 효과를 낳는 방식으로 결합된다면, 질서는 모든 사람의 자유로운 활동의 결과이다. 정부는 없다. 나를 지배하기 위해 내게 손을 대는 사람은 누구든지 침입자이고 폭군이다. 그를 내 적으로 선포한다.

그러나 사회의 생리는 그런 평등한 조직을 즉시 허용하지 않는다. 사회에 처음 나타난 개념 중 하나인 섭리Providence는 평등한 조직과 대립된다. 평등은 전제 정치와 정부 이후에나 우리에게 주어지고, 해방은 야곱과 야훼와 같은 전제주의에 계속 붙들려 있다. 따라서 평등은 불평등 속에서 우리를 위해 지속적으로 태어나고, 해방의 출발점은 정부이다.…권위는 인류 최초의 사회적인 이념이었다. 그리고 인류의 두 번째 사회적인 이념은 각자가 다른 사람의 자유에 대항하는 자유의 도구로 사용하길 원하는 권위를 즉시 폐지하기 위해 노력하는 것이다."

달리 말해 프루동은 혁명을 역동적인 과정으로, 즉 극단적인 양 정파 사이에서 균형을 잡으며 사회가 아나키라는 최종적인 역동적인 균형점을 향해 나아가는 것으로 이해했다. 이런 관점에서 프루동은 1789년과 1830년의 혁명을 날카롭게 비판했고, 1848년의 혁명을 더 꼼꼼하게 분석하면서 "해방의 정파"가 될 수 있는 민주적 사회주의 운동의 확장을 요청했다. 열정적으로 결론을 지으면서 갑자기 프루동은 해방이라는 이념에 관한 긴 서사시를 읊기 시작한다.

프루동은 "우리가 이미 알고 있듯이 혁명의 원리는 해방이다"라고 선언했다. "해방! 즉 (1) [개별화된] 보통선거권을 조직화하고 사회 기능의 집중을 독립적으로 만들며 헌법을 지속적이고 영구적으로 개정함으로써 정치적인 참정권을 획득하는 것, (2) 신용대부와 판매를 상호 보증함으로써 산업에 대한 참정권을 획득하는 것이다. 달리 말해 인간이 권력을 축적해서 다른 인간을 더 이상 지배하지 않는 것이자 인간이 자본을 축적해서 다른 인간을 더 이상 착취하지 않는 것이다."

그리고 프루동은 자신이 지적인 해방의 수단 그 자체라고 봤던 아이러니의 정신에 묘하게 호소하면서 끝을 맺었다. "아이러니, 참된 해방! 권력에 대한 야심에서, 정파에 대한 종속에서, 판에 박힌 일상에 대한 존중에서, 학문의 현학성에서, 위대한 인물에 대한 존경에서, 정치의 신비화에서, 개혁가에 대한 맹신에서, 이 위대한 우주에 대한 미신에서, 자아도취에서 나를 해방시킨 것은 바로 아이러니이다.…당신의 미소는 갈등과 내분을 진정시켜 준다. 이것은 형제들 사이에 평화를 낳고 광신과 분파주의를 치료한다.…오라, 주권이여, 내 동포에게 너의 번뜩이는 빛을 비추라, 그들의 마음에 희미한 영혼의 빛을 밝혀라, 그러면 내 고백은 그들을 화해시킬 것이고, 피할 수 없는 혁명은 평온과 기쁨으로 완성될 것이다."

4

『고백』의 서정적인 결론은, 글을 쓰며 아주 들떠 있던 프루동이 삶의 더 내밀한 면에 대해 새로이 관심을 가지게 했다. 10월 11일에 우리는, 1847년 말부터 유프라지 피에가르에게 보낸 편지들 중에서 지금까지 전해 오는 첫 번째 편지를 접한다.

아가씨,

미코 씨에게 허가증을 보냈어요. 미코 씨와 함께 나를 한번 보러 와요. 그러면 기쁠 거예요. 마침내 내 긴 서정시(『고백』)는 결말에 이르렀어요. 소책자로 만들 생각이에요. 그리고 그걸 한 권의 책으로 바꿀 거예요. 당신은 정파와 이념, 평판에 대한 관심이 온통 나를 사로잡고, 관심을 더 많이 가져야 할 다른 의무들을 돌보지 못했다는 점을 종종 봤겠죠. 그건 내가 인정할 수밖에 없는 단점이에요. 그 때문에 당신에게 정말 미안해요. 혼자 있는 나를 보러 와 줘요. 그리고 당신의 관대함을 보여 줘요. 가장 큰 걱정거리를 벗어던진다면, 아마 나는 조금 더 밝아지고 더 수다스러워질 거예요.

당신을 열렬히 사모하는 프루동

말하는 형식에 주목해야 한다. 이 편지는 당시에도 프루동이 결혼이라는 어려운 문제에 관해 최종 결정을 내리지 않았다는 점을 암시한다. 사실 프루동이 자신의 최종적인 의향을 넌지시 드러낸 것은 11월 말이 되어서였다. 11월 22일에 프루동은 유프라지가 집을 구하도록 1천 프랑을 줬다고 일기에 간결하게 적었다. 다가오는 결혼을 분명하게 밝히고 아주 중요하게도 그녀의 세례명을 사용하기까지 했던, 날짜가 없는 편지를 쓴 것은 그 직후임이 분명하다.

사랑하는 유프라지,
물건을 사는 것에 관해 훈계한 건 결코 당신만을 염두에 둔 게 아님을 알아야 해요. 따라서 당신이 적당히 선택했으면 해요. 나는 죄수이고 검소해야 하지만 당신은 50, 60프랑까지 [물건을] 살 수 있어요. 당신에게 그런 생소한 일을 맡기고도 훈계를 해서 미안해요. 사흘 굶어 도둑질 안 할 사람 없어요. 게다가 그 문제를 얘기하기 전에 당신에게 즐거움을 줄 만한 것을 묻기로 결심했었는데. 두 사람이 하나가 되겠다고 여길 때 같이 혼수를 준비하는 게 관습이에요. 따라서 내 잘못을 바로잡고 당신을 안고 싶어요.

프루동

추신: 당신이 좋아할 만한 용도라면, 가지고 있는 돈을 어디든 써도 좋다고 얘기하는 걸 잊었네요. 돈을 남기기를 원치 않아요.

며칠 뒤에 프루동은 기유맹에게 자신의 "미래"가 가족을 꾸리는 데서 오는 엄청난 즐거움을 이미 얻고 있다고 말했다. "세상 어느 것도, 행복해 하는 한 여인보다 아름답지 않아." 유프라지는 퐁텐Fontaine 가에 아파트를 구할 만큼 운이 좋았다. 아파트의 창문은 생-펠라지에 있는 프루동의 감방과 마주 보고 있었다. 따라서 유프라지가 매일 방문하거나 매주 한 번 가석방으로 프루동이 아침부터 저녁까지 감옥에서 외출하는 것을 허가받아 함께 있지 못할 때에도, 두 사람은 서로를 바라보며 손짓으로 얘기할 수 있었다.

프루동이 두 번째로 가석방되어 나온 12월 31일에 두 사람은 결혼했다. 프루동은 평범한 결혼식을 주장했고, 독실한 가톨릭 신자였던 유프라지는 별다른 반대 없이 동의하는 듯했다. 두 사람의 종교 차이는 결혼 생활 중에도 계속되었다. 유프라지는 항상 자기 방에 십자가를 모셨고, 이는 전통에 얽매이지 않는 아케르만 부인[죽은 프루동의 친구 폴 아케르만의 아내인 루이즈 빅토리아 아케르만Louise Victorine Ackermann]을 화나게 만들었다. 그러나 남녀의 성에 관해 이중적인 태도를 취했던 프루동 자신은 이런 것이 아무렇지 않다고 봤다. 한때 프루동은 "기도하는 여성은 숭고하다"고 얘기했다. [그러나] "무릎을 꿇고 있는 남성은 까불어 대는 남성처럼 우스꽝스럽다."

그렇지만 프루동은 평범한 결혼을 중요하게 여겼고 1851년에 티소에게 그 결혼식이 "성직자에게 맞서는 진지한 전쟁의 서곡"이라고 말했다. 결혼식 때 프루동은 "오직 한 가지 후회가 있을 뿐이야. 그건 이 결혼식을 4년 전에 올리지 않은 거야"라고 말하며 만족스러워했다. 유프라지의 생각은 기록되거나 전해지지 않는다.

나중에 프루동은 결혼을 했어도 조금도 낭만적인 감정에 이끌리지 않았다고 주장했다. 프루동은 티소에게 "나는 아무런 정념 없이 한 가족의 아버지가 되기 위해, 온전한 삶을 살기 위해, 소용돌이치는 감정을 소박함과 어머니다운 정숙함으로 다스려 내 곁에 계속 두기 위해 이 결혼을 계획했어" 하고 말했다. 그리고 프루동이 일으키지 않았던 정념은 신혼 초에 아주 가끔 누렸던 가정의 안락함으로 해소되었다고 보이지 않는다. 사실 프루동은 성적인 금욕에 대한 생각—분명히 두려움이었을—때문에 아내에게 성관계를 많이 요구하지 않았다. 프루동은 매주 한 번, 감옥에서 외출할 수 있는 허가를 받았지만 2월 초에 "결혼한 뒤 6주 동안 모두 합해서 아내와 세 번 잤다. 그 사실은 내게 전혀 슬프지 않다. 내가 생각하기에 함께 있는 것이 언제나 좋은 건 아니다"라고 기록했다. 열흘 뒤에 유프라지가 임신을 했고 10월에 출산한다는 말을 들었을 때 프루동은 기뻐했다. 프루동은 "나는 포로이다. 하지만 나는 아주 행복하다"고 적었다. 정서적인 동기가 부족했지만, 프루동의 결혼은 그가 희망했던 것만큼 유익한 미래를 보장했다.

5

1850년 2월에 자신을 "포로"라고 말했을 때 프루동은 통상적인 감금 이상을 의미했다. 결혼 이후 벌어진 사건들의 영향으로 2월 한 달 동안 프루동은 다시 정부 당국과 심각한 갈등을 겪었고, 수감 생활에 대한 제약이 일시적으로 강화되었다.

겨울 동안 프루동은 정신적으로 흥분된 상태였고 자신이 발행을 시작했던 《인민의 목소리》에 대한 경고를 곧 참지 못했다. 과격한 말과 행태를 보이던 예전의 모습이 언제나 밖으로 나오려 발버둥치고 있었고, 12월 17일에 미코에게 한 말은 도래할 폭풍을 예감하게 했다. "심의하는 사람들의 두뇌를 자극해 줘야 해. 그러지 않으면 그들은 듣지 않을 거야." 그렇지만 이때에도 프루동은 "다가올 대참사를 예측하는 언론인으로서 우리가 사건을 불가피하고 타당한 것으로 얘기하는 건—우리는 증오를 받거나 걷어차이게 될 거예요—좋지 않아요. 우리는 살아남아야 해요" 하고 게르첸에게 말한 것으로 보아 확실히 조심하고 있었다.

게르첸은 프루동이 신문의 방침을 바꾸도록 자극했던 사건을 자세히 설명했다. 게르첸은 1850년 1월에 파리로 돌아왔고 《인민의 목소리》의 두 편집인과 보헤미안 기질을 가진 멋쟁이 달통-쉐D'Alton-Shée 백작—산악당의 한 분파에서 어느 정도 독자적인 입장을 가졌던 인물—과 같이 프루동을 면회했다. 달통-쉐 백작은 프루동을 "위대한 선지자"라고 부르며 존경심을 표했고 종종 프루동을 면회했다.

"그[달통-쉐]는 프루동에게 최근 《인민의 목소리》가 약해졌다고 얘기했다. 프루동은 그 말의 속뜻을 간파하고 점점 침울해졌다. 그리고 완전히 화가 난 프루동은 편집인들에게로 몸을 돌렸다. '이 말의 뜻이 뭐요? 당신들은 내가 감옥에 있는 사이 사무실에 잠자러 가는 모양이군. 여러분, 안 되오. 당신들이 계속 이렇게 한다면 나는 신문과 모든 관계를 끊고 그 이유를 밝힐 거요.'"

프루동이 자기 친구들에게 지시를 내리며 정권과 싸우겠다고 선언했던 편지, 다리몽에게 보낸 한 통의 편지는, 이렇게 말로 했던 질책을 더욱 강하게 드러냈다. "우리는 오랫동안 충분히 논의했어요. 반동 세력은 우리를 웃음거리로 만들며 공화국을 무너뜨릴 준비를 하고 있습니다. 이제 우리가 조금씩 선동하며 다시 한 번 위협을 가할 때입니다.…정치경제학과 형이상학이면 충분합니다. 매주 국가에 관한 훌륭한 기사와 신용대부에 관한 다른 기사, 그것으로 족합니다. 그 외에는 싸움뿐입니다. 나는 내일부터 당신들이 이 방침을 계속 밀고 나갈 것을 제안합니다. 우리가 온 나라에 반란의 원한을 심기를 나는 원합니다. 또 한 번 우리가 자코뱅식 야단법석을 경험할 것이기 때문에, 반동 세력이 그렇게 하도록 우리를 강요하기 때문에, 매일 조금씩 보복이 올바름이자 의무가 되고 있기 때문에, 나는 뒤로 물러설 생각이 전혀 없습니다. 여전히 나는 카니발의 왕이 되길 원합니다. 매일 하루가 나를 더 안달하게 만들기에 나는 더 이상 신중한 태도를 유지할 수 없습니다. 나는 둘랑 형무소나 지하 감옥이 더 좋습니다.…나는 발언하거나, 그렇지 않으면 펜을 꺾으려 합니다."

이 새로운 방침의 결과는 바로 드러났다. 편집인들은 힘을 모아 정부를 가장 통렬하게 비판하는 기사를 《인민의 목소리》에 실었고, 며칠 뒤에 프루동은 "잘한다"고 기뻐하며 "정부를 반대하는 이념이 아주 명료하고 힘차게 표현되고 있다.…6주가 지나면 정부는 끝장날 거야" 하고 다리몽에게 주장했다.

정부는 살아남았지만 프루동의 맹공격으로 분명히 어느 정도 어려움을 겪었다. 다음 3주 동안 《인민의 목소리》는 두 차례나 압수당했다. 두 번째 압수의 경우, 프루동은 지배계급이 서로 싸우는 동안 인민이 자신들의 이익에 관심을 가질 것을 요청하면서, 동시에 나폴레옹의 야심을 미리 폭로했던 "황제 만세Vive L'Empereur"라는 제목의 기사를 실었다. 프루동은 "이제 우리가 **쿠데타**를 일으켜야 한다는 점이 확실해졌다.⋯**쿠데타**의 첫 번째 신호로 우리는 은행에 집행관을 투입하고 장부를 불태우며 저당 등기부를 강물에 던지고 공증인과 변호사, 기록원의 서류를, 신용대부와 소유라는 제목이 붙은 모든 서류철을 ("황제여, 영원하소서"라고 외치며) 불태울 것이다"라고 경고했다.

프루동이 예언했던 **쿠데타**는 1년 반 뒤에 일어났다. 쿠데타와 동시에 일어난 대중 봉기에 대한 프루동의 점괘는 그다지 정확하지 않았다. 그러나 정부 당국은 국가 우두머리의 의도를 너무나 영민하게 폭로했기 때문에 주저하지 않고 프루동을 고발했다. 글을 실은 다음날부터 프루동은 감방에서 움직이지 못했고, 아내나 친구들과의 모든 연락이 금지되었다. 그럼에도 프루동은 자신의 상황을 유프라지에게 간신히 몰래 알리며 "침착하고 동요하지 말아요" 하고 말했다. "시민 프루동의 아내는 조금도 나약함을 보여선 안 되오."

2월 13일에 프루동은 콩시에르주리 감옥으로 이감되었다. 프루동은 이감을 태연하게 받아들였고 자신보다 유프라지를 더 걱정했다. 프루동은 유프라지에게 "어떤 상황에서는 불행도 이롭다는 걸 아이에게 알려줘요. 나는 이 작은 불행이 내 평생 동안 당신에게 줄 유일한 슬픔이 되리라고, 오늘 이후 우리는 전보다 더 행복해지리라고 느끼고 있소. 내 말을 조금이라도 신뢰하고 믿어요. 신성한 사명을 완수하면서 당신을 행복하게 해 줄 방법을 찾겠소."

2월 14일에 심문을 맡은 판사가 소환했지만 프루동은 새로운 시련을 예상하며 차분함을 유지했다. 프루동은 다리몽에게 "내게 일어나고 있는 일은 우리를 억눌러 온, 저 분노를 자아내고 제멋대로인 거대한 체제에서 벌어진 하나의 사건일 뿐이네" 하고 말했다. 프루동은 전체적인 정치 상황을 비관적으로 봤다. 2월 20일 프루동은 다리몽에게 "미래는 분명 우리 것이네. 그러나 지금의 독재 체제는 오랫동안 계속될 수 있어" 하고 말했다. 그렇지만 프루동은 무기력해질 이유가 없었다. "그 어떤 상황에서도 우리는 반동 세력에 맞서, 정치 선동가에 맞서 활발하게 움직여야 하네. 나는 결코 어느 것에도 굴복하지 않을 거네."

인용된 편지에서 보이듯 프루동은 소통을 금지 당했지만 콩시에르주리 감옥에서 많은 편지를 교환하려고 노력했다. 동료 죄수 니콜Nicolle에게 보낸 한 통의 편지에는 프루동의 계략이 드러난다. 프루동은 "밤 9시나 10시에 보나르Bonnard의 창문에서 실을 내려 보내 내게 편지를 전하는 게 가능하지 않을까? 그건 아마 내 방 왼쪽 창문 바로 위일 거고 편지 묶음은 깨진 창유리

앞에 도달할 거야. 그러면 나는 빛을 비추거나 창을 열지 않고도 그걸 받을 수 있어." 소통의 특권은 169명의 의원이 연합해서 프루동에게 취해진 조치에 관해 내각을 비난한 뒤인 2월 22일에 공식적으로 회복되었다. 곧 프루동은 친구들을 면회하고, 수감자들의 청원으로 안마당에 보존되던 장미 정원에서 산책해도 좋다는 허가를 받았다. 감옥을 방문 중이던 빅토르 위고는 큰 걸음으로 홀로 조용히 걷던 프루동을 이곳에서 우연히 만났다.

처음 열 달 동안의 수감 생활이 미친 영향─프루동의 사상에 미친 영향은 놀랄 만큼 미미했다─을 일기에 기록했던 3월 중순부터 4월 중순까지는 비교적 고요한 중간기였다. "애가 타고 불안하며 따분하게 지냈지만 시간은 짧아 보였다. 나와 함께 갇힌 사람들, 내가 끝을 맺은 일들, 뜻밖의 공직 생활[의원 활동], 이런 많은 일들이 내 모든 나날을 채웠고, 내가 겪은 고통의 희미한 감정만이 내게 남았다. 이제 내 수감 생활을 부드럽게 누그러뜨려 온 특별한 요소를 덧붙여야겠다. 그건 바로 가장 소박하고 사랑스러우며 가장 유순한 창조물이자 결혼할 때까지 가장 순결했던 사람인 유프라지 피에가르와의 결혼이다. 5일 내로 나는 [추가로] 새로운 유죄 판결을 받을 것이다. 나 같은 부류는 죄를 사면받지 못한다. 그렇지만 세상이 뭐라 하건 나는 옳다." 프루동이 그렇게 철학적으로 예상했던 유죄 판결은 내려지지 않았다. 왜냐하면 4월 10일에 프루동이 법정에 섰을 때 엄밀한 법 해석에 따라 기소가 기각되었기 때문이다.

6

이런 운 좋은 벗어남이 프루동의 활동을 오래 막지는 못했다. 1850년 봄에 보궐선거가 실시되었고, 프루동은 소설가 외젠 수 — Eugène Sue — 이 "팔랑스테르주의 낭만주의자"에 대해 몇 가지를 오해했지만—의 출마를 지지했다. 4월 19일에는 수를 위해 파리의 중간계급에게 지지를 호소하는 호전적인 글을 발표했다. 프루동은 "파리의 시민 여러분,⋯오늘 당신에게 제안하는 인민의 동맹을 경멸하지 맙시다. 내일 동맹을 요구했다가 루이-필리프와 샤를 10세에게 '너무 늦었어!'라는 대답을 들을 사람은 바로 당신입니다. 인민에게 투표하고 노동자에게 투표합시다. 왜냐하면 프롤레타리아는 우리의 힘이기 때문입니다. 나는 홀로 그들의 편에 섰던 22개월 전에 이 사실을 알았습니다."

수와 많은 공화주의 좌파들이 의회로 복귀했다. 예상치 못했던 이 급진적인 소수파의 증가에 놀란 우익 정파들은 1850년 5월 31일, 3백만 명의 노동계급에게서 투표권을 박탈하는 사악한 법안을 통과시켰다.

그리고 정부는 선거 결과를 기다리지 않고 프루동을 처벌했다. 수를 지지하는 글을 발표한 다음날, 프루동은 장기 복역을 선고받은 정치범들이 감금되던 둘랑 형무소로 이감되었다. 떠나기 직전에 프루동은 유프라지에게 급하게 편지를 썼는데, 그 편지에서 프루동은 한없이 낙천적이고 평온하게 그녀에게 말했다.

"모든 걸 고려할 때 지금 내게 벌어진 일은 여전히 최선이오. 나는 가장 영예로운 동기로, 가장 올바른 이유로 고통을 당하오."

요새에 도착하자마자 프루동은 콩시에르주리 감옥에서 겪었던 것보다도 더 나쁜 독방에 수감되었다. 프루동은 편지나 책, 신문을 허가받지 못했고 문 앞에는 교도관이 계속 지키고 있었다. 프루동이 보기에 탈출은 불가능한 듯했다. 프루동은 일기에 농담조로 "마치 이카리아 섬에서 사는 것 같다"고 적었다.

여러 날 동안 면회를 기다리던 프루동의 아내와 동생은 4월 26일에야 겨우 면회를 허가받았다. 이 면회는 끔찍했다. 왜냐하면 프루동이 몰래 샤를에게 건넨 편지, 《인민의 목소리》의 편집자에게 보내는 한 통의 편지를 경비병이 발견했기 때문이다. 다음날 교도소장은 유프라지가 보는 앞에서 프루동에게 폭력적인 장면을 연출했고 독방에 갇혀 있는 동안 면회를 전면 금지했다. 며칠 동안 끈질기게 노력하다 유프라지는 파리로 돌아갔다. 그리고 내무장관 바로슈Baroche와 면담해서 남편의 독방 감금을 풀어달라고 설득했다. 이 설득은 5월 5일에 결실을 보았고, 같은 날 유프라지는 둘랑 형무소로 돌아왔다. 유프라지는 프루동이 형무소에 갇혀 있는 내내 그곳에 머무르면서 날마다 면회를 하고 필요한 물품을 부지런히 채워 주었다. 프루동은 랑글루아에게 "유프라지는 사랑하는 법을 알고 있어. 그녀는 사랑밖에 몰라" 하고 말했다. "그걸로 충분해."

5월 6일, 프루동은 더 유명한 정치범들이 수감되어 있던 구역으로 이감되었다. 1848년 초에 겪었던 일[타슈로 사건]에 관여하면서 프루동은 당시에 최고로 이름을 날리던 사람들과 접촉할 기회를 몇 번 가졌다. 프루동은 바르베와 같은 클럽에 소속되었고, 타슈로 사건 이후에는 프루동과 블랑키 사이에 미약하나마 친분 관계가 있었다. 그러나 [그동안] 그 누구와도 친한 관계를 맺을 만한 일을 하지 않았던 것에 비해, 이렇게 조밀하게 모여 있을 수밖에 없는 수감 생활은 오히려 다른 사람들에게 더 흥미를 느끼며 그들을 관찰할 수 있는 기회가 되었다.

프루동은 그들이 서로 혐오한다는 것을 알고 놀랐다. "생활은…분리되어 있다." 라스파이는 이런 성향을 극단으로 몰고 가 "은둔자처럼 외딴 곳"에 있었다. 바르베는 "다른 세계의 공화주의자"인 듯했다. 프루동은 "불길한 운명의 사나이"인 블랑키를 보며 "아주 드문 통찰력을 가지고 있다"고 인정했지만, "그의 차가운 성향이 언제나 원대한 계획을 배반할 것이다"라고 덧붙였다. 프루동은 마테에게, "존중하긴 하지만 위베르를 제외하면 어느 누구에게도 최소한의 공감마저 느끼지 못하는 이런 시민들 사이에, 내가 있는 이유를 사실 [잘] 모르겠어" 하고 말했다.

그러나 둘랑 형무소에서의 생활이 직업 혁명가들의 습성과 특징을 관찰하는 것으로 한정된 것은 결코 아니었다. 왜냐하면 프루동은 엄청난 양의 열정적인 에너지를 《인민의 목소리》의 미래에 쏟아야 했기 때문이다. 신문 기금에서 2만6천 프랑이 벌금으로 지출되었고, 당시에 프루동은 신문 발행이 사실상 끝난 것으로 여겼다. 자신의 상황에 아주 넌더리가 나서 프루동은 일기에다 소리쳤다. "분명 나는 정치 생활과 매일 매일의 논쟁을 중단해야 한다." 그러나 친구들의 헌신은 프루동이 희망을 버렸을 때조차도 《인민의 목소리》를 유지시켰다. 이런 점에 대한 프루동의 즐거움은 걱정과 뒤섞였고, 또 다시 신문이 압수당했던 4월 말에 프루동은 유프라지에게 신문을 정리해야겠다고 말했다. "우리 친구들은 사물이 제 갈 길을 가도록 해야해요. 친구들은 충분히 자신들의 신념을 따랐고 양심을 구원했어요.···《인민의 목소리》에 대한 고발들은 하나같이 내 상황을 더욱더 악화시켜요. 신문 발행을 중단하거나 내가 신문에서 손을 떼는 게 절대적으로 필요해요." 외부의 상황이 이 고민을 해결해 줬다. 왜냐하면 《인민의 목소리》은 5월 14일에 결국 발행이 금지되었고, 에드몽은 이적 행위를 했다는 이유로 프랑스에서 추방되었기 때문이다.

2주 뒤에 프루동은 재판을 받기 위해 센의 재판소로 갔다. "증오와 불만을 자극"했다는 통상적인 기소 외에 "하나 또는 더 많은 코뮌들에서 파괴와 약탈을 저지르려는 공격을 자극했다"는 부적절하고 터무니없는 죄목이 추가되어서 프루동의 기소 형량은 매우 무거웠다. 기소된 모든 범죄의 형량을 합치면 총 15년의 징역형도 가능했다. 프루동 자신은 겨우 2, 3년형을 예상했었다. 그러나 프루동의 변호사 크레미외Crémieux가 정말 설득력 있게 변호한 덕분에 프루동은 무죄를 선고받았다. 이것은 정말 특별한 행운이었다. 왜냐하면 1850년의 분위기에서 민주주의자가 이미 기소된 죄목에서 벗어나는 일은 극히 드물었기 때문이다.

그러나 기소에 대한 무죄의 결과는, 거의 즉시 다시 언론 활동을 시작해서 또 다른 기소를 당할 위험을 무릅쓰도록 유혹했다. 《인민의 목소리》가 폐간되고 며칠 뒤에 프루동은 동지들과 새로운 신문에 관해 토론하기 시작했다. 이 신문은 7월 15일에《인민》이라는 예전 제목으로 발행되었다. 거의 무에 가까운 편집 재정을 벌금이 갉아먹고 있었기에《인민》은 아주 불규칙적으로 발행되었다. 절제가 당시의 의도된 기본 방침인 듯했다. 신문 발행 전야에 프루동은 "모든 것 앞에서 신중하자"고 동지들을 간곡히 타일렀다. [그러나] 이런 방침도 첫 호가 인쇄되자마자 압수당하는 것을 막지 못했다.

더구나 살아남은 대부분의 소수 계열 신문들처럼《인민》은 모든 정치적인 출판물들에 인지세를 부과한 7월 16일의 언론법 때문에 심한 타격을 받았다. 판매는 급격히 떨어졌고 수입은 감소했다. 그리고 "내전을 선동"했다는 혐의로 10월 14일에 다시 기소되었을 때, 편집자들은 부과된 6천 프랑의 벌금을 모을 수 없었다. 결국《인민》은 발행을 중단했고, 프루동의 언론인 경력도 막을 내렸다.

사실 몇 달 동안 프루동은 기세등등하던 반동 세력을 공격할 또 다른 신문을 창간하겠다고 생각했고, 1851년 전반기에만 거의 두 번이나 후원자를 확보하기 직전이라고 믿었다. 그러나 게르첸 같은 사람은 프루동이 바라던 것만큼 부유하지 않았다. 그리고 두 경우 모두 협상이 실패했다. 1851년 중반이 되자 프루동은 자신이 더 이상 정기간행물에 글을 쓰는 전쟁터로 복귀할 수 없다고 인정하게 되었다.

그러나 마지못해 상황을 인정한 것이, 정부 당국에게 정신적으로 항복하거나 패배를 인정한다는 것을 의미하지는 않았다. 그 당시에 프루동은 에밀 드 지라르댕에게 "만일 우리가 다른 사람들에게 우리의 사상을 강요하려 들지 않는다 해도, 자신들의 사상을 우리에게 강요하려는 사람들을 묵인하기로 결정한 건 아니다. 그 점을 잘 아는 우리의 적들은 토론을 방해하거나 토론조차 없이 자신들의 유쾌한 즐거움을 받아들이도록 법으로 강요한다." 만일 프루동이 스스로 언론인의 길을 포기하려고 하지 않았다면, 결국에는 자신에게 박해와 악명을 불러왔을 사상을 주창할 또 다른 길을 찾았을 것이다.

7

언론인으로서의 야심이 좌절된 것은 별개로 치더라도 《인민》의 폐간은 프루동의 삶의 방향에 상당한 변화를 주었다. 프루동은 감옥에 갇혀 있었고, 바깥의 사건들을 예리하게 분석했지만, 대부분의 폭풍우는 그와 떨어져 있었다. 비교적 평온한 시기가 제법 이어졌다. 7월에 감옥 밖으로 외출하는 특권이 프루동에게 다시 주어졌고, 1851년 12월 보나파르트의 **쿠데타** 시기를 제외하면 프루동은 나머지 형량을 채우는 동안 이 특권을 꾸준히 누렸다. 언론인으로서의 출구가 사라졌지만 프루동의 독창적인 정신은 야침 찬 전집 시리즈—역사와 전기, 혁명 전술, 정치경제학—를 집필한다는 계획을 세우기 시작했다. 그러는 동안 편지를 주고받는 폭은 더 넓어져서 오랫동안 기사나 책의 형태로만 표현되던 영역으로 확대되었다.

　1851년 8월에 씌어진 한 통의 중요한 편지는, 톨스토이가 『전쟁과 평화 *War and Peace*』에서 채택했던 관점보다 앞서 대중운동의 심리적 특성을 다루었다. 프루동은 사회주의가 단지 하나의 정파에 불과하다는 점을 부정하면서 서두를 열었고 지금까지 등장했던 모든 사회주의가 "인민의 우유부단한 열망을 맹목적이고 열정적으로 표현한 것"이라고 말했다. 바르베를 예로 들면서 프루동은 가장 대중적인 지도자들이 대중의 신화와 우상을 가장 잘 대변하는 사람이고, 사실상 그런 사람들은 지도자가 아니라 지도를 당하는 사람이라는 점을 증명하는 것으로 나아갔다. 프루동은 개인적인 슬픔을 토로하며 "한 사람이 판단력과 통찰력, 진보적인 정신, 이해력을 증명하면 할수록, 그 사람은 그만큼 대중에 대한 영향력을 상실한다. 대중의 생각은 혐오감을 주고 오직 본능에만 따른다"고 덧붙였다.

이 당시 프루동의 편지 교환에서 상당히 일관된 주제는 교황이 이탈리아에서 민주주의의 적으로 활동함으로써 촉발된, 가톨릭교회에 대한 적대감의 증가이다. 그런데 부분적으로 이 적대감은, 루이 보나파르트의 계획을 진척시키는 데 기여하면서 2월 혁명의 미래를 파괴하는 역할을 수행하던 성직자들 때문이기도 했다. 마르크 뒤프레스Marc Dufraisse에게 교육의 자유를 주장했을 때, 프루동은 자신이 생각하기에 성직자의 교육이 금지되어야 한다며 성직자에게만 특별 예외 규정을 만들었다. 프루동은 "지금 이 시기에 가톨릭은 멸종되어야 한다. 가톨릭은 내가 **톨레랑스**Tolerance에 관해 글을 쓰는 걸 막지 못한다"고 말했다.《인민》의 편집진 중 한 명인 슈베Chevé가 교회를 공격하는 걸 반대하자, 프루동은 "혁명과 사회주의, 민주적인 양심"이 가톨릭의 "폐기를 확고하게 결정했기" 때문에 그 반대가 너무 늦었다고 말했다. 그리고 한 달 뒤에 프루동은 자신이 나중에 『정의론』에서 거창하게 확장시켰던 생각을 다리몽에게 말했다. "종교는 권위이다. 권위는 교회에 있다. 따라서 교회가 가톨릭이다."

그러나 이 시기에 프루동이 편지를 교환하며 순전히 논쟁만 벌인 것은 아니다. 우리는 가끔 익살스럽고 관대한 동료를, 정말 열정적인 친구를, 헌신적인 가장을 만나기도 한다. 예를 들어 1850년 9월의 한 편지에서는, 이웃인 지역 유지 베세토Bessetaux 씨와 함께 가끔씩 놀잇감과 시골의 맛있는 음식을 생-펠라지 감옥으로 보냈던 오랜 친구 마게 박사에게 익살스럽게 고마움을 전했다. 프루동은 박사에게 "제발, 그렇게 좋은 것을 왜 한꺼번에 보내지 않는 건가? 피에가르의 가족이나 수감된 내 동료 모두에게 융숭하게 대접하는 것을 원치 않는 건가? 미안하네만 절제와 중용, 극기, 절약, 이런 것들은 죄수가 가져야 할 덕목들이야. 그건 그렇고 이런 맛있고 훌륭한 음식에 대해 누구에게 감사해야 할까? 자네 사냥 실력은 형편없으니 자네가 하루 만에 이 자루를 채웠다고 믿을 수 없기 때문이야. 우리의 오랜 우정을 모욕하는 게 아니라면, 베세토 씨와 에우스타쉐Eustache 신부가 사냥을 해 본 사람이라고 믿어야 하겠지? 만일 그렇다면 그들에게 내 안부와 진심을 전해 줘. 베세토 부인에게도 안부를 전해 줘.…"

11월에 감옥에서 함께 생활하며 빠른 속도로 가까운 친구가 되었던 법률가 마르크 뒤프레스에게도 마찬가지로 솔직한 편지가 갔다.

친애하는 마르크,

풍텐 가 9번지의 내 집에서 당신과 저녁을 먹기로 한 건 내일 일요일 저녁 6시요. 아마도 5시 45분에 내가 당신 집으로 데리러 갈 거요. 만일 뭔가가 나를 방해하더라도 우리 집 주소를 아시겠죠?

친애하는 마르크, 나는 가난한 사람이오. 이렇게 말해도 자존심이 상하거나 화가 나지 않소. [다만] 나는 하고픈 만큼 친구를 대접할 수 없기에 불행하오. 아주 궁핍하게 산다오. 따라서 당신에게 **평범한 수**

프*pot-au-feu*로 참아 달라고 부탁하는 건 진실한 우정의 증표요. 막브장송을 떠나려 하는, 나만큼 가난한 친구인 다리몽이 우리와 함께 할 거요.

그러면 우리의 관계와 공감은 콩시에르주리 감옥의 담벼락을 넘어설 거요. 당신 손을 잡고 악수하겠소.

프루동

평범한 수프는 프루동이 암시했던 것만큼 초라하지 않았다. 왜냐하면 한 통의 [다른] 편지는 유프라지가 이 작은 축제에 "맛있는 수프와 감자로 장식된 송아지구이, 샐러드, 디저트, 애호가를 위한 커피"를 준비했다고 알려 주기 때문이다.

아버지가 되겠다는 프루동의 포부는, 아내가 10월 18일에 딸을 낳음으로써 이루어졌다. 프루동이 보인 반응은 신기하게도 과묵함이었다. 일기는 논평 없이 사실만을 기록했고, 마우리스는 이틀 뒤에 "내겐 정말 흥미로운 사건이었어"라는 짧은 소감만 들었다. 가족생활의 탁월함에 관한 이론을 공공연히 얘기했지만, 여전히 프루동은 미혼 남성처럼 조심스럽게 [출산에 대한] 자신의 책임을 따지고 있었다. 그렇지만 프루동은 순식간에 마음을 빼앗겨 자상한 아버지가 되었고, 결국 이 경험은 결혼으로 절정에 달했던 돈키호테 같은 행동이 현명했다고 프루동을 안심시켰음이 틀림없다.

프루동은 "자신이 모든 걸 빚진 어머니의 이름을 따서" 첫째 딸을 카트린Catherine이라고 불렀다. 카트린이 여섯 달이 되고 이가 나기 시작하자, 프루동은 당시 추방되어 이집트로 갔던 에드몽에게, 딸이 "이상적인 아이"라며 "당신은 카트Kathe라는 애칭으로 불리며 가족으로 스며든 이 작은 아이를 봐야 해요"라고 편지를 썼다.

기대했던 것보다 훨씬 더 만족스럽게 가족생활이 이루어지는 동안, 가족의 경제 상황은 수감 생활이라는 조건 때문에 점점 더 나빠지고 있었다. 1851년 봄에 프루동은 자신의 상황이 분명 나빠지고 있다고 마우리스에게 불평했다. "알다시피 나는 정기적인 수입이나 유산이 없네. 지금 나의 생존 수단은 오로지 인세뿐일세.… [남은] 2년의 형기, 내 동생을 도울 필요성, 다양한 종류의 빚의 전체 또는 부분적인 청산, 15개월의 결혼생활, 한 명의 아이, 이 모든 게 내 재산을 줄이고 있다는 걸 너도 알거야.《인민》과《인민의 목소리》의 잇따른 발간 금지로 지게 된 3천 프랑의 빚은 계산에 넣지도 않았어." 상황을 나아지게 할 유일한 방법은 옛날 책이 계속 팔리는 것이었다. [아무튼] 프루동은 오랫동안 완성이 미뤄졌지만, 6월이나 7월에 출판하기로 계획된 책의 선인세로 3천 프랑을 받았다.

8

이 새로운 책은 『19세기 혁명의 일반 이념 *Idée Générale de la Révolution au XIX' Siècle*』(이하 『혁명의 일반 이념』)으로 1851년 7월 중순에 출간되었다. 프루동의 다른 어떤 책들보다도 이 책은 오래 전에 『경제 모순』을 건설적으로 보완하겠다고 약속했던 연구[에 부합하는 것이었고], 사회에 대한 건설적인 연구를 대표했다. 미슐레에게 책 한 권을 보낼 때에도 프루동은 이 점을 강조했다. "이 책에서 당신의 가장 소중한 희망을, 즉 인간의 궁극적인 자유, 영원히 재조직되는 대중의 주도권, 농민에게 보장되는 토지 소유를, 분할과 합병, 임대, 소작, 저당, 남용 때문에 처음부터 분명치 않았고 이제 확실히 반反공화주의적이고 부도덕해진 제도를 만들었던 모든 원인들이 제거된 토지 소유를 실현하려는 시도를 보게 되리라고 감히 믿습니다."

『혁명의 일반 이념』은 부르주아지에게 보내는 호소로 시작한다. 프루동은 부르주아지에게 그들이 과거에 혁명적인 세력이었다는 점을 상기시킴으로써 자본가와 노동자를 화해시키려고 노력했다. 그리고 자본가와 노동자 모두를 해방시킬 혁명을, 정치혁명이 아니라 사회의 경제구조를 근본적으로 바꿀 혁명을 촉진시키려 했다.

[이렇게] 단결을 호소한 뒤에 프루동은 19세기 혁명이 취해야할 틀을 대략적으로 그리는 일련의 연구를 진행한다. "혁명을 부

르는 반동 세력"이라는 제목의 첫 장은 혁명의 본질과 사회진화의 한 요소로서 혁명의 불가피성을 세밀하게 분석한다. "혁명은 신이나 인간의 권력이 억누를 수 없는 힘이고, 그 본성은 혁명이 부닥치는 바로 그 저항에서 생겨날 것이다.…당신이 혁명을 억압하면 할수록 반발을 늘리고 혁명 활동을 억누를 수 없게 된다. 그래서 혁명이 박해를 받든, 괴롭힘을 당하든, 처음부터 두들겨 맞든, 또는 혁명이 방해를 받지 않고 성장하고 발전하든, 이념이 승리한다는 점은 언제나 똑같다. 기도나 위협으로 막을 수 없는 고대의 천벌처럼, 혁명은 침울하게 정해진 운명의 발걸음을 내딛는다. 지지자들의 핏물 사이로, 친구들이 뿌린 꽃을 밟으며, 적의 시체를 밟으며."

1789년의 운동이 겨우 절반만 완수되었기 때문에 19세기에 혁명은 피할 수 없다. 혁명의 통역사들은 정치에만 관심을 가지고 봉건제의 붕괴가 요청했던 경제구조에 관심을 쏟지 않았다. "공화국은 사회를 건설해야 했다. [그런데] 공화국은 정부를 건설하는 것만 생각했다.…따라서 1789년 대혁명에서 제기된 문제가 공식적으로 해결된 것 같았지만, 근본적으로 나폴레옹이 **이데올로기**라고 불렀던 통치의 형이상학만 바뀌었다.…옛날 왕의 지배를 흉내 낸 정부 지배와 봉건제, 군부 지배의 자리에 새로운 산업구조가 세워져야만 한다."

이렇게 절실한 혁명을 낳을 수 있는 수단은 조합association이다. 프루동은 조합을 통해, 자신이 융통성 없는 유토피아 체계를 말하지 않는다는 점을 분명히 했다. 자기 자신만을 위하는 조합은 독단적이어서 잠재적으로 자유에 해롭지만, 더 큰 목적을 위한 수단으로서의 조합은 유용하다. "노동자들의 조합은…그들이 달성한 결과가 얼마나 성공적인가가 아니라 사회공화국을 지지하고 만들어 가는 조용한 추세에 따라서 판단되어야 한다.…그 과업의 중요성은 조합의 사소한 이해관계가 아니라 지난번 혁명이 건드리지 못하고 남겨 둔 자본가와 고리대금업자, 정부의 지배를 부정하는 데 있다. 나중에 정치적인 거짓말을 극복했을 때…노동자 집단들은 자신들이 만든 유산인 대부분의 산업을 접수해야 한다."

여기서 프루동은 정부의 본성을 더 세밀하게 분석하기 시작한다. 예전 저작에서 이미 했듯이 프루동은 권위라는 개념을 다시 비판했고, 미슐레에게 "내 책에서 가장 뛰어난 부분"이라고 말했던 계약이라는 개념으로 권위를 대체했다. "계약이라는 개념은 정부라는 개념을 배제한다.…계약하는 당사자들 사이에는 반드시 각 개인들의 진정한 이해관계가 있다. 한 인간은 자신의 자유와 재산을 동시에 보호하려는 목적으로 협상한다. 반면 지배하는 자와 지배당하는 자의 관계는, 제아무리 정부의 대의나 위임 체계를 만든다 해도 *반드시* 시민의 자유와 재산의 일부를 빼돌린다."

이 계약 원리를 일반화하면서, 즉 사회를 개인들이 서로를 보증하는 네트워크로 바꾸면서 프루동은 정치조직과 새로운 경제 질서를 구분했다. 이 새로운 질서가 세워지면 더 이상 정부가 필요하지 않을 것이다. 그리고 예전의 계열 이론으로 돌아가서, 프루동은 권위로 시작된 이 계열의 끝이 아나키라고 결론을 내렸다. 더 구체적인 용어로 살펴면, 낡은 사회와 새로운 사회 사이의 국면 변화는 다음과 같이 표현된다. "우리는 법의 자리에 계약을 놓을 것이다. 법은 더 이상 다수결이나 심지어 만장일치로도 결정되지 않는다. 각 시민과 각 마을, 각 산업 연맹은 자신의 법을 만들 것이다. 정치권력의 자리에 우리는 경제적인 힘을 배치할 것이다.…상비군의 자리에 우리는 산업조합을 놓을 것이다. 경찰의 자리에 이해관계의 일치를 놓을 것이다. 정치의 중앙집권화라는 자리에 우리는 경제적인 집중화를 배치할 것이다." 법정은 중재재판으로, 국가 관료제는 분권화된 직접 관리로 대체될 것이다. 노동자의 조합들이 대규모 산업이나 운송을 관리할 것이다. 부모와 교사가 교육을 통제할 것이고 "도제 교육과 분리될 수 없는…교육, 직업 교육과 분리될 수 없는…학문 교육"이라는 통합 교육이 전통적인 연구를 대체할 것이다. 외국의 권위주의적인 민족주의나 군사적인 사안과 관련된 문제들은 노동과 평화에 기반을 둔 사회에서, 그리고 관세장벽과 상업적인 특권, 식민지, 전략적인 국경과 요새, 그 무엇도 필요로 하지 않는 사회에서 아무런 의미도 갖지 못할 것이다. 소위 통치 사회governmental societies의 질서가 있는 그대로 드러낼 것, 즉 "끝없는 폭정의 기반이 될 무질서밖에 없는" 것과 대조적으로, 사회는 이렇게 통합될 것이다.

자유롭고 유기적이며 끝없이 성장하는 사회의 본질 그 자체
가 사회조직에 관한 정교한 계획을 거부하기 때문에, 이 주장은
그 대강의 윤곽을 신중하게 그린 프루동주의 사회의 거친 도면
이다. 상세한 모습은 더 확장된 상호주의 구조 내에서 자유롭게
구성된 단위들이 일상적인 경험을 통해서만 드러낼 수 있다.

『혁명의 일반 이념』은 단점과 장점이 서로 떼어놓을 수 없을
만큼 뒤섞인 책이다. 프루동이 썼던 다른 모든 책들처럼『혁명의
일반 이념』은 정부와 통치 이론, 루소와 로베스피에르, 유토피아
사회주의자들과 자코뱅들을 비판할 때 가장 공격적이다. 프루동
이 공격을 마쳤을 때, 권위주의적인 제도에 대한 합리적인 정당
화는 갈가리 찢어진다. 그렇지만 이 책의 건설적인 측면들은 그
리 인상적이지 않다. 이 점은 리버테리언의 사회 구상에서 피할
수 없고 바람직하기까지 한 애매함[미래 사회의 모습을 미리 규정하
지 않는 태도에서 비롯되는 애매함] 때문만은 아니다. 그 애매함 외
에도 이 책에는 분명히 순진한 낙관주의와 이성을 지나치게 강
한 것으로 여기는 경향, 자신의 선함을 지키고 그러길 바라는 인
간 성향―경험적으로 완전히 증명되지 않는―에 대한 믿음이
존재한다. 실제로 사회악에 대한 해법은 그 정의定意에 따르면 사
회의 수준에 달려 있고, 프루동의 시대나 오늘날 존재하는 체제
보다 경제적인 사안을 훨씬 더 근본적으로 관리하는 체제가 정
치적인 중앙집권화를 대체할 때에만 실현될 것이다. 그래서 대부

분은 1851년 이후 100년 동안 민주주의든 독재든 상관없이 정치적으로 지배되어 온 사회에 대한 난봉꾼의 행각rake's progress처럼 비친다. 그렇지만 프루동이 아주 낙관적인 태도로 비약해서 제안했듯이, 계약을 수정하는 일만큼 아주 단순해질 이 해결책은 오늘날에도 소수의 사람들이 요구하기에 충분할 만큼 내구력을 가지고 있다.

프루동에게 『혁명의 일반 이념』을 출판한 직후는 프랑스인의 정치 생활로 밀려오는 폭풍—프루동도 불안해하며 그 접근을 느끼던 폭풍—때문에 위협을 느끼던 고요한 휴지기였다. 9월에 프루동은 더 쾌적한 생-펠라지 감옥으로 돌아갔고, 그곳에서 자신이 예전에 쓰던 방을 제공받았으며, 가족은 매일 감옥이나 퐁텐가의 아파트에서 함께 식사를 하며 실제로 다시 뭉쳤다. 생-펠라지 감옥으로 돌아온 뒤 프루동은 "진보의 철학"에 관한 논문을 쓰기 시작했고 창의성이 풍부한 자신의 두뇌에 떠오르던 "많은 계획과 사상, 체계들"에 조금씩 손을 댔다. 그렇지만 이런 집필 계획이 수감 생활의 후반기를 완전히 차지하지는 못했다. 왜냐하면 흥미로운 방문객이 늘어나고 많은 편지들이 오가면서, 프루동은 진행 중인 사건과 사상에 계속 촉각을 세웠기 때문이다.

몇몇 방문객들은 프루동의 고향인 프랑슈-콩데에서 온 사람들이었지만, 귀스타브 쿠르베부터, 이름을 확인할 수는 없지만 프루동이 유프라지에게 "나는 이런 성직자들이 나를 찾는 이유를 모르겠어. 나는 아직도 그들에게 할 수 있는 만큼 최대한 피해를 주는데" 하고 말했던 유명한 성직자들까지, 다양한 인물들이 줄을 이어 찾아왔다.

가장 당황스러운 방문객은 1852년 2월에 마르크 뒤프레스와 함께 방문해서 프루동을 어리둥절하게 만든 조르주 상드였다. 프루동은 자신이 매우 싫어했던 페미니즘 낭만주의의 화신에게도 좋은 자질이 부족하지 않다는 점을 깨닫고 놀랐다. 프루동이 일기에서 상드를 묘사한 방식에는 분명 연민이 엿보인다. "길고 차가우며 지친 얼굴, 훌륭하고 올바른 상식과 아주 선한 마음, 그리고 약간의 열정을 가진 여성이다. 그녀의 말은 간략하고 분명하며 긍정적이고 소박했다. 나는 조르주 상드가 관능이나 정념보다 공상 때문에 기력을 낭비하고 있다고 믿는다.…그녀는 너무 남자 같고 너무 침착하며 너무 진지하다.…그녀 속의 그 무엇도, 어느 것도 여성적이지 않다!" 그렇지만 이런 인상은 너무나 순간적이었기에 조르주 상드의 저작과 영향력에 대한 프루동의 적대적인 평가를 완화시키지 못했던 것 같다. 그리고 몇 년 뒤에 프루동은『정의론』에서 상드의 작품을 아주 가혹하게 비판했다.

그러나 동료 작가인 다구 백작 부인처럼, 조르주 상드 쪽에서는 자신에 대한 프루동의 심한 평가가 그의 좋은 자질에 대한 호감을 흐리지 않았다는 얘기를 참고해야 한다. 1849년에 상드는 인민은행에서 희망을 봤고 프루동을 "민주주의의 유능하고 열정적인 투사"라고 칭송했다. 그 뒤 1852년에 마치니가 프루동을 비방했을 때에도 상드는 이탈리아 민족주의자에게 항의하는 편지를 썼다. 상드는 프루동이 "매우 전투적이고 열정적이며 예리할" 뿐 아니라 "지적이고 현명한 경제학자"라고 선언했다.

1851년 후반기에 방문했던 사람들 중에서 가장 환영을 받은 사람이자 프루동의 새로운 친구 중에서 가장 높이 평가된 사람은 쥘 미슐레였다. 조르주 상드에 대한 평가가 결코 바뀌지 않았던 반면에, 미슐레에 대한 프루동의 태도는 많이 바뀌었다. 1847년에 프루동은 미슐레를 불만스럽게 여겼지만, 미슐레의 책 『인민 Le Peuple』은 나중에 프루동과 공감했던 생각들을 많이 드러냈다. 두 사람의 관계는 미슐레가 『프랑스 혁명사 History of the French Revolution』 한 권을 프루동에게 보냈던 1851년 4월에 시작되었다. 프루동은 답례로 [자신과의] 일치점과 차이점을 논하는 긴 편지를 보냈고, 혁명을 그렇게 분명하게 설명한 것에 대해 미슐레에게 고마움을 표현했다. 프루동의 어조는 유달리 겸손했다. "저의 타고난 정신과 읽고 쓰는 능력의 평범함은 당신의 혁명사와 같은 발견을 하도록 허용하지 않습니다. 저는 작업이 끝나기를 바랄 뿐입니다. 저는 다른 사람이 확립하고 증명한 것을 분석하고 심화시킬 수 있을 뿐입니다. 제 연구 방식처럼 저의 장점은 사실을 해부하고 사실에서 알맹이를 꺼내는 것입니다."

이 편지 교환으로 맺어진 인연은 계속 이어졌다. 미슐레와 프루동은 대중 의식의 자율성이라는 개념(오늘날 융Jung이 많은 지지를 보낸 개념)과 프랑스 혁명의 특성에 대한 견해만이 아니라, 사회이론 또는 역사이론을 정교한 체계로 구성하는 것에 대한 전반적인 거부감과 정치적인 동맹 관계로부터의 독립성에도 공감했다.

사실 1851년 말경에 프루동은 어느 누구에게도 거의 드러내지 않았던 존경심을 미슐레에게 내비쳤다. 미슐레는 감옥에 있던 프루동을 만나려고 노력했는데, 약간의 오해가 있어 면회를 할 수 없었다. 프루동은 아주 유감스러워하며 "11년이나 12년 전에 당신의 제자가 되었다면 스승을 찾아가 만나는 건 저였을 겁니다. 1830년대와 1840년대에 관한 당신의 기록은 저를 몹시 놀라게 했습니다. 시골의 풋내기인 저는 인간사를 판단하는 법을 알지 못합니다. 저는 요한묵시록을 암송하는 사도 요한의 말을 듣고 있다고 생각했습니다. 그 이후 제게 계시처럼 보이는 것이 역사의 참된 현실이라 여겼습니다. 맹목적인 사실은 무의미합니다. 사실로 감춰진 이념만이 진정 모든 것입니다. 이제 저는 당신을 따릅니다. 신이시여, 당신만큼 지혜롭고 싶다는 소원을 들어주소서!"

이들의 우정은 나중에 프루동의 삶이 변화를 겪은 뒤에도 이어졌다. 미슐레에 대한 프루동의 높은 평가가 몇 가지 점에서 줄어들었고, 두 작가는 여성과 사랑 같은 기본적인 주제(1858년에 프루동은 미슐레의 『사랑 L'Amour』을 "성적인 수다"로 치부해 버렸고 나중에는 『여성 La Femme』을 "또 하나의 외설 작품"이라 불렀다)에 관해 의견이 달랐지만, 두 사람은 끝까지 진심에서 우러나온 관계를 유지했다.

9

프루동은 오래 전부터 제2 공화국을 파멸시킬 정치적 위기를 예고했다. 수감 중에 쓴 기사는 루이 보나파르트의 제국주의 야심을 폭로했고 그 때문에 신문은 고발당했다. 보나파르트의 대통령 당선 이후 몇 달 동안 프루동은 대통령과 의회 사이에 깊어지던 적대감을, 그 적대감에 함축된 의미를 걱정하며 관찰했다. 1851년 1월 초에 프루동은 마르크 뒤프레스에게 "오래된 정파는 [이미] 무너졌어요. 그래서 그들은 두려울 게 없어요. 모든 위험은 엘리제 궁에서 나옵니다" 하고 말했다.

11월에 행정부와 입법부 사이의 불화가 커지고 분명해지자, 자신이 재선될 수 있도록 헌법을 수정하라고 의회에 겁을 주던 루이 보나파르트는 1849년 5월 31일의 [노동계급의 투표권을 몰수했던] 차별적인 선거법을 폐지하라고 요구하면서 대중적인 지지를 얻으려고 했다. 이런 식으로 루이 보나파르트는 우파를 괴롭혔을 뿐 아니라, 이 법을 폐지하겠다고 맹세했던 좌파 의원들도 당황하게 했다.

갈등이 깊어지자 프루동은 모든 면에서 나쁜 믿음과 음모를 봤다. 프루동은 어떠한 정파도 자신이 대변하는 척하는 대의에 진정으로 관심을 갖지 않는다고 생각했다. 모든 정파는 정략적으로 행동했다. 11월 23일에 프루동은 "교착 상태는 극단적인 정파의 마키아벨리주의 탓이다"라고 썼고, 이틀 뒤에는 "인민의 대표들은 더 이상 [권한을] 위임받은 사람들이 아니다. 그들은 검투사이다" 하고 덧붙였다.

보나파르트의 쿠데타를 일찌감치 예상했지만 프루동은 그것이 5월 31일의 선거법을 둘러싼 논쟁의 결과로 나타나리라곤 예상하지 못했다. 대통령은 12월 2일에 권력을 강탈했다. 그날 이른 아침 파리에서 무슨 일이 벌어지고 있다는 소식이 생-펠라지 감옥으로 전해지기 전에, 프루동은 사실상 산악당과 대통령의 화해가 갈등을 막을 가능하면서도 오래 갈 방법이라는 생각을 일기에 적었다. 오전 10시가 되어서야 프루동은 파리에서 일어나고 있는 일을 알게 되었다. 소식을 듣자마자 프루동은 즉시 감옥에서 나갈 수 있는 허가를 요청했는데, 사정상 아내의 가벼운 병을 이유로 들었다. "나는⋯수도를 걸으며 주민들을 관찰했다. 얼굴들은 애처로웠고, 모두의 마음은 당황스러웠다. 여하튼 대통령의 정직성이나 신중함을 기대하지 않았다고 하나, 어느 누구도 보나파르트가 감히 그런 범죄를 저지르리라고 예상하지 못했다는 건 사실이다."

저녁에는 산악당 내의 조그만 모임과 함께 보나파르트의 쿠데타에 뒤늦게 맞서려던 빅토르 위고를 방문했다. 프루동은 그들의 계획을 비관적이지만 현실적인 시각으로 봤다. 프루동은 위고에게 "친구로서 충고합니다" 하고 말했다. "당신은 혼자만의 환상을 만들고 있어요. 인민은 [쿠데타를] 받아들일 것이고 움직이지 않을 겁니다. 보나파르트는 승리할 겁니다.⋯공화국이 인민을 만들었고, 보나파르트는 인민을 주민으로 되돌리고 싶어 합니다. 그가 성공하면 당신은 실패할 겁니다. 보나파르트는 자신에게 유리한 힘과 총, 인민의 오류, 어리석은 의회를 가졌어요. 당신이 속한 소수의 좌파는 **쿠데타**를 압도하지 못할 겁니다. 당신은 정직합니다. 다행스러운 점은 보나파르트가 나쁜 놈이라는 사실이에요. 나를 믿어요, 저항을 중단해야 해요. 상황을 벗어날 방법이 없어요. 우리는 기다려야 합니다. 지금 싸우는 건 미친 짓이에요."

위고는 이 충고를 받아들이지 않았고, 나중에 마치 이 충고가 배신이었다는 듯 씁쓸하게 이때를 회상했다. 그렇지만 프루동이 옳았고, 쿠데타에 격렬하게 저항했던 사람들은 성공의 기회나 대중적인 지지를 얻지 못하고 낭만적인 태도를 취했을 뿐이었다.

그런데 프루동은 인민의 무관심을 알아차리고 고려하면서도 그것에 공감하거나 지지하지 않았다. 쿠데타가 2월 혁명과 마찬가지로 프루동에게 강한 영향을 미쳤고, 차이점이라면 1848년에 프루동의 감정이 복잡했다면 1851~52년에는 **쿠데타**가 공고해지는 동안 시종일관 겁에 질렸다는 점이다. 이 사실은 일기에 적힌 다음과 같은 구절들에서 분명해진다.

12월 3일. "국민의 선의가 이렇게 갑작스레 공격을 받은 적은 단 한 번도 없었다.…그 모욕감이 너무 깊어서 국민은 포기한 듯이 어찌할 바를 모르고 있다!"

12월 4일. "새벽 5시 30분에 일어났다. 동맥이 견딜 수 없을 만큼 고동쳐서, 자는 동안에도 열이 나고 흥분되었다.…자유의 몸이라면, 공화국의 잔해 밑에 충직한 시민들과 함께 묻히고 싶다. 아니면 해방을 존중하지 않는 땅에서 멀리 떨어져 살고 싶다."

12월 5일. "1843년에 보통선거권의 불합리함에 맞서 목소리를 높였다는 점에서 내가 얼마나 옳았나! 그렇다, 대중은 오랫동안 스스로 올바른 행동을 할 능력이 없었고 앞으로도 없을 것이다."

12월 10일. "노동계급의 변절로 파리는 승리를 놓쳤다."

12월 14일. "쉬쉐Suchet 부인은 바리케이드의 시민들이 저격당했다는 소식을 확인해 줬다.…따라서 보나파르트는 자신을 방어하는 것으로 만족하지 않는다. 그는 대량 학살이나 범죄도 마다하지 않는다. 프랑스는 압제 하에 있다. 정복자의 오만함은 그 한계를 모른다. 분노가 커지고 있다."

12월 15일. "파리 시민이 어리석다는 신호. 보나파르트의 신문들과 함께 대부분의 인민들은 **쿠데타**가 없었더라면 우리가 혁명, 즉 약탈과 방화, 살인, 도둑질을 경험했을 것이라고 반복해서 말하고 있다. 바로 눈앞에서 잔혹한 행위를, 군대의 이루 다 말할 수 없는 잔혹한 행위를 목격했는데도 말이다!"

12월 중순이 되어서야 프루동은 평온함을 되찾았고, 19일에는 에드몽에게 한 주 동안의 밤이 "사형 선고를 받은 사람의 밤과 같았"지만 이제 평온하고 "노예처럼 일한다"고 말했다. 쿠데타가 일어났지만 프루동은 적절한 시기에 혁명이 정부의 활동을 무시하고 진행되리라 믿었다. 그러나 프루동은 가까운 미래를 거의 낙관하지 않았다. 프루동은 지식인들의 추방이 확산되고 결국 자신도 어려움을 겪으리라 예측했다. 프루동은 마우리스에게 "여전히 불안감을 억누를 수 없어" 하고 말했다. "나를 두렵게 하는 건 분명 정부 당국이 아니야. 그건 성직자와 주교라는 정파야."

이 마지막 말은 당시 프루동의 입장에 나타나기 시작했던 미묘한 변화를 우리에게 알려 준다. 지금까지 우리가 입수할 수 없는 증거에 의존해서 프루동은 보나파르트가 사회주의자들 중에서 가장 높게 평가하는 사람이 자기라는 확신을 가졌기 때문이다. 그런 생각이 루이 보나파르트를 노골적으로 비판했던 사람에게서 일어났다는 점은 상상하기 어렵다. 그렇지만 적어도 프루동은 자신의 사회사상을 실행하기 위해 새로운 장관들을 이용할 수 있다고 생각했고, 최소한 장관들도 이용하려는 욕망이 서로에게 있을 수 있음을 넌지시 비치며 프루동을 진심으로 맞이했다는 점은 분명하다.

12월 24일에 프루동은 해군성과 식민성의 장관에게 편지를 써서, 정치범들이 공적 기부금과 기아나Guiana의 죄수 유형지를 위해 적립되는 기금을 [여행 자금으로] 보조 받아, 유럽이나 프랑스 제국 밖의 자율적인 식민지로 갈 기회를 누릴 수 있어야 한다고 제안했다. 분명히 장관은 이 제안이 **쿠데타**에 대한 프루동의 입장을 타진할 하나의 기회라고 여겼고, 며칠 뒤에 모르니Morny 백작은 프루동을 초청했다. 이 만남에서 프루동은 루이 보나파르트의 역사적 기능에 대한 매우 논쟁적인 테제를 몇 가지 제시했다. 프루동은 그들에게 말했던 두 가지를 에드몽에게 다음과 같이 전했다. "첫째, 루이 보나파르트 정부는 자신의 쿠데타를 사면한 750만 표[보나파르트는 쿠데타 이후 국민투표에서 압도적인 지지를 받았다]에 의해 사회주의가 추구하던 개혁을 어떤 식으로든 실현하라는 위대한 임무를 맡을 운명이다. 둘째, 루이 보나파르트는 혁명의 시리즈를 끝내는 게 아니라 이어 가게 된다." 이런 점들은 [나폴레옹] 제정에 대한 프루동의 후기 사상을 예측하게 해 주기에 중요하다.

프루동은 모르니 백작이 이 두 가지 테제를 인정했고 더 흥미로운 의견 교환이 이어졌다고 주장했다. "다양한 제안에 답하면서 나는 장관에게 '만일 당신이 예수회 선교사들과 싸우도록 허락한다면, 나는 당신네 **쿠데타**의 3분의 1을 눈감아 줄 거요' 하고 말했다. '예수회 선교사라고요?' '그 사람들은 몽탈랑베르Montalembert와 뵈이오Veuillot, 파스칼Pascal을 공격했던 자들의 제자들이오.' 장관은 웃으며 '그건 조치할 수 있지요' 하고 말했다."

분명히 프루동은 권력을 가진 자들을 설득해서 그들의 무덤을 파도록 만들 수 있다는 오래된 환상에 시달리고 있었다. 우리가 이 환상을 아무리 순진하다고 여긴다 해도, 프루동은 상황이나 자신의 마키아벨리 전술로 보나파르트주의자들에게 사회의 혁명적인 변화를 촉진할 정책을 강요할 수 있다고 생각했다. 그렇지만 단 한 번도 루이 나폴레옹이나 그 행정부를 혁명의 적극적인 참여자로 여기지 않았다는 점은 강조되어야 한다. 보나파르트는 자신도 모르게 혁명을 도울 뿐이다. 왜냐하면 낡은 정파를 파괴하면서도 보나파르트는 자신의 생각을 따르는 새로운 사회를 만들 수 없기에, 나라를 혼란에 빠뜨려 거의 알아채지 못하는 상태에서 정부가 붕괴하고 자유가 재건되도록 할 것이기 때문이다. 프루동은 이 과정을 촉진할 수 있다면 그 어떤 것을 시도해도 정당하다고 느꼈다.

10

바깥 세계가 그 어느 때보다 더 불안하고 더 혼란스러웠다면, 이 당시 프루동 개인의 삶은 이 시기에 훨씬 더 바르게 균형을 잡았던 것 같다. 1852년 1월에 유프라지는 둘째 딸 마르셀Marcelle을 출산했다. 프루동의 첫 반응은 특유의 신중함이었고, 카트린을 낳았을 때만큼 만족스러워하지 않았다. "카트는 우렁차고 가슴에서 나오는 목소리를 가졌었는데, 둘째의 소리는 피리 소리처럼 가늘었다. 그리고 내가 오해한 게 아니라면, 코는 엄마를 닮았다. 카트는 진정한 프랑슈-콩데인이고 둘째는 파리 사람이 될 것이다." 그러나 며칠 뒤, 마르셀이 태어난 지 거의 일주일이 지났을 무렵에는, 친구들에게 억눌러 표현했던 부성애가 엄청나게 강해졌다. 그리고 프루동은 아버지가 되는 기적의 기쁨을 일기에 자유로이 표현했다. "청년이 애인에게 빠지듯, 내 아이들에게 마음을 빼앗기면서 날마다, 매 시간 놀란다.…가족의 사랑은 내 삶을 정상적이고 밝고 편하고 자유롭게 만들었으며 무엇보다도 모든 불안과 죽음 자체를 초월하게 만든다.…가족의 진정한 의미는 가족을 조국의 초석으로 만들고 형제애를 찬양하는 사람들에게 있다. 그렇다, 형제들, 그리고 아버지, 어머니, 아들, 삼촌, 숙모, 조카, 조카딸, 사촌, 이 모든 사람들은 가슴으로 느낄 수 있는 영적이거나 세속적인, 육체적인 모든 고리로 연결되어 있다. 이것이 바로 공화국이다!"

당시 프루동의 평온함은 단순히 행복한 가정생활의 영향만은 아니었다. **쿠데타**가 일으킨 감정적인 폭풍에서 벗어난 점이 새로운 안정감을 제공한 듯했다. 이 점은 프루동의 미래를 염려하던 친구들이 다시 자유가 위태로워질 경우를 대비해, 석방되면 프랑스를 떠나라고 강요했을 때 나타났다. 앨버트 브리스반Albert Brisbane은 뉴욕에서 언론 활동을 하자고 제안했다. 프루동은 초청을 거절했다. 샤를 에드몽은 이탈리아의 사르디니아로 가라고 권했다. 프루동은 "칼리아리로 가는 등대를 찾는 유럽의 악마는 누구인가?"라고 반박했다.

프루동은 망명을 떠나라는 모든 얘기들이 미래에 대한 불안한 공포를 나타낸다고 느꼈다. "나는 천국의 멸망을 믿지 않는다. 왜냐하면 나는 오랫동안 정치를 지켜 왔고 굴복당한 이 순간에도 우리를 지탱할 한 가지 일에 몰두하는 사람이기 때문이다."

게다가 프루동은 독재 하에서도 자신이 쓸 수 있는 주제가 있다고 생각했다. "경제학과 역사학, 철학, 이것들은 일상의 정치를 넘어서 있기에 아주 쉽게 [검열을] 빠져나올 수 있다." 그리고 심지어 더 이상 글을 쓸 수 없다 해도 프루동은 여전히 [프랑스에] 남을 생각이었으며, 어떻게든 생계를 꾸려 갈 수 있으리라 여겼다. "스피노자는 암스테르담에서 렌즈를 깎는 장인이었고 성 바오로는 천막을 만들었다. 나라고 어딘가에서 다시 점원이나 수문 관리인이 되지 못하겠는가?"

조국을 떠나기 싫어하는 이 골 사람Gallic 특유의 고집은 보나파르트가 자신에게 거의 우호적인 태도를 유지했다는 믿음에 의해 강화되었다. 프루동은 마르크 뒤프레스에게 "엘리제 궁에서 우호적인 시선을 보내고 있다고 믿을 만한 충분한 이유가 있어요" 하고 말했다. 그러나 동시에 프루동은 "정치에 몰입하는 건 똥물에 손을 씻는 격입니다" 하고 덧붙였다. 그리고 앙투안 고티에가 관직을 얻어야 한다고 제안하자 프루동이 분개하며 거부했을 때, 정부 활동에 직접 개입할 뜻을 품고 있지 않다는 이 라블레[33]식 표현은 더 강해졌다. 프루동은 그런 걸음[정부 활동에 직접 개입하는 것]이 정부 당국을 혁명적인 방향으로 몰아붙이려는 자신의 노력을 방해할 것이라고 여겼다.

33 [옮긴이 주] 16세기 프랑스의 유명한 풍자 작가.『팡타그뤼엘』이라는 소설로 유명하다.

그러는 동안 프루동은 석방될 시간이 다가왔다는 문제에 직면하기 시작했다. 기유맹에게 말했듯이 프루동은 전혀 예상하지 못한 일이 발생하지 않는 한 자신이 정치의 장에 있을 이유가 없다는 점을 깨달았다. 게다가 프루동은 "**비열한 다중**_{vile multitude}이 충분히 많다는 점을 알았"고 "**황제여 영원하소서**를 재잘거릴 뿐인 사람들 사이에서 **공화국이여 영원하라**"고 외치는 것이 어리석다고 여겼다. 프루동은 기업계로 복귀하는 대신에 많은 친구들이 철도와 운하를 놓는 계획에 자신을 참여시키려 한다고 기유맹에게 얘기했다. "신문사를 경영하는 것 외에 다른 일도 할 수 있다는 점을 상류층과 하류층에게 한 차례 증명하는 것을 불쾌해 하지 않아야 해."

프루동은 기유맹에게 보낸 바로 이 기억에 남을 만한 편지에서, 감옥에 있는 동안 자신을 지탱시켜 준 정신적인 태도를 금욕적인 용어로 서술했다. "혼란스러워하는 인민의 마음을 이해하면 할수록, 나는 더욱더 자유와 편안함을 느껴. 그래, 자유로워. 그건 이 세계에서 하찮은 존재자의 노예가 아니라 자연적인 필연성의 노예이기 때문이지. 나는 성직자나 판사, 군인에게 굴복하지 않아. 나는 당파에도 속하지 않고 어떠한 편견도 따르지 않아. 나는 존경심이나 심지어 인기도 초월했어. 나는 다른 사람들에게도 나와 같은 자유를 주고 싶어. 그들은 내가 너무 많은 자유를 누리기에 나를 감옥에 가두기로 결정했어. 그렇게 해서 그들이 얻는 게 뭘까? 아무것도 없어. 내가 잃은 건 뭘까? 정확하게 평가해 보면, 다시 말하지만 나는 아무것도 잃은 게 없어. 나는 3년 전에 알았던 것보다 열 배 이상 많은 걸 알게 되었고 그걸 열 배로 더 잘 이해해. 내가 얻은 걸 건설적으로 받아들이기에, 정말로 나는 잃은 것을 알고 싶지 않아."

1852년 6월 4일 아침에 생-펠라지 감옥 문을 통과해 밖으로 걸어 나왔을 때 프루동은 이런 기분이었다. 그리고 자유의 몸이 되어, 자신이 상상했던 것보다 더 철저히 변화될 삶을 맞이했다.

6장

정의의 협객이
되다

대부분의 사람들에게 석방은 무기력한 삶에서 상대적으로 활동적인 삶으로의 복귀를 의미한다. 프루동에게는 정반대였다. 여러 감옥에서 보낸 3년은 프루동의 삶에서 가장 생산적인 시기였다. 프루동은 세 권의 중요한 책을 썼고, 세 개의 신문을 편집했으며, 그 신문들에 많은 양의 도발적인 기사를 실었다. 프루동은 학계와 혁명 세계의 많은 유명 인사들을 만났으며 결혼을 했고 가정을 꾸렸다. 그 이후 공적인 면과 사적인 면의 모든 상황이, 3년 동안 충만했던 활동성과 만족감을 아주 많이 줄였다. 생-펠라지 감옥에서 나왔을 때 프루동은 다양한 성취를 이룬 세계에서 계속 노력을 좌절시키는 세계로 나온 셈이다.

좌절의 패턴은 거의 바로 나타났다. 프루동이 샤를 베슬레이 Charles Beslay 같은 친구들과 의논했던 철도 계획은 더디게 진행되었는데, 그 계획에 대한 프루동의 관심은 출소하기 몇 주 전에 썼던 루이 나폴레옹의 **쿠데타**에 관한 책과 관련해 문제가 생기면서 곧 줄어들었다.

『12월 2일의 쿠데타로 증명된 사회혁명 La Révolution Sociale

démontrée par le Coup d'Etat du Deux Decembre』은 보나파르트주의자들이 권력을 강탈하도록 이끈 조건들을 상세하게 검토했고, 세 번째 나폴레옹[루이 보나파르트]에게 보내는 경고로서 첫 번째 나폴레옹의 기록을 끌어들였으며, 아나키가 19세기 사회진화의 참된 결말이라는 프루동주의를 또다시 상세하게 설명했다(이하『사회혁명』). 프루동은 프랑스 인민에게 "아나키냐 황제 정치Caesarism냐" 하고 물었다. "당신들은 더 이상 이 문제에서 빠져나갈 수 없다. 당신들은 정직하고 온건하고 보수적이고 진보적인 의회와 자유로운 공화국을 원하지 않았다. 그래서 지금 당신들은 **황제**와 **사회혁명** 사이에 끼어 있다!"

『사회혁명』이 출간되기 전날 밤, 경시청장은 책 출판을 금지했다. 프루동은 이런 결정을 예상하지 못하고 있었다. 그는 이제 자신의 출판물이 모두 발매 금지될 수도 있는 조치를 피할 방법을 고민하기 시작했다. 무엇보다도 프루동은 프랑스를 떠나서 프랑스어를 쓰는 사람들과 생활할 수 있는 벨기에나 스위스로 가야 할지도 모른다고 생각했다. 아니면 "한 업체의 도움을 받아 비밀리에 출판을" 시도해야 했다. 그러나 프루동은 자신의 상황을 조정하려고 시도하지 않고서 다른 대안을 받아들일 의향이 없었다. 7월 29일에 프루동은 군주이자 대통령인 사람에게 직접 탄원서를 제출했다. 프루동의 어조는 대담했다. 프루동은 자기 책의 목적을 아주 공개적으로 선언하며 "내 신랄함과 대담함, 의심과 역설을 담은 책을" 출판하도록 허가해 달라고 요청했다. 이처럼 직접 접근해 에둘러서 아부하자, 그 보답으로 루이 나폴레옹은 발매 금지 조치를 철회하라고 명령했다. 프루동은 "대통령이 동의했다!"며 기뻐했다. "대의의 승리다! 검열이 패배했다!"

『사회혁명』은 당시의 정치적 위기를 다루었기에 관심을 불러일으키지 않을 수 없었다. 한 달 동안 1만3천 부가 유통되었고, 이런 결과는 프루동에게 지나친 낙관주의를 불어넣었다. 프루동은 3만 프랑을 벌 때까지 판매고가 계속 늘어나서 빚을 청산하고 "혁명적인 당파"의 수장이 되기를 희망했다. 그러나 초반의 많은 매출로 증명된 관심이 꼭 지지를 뜻한 것은 아니었다. 소수의 비평가들만이 매우 호의적이었다. 보수주의자들은 책이 출판 허가를 받은 것에 대해 불평했다. 런던으로 망명을 떠난 자코뱅들은 이 책과 프루동의 모든 저작을 비난했다. 부당하게도 마르크스는 『사회혁명』을 "쿠데타의 영웅에 대한 희대의 변명"으로 치부했다. 마지막으로 노동자들은 책값이 비싸다고 불평했다. 프루동은 "그 점을 유감으로 생각하지만 정말 어쩔 수 없었다.…간혀 있으면서 나는 계속 가르니에 출판사와 거래했고, 상업적인 고려를 전적으로 맡긴다는 조건으로 그들이 내게 주는 선인세로 생활했다. 나는 애국자들의 헌신보다 이런 사업가들의 도움을 더 많이 받았다."

2

이 최근작이 최소한의 경제적인 성공을 보장하는 동안, 프루동은 수감 생활의 마지막 몇 달 동안 많은 즐거움을 [누리게 되리라고] 기대했던 프랑슈-콩데 지방으로 여행을 떠났다. 파리를 떠나게 된 것이 프루동의 뜻만은 아니었다. 프루동은 아이들의 건강을, 특히 구루병 증세를 보이던 카트린의 건강을 걱정했고 의사는 시골에 머물면 치료될지 모른다고 판단했다.

어린 시절에 자주 갔던 오농 지방 인근에서 마침내 프루동은 쉴 수 있었다. 프루동은 농민들과 몇 시간 동안 얘기하면서, 혁명 전 마지막으로 방문했을 때부터 그때까지 지역의 모든 소식을 전해 들었다. 그리고 생존해 있던 친지들을 만나고 오랜 친구들의 방문을 맞이했으며 산중턱에서 열매를 모으고 모샘치와 "작은 바닷가재만큼 큰" 가재를 잡으며 어린 시절의 즐거움을 다시 만끽했다. 8월 말에 프루동은 브장송을 방문했는데, 시골의 보수주의가 예전보다 더 많이 퍼졌다는 점을 깨달았다. 9월 초에 프루동은 리옹에 있는 예전 고용주[고티에]의 집에서 잠시 머물기 위해 그곳으로 갔다. 프루동은 자신이 없는 동안 빠르게 발전한 리옹을 매우 흥미롭게 관찰했고, 일종의 자본가 조직이 출현했다는 점을 간파하고 산업 봉건주의Industrial Feudalism라는 개념으로 정의했다. 프루동은 "기업들의 독점이 프랑스를 장악할 것이다. 이것은 섬유와 철강, 제분, 주류, 설탕, 견직, 모든 분야에서 독점으로 나아가고 있는 봉건적인 제도이다"라고 적었다.

휴가는 10월에 불행하게 끝났다. 왜냐하면 마르셀이 수두에 걸렸고 프루동 자신도 후두염을 심하게 앓았기 때문이다. 후두염은 프루동의 건강을 심하게 약화시켰는데, 심지어 파리로 돌아온 이후인 11월에도 일을 다시 시작하는 것이 어렵다고 느낄 정도였다. 프루동은 수감 생활의 후유증으로 병이 깊어졌다고 여겼다.

파리를 떠났다고 해서 진행 중인 사건에 대한 프루동의 관심이 줄어든 것은 아니었다. 프루동은 보나파르트 정권이 점점 더 반동 세력으로 바뀌는 것을 거북하게 바라봤다. 10월 8일 일기에 프루동은 "루이 나폴레옹은 부르주아지에 의존한다"고 적었다. 보나파르트가 **쿠데타**로 만들어진 상황의 혁명적인 잠재력을 실현할 가능성이 거의 없다는 것은 점점 더 분명해지고 있었다. 그리고 환멸감에 빠진 프루동의 입장은 1849년과 1850년의 신랄함으로 재빨리 복귀했다.

동시에 당시의 민주적인 모임들에 대한 프루동의 불신은 1852년 가을의 하원 선거에 출마하는 것을 놓고 상당히 망설인 점으로 증명된다. 베슬레이가 민주적 사회주의 분파에 가담해 달라고 요청했을 때, 프루동은 의회 업무에 관심을 쏟기 위해 보수를 받는 일을 줄일 여유가 없다—당시의 하원 의원들은 더 이상 보수를 받지 못했다—며 일단 거부했다. 결국 프루동은 "더 많이 득표하고 반대를 적게 받아 반동 세력에게 구실을 덜 줄 수 있는"

후보자의 앞길을 가로막지 않는다는 조건으로 후보 지명을 받아들이기로 했다. 그리고 은행가 구드쇼가 비교적 급진적인 계획을 지지하겠다는 입장을 제시하자, 프루동은 재빨리 사퇴했다.

하원 선거에 나가는 것을 대놓고 내키지 않아 했던 것은, 보통 선거권이 루이 나폴레옹의 집권을 승인했던 국민투표에서 반동 세력의 승리를 지원하기 위해 주로 활용되자 불신이 더 커진 것과 관련되어 있었다. 이 삼류 카이사르를 승인했던 유권자들에게 선택을 받는다는 점은 사실 미덥지 않은 명예였을 것이다. 실제로 인민에 대한 프루동의 신뢰는 이 당시 가장 낮은 수준으로 떨어졌다. "비열한 다중", "어중이떠중이", 자신이 인류의 가장 위대한 희망을 봤던 계급에게 이만큼 호된 형용사는 없다. 프루동은 "좋은 기회가 생길 때마다 대중은 항상 자신들 속에서 출현한 지도자들에게 공공연히 또는 비밀리에 이끌려 다녔다. 그리고 마음대로 하도록 내버려 둘 때마다 대중은 사회를 한 발짝씩 뒷걸음치도록 만들곤 했다"고 투덜거렸다. 그렇지만 그때에도 프루동은 인민이 능동적인 행동을 회복할 수 있다는 희망을 완전히 버리지 않았다. 프루동은 10월에 "우리는 인민을 교육시킬 수 있는 가능성을 믿는다"고 적었다. "혁명은 각 개인과 각각의 이해관계, 각각의 말을 이용해 항상 진보하고 있다."

이 시기의 프루동이 자발적이고 진정한 혁명사상에 헌신하는 격월간지의 편집자로서 다시 논쟁적인 언론계로 돌아가고 싶어 했던 것은, 그리고 "자신들의 이론을 지나치게 고집하고 신학자들처럼 스스로 만든 진리와 자신이 선택한 진리만을 인정할" 사회주의 분파의 편협함에서 벗어난 것은, 이런 인민 교육을 시작하려고 했기 때문이다. 석방되기 전날 밤부터 프루동은 이미 이런 생각을 했고, 석방된 뒤 몇 달 동안 자신의 논평이 권력과 자본, 교회의 세력들에 맞서는 중요한 전쟁 기계가 되었다고 여겨질 때까지, 프루동은 경제학과 철학, 도덕, 과학, 역사, 문학 영역으로 자신의 구상을 폭넓게 적용했다.

그러나 프루동이 이런 엄청난 계획을 수행할 가능성을 항상 낙관한 것은 아니다. 프루동은 자신의 최근 저작이 불러온 어려움을 잊지 않았고, 책의 성공이 보나파르트주의자 주변의 전통적인 반동 세력을 불쾌하게 만들었다는 점도 알고 있었다. 프루동은 기유맹에게 "인간의 지식과 이해에 맞서는 진정한 음모가 있다"고 얘기했다. 그렇지만 프루동은 자신의 계획을 계속 진행시켰고, 12월 중순에는 ("예상치 못한 장애물이 없다면") 1853년 1월 15일에 첫 호를 발행하려 한다고 말했다. 프루동은 마디에-몽토Madier-Montjau에게 "그날부터 검열당하고 기소되지 않을, 알려지지 않은 길로 내가 당신을 1848년처럼 이끌겠소. 그럴 수 있기를 나는 희망하오" 하고 약속했다.

프루동의 우울한 우려는 옳았다. 정권은 1852년 동안 점점 더 가혹해졌고, 정권이 강화되어 "민주적인 척 가장할" 필요조차 없게 되었다. 루이 나폴레옹 내각은 프루동의 순진한 마키아벨리주의를 충분히 꿰뚫어 봤으며, 프루동도 "순수 학문"이라는 구실이 더 이상 받아들여지지 않으리라는 점을 잘 깨달았다. 12월 28일 경시청장 드 모파de Maupas는 [잡지] 허가 신청을 거부했다. 드 모파가 "프루동 씨, 황제에게 가서 청원하시죠" 하고 말한 것으로 기록되었고, 프루동은 이제 상부가 자신에게 유리하도록 개입하지 않는다는 뜻으로 이 말을 해석했다. 프루동은 "종교적인 입장 때문에 거부당했다고 여길 뿐이다"라고 말했다. 그렇지만 너무나도 열심히 언론계로 복귀할 방법을 찾았기 때문에, 정부 당국의 거부는 프루동의 계획을 포기시키기에 충분치 않았다. 프루동은 신문을 해외에서 발행하자고 얘기했고, 베스트팔렌 왕국의 예전 왕이자 자유분방하다는 평판을 받던 제롬 보나파르트[루이 나폴레옹의 숙부]가 자신을 조심스럽게 도울 수도 있다는 희망을 완전히 버리지 않았다.

희망과 낙담의 교차는 1년 이상 계속되었다. 이 시기에도 프루동은 손이 닿는 연줄을 붙들었고 자신이 가진 불충분한 막후 영향력을 이용했다. 결국 1854년 1월 10일에 잡지 허가를 받았다는 "신나고 믿기지 않는 소식"이 튈르리 궁의 여러 중재인들로부터 전해졌다. 여느 때보다 훨씬 더 의기양양해진 프루동은 이탈리아 연방주의자 주세페 페라리Joseph Ferrari에게 《인민평론 Revue du Peuple》의 발행이 "12월 2일[쿠데타]보다 한층 더 중요한 사건"이 될 거라고 선언했다. 그러나 프루동의 때 이른 확신은 번지수가 맞지 않았다. 여전히 잡지는 허가를 받지 못했던 것이다.

그렇지만 어느 정도 진지하게 잡지 허가를 고려했을 수 있다는 최소한의 가능성은 있다. 1854년이 시작되면서 보나파르트 정권은 위기에 봉착했고, 크림 전쟁이 방해하지 않았다면 루이 나폴레옹은 독재를 풀라는 압력을 받았을지도 모른다. 그러나 전쟁이 터졌고, 황제는 보나파르트의 군사적인 영광을 부활시킬 기회이자 국내의 불만을 은폐할 수단으로서 전쟁을 기꺼이 받아들였다. 민주주의를 허용하려던 생각은 폐기되었고, 적어도 몇 년 동안 《인민평론》은 중단되어야 했다.

3

이 잘못된 희망에 관한 이야기는 생-펠라지 감옥에서 석방되고 난 이후의 삶에 중요한 방침을 제공했다. 1852년 말부터 프랑스의 정치 풍토는 점점 더 억압적으로 변해 갔고, 공포가 공적인 생활에 깊이 스며들었다. 프루동과 같은 작가들을 추방하는 일이 늘어난 것도 그런 분위기의 결과였다. 이 분위기는 파시스트 정권의 초·중반기 동안 이탈리아를 지배했던 분위기와 그리 다를 바가 없었다. 그리고 많은 급진주의자들이 망명 중이거나 감옥에 갇힌 상황에서, 여전히 독자적인 목소리를 억누르지 못하고 표현했던 사람이자 몇 남지 않은 혁명 지도자 중 한 명[프루동]은 아주 노골적으로 [그런 상황에] 연루되어 불안한 삶을 살았고, 무엇보다도 그런 불안은 경력과 일에 악영향을 미쳤다.

1852년 가을부터 프루동은 자신에게 닥쳐올 상황을 충분히 감지했다. 10월 18일, 프루동은 에드몽에게 다음과 같이 씁쓸해 하며 말했다. "잠시라도 제법 많이 보수를 받을 일자리를 구해서 피난을 떠나고 싶어요. [그러나] 이제 그 희망은 무너졌죠. 전염병에 걸린 사람처럼 나는 모든 곳에서 거절을 당합니다. 조금이라도 나와 공통점을 가지면 그들은 자신이 저주받았다고 여길 겁니다. 파리나 리옹, 다른 어느 곳에서도 저는 1천2백 프랑을 받는 점원 일자리를 구하지 못하리라 거의 확신해요. 그래서 나는 전업 작가 생활로 거칠게 내몰렸어요. 내가 바라던 훌륭한 일자리에서 조용히 중요한 일에 종사하는 대신에, 매일매일 펜이 낳는 성과에 의지해서 살아야만 해요."

프루동에 대한 편견은 삶의 아주 개인적인 측면에도 스며들었다. 1852년 말 프루동은 퐁텐 가를 떠나기로 결심했다. 바람이 통하지 않고 햇빛이 비치지 않는 그곳의 환경 탓에 딸들이 계속 고통을 받았기 때문이다. 그리고 1853년 2월에 프루동은 생 자크 가에서 좋은 정원이 딸린 알맞은 아파트를 발견했다. 그러나 소유주는 집을 빌리려는 사람의 이름을 듣자마자 즉시 거래를 취소했다. 격분한 프루동은 "소유주들이 나를 길거리로 내몰아서 복수하다니 놀랍지 않은가?" 하고 말했다.

그렇지만 4월이 되자 프루동은 파리 중심가에서 약간 떨어진 몽파르나스 외곽에서 더 괜찮은 집을 찾는 데 성공했다. 이 집은 기상대 근처 뎅페르 가(지금은 뎅페르-로쉐로 가) 83번지의 1층이었고 남향의 창문으로는 넓고 덤불이 우거진 정원이 보였다. 프루동은 이 집에 만족했고 5년 동안 여기서 머물렀다. 노동자의 블라우스를 입고 싸구려 신발을 신은 프루동이 정원의 계단에서 책과 노트에 둘러싸여 앉아 있는 모습을, 즐겁게 노는 아이들에 둘러싸인 지적인 지도자를 쿠르베가 그린 곳도 바로 이 집의 정원이었다.

프루동의 딸들은 예전보다 몸에 좋은 환경에서 자랐다. 카트린은 "활발해졌고", 프루동은 맑은 공기와 햇살이 폐렴을 앓던 마르셀의 목숨을 구했다고 확신했다. 이런 장점이 있었지만 지불해야 하는 [예전보다] 더 많은 집세는 프루동의 불확실한 수입에 큰 부담을 지웠다. [게다가] 유프라지의 세 번째 임신으로 집안일을 돕고 아이들을 돌볼 프랑슈-콩데인 하녀가 필요했기에 프루동은 이미 부담을 느끼고 있었다.

사실 재정 상황에 대한 불안감과 차별에 대한 두려움이 프루동의 마음에 아주 깊이 자리 잡았기에, 1853년의 전반기는 늘어나는 가족을 보호할 수 있는 일자리를 허둥지둥 찾느라 지나갔다. 프루동은 리오로 가는 정기선을 만들자고 고티에 운송회사에 제안했다고 자서전에 적었다. 그리고 스위스의 철도 건설에 자금을 대려던 영국 자본가들을 자문했다. 프루동은 농업신용은행을 만들려던 사람들이나 큰 땅을 사서 작은 농지로 되팔려던 사람들과도 접촉했다.

이렇게 여러 곳으로 뻗어 나간 이해관계는 프루동이 전형적인 기업가의 실리주의로 입장을 바꿨다는 인상을 줄 수 있다. 그러나 그것은 분명 부당한 가정이다. 왜냐하면 프루동의 마음 이면에는 어떻게 해서든지 자신의 동료나 고용주가 공공선을 위해 일하도록 유도하거나, 아니면 자기 자신이 인민은행을 다시 시작하기에 충분한 돈을 모으겠다는 희망이 항상 자리 잡고 있었기 때문이다. 사업계로 진출한 프루동의 돈키호테 같은 행동은 위베르—1848년 혁명 당시 알사스 출신의 노련한 혁명가로 활동했고 둘랑 형무소에서 프루동의 옆방에 있었다—가 제안했던 브장송과 뮐루즈를 연결하는 철도 계획과 관련된 이야기에서 뚜렷이 확인된다. 위베르가 처음 접근했던 1853년 1월에 프루동은 경제 사정이 매우 안 좋았다. 그 당시에 제안을 받아들인 것은 경제 상황을 나아지게 하려는 바람이 주된 이유였다. 위베르에게 최근 몇 달 동안 경험했던 실패를 상세하게 설명한 뒤에 프루동은 "굶주려 죽는 것 외에 내게 남겨진 선택은 난생 처음 출세를 했던 기업계로 다시 돌아가는 것입니다" 하고 말했다.

프루동은 제롬 보나파르트가 철도 계획에 관심을 가지도록 자극하려 했고, 그 과정에서 이 계획이 이상적인 면을 가졌다고 스스로 확신하는 듯했다. 적어도 프루동의 사회이론에 따르면, 지방으로 분산된 작은 철도들이 통합된 [철도] 체계보다 우월하기 때문이다. 그러나 결국 사업권은 예전에 생시몽주의자였고 보나파르트주의 정권의 경제통이 된 페레이르Pereire에게 주어졌다.

페레이르는 프루동과 위베르에게 보상금으로 총 4만 프랑을 주겠다고 제안했다. 2만 프랑은 당시 프루동에게 엄청난 금액이었을 것이다. 모든 빚을 갚고도 몇 달 동안 가족을 충분히 부양할 수 있었다. 그리고 그 돈은 뇌물이나 어떤 식의 수치스러운 행동에 대한 보상금이 아니었기 때문에 비난을 받지 않고 받을 수 있었다. 그러나 프루동은 엄격한 원칙에 따라 돈을 받지 않기로 결심했다. 즉 자신은 단지 [보나파르트에게 철도 계획을] 고려하라고 제안했을 뿐이기에 보상을 받는 것은 적절하지 않다는 것이었다. 왜냐하면 "돈과 생각은 같은 기준으로 비교할 수 없는 다른 양"이기 때문이다.

그런 까다로움은 페레이르가 그런 제안을 하도록 힘을 썼던 제롬 보나파르트를 언짢게 했지만, 프루동은 그의 불쾌함에 개의치 않고 자신의 입장을 고집했다. 그리고 "일부러 꾸민 덕성"을 좋아하지 않기에 "덕망 있고 청렴한 사람의 역할을 하려는" 욕망을 부인하면서, 프루동은 자신이 "한 사람의 *경제학자*이자 *민주주의자*"로서 사업권을 요구했고 페레이르가 "산업 봉건주의에서 생시몽주의 원리의 대표자"이기 때문에 "적"에게 돈을 받는 것이 부조리하다고 말했다.

이런 융통성 없는 정직함을 찬양할 수 있고 심지어 원칙에 따라 가난하게 살아갈 개인의 권리를 인정할 수도 있지만, 의도적으로 가족이 계속 가난하게 살도록 했다고 따질 수도 있다. 그렇지만 이 질문은 프루동처럼 스스로 희생하며 헌신했던 사람이 가정도 전적으로 책임져야 하는가라는 쟁점을 과감하게 제기하는 것이다. 프루동 자신은 가족을 보편적인 필요조건으로 봤지만, 사실 프루동 가족의 필요가 프루동의 사회사상의 요구와 항상 일치하지는 않았다. 그리고 갈등이 생길 때마다 주로 피해를 보는 것은 가족이었다.

이처럼 개인적인 실패가 누적되던 와중에 유프라지는 셋째 딸 스테파니Stephanie를 출산했다. 프루동은 적절한 때에 사냥한 새 고기를 선물로 보냈던 정말 사려 깊은 마게에게 "3인조는 승리를 나타내" 하고 편지를 썼다. "피에르 르루는 성공했고[보나파르트에게 박해받던 르루는 가족과 뉴저지로 떠나 농업을 시작했다] 가난한 철학자[프루동]는 분명 실패했어." 그리고 그처럼 경제적으로 어려운 상황에서 가족이 점점 늘어나는 것에 관해 자신을 위로하려고, 프루동은 예상되는 미래를 내다봤다. "15년 뒤에 나는 완벽한 작업장을 가질 것이고, 나 대신 딸들이 생계를 책임질 테니, 난 은퇴한 뒤 딸들의 장부나 관리할 테야."

4

프루동이 석방될 무렵, 로맹 코르뉘Romain Cornut라는 한 철학자가 비판을 가했다. 코르뉘는 프루동의 사상에서 두드러졌던 특정한 모순점들을 지적했고, 때때로 아주 흐트러져 보이는 원리들을 철학적인 관점에서 통합하라고 요구했다. 프루동은 지라르댕의 《언론》에 실을 답변을 준비하기 시작했는데, 작성된 두 통의 편지는 답변이라기엔 지나치게 길었다. 그래서 프루동은 그 내용을 한 권의 책으로 만들자고 결심했다. 1853년 중반이 되어서야 원고가 완성되어 출판 준비를 마쳤다. 계획이 늦춰진 것은 **쿠데타** 이후 프루동의 관심이 철학자에서 논객으로 바뀌었던 탓이다.

『진보의 철학 Philosophie du Progrès』이라 제목을 붙인 책에서 프루동은 자신의 명제들을 관통하고 하나로 엮는 끈은 '진보의 긍정'이자 '절대자the Absolute에 대한 거부'라고 선언했다. 헤라클레이토스와 비슷한 공식을 사용하면서 프루동은 진보라는 개념에 대해, "보편 운동의 긍정을, 그 결과 모든 변하지 않는 형식과 공식을 부정하고, 영원이나 영속성, 완전무결함에 관한 교리를 부정하며, 우주의 질서를 포함해 모든 영원한 질서를 부정하고, 변하지 않는 영적이거나 초월적인 모든 주체와 객체를 부정한다"고 말했다.

이 전제에 따르면 진화의 결말이란 존재할 수 없다. 우주 자체가 무한하기 때문에 우주의 운동도 영원하다. 운동을 보완하는 조건인 균형은 동일성이나 부동성不動性으로 향하지 않는다. 오히려 에너지를 보존해서 균형은 운동을 전체적으로 혁신시킨다. 마찬가지로 우주처럼 인간에게도 최종적인 결말이란 없다. 규칙적으로 진행되지 않는다 해도 진보는 계속된다. "우리는 끝없이 변하는 우주와 함께한다." 그런 세계에는 절대자의 자리가 없고 도덕은 진보의 징후로서 자연스럽게 성장한다. "도덕은 진보의 승인일 뿐이다"라고 선언하면서 프루동은 나중에 『정의론』에서 발전시킬 내재성 이론을 미리 선보인다.

『진보의 철학』은 본디 정치적인 소책자가 아니었지만, 잠재적으로 정치적인 요소를 담고 있었다. 즉 프루동에게 진보는 연방주의, 인민의 직접 통치와 같은 의미였으며, 그는 진보라는 개념이 사회관계에서 "헌법과 교리문답"을 대체해야 한다고 선언했다.

프루동의 다른 책들과 비교할 때 『진보의 철학』은 그 철학적인 주제[진보]와 어울리고 프루동의 글에서 항상 전형적으로 나타나던, 현재의 권위나 이미 존재하던 제도에 맞서는 폭발적인 선동이 없는 부드러운 글이었다. 당면한 **현실**을 직시하는 입장에서 『진보의 철학』은 프루동이 쓴 책들 중에서 가장 건전한 책이었을 것이다. 그런데 바로 그 점 때문에 권위주의자의 편견이 프루동의 작가 경력을 공격하는 데 최초로 성공했다는 점은 아이러니하다.

『진보의 철학』은 조판을 마치자마자 기한 내에 경찰에 제출되었고, 경찰은 이 책의 판매를 반대하지 않는다고 선언했다. 그러나 경찰의 선언이, 검사들까지도 고발하지 않을 것이라는 점을 보장하는 것은 아니었다. 이런 상황에서 책을 찍는 위험을 감수할 인쇄업자는 아무도 없었다. 그러자 프루동은 외국에서 책을 찍어 수입할 수도 있다는 희망을 품고 벨기에 출판업계에 호소한다. 그러나 책을 프랑스로 들여오려고 시도하자마자, 국내 출판을 반대하지 않았던 바로 그 경찰이 수입 금지 조치를 내리기로 결정한다.

『진보의 철학』이 사실상 판매 금지된 것보다 더욱더 심각한 것은 그 일 이후 프랑스 출판업자들 중 누구도 프루동의 새 책을 내려고 하지 않았다는 것이다. 게다가 설상가상으로 그동안 프루동의 책을 출판했던 가르니에 출판사는 [이미] 내 놓은 책들마저도 더 이상 판매하지 않기로 결정했다. 프루동은 이 소식을 듣고 절망해, "실업과 기아로 나를 공격하고 있다"고 외쳤다.

그런데 가르니에 출판사는 프루동의 이름이 들어간 어떠한 글도 받아들이지 않았지만, 비밀리에 그를 도울 만큼 충분히 의리가 있었다. 덕분에 프루동의 상황은 적어도 부분적으로나마 나아졌다. 『진보의 철학』 출판을 거부한 직후 가르니에 출판사는 1,500프랑의 인세를 미리 지급하면서 프루동에게 당시의 금융계에 관한 책—프루동의 표현에 따르면 "진부한 소책자"—을 준비해 달라고 주문했다. 당시에 프루동은 "구두공이 장화 한 켤레를 만들 듯이 재빨리 일을 끝냈다"고 말했다.

[저자 이름이 익명으로 되어 있는] 이 책은 프루동의 저작 중에서 가장 묘한 결과를 가져왔다. 『증권 거래 교본 The Stock Exchange Speculator's Manual』이라는 제목의 이 책은 조르주 뒤셴의 도움을

받아 수집했던 통계 정보, 증권거래소에서 자기 회사의 주식을 거래하려는 모든 유망한 회사들에 관한 통계 정보를 많이 담았다. 『증권 거래 교본』에는 프루동이 직접 쓴 서문과 각주, "최종 고려 사항"이 덧붙여졌다. [그런데] 화끈한 고급 정보를 찾는 진짜 투자자가 이 책을 읽었다면, 그는 낙담했을 것이다. 왜냐하면 저자가 증권 거래 자체를 비난할 뿐 아니라, 자본가계급과 노동계급을 분리시키고 언제나 노동계급에게 손해를 입히던 산업 내 봉건 구조의 성장을 장황하게 분석했기 때문이다. 더 나아가 프루동은 조건의 불평등 위에 세워진 사회에서 정부가 "착취당하고 아무것도 소유하지 못하는 계급에 맞서, 착취하고 소유한 계급을 보호하는 체제"로 변질되었다고 단언했다. 프루동은 갈수록 심각해지던 프랑스의 경제 위기 때문에 독점적인 산업 발전을 비난했다. 프루동은 상호주의에 기초한 노동자들의 조합이 "현재의 주식회사들—그 회사 내에서 노동자나 주주는 누가 더 많이 착취당하는지를 알지 못한다—을 대체하는 하나의 새로운 원리, 새로운 모형"이라고 지적했다. 그리고 마지막으로 프루동은 "우리는 사회의 근본적인 변화를 믿고, 그 변화가 자유와 개인의 평등, 인민의 연방을 향한다는 점을 믿는다. 그렇지만 우리는 이러한 변화가 폭력이나 강탈로 이루어지는 것을 원하지 않는다"고 선언했다.

책을 산 사람들이 좌절한 증권 투기꾼인지, 아니면 숨겨진 의미를 찾는 혁명가인지를 알아낼 방법은 없었지만, 아무튼 교본은 잘 팔렸다. 1854년 3월에 2쇄가 나왔고, 1856년에는 프루동의 이름이 정식으로 붙은 3쇄와 증보판이 출판되었다. 프루동이 서명을 했다는 점은 책에 대한 태도가 점차 바뀌었다는 점을 의미한다. 처음에 프루동은 이 책을 "정말 싫고 고통스러운 작품"으로 여겼다. 1854년이 되면 프루동은 이 책이 "이전에 한 번도 거론된 적이 없는 혁명적인 **목표**를 분명히 세우"고 "파리의 포장도로에 떨어진 거대한 폭탄"이라고 말했다. 나중에는 "현 시기를 탁월하게 설명하기 때문에…시대의 가장 교훈적인 저작"이 되었다. 프루동의 평가가 이렇게 긍정적으로 바뀐 것은 그 대중적 성과 덕분이겠지만, 한편으로는 불운한 시기에 먹고살도록 도움을 준 이 책에 대한 감사의 표현일 수도 있겠다.

5

이 시기에 프루동의 삶을 관통하던 개인적인 어려움의 악순환은 1854년 여름이 되자 비극의 수준으로 고조되었다. 8월 초 뎅페르 가의 가족들 모두가 당시 파리에서 유행하던 콜레라에 걸렸다. [둘째 딸] 마르셀이 죽었고, 프루동 자신도 9월 1일이 되어서야 베르흐만에게 사실을 알릴 수 있을 정도로 회복되었다.

"3주 전에 전염병에 걸렸고 죽음이 엄습했어. 세 살 딸아이를 잃었어. 그 애는 번개를 맞은 듯 갑자기 죽었어. 딸아이의 시신을 나를 때에도 나는 설사와 구토, 피로로 탈진해서 움직이지 못하고 누워 있었어. 결국 동종요법homeopathy이 나를 구하긴 했지만 여전히 다리에 감각이 없어.…펜을 쥘 수 없고 가까스로 볼 수 있을 뿐이야. 안녕, 그리운 베르흐만. 네 가족에게도 안부 전해 줘."

　나중에 프루동은 병이 고비에 이르렀을 때 아내가 침대에서 일어나 어떻게 자신을 돌봤고 아내의 친구들이 어떻게 교대로 도왔는지를 얘기했다. 죽은 아이를 이웃집으로 옮기도록 한 것도, 그곳에서 아이를 돌보고 있다는 착한 거짓말을 한 것도 유프라지였다. 프루동은 콩시에르주리 감옥의 오랜 동지인 쉬쉐에게 "이 병은 지성인에겐 아무런 고통도 아냐" 하고 말했다. "그렇지만 고통을 지켜보는 건, 더구나 자기 가족의 고통을 지켜보는 건 고문이야. 혼자서 나를 간호해야 했던 아내가 내 곁에 계속 있어야 했기에―내가 아내에게 계속 요구했기 때문에―, 눈물을 삼키며 자신의 슬픔이 내게 고통을 줄까 두려워서 웃는 얼굴을 보여 주기 위해 견뎌야만 했던 걸 상상해 봐."

　마르셀의 죽음은 프루동의 마음을 몹시 아프게 했다. "나는 다른 아이들보다 아버지 쪽 혈통을 이었던 그 아이에게 애착을 가졌어. 그리고 그 아이에게 활기찬 지성과 개성을 심어 주리라 다짐했지. 결국 우리는 허영심 때문에 벌을 받은 거야." 프루동이 딸의 죽음을 고통스럽게 받아들였기 때문에, 신체에 침투한 병균은 그에게 더욱더 심한 고통을 줬다. 의사는 프루동에게 회복기가 길어질 수 있다고 경고했다. 어떤 의미에서 프루동은 병을 완치하지 못했다. 감옥에 갇혔을 때에도 아주 생생했던 프루동의 건강은 그때부터 계속 약해졌다. 남은 삶 동안에는 고질적인 질병 탓에 여러 번 고비를 맞았고, 결국 때 이른 죽음을 불러왔던 허약함도 거의 확실히 1854년의 콜레라 탓이라고 볼 수 있다.

딸의 죽음으로 많이 고통을 받았고 질병으로 약해졌으며 무기력해져서 가족이 절박하게 의존하던 일을 몇 주 동안 하지 못했다는 사실로 근심했지만, 쉬쉐에게 보낸 편지에는 고통이나 불행에도 무뎌지지 않았던, 친구를 사귀는 재능을 드러내는 따뜻함이 보인다.

"파리에 오게 되면 뎅페르 가 83번지에 들를 시간을 내 주렴. 우리는 가난하지만 가난을 부끄러워하지는 않아. 우리는 최대한 [옷을 기운] 천 조각을 가리고 그럭저럭 하루하루를 보내며 소박하고 수수하게 살아. 일감과 떳떳함과 좋은 우정에 감사하며 살아. 말 나온 김에 덧붙이자면 우리를 모욕하는 사치스런 인간들보다도 아마 더 행복하게 삶을 마감할 거야. 우리는 항상 친구에게 줄 포도주 한 잔에 곁들일 양다리나 닭다리를 갖길 바랄 뿐이야. 자존심 따위는 악마에게나 줘 버려! 네 두 손을 잡고 악수할 거야. 네게 편지를 쓸 때면 편지가 네 마음에 있는 내 영혼의 노래라고 믿어."

　개인적인 불안감이 가장 깊었을 시기에도 프루동은 국제적인 사건에서 심상치 않은 동향들을 느낄 수 있었다. 프랑스가 크림 전쟁에 개입하자 프루동은 분노했고 굴욕감을 느꼈다. 프루동은 이 참전을 "제국주의와 보수주의, 자본주의, 가톨릭, 反민주주의, 反민족주의, 反그리스적 전쟁"으로 규정했다. 그리고 나폴레옹 3세는 차르가 아니라 혁명에 맞서는 새로운 신성동맹의 우두머리가 되려 한다고 비판했다. 1855년 4월에 프루동은 에드몽에게 "동맹국의 승리는 러시아의 굴욕보다도 프랑스와 전 유럽에서 군사정권을 엄청나게 강화시키는 것을 의미합니다" 하고 말했다. 프루동은 "어떠한 승리나…군사적인 영예도 없"기를 바라고 "만일 해방이 구원받기 위해 프랑스가 패배하고 굴욕을 겪는 게 필요하다면 당신은 머뭇거릴 건가요? 개인적으로 나는 망설이지 않을 겁니다" 하고 덧붙였다. 그것은 혁명적인 패배주의라는 전통적인 관점을 받아들인 것이다.

　전쟁이 절정에 이르렀을 때 [러시아 출신] 알렉산드르 게르첸은 막 발행을 시작하려던 자신의 첫 번째 망명자 신문 《북극성 *The North Star*》을 함께 운영하자고 프루동을 초청했다. 프루동은 협력이 다시 시작되었다며 기뻐했다. "제가 믿기로 우리의 이념은 동일하니 우리의 운동도 일치합니다. 우리의 모든 희망이 어우러집니다." 그리고 계속해서 프루동은 공통된 문제들을 논의했는데,

러시아 문제를 토론하면서, 다른 정설定說만이 아니라 혁명적인 정설과도 다른 주장을 강하게 펼쳤다.

프루동은 다음과 같이 말했다. "다른 무엇보다도 당신이 정부에 정신을 팔고 있을 때 저는 지배당하는 사람들을 봅니다. 군주들의 독재를 공격하기 전에, 자유를 따르는 병사들의 독재와 싸우기 시작하는 것이 더 중요하지 않을까요? 당신은 인민의 호민관보다 전제군주를 더 많이 닮은 것을 알고 있나요? 그리고 순교자의 편협함이 가해자의 분노만큼 당신에게 한 번 이상 나타나지 않나요? 성실한 자유주의 작가와 혁명의 진정한 친구들이 억압하는 자의 동맹을 공격해야 할지 아니면 억압당하는 사람들의 나쁜 도덕을 공격해야 할지를 너무 자주 헷갈릴 정도로, 독재가 반대하는 사람—저는 경쟁자라 부를 겁니다—의 내밀한 감정에 기반을 두고 있기 때문에 독재를 무너뜨리기가 아주 어렵다는 건 사실 아닌가요?

예를 들어, 당신은 러시아 독재 정치가 단지 야만적인 폭력과 왕조의 음모에서 나온 결과라고 믿나요? 독재 정치는 러시아 인민의 마음에 숨겨져 있거나 비밀스런 뿌리를 내리고 있지 않을까요? 오, 친애하는 게르첸, 솔직히 말해 당신은 유럽 민주주의—옳든 그르든 간에—가 지도자로 받아들이거나 그렇게 인정하는 사람들의 위선과 마키아벨리주의로 모욕을 당하거나 버림받은 적이 단 한 번도 없겠죠? 당신은 내게 적 앞에서 분열되면 안 된다고 말할 겁니다. 그러나 친애하는 게르첸, 그런 말은 오히려 해방을 두려워하는 게 아닐까요? 불화냐, 반역이냐?"

계속해서 프루동은 차르인 알렉산드르 2세가 "폴란드에게 가장 고귀한 독립을 인정"할 계획이라는 기사를 논의했다. 이것은 역설적이게도 해방이 동방의 독재 정치에서 나타나고 있다는 점을 의미할 수 있을까? 프루동은 "역사는 이런 모순들로 가득하다"고 선언했고, 혁명의 나라 프랑스를 부끄럽게 할 수 있는 "해방을 위한 희망"을 타오르게 하는 것으로 차르의 행동을 이해했다. 그리고 군사적인 승리는 아닐지라도 도덕적인 승리를 러시아에 주려는 듯했다.

알렉산드르 2세가 진심으로 진보적인 정책을 추진했다는 속임수에 프루동이 걸려들었다고 비난하는 것은 현학적일 수 있다. 니콜라스 1세의 죽음 이후 [러시아에서] 독재 정치의 완화는 미래의 희망을 실현시키는 듯했고, 사실 알렉산드르 정권의 초반기에는 진정한 자유주의적 요소가 있었다.[34] 알렉산드르의 행태는 몇 번이고 급진주의자들을 이치에 맞지 않는 희망으로 이끌 수 있었고, 심지어 나중에 게르첸마저도 농노 해방으로 설득되어

---

34 [옮긴이 주] 러시아 아나키스트 크로포트킨도 자신의 자서전에서, 처음에는 알렉산드르에게 기대를 걸었다고 얘기한다. "당시 나는 알렉산드르 2세를 영웅으로 여기고 있었다. 그는 궁중 의례 따위에는 개의치 않고 아침 여섯시부터 일어나 농노제 폐지를 시작으로 여러 개혁을 단행하기 위해서 강력한 반대파들과 악전고투하고 있었다. 그러나 궁정 생활의 화려한 무대 뒤에서 일어나는 일들을 점점 알게 되면서 나는 겉치레가 중요한 것이 아니며 이런 겉치장에 빠져 더 중대한 일들이 무시되고 있다는 것을 알게 되었다."(크로포트킨 지음, 김유곤 옮김, 『크로포트킨 자서전』, 우물이있는집, 2003, 206쪽)

서 이 비극적이고 불안정한 지도자가 리버테리언의 야심을 가지고 있다고 여기게 되었다. 동시에 프루동이 당시에도, 자의든 타의든, 자유라는 대의를 위해 일할 지배자를 찾겠다는 환상─당시에 많은 혁명가들을 사로잡았던 환상─을 버리지 못했다는 점은 편지의 어조로 증명된다. 루이 나폴레옹에 대한 희망은 버렸지만, 프루동은 전임 황제와 비교할 때 아주 계몽된 듯 보이는 이 차르[알렉산드르 2세]에게 자신의 희망을 걸었다. 그러나 또다시 프루동이 독재 정치를 지지했다는 점에는 의심의 여지가 없다. 즉 프루동은 독재자가 자신의 기능을 [스스로] 파괴하는 도구로 만들려고 시도했고, 이런 생각이 프루동의 역설적인 취향을 강하게 사로잡았다는 점은 분명하다.

크림 전쟁에 대한 혐오감은 전쟁이 끝날 때까지 계속되었고 전쟁을 벌인 정권에 대한 증오도 빠른 속도로 커져 갔다. 7월 말 프루동은 에드몽에게 "나는 마음속의 국왕을 살해했다"고 말했고, 9월에는 마게에게 지독히도 긴 연설을 하며 세바스토폴의 승리에 대해 악담을 퍼부었다. "그저께 파리 전역에는 세바스토폴의 위대한 승리를 찬양하느라 자발적으로 불이 밝혀졌어. 20억 프랑과 16만 명의 인명 피해를 치른 뒤에, 우리는 깃발을 꽂고 등불을 밝히느라 또 다시 몇 백 프랑을 썼어. 오늘 빵 한 덩어리 가격이 90상팀에서 1프랑으로 10상팀이나 올랐어. 그러니 돼지들이나 불을 밝혀라! 전쟁이 계속되면 아마도 우리는 카이사르 절대주의를, 성직자 음모주의를, 군부의 야만성을, 행정의 낭비와 주식 투기꾼의 속임수를 다시 보게 될 거야. 나는 실제 사례를 통해 주전론자와 자코뱅, 투기꾼, 판사, 병사, 성직자를 경멸하고 증오하도록 가르치고 싶은, 진정한 야만인들이 있는 외딴 곳을 찾고 있어. 나는 기꺼이 내 자식들과 함께 자진해서 그곳으로 떠날 거야."

전쟁과 관련한 경험들은 프루동의 후기 저작에 많은 영향을 미쳤다. 그것을 이해하려면, 크림 전쟁에 대한 프루동의 진심 어린 반대, 전쟁의 잔혹함에 대한 증오, 전쟁이 전제정치의 성장을 조장하는 방식에 대한 통찰 등을 염두에 둬야 한다.

7

크림 전쟁 동안, 사건 자체는 사소하지만 그 여파로 프루동의 삶에서 가장 중요한 일들 중 하나로 바뀐 사건이 발생했다. 1854년 여름에 프루동은 유진 드 미레쿠르Eugène de Mirecourt라는 필명(본명은 자코Jacquot)으로 통하던 한 작가를 만났다. 이 작가는 자신이 준비 중인 '현대의 전기傳記문학'이라는 시리즈에 프루동에 관한 내용을 포함시키려 했다. 프루동은 멋모르고 반대를 하지 않았고, 1855년 5월에 '전기문학'이 출판되었다. 이 시리즈는 그 대상 인물[프루동]을 시기심 많고 불경스러우며 인정 없는 괴물로 묘사한, 거짓 풍자에 지나지 않았다. 드 미레쿠르가 가톨릭의 이해관계를 대표하는 듯했기 때문에, 근대의 예수회 학자인 드 뤼박de Lubac 신부가 말한 의견을 인용하는 것은 교회에게 아주 공정하다.

드 뤼박은 "'전기 작가'에 대한 그[프루동]의 분노가 전적으로 정당하다"고 말했다. "유진 드 미레쿠르 씨의 책은 믿기지 않을 만큼 천박한 작품이다. 미레쿠르에 따르면, 프루동은 인간적인 정서라곤 하나도 가지고 있지 않다. 프루동은 어머니의 죽음에 무관심했고 축제를 즐기듯이 1848년의 유혈 봉기를 즐겼다. 뻔뻔함이 프루동의 영혼을 가득 채우고 있다. 프루동은 '거짓말하는 분파주의자'이다. 프루동의 금욕적인 태도는 '이기적인 동기로 계획'되었다. 사회사상에 관해서는 그 무엇도 쉽게 설명하지 못한다. '그렇다, 즙 많은 스테이크와 식욕, 폭식, 모든 물질적인 것과 먹을 수 있는 것, 만질 수 있는 사물에 대한 집착, 감각적인 쾌락을 주는 것, 즉 이웃의 만찬, 와인, 침대, 집, 황금에 대한 집착. 다른 사람이 뭐라 말하든 이런 위대한 개혁가들의 가장 우선되고 유일한 동기는 바로 이것이다.' 당신은 이런 어조를 본다. 나머지는 같은 맥락이다. 이 책은 악의적일 뿐 아니라 어리석은 해석들, 모욕과 진부함을 조합했다."

우리가 봤듯이, 프루동은 당시의 위계질서에 매우 화가 난 상태였고, 이 질서가 프랑스의 현재 상황과 자신이 겪는 출판상의 어려움에 많은 책임을 져야 한다고 여겼다. 드 미레쿠르의 공격은 프루동이 가톨릭주의와 전면전을 치르기 위해 필요한 최후의 도발이었다. 분노는 드 미레쿠르보다 교회를 직접 향했고, 프루동은 그렇게 할 만한 적어도 하나 이상의 좋은 구실을 가졌다. 드 미레쿠르는 브장송의 대주교 마티유Mathieu 추기경에게 프루동과 관련된 정보를 요구했다. 정보 요청자의 신원을 파악하려고 하지도 않은 채, 마티유는 프루동의 성장 과정에서 신앙심이 부족했다는 점을 상세히 설명하는 한 통의 사적인 편지, 드 미레쿠르가 '전기'의 서두에 실었던 편지로 답했다. 마티유 추기경이 드 미레쿠르와의 관계를 부인하지 않자, 자연히 프루동은 마티유가 드 미레쿠르를 후원했다고 가정했고 이 모든 일에 교회가 개입했다고 여겼다. 공격에 답하지 않고 넘어갈 수 없었으므로 프루동은 추기경으로 대표되는 가톨릭주의에게 답하기로 결심했다.

프루동은 "교회의 문제점을 분명하게 드러낼" 150쪽의 짧은 책을 빨리 쓰기로 마음먹었다. 최종적으로 이 글은 프루동의 가장 두꺼운 책이 되었고, 내용이 늘어나면서 완성일도 계속 늦춰졌다. 실제로 이 자기 변호와 저항의 선언서가 나오기까지는 거의 3년이 걸렸고, 19세기 사회사상에서 가장 뛰어난 작품 중 하나로 탈바꿈했으며, 결국 두꺼운 세 권짜리의 『혁명과 교회에서의 정의 De La Justice dans la Révolution et dans l'Eglise』로 만들어졌다.

그러나 비열한 적에 대한 고상한 답변이 1855년 동안 프루동의 활동 욕구를 완전히 만족시키지는 못했다. 여전히 프루동은 자신의 경제 이론을 실행할 어떤 기회—또는 상상된 기회—에 반응을 보였고, [그해] 여름 이런 성향은 다소 공상적인 전환기를 맞이했다.

5월에 파리에서는 만국박람회the Universal Exhibition가 열렸고, 이 행사를 경제혁명이라는 목적에 적용할 수 있을지 모른다는 생각이 프루동에게 떠올랐다. 산업 궁전the Palace of Industry을 파리의 상인들이 상품 견본을 전시할 수 있는 중심 매장으로 바꾸면, 박람회는 영원히 계속될 것이다. [그렇다면] 박람회는 소비자와 생산자가 만나는 장이 될 수 있다. 더 이상 생산자가 파리 중심가의 비싼 가게를 임대할 필요가 없기 때문에, 가격은 떨어질 것이다. 다른 한편 상설 전시회를 계속 여는 단체는 생산자들 사이의 교환을 조직하고 화폐를 불필요하게 만드는 위대한 실험을 시작할 수 있다.

프루동처럼 열광했던 사람만이 만국박람회를 사회혁명의 중요한 추진력으로 볼 수 있었는데, 제롬 보나파르트가 박람회 의장으로 지명되자 프루동은 자신의 구상에 대한 용기를 얻게 되었다. 프루동은 자신의 구상이 실현될 수 있다고 생각하는 근거를 자세히 설명하는 긴 연구 보고서를 작성했다. 그리고 프루동은 직접 답변하면서 자신의 구상을 설득하기 위해 궁전Palais Royal을 자주 찾아갔다. 프루동은 질릴 정도로 제롬 보나파르트에게 편지를 썼고 이따금 터무니없는 희망으로 자신의 기분을 북돋웠으며, 금융가들과 생시몽주의자들이 "이시도르Isidore 씨"—프루동이 황제를 경멸하며 불렀던 이름—에게 행사하는 영향력을 못마땅해 했다. 그러나 제롬 보나파르트는 여전히 확신하지 못했고, 프루동이 죽은 뒤에도 이 보고서는 출판되지 않았다.

더구나 프루동의 열광은 난처한 결과를 낳았다. 왜냐하면 이 사안과 여러 사안들을 놓고 제롬 보나파르트―멕시코의 막시밀리아노Maximilian가 "이름 없는 이탈리아 오페라하우스 출신의 흔해빠진 *저음가수basso*"에 비유했던 노련한 정치적 기회주의자―와 접촉한 것은, 독단적인 자코뱅들이 프루동의 의원직을 박탈했을 때에도 우호적인 관계를 유지했던 공화주의 망명객들과의 관계를 곧 불편하게 만들었기 때문이다. 1856년 초에 마디에-몽토의 부인은 벨기에를 떠나 파리로 와서 프루동을 방문했다. 대화의 방향은 제롬을 방문한 것과 관련해서 떠돌던 소문들을 실제로 알아보기 위해 부인이 들렀다는 점을 곧 분명하게 했다. 프루동은 부인의 질문에서 아주 불길한 의미를 알아차렸고, 자신의 행동을 설명하는 편지를 마디에-몽토에게 썼다.

프루동은 "그래요, 4년 동안 몇 차례, 열 번 혹은 열두 번 정도"라고 인정했다. "궁전에 갔어요. 내게 증오를 보내던 그 민주주의를 내가 배신했나요? 아니면 내가 타협하거나 민주주의를 불명예스럽게 했나요?…내가 보기에 사회주의는 혁명이에요. 그 혁명에서 나는 1848년 6월처럼 제일 먼저 보초를 서는 내 모습을 봅니다. 그리고 내게는 명령을 내릴 지휘관이 없어요. 그래서 나는 내게 이로워 보이는 것을 합니다. 나폴레옹 왕에서 페롱Ferron까지 내가 원하는 사람들을 만납니다. *만난다*는 말을 할 때, 그건 다르게 이해될 필요가 있습니다. 나는 어떠한 대담에서도 물러서지 않아요, 그게 다예요.…아주 드물지만 예전 동료[35]를 만나게 되는 경우는, 그 동료가 내게 자신을 만나 달라고 청하거나 내 얘기를 들어줄 사람이 필요하기 때문입니다. 만일 당신이 이 점에 관해 더 알고 싶다면 왕자[제롬 보나파르트]가 바라지 않더라도 그 방문의 목적을 당신에게 알려 줄 겁니다. 왕자는 가끔 내 말을 듣는 것을 즐기고 해방이나 다른 비슷한 문제들에 관해 질문을 합니다.…그때 내 자신을 위해 어떤 것도 요구하지 않았다는 점을 말씀드려야 할까요?…

나와 친한 사람들은 내가 제국과 정통성, 거짓 정통성, 자코뱅주의, 온건한 공화주의자, 교회, 대학, 판사, 군대, 모두를 똑같이 본다는 점을 잘 압니다. 그들은 언제나 자유와 정의를 부정하죠, 그들은 언제나 적입니다.…12월 2일[쿠데타]만이 아니라 그 모든 경쟁자들이 파괴하고 배반하며 헐값에 팔아버린 혁명을 내가 가장 완전하게 표현했다고 생각합니다. 이 혁명을 지키기 위해 나는 모든 걸, 때로는 내 자존심마저 희생했어요. 나는 그 어떤 비난도 감내했어요."

모호한 행동을 그럴듯하게 정당화하며 마무리 짓는 프루동의 마지막 말은 존중되어야 한다. 자신의 급진적인 이상을 추진하

---

35 제롬 보나파르트는 프루동과 함께 1848년 의회에 참여했다.

기 위해 보나파르트 황제나 왕자를 이용할 수 있다고 상상하는 실수를 프루동이 범했을 수 있지만, 개인적인 이득을 전혀 챙기지 않았다고 생각했던 점은 확실하다. 페레이르의 보상금을 거부했던 점만으로도 이 점은 증명된다. 그러나 왕족을 대하는 프루동의 행동에 숨겨진 진실성을 문제 삼을 수 없다 해도, 불필요한 의심을 받아서 때때로 작가로서의 영향력을 떨어뜨렸던 그들과의 관계가 현명했다고 인정하기는 어렵다.

8

금전적인 면으로 볼 때, 1855년의 시작은 너무나 희망적이어서 프루동은 해가 바뀌기 전에 자신의 빚을 청산할 수 있으리라는 꿈을 꿨다. 그러나 시간이 흐르며 수입은 바라던 것보다 훨씬 적었다. 게다가 프루동은 선견지명이 없는 동생 샤를을 파산에서 구하기 위해 빌린 2천 프랑의 대출금도 책임져야 했다. 프루동은 자신이 감당해야 했던 "이중의 족쇄"에 관해 마우리스에게 심하게 불평했다. 1855년이 끝날 무렵에 가족이 너무나 가난했기에 임신 중이던 유프라지는 뜨개질을 다시 시작해야 했다. 가난의 미덕은 오랫동안 프루동이 강조해 온 주제였지만, 이제 프루동은 미덕이 지나치지 않아야 한다고 느꼈고 가난함에 대한 자신의 고질적인 성향을 한탄했다. 프루동은 마우리스에게 "우리 세기의 가난은 지적인 한 인간에게는 아무것도 아니라고 느껴"하고 말했다. "그럼에도 사람은 수준 이하로 떨어지지 않아야 해.…그런데 불행히도 나는 지금까지 원하는 것 이상으로 올라갈 수 없는 인종이었어.…태어났을 때보다, 열여덟 살이 될 때까지 내 자신에게 느꼈던 것보다, 더 궁핍하고 더 비참하며 더 가난한 내 자신을 보게 될 운명인 걸까? 모르겠어. 내가 부를 경멸하기에, 그 부가 내 경멸에 대한 복수를 건지도."

1856년 봄, 신체적이고 심리적인 이유로 혼란에 빠져 있는 동안 프루동의 상황은 더욱더 나빠졌다. 그리고 이 상황은 쓰거나 생각하는 것이 거의 불가능한 상황으로 갔다. 이 상황은 대부분의 지식인에게 익숙한 평상시의 "절필writing block"보다 훨씬 더 심각했다. 왜냐하면 크레텡Cretin 박사에게 보낸 한 통의 편지는, 때때로 생각과 행동의 불규칙한 면을 고려할 때 염두에 둬야 하는 만성적인 신경성 흥분이 심각해진 상황을 암시하기 때문이다.

프루동은 이렇게 말했다. "거의 20년 동안 심한 감정적 동요가 있은 뒤엔 두뇌가 마비되는 듯해. 맥박이 약해지고 호흡도 약해져. 경련을 일으키고 고개도 돌아가. 나는 술 취한 사람처럼 비틀거리기도 해. 그 외에도 많아. 나는 강경증과 아주 비슷한 증상을 보이는 심각한 마비를, 운동과 심호흡, 맑은 공기, 체조 등으로 극복해 왔어. 고비가 길어지면 정신이 멍하고 몸 전체에 고통이 오며 어지럽고 잠을 못 자며 생각을 못 하고 읽을 수 없게 돼."

그런데 발작이 예전에는 잠깐 동안 엄습했고("몇 시간 동안")
아주 드물게 흥분이 이어졌다면, 당시의 발작은 거의 한 달 동안
계속되었고 만성적인 상황에 이른 듯했다. 프루동은 "일을 할 능
력이 완전히 없을" 뿐 아니라 "실제로 힘도 약해지고 있다"고 느
꼈다. 스스로 생각하기에 이것은 과로 때문이 아니었다. 프루동
은 이런 혼란이 어떤 "우발적인 원인"("이런 상황을 가져올 수 있는
생활이나 습관상의 원인을 알지 못해.") 탓이라고 봤다. 그런데 1년
반 전에 자신을 거의 죽일 뻔했던 콜레라와 연관 짓지 않은 점은
놀랍다.

크레탱 박사에게 보낸 호소는 아주 과장되게 표현되었다. "내
친구여, 일하지 못하는 건 내게 발진티푸스나 콜레라보다도 더
나쁘다네. 그건 죽음이야.…내가 일하도록, 적어도 책을 끝내도
록 해 줄 수 있겠나?" 의사 친구가 노력했지만, 프루동의 상태는
아주 서서히 나아졌고 6월이 되어서야 조금씩 회복되는 걸 느끼
기 시작했다.

이해할 만한 일이지만 이 당시에 프루동의 생각은 종종 우울
한 어조를 띠었고, 5월 초에는 네 번째 아이의 출생이 임박했음
을 알리는—샤를로트Charlotte는 며칠 뒤에 태어났다—편지를 한
친구에게 썼다. 프루동은 자신의 불안을 털어놓으며 다소 설득
력 없어 보이는 해답을 스스로 찾으려고 노력했다. "왜 심란한 걸
까? 그리고 뭐가 두려울까? 나는 하루하루 살아간다. 그게 뭔가
잘못된 걸까? 가끔씩 어려움에 부딪히지만 그건 질서와 예측을

되살려 내지. 내 딸들을 노동하는 여성으로 만들 거야. 딸들에게 그 이상을 요구할 권리가 있을까? 내가 죽으면 딸들이 큰 위험을 겪게 되리라는 점을 인정해. 그러나 오늘날 무언가를 확신한다고 말할 수 있는 사람이 있을까?" "나는 조금 고통을 받으며 이따금씩 자극을 받아야 해"라는 마지막 문장에서는 자의식의 허세에 감춰진 불안감이, 자신의 처지에 대한 생각에 스며들던 일시적인 불안감이 느껴진다.

한여름이 되자 크레텡 박사의 충고에 따라 프루동은 시골로 잠시 돌아가면 건강을 회복하게 되리라는 기대를 품고 샤를 베슬레이와 함께 프랑슈-콩데로 여행을 떠나기로 결심했다. 프루동은 옛날 친구들을 만날 기회를 많이 가졌다. 프루동은 디종으로 티소를 만나러 갔고 브장송에서는 기유맹의 집에 머물며 미코와 마우리스, 마테, 노년의 멜쉬오르 프루동을 포함해 많은 사촌들을 만났다. 100살 먹은 노쇠한 혁명가 멜쉬오르가 1789년에 버렸던 교회로 다시 나가고 있었기 때문에 프루동은 불안감을 느꼈다.

마게 박사는 브장송에서 프루동과 합류했고 그를 담-피에르-쉬르-살롱으로 데려갔다. 그곳에서 두 친구는 언덕을 산책하고 강에서 멱을 감았다. 맑은 공기와 운동은 프루동의 활력을 회복시키기 시작했다. 프루동은 너무 기뻐서 고향에서 살기 위해 며칠 내로 돌아오리라 마음먹었다. 프루동은 유프라지에게 "당신과 우리의 사랑스런 아이들과 함께 살 수 있도록 이곳에 약간의 땅을 사 놓지 않은 것을 후회하기 시작했어요" 하고 말했다. "만일 내 일이 성공한다면, 당신에게 내 계획을 말할게요. 같이 [살 곳을] 찾아봐요. …내게 생긴 일은 분명 하나의 경고요. 내 나이는 47세 5개월이오. 즉 나는 더 이상 젊은이가 아니오. 일을 끝내고 사명을 다하고 싶다면, 나는 생활과 일, 건강을 조절하는 법을 배워야 해요. 나는 세 명의 어린 딸을 생각해야 해요."

거의 한 달 뒤에 파리로 돌아온 프루동은 관찰력과 신선한 판단력, 나중에 자신을 아주 많이 불안하게 만들 딸들의 성장으로 기뻐했다. 프루동은 쉬쉐 부부에게 이렇게 말했다. "카트린은 신경질을 부리기 시작했어요. 카트린은 읽는 법을 배우려 들지 않고 확실히 순종의 의무를 몰라요. 하지만 상냥하고 차분하며 무엇보다도 자만심이 없기에, 이런 정서를 이용해서 엄격한 미덕에 대한 생각을 불어넣고, 고귀한 희생이 없다면 인간의 영혼이 동물의 영혼과 같아질 것이라는 점—당신보다 이 점을 더 잘 아는 사람이 있을까요?—을 가르치고 싶어요. …스테파니는 언니보다 더 강하고 관대한 기질을 가졌어요. 그 애는 공처럼 토실토실하고 사과처럼 빨간, 속치마를 입은 공화주의자예요!"

몇 달 뒤에—2년 동안 두 번이나—프루동은 바깥세상의 적개심에 밀려난 뒤에 집중했던 그 가족의 일로도 고통을 받았다. 12월에 프루동은 젖니와 관련된 합병증으로 추측되는 병으로 넷째 샤를로트를 잃었다. 프루동은 한 친구에게 "이 어린 것을 얼마나 가엾게 여기는지 너는 알 거야. 가슴이 찢어지는 듯 고통스러워! 아직도 그 얼굴과 미소, 사랑, 처음 얼굴을 마주했을 때가 생각나. 그 아이는 내 영혼의 일부가 되었어"라며 슬퍼했다.

9

드디어 1857년 봄에 식자공들이 드 미레쿠르에게 보내는 답변을 늘린, 정의에 관한 긴 논문의 전반부를 조판하기 시작했다. 프루동은 자신의 작업이 거의 끝났으며, 물질적인 운이 힘을 더 북돋워 줄 차례가 되었다고 보는 듯했다. 가르니에 출판사는 자신들의 도서 목록에 프루동의 이름을 다시 실을 만큼 용기를 충분히 회복했고 초판을 6,500부 인쇄하겠다고 약속했다. 프루동은 남은 빚을 갚고 미래를 위해 약간의 돈을 저축할 수 있도록 1만2천에서 1만4천 프랑을 벌어들이리라 기대했다. 그렇지만 이 희망은 너무 성급한 것이었다. 왜냐하면 신경쇠약이 정기적으로 괴롭힌 탓에 마감이 계속 늦어져서, 책은 꼬박 1년이 지난 뒤에야 실제로 출판되었기 때문이다.

그 뒤에 프루동이 에너지를 쏟은 곳은, 1857년 여름에 치러졌고 제2 제정의 구조에서 처음으로 중요한 균열을 드러냈던 의회 선거였다. 여전히 노동자들 사이에서 프루동의 이름이 영향력을 발휘한다는 것을 깨달은 공화주의자들은 파리나 리옹, 생 에티엔의 후보 자리를 제안하며 은퇴한 프루동을 끌어들이려 했다. 처음에는 망설였지만 며칠 동안 심사숙고한 뒤 프루동은 사실상 나폴레옹이 제국에 새로운 피를 공급하기 위해 선거를 계획했다고 판단했다. 그리고 프루동은 정부의 책략에 가담하기를 거부하는 인민이 정부 당국과 인민의 본질적인 갈등을 가장 잘 부각시킬 수 있다고 선언하며, 투표 거부주의자들abstentionists과 함께했다.

그러나 투표 거부라는 입장을 세웠다 해도 프루동은 선거가 파리와 다른 대도시에서 보나파르트주의자들에게 준 패배—**쿠데타** 이후 여론에서 최초의 중요한 변화—를 만족스러워했다. 프루동은 "파리에서 투표의 의미는 분명하다"고 논평했다. "그것은 제국주의 지배에 대한 거부이다. 그리고 다른 모든 대도시에서도 똑같은 방식으로 거부를 외쳤다. 오직 시골의 양들만이 주인의 목소리를 듣고 울어 댔다.…지금 상황에서는 정부 당국과 시골의 갈등도 피할 수 없다. 즉 이건 시간의 문제, 내가 묘사했듯이 여론이 투표로 결정을 내리는 데 필요한 시간의 문제이다."

이 [선거] 패배를 제국에 대한 충성심이 줄어드는 신호로 여기고 기뻐했다면, 프루동은 자신이 권고한 대로 행동하고(그들 중 다수가 프루동과 같은 이유에서 그렇게 했는지는 의문이지만) 기표소에 가지 않았던 많은 사람들 때문에 더욱더 기뻐했다. 파리에서만 19만 명이 투표에 참여하지 않았는데, 프루동은 혁명적인 쟁점이 정치의 장에서 사회 투쟁의 장으로 이동하고 있다는 점을 널리 인정받는 하나의 신호로 이 사실을 해석했다. 대중의 경향을 다소 잘못 해석했다 하더라도, 이 사안에 대한 프루동의 입장은 역사적으로 중요하다. 왜냐하면 정치 행동에 대한 미래의 입장을 세웠을 뿐 아니라, 최초로 사회 투쟁과 정치 투쟁을, 직접 행동과 정부를 통한 변화governmentalism—이 점은 나중에 리버테리언 사회주의자와 권위주의적 사회주의자를, 아나키스트와 공산주의자를, 바쿠닌과 마르크스를, 윌리엄 모리스와 페이비언 사회주의자들을 구분하는 차이점이다—를 분명하게 구분했기 때문이다.

10

경찰의 인쇄소 습격과 나폴레옹 3세를 암살하려는 오르시니Orsini의 시도, 급진적인 사상가들에 대한 제국의 뒤이은 비난을 포함해 [진보의] 지체와 곤경, 불안과 우려의 3년을 보낸 뒤, 1858년 4월 22일에 프루동은 마침내 자신의 일기장에 다음과 같이 적을 수 있었다. "오늘 화요일 『혁명과 교회에서의 정의』가 출간되었다."

한때 메테르니히Metternich는 프루동을 백과전서 학파the Encyclopaedia의 혼외 자녀로 묘사했다. 이 빈정거림의 에두른 진실은 프루동주의의 핵심인 『혁명과 교회에서의 정의』를 읽으면 분명하게 드러난다. 정의라는 개념에 세속적인 토대를 제공하려는 시도는 프랑스혁명의 선구자들과 디드로, 달랑베르, 볼테르에게 받은 영향을 자주 드러냈기 때문이다. 사실 자코뱅들이 소개한 정치적인 요소들을 거부하며 혁명 전통이 만들어 온 철학적 전제들로 돌아갔기 때문에 이들과의 연관성은 더욱더 직접적이었다. 자신의 주요 저작을 쓰는 태도에서 암시되듯이, 프루동이 정의한 철학의 목적은 백과전서 학파라면 누구라도 동의할 만한 것이었다.

"철학의 목적은 인간으로 하여금 스스로 사고하고 논리적으로 생각하며 사물에 대한 확실한 개념을 만들고 정확하게 진실을 구성하는 법을 가르치는 것이다. 이 모든 것은 자신의 삶을 정리하고 자기 자신과 동료들을 존중하며 마음의 평화와 육체적인 행복, 지적인 확신을 스스로 확보하는 것을 목적으로 삼는다."

이런 입장에서 드러나는 평화로운 인류애 때문에 어떤 이는 이성 시대의 영향력, 즉 백과전서 학파가 시작했고 19세기 중반에 융성했던 신념, 과학의 힘을 거의 종교처럼 믿는 분위기에서 거칠게 개화했던 신념, 과학적인 방법이 인간의 가장 난해한 문제들을 풀기에 적합하다는 확고한 신념의 영향력을 간과할 수 있다.

그러나 『혁명과 교회에서의 정의』는 과학과 이성에 대한 숭배 이상을 의미했다. 사실과 개념의 엄청난 가지치기와 구성의 풍부함, 가끔씩 갑작스럽게 열정적인 서사시나 분노의 넋두리로 발전하는 다소 비합리적이기까지 한 방식은, 과학적 유물론자의 우중층한 스콜라 철학과 전혀 다른 범주를 세운다. 『혁명과 교회에서의 정의』는 흥미로운 지식의 보고寶庫이자 열정과 공상, 엄청난 통찰력의 용광로이기도 하다. 프루동의 다른 어떤 책들보다도 『혁명과 교회에서의 정의』는 프루동의 정치적인 견해와 개인적인 특성만이 아니라 우주를 바라보는 폭넓은 시각을 드러낸다. 프루동처럼 이 엄청난 저작도 역설적이고 모순적이었으며 당시의 자기만족적인 과학주의 밑에 잠재되어 있던 이성과 비이성의 투쟁을 나타낸다. 도스토옙스키Dostoevsky가 『지하 세계에서 온 편지 Letters from the Underworld』에서 노골적으로 표현했던 인간의 내면 갈등을 프루동은 은연중에 인정했고, 가장 위대한 저작의 엄청난 동요로 그 갈등을 표현했다. 정의를 그렇게 중요하게 만들고 인간 존재와 사회구조, 인간과 사회가 움직이는 세계에 관한 역동적인 시각을 드러내는 것은 **정의**라는 이념의 균형안에서의—그리고 프루동의 학문적인 업적의 최종 균형이기도한—동요와 끊임없는 운동, 불규칙한 변화mutation이다.

백과전서 학파의 자식이라고 하지만, 『혁명과 교회에서의 정의』는 유대인 예언자로 시작해서, 키르케고르Kierkegaard와 도스토옙스키를 포함하는 인격주의personalist[36] 전통과 적어도 한 가

---

36 [옮긴이 주] 윤리학의 용어로, 칸트가 대표적인 철학자로 꼽힌다. 즉 "너의 인격 및 모든 타인의 인격에서 인간성을 항상 동시에 목적으로 취급하고, 결코 단순히 수단으로 취급하지 않도록 행동하라"는 유명한 도덕법칙으로 대표된다.

지 이상의 연관성을 가지는 장문長文의 멋진 구상을 창시했다. 교회의 독단에 맞서 반항했다 해도 프루동은 도스토옙스키가 "유클리드의 [기하학적] 정신Euclidian mind"이라 불렀던 유물론자의 폐쇄적인 정신을 결코 받아들이지 않았다. 프루동이 보기에 신비주의—덧붙이자면 이 단어에 포함되는 더 넓은 의미의 종교적인 정서를 포함하는—는 "영혼의 파괴할 수 없는 요소"였다. 삶에 대한 프루동의 생각은 지성이 이해할 수 없는 영혼과 우주의 무한함을 받아들였다. 즉 프루동은 이성을 부정하지 않지만 이성을 넘어서는 신비도 받아들였다. 심지어 1851년에 『혁명의 일반 이념』을 쓸 당시에도, 프루동은 "수세기 동안 인간의 심오한 생각을 고갈시켜 온 이 낡은 지적 세계는 우리가 횡단해야 할 세계의 한 단면일 뿐이다"라고 인정했고, 『혁명과 교회에서의 정의』의 어느 부분에도 엄청나게 복잡한 존재의 의미를 줄이려 했다는 점을 암시하는 내용은 없다. 다시 한 번 프루동의 책에서 나타나는 신과 인간의 해결될 수 없는 이율배반은 정통 무신론자가 주장하는 절대적인 신의 부정과 다르다는 점을 강조해야 한다. 마지막으로 신부 드 뤼박이 지적했듯이, 『혁명과 교회에서의 정의』의 저자는 [무신론자] 찰스 브래들로Charles Bradlaugh보다 신을 "무자비한 적"이라 부르고 "신과 인간의 증오 때문에 기독교가 존재한다"고 선언했던 키르케고르와 더 많은 공통점을 가졌다.

그러나 프루동은 존재의 궁극적인 신비를 부정하지 않았지만 그 신비가 헤아릴 수 없는 것이라고 주장했고, 같은 방식으로 신성 그 자체와 신학자들이 묘사하는 신성을 구분했다. "절대자는 **공리**postulate로서 모든 인식knowledge에 전제되지만 그 자체가 인식의 **목적**object일 수 있다고 생각하지 않는다." 절대자 그 자체는 인간의 적이 아니다. 즉 공격해야 하는 것은 신학자들이 인간 외부의 존재, 인간 위에 있는 존재, 인간을 방해하는 존재로 구성한 신에 대한 관념이다. 왜냐하면 이런 생각이 권위라는 개념의 토대이고, 참된 정의의 적이기 때문이다.

정의에 관한 두 가지 개념, 즉 교회의 정의와 혁명의 정의를 다루면서 프루동은 자신의 이론을 정의한다. 교회가 이해한 정의는 초월적이다. 즉 도덕원리는 신에서 연유하는 것으로, 그래서 인간보다 우월한 것으로 여겨진다. 그러나 프루동에 따르면 참된 정의는 **내재적**immanent이다. 즉 참된 정의는 인간 의식에 내재되어 있다.

"집단적인 존재를 구성할 때 반드시 필요한 부분인 인간은 자기 자신만이 아니라 타자에게서도 자신의 존엄을 느낀다. 따라서 인간은 자기 마음속에 자기 자신보다 우월한 도덕원리를 담고 있다. 도덕원리는 외부에서 인간에게 부과되지 않는다. 도덕원리는 인간 내면에 숨겨져 있고 내재되어 있다. 이 원리는 인간의 본질을, 사회의 본질 자체를 구성한다. 도덕원리는 인간 영혼의 참된 형식이자, 하루하루의 사회생활을 낳는 관계에 의해서만 구현되고 완성을 향해 성장하는 하나의 형식이다. 달리 말해 정의는 사랑처럼, 미와 유용성, 진리, 모든 권력과 능력처럼 인간

속에 존재한다.···정의는 인간적이고 전적으로 인간적이며 인간 외에 아무것도 아니다. 우리는 그 정의를 인간보다 우월하거나 인간보다 앞서는 원리와 직접적으로 또는 에둘러서 연관 짓는 잘못을 저질렀다.”

인간 의식의 발전이나 인간 경험의 발견과 관계가 없는 절대적이고 영원한 공식을 전제하는 초월적인 정의론은 “권위를 좌우명으로 삼는 신권Divine Right”에 의지한다. 그래서 국가 행정부와 도덕적인 통제, 사상의 구속, 인류애에 대한 전반적인 통제라는 체계만을 낳는다.

반면에 내재성 이론은 “정의가 인간 양심의 산물이고 모든 개인이 선과 악을 판단하는 최종적인 수단이다.···만일 어떤 사물이 정당하다고 나 스스로 공언하지 않는다면, 왕과 성직자가 내게 그 정당성을 확신시키거나 그렇게 하라고 명령하는 것은 소용없는 짓이다. 즉 그런 건 부당하며 비도덕적이고, 복종을 요구하는 권력은 전제정치이다.···그것은 해방을 좌우명으로 삼는 인권Human Right이다. 따라서 인권은 권위의 체계를 뒤집는 협동의 체계, 서로 돕고 서로 보증하는 완전한 체계에서 나타난다.”

우리가 항상 지향해야 하는 방향은 인권 개념의 실현이다. 우리가 인권을 완전히 실현할 수 없다는 점은 진실이다. 전적으로 올바른 사회는 완전무결해질 것이기에, 프루동은 그 생각에서 아슬아슬하게 물러났다. “오직 하나의 **상수**常數, constant만을 따르고 더 이상 **변수**variables에 의존하지 않는다면, 운동은 획일적이고 직선적으로 될 것이다. 역사는 노동과 연구의 역사로 환원되거나 어쩌면 더 이상 역사가 존재하지 않을 것이다." 그러나 그런 조건은—그런 조건이 운에 달려 있다는 프루동의 생각에 동의한다면—천년왕국주의자나 공상적인 이상주의자의 마음속에서만 존재한다. "이론과 실천 모두에서 정의의 진보는 우리가 그 끝을 드러내거나 보지 못하는 상태이다. 우리는 선과 악을 판별하는 법을 안다. 우리 인간들이 새로운 관계를 맺는 것을 결코 중단하지 않을 것이기에, 우리는 올바름의 목적지를 결코 알지 못할 것이다. 우리는 완전해질 가능성을 가지고 태어났으나 결코 완전하지 않을 것이다. 완전함, 부동성은 죽음일 것이다."

정의에 관한 내재성[이론]을 확립한 뒤『혁명과 교회에서의 정의』의 나머지 11장에서 프루동은 다행히 유동적이고 불완전함을 유지하는 우리 세계에서 정의가 가정되는 양상을 검토하기 시작했다. 프루동이 자기 방식대로 연구를 추진했고 자신의 논의를 계발했기 때문에, 참고 문헌과 실례를 풍부하게 넣는다는 생각을 조금이라도 하는 것은 불가능했을 것이다. 이 책은 19세기의 중요한 사회이론서 중 하나가 된 매력과, 비슷한 성격의 다른 책에서 찾을 수 있을 만한 것보다 훨씬 더 기묘하고 난해하며 흥미진진한 지식을 세 권의 책으로 모았다는 묘한 장점을 겸비했다. 나는 독자들이 이 책을 스스로 공부해야 하는 이유들 중 하나로 프루동의 독창적인 연구와 논지를 지적할 수 있을 뿐이다. 여러 번 말했지만 나는 이 글자 **빽빽**한 책으로 구체화된 주장에서 그 윤곽만을 가까스로 그릴 수 있고, 보쉬Bosch나 브뤼겔Breughel의 활기 넘치는 대작을 간단한 스케치로 정리하려는 사람의 작업만큼 내 작업도 적절하지 않다는 점을 알 수 있을 뿐이다.

프루동은 정의를 인간의 사적인 관계에 적용하는 것을 고려하기 시작한다. 여기서 도덕학의 토대가 되는, "너 자신을 존중하라"를 규칙으로 삼는 "개인의 존엄이라는 원리"가 생긴다. 일단 이 원칙이 확립되면, 이치에 맞는 결론은 우리가 자기 자신만큼이나 다른 사람의 존엄을 존중해야 한다는 것이고 이것이 사랑과 구별되는 정의의 본질이다. 왜냐하면 정의는 이기적인 요소를 인정하지 않고 엄격한 공평함을 의미하기 때문이다. 이런 식으로 이해된 정의는 우리의 권리와 의무, 모두를 가리킨다. 우리의 권리는 우리 자신의 인격으로 드러나는 인간 존엄성을 존중할 것을 요구한다. 그리고 우리의 의무는 다른 사람의 존엄성을 존중하는 것이다. 결국 "모든 사람의 이성이 동일하다는 점과 어떤 대가를 치르더라도 서로의 존엄성을 지키도록 이끄는 존중감에서, 정의 앞에서 평등하다는 결과가 도출된다."

평등과 정의의 동일시는 사적인 관계의 영역에서 부와 가난이라는 경제적인 영역으로 향한다. 프루동에 따르면, 교회는 경제학이나 정의와 경제학의 관계를 정식으로 인정하지 않는다. 교회는 조건의 불평등을 피할 수 없는 것으로 여기고, 가난을 신의 심판과 원죄의 영향으로 만들며, 사회의 인위적인 분열을 영원한 것으로 만들고 권위에 종속된 노동 체계―정의의 요소를 전혀 가지지 않는 체계―를 옹호한다.

반면에 혁명은 정의와 경제학의 일치점을 평등에서 찾는다. 정의는 종속이 아니라 평등과 호혜적인 노동을 요구한다. 균형은 우주의 법칙이자 경제 법칙이다. 인간은 동일할 수 없고 각 개인은 특별한 능력을 가진다. 평등이 달성되는 지점은 이런 능력이 균형을 이룰 때이다. 이 점은 소유의 폐지―또 한 번 프루동은 자신이 결코 소유의 폐지를 옹호하지 않았다고 주장한다―보다 균형을 이뤄야 한다는 점을 암시한다. 그럼으로써 적어도 주인과 노예라는 고대의 경계는 지워질 수 있다. 이 목적을 달성하기 위한 방법은 초기 저작에서 서술된 바 있는 경제적 상호주의 제도이다.

프루동은 사회의 경제조직에서 사회의 정치조직으로 향한다. 지금까지 정치조직은 세 가지 체제에 의지해 왔다. **필연성**_necessity_의 체제는 불평등을 피할 수 없다는 점을 전제하며 고대사회를 지배했다. **신의 섭리**_providence_의 체제는 교회에 의해 유지되었다. 이 체계는 신이 가장 강력하고 인간이 타락했다고 보며, 불변의 교리에 호소하는 무책임한 권위를 지지함으로써 인권을 부정했다. 이 체제는 신의 영광과 교회의 승리를 위해 도덕을 중단시켰다.

이런 체제에 맞서 프루동은 경제 제도와 산업 집단의 상호작용에서 생기는 비인격적이고 보이지 않으며 익명의 사회적인 힘으로 표현되는 개념, 긍정적이고 현실적인 개념인 정의의 개념을 강화시켰다. 확실히 프루동은 지금처럼 순전히 영토나 정치적인 고려보다 경제적인 이해관계에 따라 인민이 건설하는 행정 구조를 구상했다. 이 행정은 *지배*하거나 중앙 권위를 강요하지 않고 모든 이해관계를 서로 협동하도록 배치한다는 목적을 가진다.

대외 정책에 관해서는 다음과 같이 간단하게 정리된다. "혁명은…출신이나 인종을 인정하지 않는다.…한 곳에서 혁명을 실현하면 세계가 뒤따를 것이다. 그 경제 제도의 힘과 신용대부라는 선물, 사상의 탁월함은 전 세계를 바꾸기에 충분할 것이다." 그리고 정의가 자연스럽게 확산된 결과로 프루동은 "전 세계의 연방을, 군인이나 성직자를 없애고 기독교와 봉건제 사회를 대체하는, 인간의 삶이 평온한 감각과 맑은 영혼을 누리게 될 모든 자유와 권리의 절대적인 보장"을 예언했다.

사회의 운명을 생각할 때 교육은 중요하다. 왜냐하면 교육은 능력과 삶을 발전시키는 단계에서 사람을 전체적으로 성장시키는 것을 뜻하기 때문이다. 모든 실용적인 도덕과 마찬가지로 교육은 개인의 양심에 행동 기준을 두는 원리를 따라야 한다. 즉 "죄는 영혼을 더럽힌다. 죄를 짓고 사는 것은 죽는 것보다 더 나쁘다." 그렇지만 교회는 권위주의자와 테러리스트의 원리를 숭상한다. 즉 "죄는 죄를 금지하고 곧 또는 나중에 그 죄를 벌할 신을 성나게 만든다." 양심의 자유로운 활동을 공포로 대체해서 교회는 모든 도덕원리를 부정했고, 그렇게 해서 인간의 성격을 타락시켰다.

나아가 교회는 자신의 권위를 유지하는 것 외에 다른 중요한 교육과정들을 모두 부정해 왔다. 교회는 산업을 무시하고 과학과 미술, 문학과 철학을 적대시한다. 따라서 교회는 인간의 내적 자아를 빼앗고 인간과 자연의 관계를 끊으며 죽음 앞에 이른 인간의 사기를 꺾고 정의의 토대인 인간의 상호존중을 파괴한다.

종교가 그 발전을 망쳐 버린 인간의 조건에 맞서 프루동은 교육이 혁명적인 태도로 완성시킨 인간의 조건을 제시했다. 즉 "인간 생활이 다음의 조건들을 만족시킬 때…그 삶은 충만해진다.…(1) 사랑, 부성父性, 가족: 육체의 생식에 의한 존재의 증식과 지속, 또는 육체와 영혼, 인격과 의지를 가진 주체의 재생산. (2) 노동 또는 산업 생산: 자연을 활용하는 존재의 증식과 지속.…(3) 사회적인 참여 또는 정의, 즉 집단생활과 인류애의 발전에 참여하는 것.…만일 이런 조건들을 침해받는다면, 존재는 불안해진다. **죽거나 살거나,** 어느 것도 할 수 없는 인간은 비참해진다. 반대로 이런 조건들이 충족된다면, 존재는 충만해진다. 이것은 축제이고 사랑의 노래이며, 끊임없는 열정, 끝없는 행복의 찬가이다. 언제 신호가 주어져도 인간은 준비가 되어 있다. 왜냐하면 인간이 항상 죽음 속에 있다는 점은 그가 살아 있고 사랑하고 있음을 의미한다."

노동은 인간 사회의 근본 원리이자 정의의 동력이며 결국 인간이 홀로 행복에 도달할 수 있는 수단이다. 동시에 불평등한 사회에서 노동은 고통이자 불쾌함이고, 노동자는 열등하고 가난하며 멸시 당한다. 노동자들이 평등을 지지하며 자신의 처지에 대해 문제를 제기하고 교회의 권위가 의지하는 운명 예정설과 원죄라는 교리 자체를 부정하려 한다는 점을 알기 때문에, 교회는 불평등한 상황을 지속시키려 한다.

이런 입장에 맞서 프루동은 정의의 법칙에 자극을 받고 육체와 정신 모두에서 노동의 통합에 기초를 둔 혁명적인 노동 헌장을 제안한다. 프루동이 보기에 근대사회를 재앙에 빠뜨리는 측면 중 하나는 이념과 노동의 분리이다. 철학과 학문들은 인간의 노동 생활에서 나왔고 이념은 행동에서 생겨났기에, 이 둘은 분리되면 안 된다. 따라서 철학과 학문은 산업과 재통합되어야 한다.

이 재통합을 가져올 실천적인 수단으로 프루동은 경작자에게 땅을, 장인에게 기술을, 자본을 이용하는 사람이면 누구에게나 자본을, 생산자에게 생산품을, 이익에 기여한 사람들, 즉 사회 전체에게 집단적인 권력의 이득을 줘서 평등을 적용하자고 제안한다. 이런 방식으로 인간의 해방은 자연 재난을 조절할 수 있다.

인간 해방을 공고하게 만들려면 두 가지 단계가 필수적이다. 즉 전문화된 도제살이보다 제자에게 인간 산업의 보편 원리를 전수하는 공예식 도제살이가, 청년 노동자가 모든 공정을 경험할 수 있고 그러다 마침내 동료로 참여하는 것을 인정받는 작업장 조직이 필요하다. 이런 통합으로 노동은 부담에서 즐거움의 원천으로 변할 것이고, 노동자의 생활은 "승리의 행진"이 될 것이다.

노동에서 "이념"으로 넘어가면서 프루동은 『진보의 철학』에서 이미 소개했던 절대자에 대한 비판을 되풀이한다. 『혁명과 교회에서의 정의』가 사례와 논증을 더 다양하게 제시하지만 두드러지게 새로운 점은 없다. 프루동은 절대자를 부정하지 않지만 그것이 이해될 수 없다고 주장하면서 우리의 철학적인 논증에서 절대자를 제거하고, 엄밀한 지식의 영역에 포함되는 우주의 **현상적인**phenomenal 측면에 관심을 집중시키려고 노력한다.

일단 우리의 마음에서 절대자를 몰아내면, 모든 이념을 고정되고 획일화된 하나의 개념에 끼워 맞추는 것을 포기하면, 우리는 사회의 활기와 역동성만이 아니라 균형과 암묵적인 평화를 이뤄서, 이념과 능력의 적대적인 반응이나 상호적인 반응을 수용하는 사유의 자유를 얻을 것이다. 그럼으로써 우리는 역설적이게도 사회 내에 합의와 조화를 지속시킬 수 있고, 동시에 영원한 투쟁 상태에 있는 사회 에너지를 유지시켜서 모든 종류의 독재를 피할 수 있다.

성직자와 철학자들은 획일적인 신앙을 추구한다. 혁명은 다양성과 변화를 성장시킨다. 자유로운 사회에서 "공적인 이성public reason"은 개인적인 사유 양식들의 자발적인 상호작용으로 구성될 수 있다. 이 개인들은 자신의 개인 생활을 계속하는 한편, 개인들로 구성되지만 질적으로 다르고 권력의 면에서 우월한 특성을 가지고 있는 집단적인 사상으로의 확장된 삶도 받아들인다.

집단적인 이성의 기관은 결코 공식이나 제도로 만들어지지 않는다. 그 기관은 이념을 토론하거나 정의를 추구하기 위해 모이는 사람들의 모임으로 건설될 것이다.

***

신학자들은 인간의 양심에 관해 말하지만 그들의 절대주의는 양심을 규정하는 특성, 선과 악 사이에서 자유로이 결정하는 능력을 인정하지 않는다. 그렇지만 인간의 내밀한 정서와 사회생활의 집단적인 현실은 그런 능력이 존재한다는 점을 증명한다.

인간 양심의 활동으로 나타나는 선善의 기준은 모든 연령대의 현명한 사람들에게 알려진 두 가지 금언으로 요약될 수 있다. "남들이 네게 하기를 바라지 않는 것을 남에게 하지 말라. 네가 남들에게 받았으면 하는 선을 남들에게 계속 행하라." 이 금언은 모든 인간이 노력하는 기준이다. 인류가 그 함축적인 의미를 깨닫는 만큼 정의는 발전한다. 지식의 발전과 연관되어 있기에 도덕은 끊임없이 새로 만들어지고, 의식의 확장과 보조를 맞추기 위해 제도를 계속 바꾸는 것만이 정의를 충족시킬 수 있다. 결국 선과 악을 구분하는 것은 바로 평등이다. 빛이 눈에 반드시 필요하듯, 평등은 양심에 반드시 필요하다.

여기서 프루동은 자유의지와 결정론이라는 고전적인 논쟁 속으로 들어간다. 프루동이 보기에, 의도가 불가능하지도 않을 때 그 의도대로 행동하려는 인간의 힘을 부정하는 결정론은, 물질적인 실재가 행동을 결정하게 만들고 사유를 질료의 장난감으로 만드는 비이성적인 생각이다. 자유의지나 필연성 모두가 절대명사로 존재하기 때문에, 현실의 논쟁은 언제나 잘못 이해되었다. 둘 중 어느 하나만으로는 인간 사회를 설명할 수 없고, 해방과 필연성 모두가 자기 역할을 최대한 수행하는 이율배반적인 상황을 받아들일 때 진실된 모습이 드러날 수 있다. 해방의 계열과 필연성의 계열은 평행선을 그리며 동시에 존재한다. 인간은 그 내부에 모든 자연적인 자발성을 담고 있는 인위적인 결합에 자신의 해방을 빚지고 있다. 즉 사회구성체social bodies의 자유는 그 모든 다양한 구성 요소의 조화로 나타난다.

정의는 해방의 결정판이고 그래서 두 말은 동일하다. 실천적인 의미에서 인간 해방은 사회구조에 대한 인간의 지식과 실천을 발전시킨다. 필연성의 법칙에 대한 인간의 반란인 해방은 진보를 고취시키고 정의에 위엄과 힘을 준다. 종교 자체와 예술, 문학, 이 모든 것들은 해방을 향한 충동에서 생겨났다. 기독교에서 운명의 여신에 맞서는 반란을 일으켰던 열망은 이제 혁명에서 신의 섭리에 맞서는 반란을 창조한다. 이 반란은 낡은 세계와 관련된 것을 최대한 부정하고 파괴하는 힘이지만 새로운 세계를 여는 긍정과 건설의 힘이다.

『혁명과 교회에서의 정의』의 제9장은 "진보와 퇴보"를 다루고 대부분 『진보의 철학』에서 다뤘던 생각을 다듬었다. 절대자를 거부하는 진보는 정의를 이해할 때에만 실현될 수 있다. 그리고 진보는 그 근본 원리를 하나도 잃지 않고 인간관계를 끊임없이 새롭게 통찰하는 합리적으로 조직된 사회에서만 실현될 수 있다. 진보를 구성하는 것은 성문법의 확산이 아니다. 진보는 인간이 자신의 마음으로 인식했고 관찰했던 법칙의 증가이다.

따라서 초월성을 강조하는 교회는 진보의 적이다. 왜냐하면 절대자가 정의를 드러내고 보호한다고 보면서 교회는 인간의 존엄성과 자발성을 파괴하고 평등을 부정하며 15세기 동안 인간의 사회 혁신을 지연시켰기 때문이다. 교회가 가르치는 정의는 실재가 아니다. 그것은 우상의 형태이다. "신은 상상력의 장에 투영된 양심의 그림자이다. 그런 태양의 그림자를 취한다면 우리는 어쩔 수 없이 황혼에 머물러야 한다." 인간이 자유로워지기 시작하는 시점은 그림자가 아니라 자기 양심의 실재를 볼 때이다. 그리고 자기 내부의 참된 정의를 인식하면 할수록 인간은 더욱더 행복하게 살 것이고 죽음에 대한 공포를 더 없앨 것이다. 신이 떠났음을, 숭배의 역할이 끝났음을, 인간사를 조절하고 고쳐시켜야 하는 법칙이 정의임을 인정할 때, 상승과 하락이라는 원시적인 순환주기는 진보에게 길을 내어준다.

프루동이 주장했던 진보의 이론은 사회생활의 다른 측면들과 예술에도 적용된다. "해방과 마찬가지로 예술도 구체적인 인간과 사물을 위해 존재한다. 예술의 목적은 인간과 사물을 초월해서 그것을 재현하는 것이다. 예술의 궁극적인 목적은 정의이다." 자기 시대의 세계를 가장 잘 해석하고 정의를 향한 열망을 반영해 온 예술가들은 항상 가장 만족스럽다. 프루동이 같은 시대의 예술가들을 퇴폐적이라고 본 것은 이들이 시대를 외면하고 혁명과 그 함의를 거부했기 때문이다.

**

『혁명과 교회에서의 정의』의 제10장과 제11장은 "사랑과 결혼"을 다뤘고 여성의 처지를 폭넓게 다뤘다. 페미니스트의 입장을 공격하는 이 부분들은 자유주의자들 사이에, 심지어 프루동의 가까운 친구인 미슐레와 게르첸—게르첸은 『나의 지난 나날과 사상 My Past and Thoughts』에서 이 부분을 꼼꼼하게 비판했다—에게도 아주 많은 오해를 불러일으켰다.

프루동은 결혼이 생식의 필요성에 따른 남성의 육체적인 본능의 산물일 뿐 아니라, 그 본능을 사회적인 "필요"이자 정의正義의 중심, 사회의 기본 단위로 변화시키는 지적인 요소의 산물이라고 봤다. 그런데 기독교인의 결혼은 결혼의 참된 의미를 왜곡시킨다. 마음의 내밀한 선호를 신에게 맡김에 따라 사랑과 결혼이 분리되고, 따라서 필연적으로 성욕의 갑작스런 폭발과 도덕적인 타락을 가져온다. 오직 해방이 존재하고 절대자가 폐위되며 타고난 정의감이 인간의 행동 규칙으로 되는 곳에서만, 결혼은 올바름의 근원으로 복원되고 가족은 사회 개혁의 세포가 될 것이다.

지금까지 프루동의 추론은 분명하고 일관되었지만, 그의 타고난 청교도 기질은 여성의 지위에 대한 논의를, 재치 있지만 곧잘 불합리함에 빠지곤 했던 방향으로 이끌었다. 정말 특이한 점은 프루동이 농민의 전형적인 가부장적 태도를 견지하면서 수학을 잘못 이용한 점이다.

프루동은 여성이 신체적으로 분명히 열등하다고 선언한다. 남성과 여성은 신체적인 힘에서 3 대 2의 비율이다. 추론과 도덕적인 힘에서도 여성이 같은 비율로 약하다는 점은 프루동에게 분명했다. 그리고 이런 능력들이 서로서로 힘을 배가시키기 때문에, 우리는 이 등차수열을 통해 노동과 지식, 정의의 영역에서 남성과 비교할 때 여성이 어쩔 수 없이 8 대 27의 비율로 열등하다는 결론에 도달한다.

딱 봐도 이상하게 보이는 이 주장을 가볍게 비웃으며 즉시 무시할 수는 없다. 가끔 지구력이 뛰어난 여성이 생물학적인 균형을 만들기도 하지만 분명히 여성은 체력에서 열등하다. 그리고 위대한 여성 철학자가 없고, 일반적으로 여성이 합리적인 기준보다 감정적인 기준으로 도덕적인 판단을 내리곤 한다는 점도 사실이다. 그러나 이런 비판은 보편적으로 적용될 수 없다. 프루동이 살던 시대의 많은 여성들은 뛰어난 학문 노동자였기 때문이다. 스피리도노바Spiridonova나 루이즈 미셸Louise Michel, 로자 룩셈부르크Rosa Luxembourg 같은 사람들은 혁명에 헌신했고, 프루동이 생각하던 정의의 의미를 완전히 실현시켰다. 그리고 프루동의 비판이 상당 부분 적용되는 많은 여성들을 볼 때, 수세기 동안 [여성들이] 복종과 잘못된 교육, 도덕적 판단력과 지적 판단력을 위축시켰던 생활에 길들여진 영향을 무시할 수 없다. 더욱더 평등한 사회에서 여성은 프루동의 정교한 계산을 뒤엎는 데 성공할 수 있다.

헌신적인 평등주의자로서 프루동은 분명히 여성이 불평등한 처지로 떨어진 것을 거북해 했고 여성이 다른 면에서 더욱더 우월한 자질을 가졌다고 선언하며 그 거북함을 극복하려 했다. 아름다움과 직관적인 정신적 기품에서, 그리고 사랑의 능력에서 여성은 각각 남성보다 3 대 2의 비율이기에 우리는 다시 한 번 27 대 8이라는 등차수열―이번에는 여성이 우세한―을 접하게 된다. 그렇게 균형이 이루어지고 부부는 다른 경우라면 단지 관념에 그칠 수 있는 정의를 실현하는 단위가 된다. 그러나 이 보완적인 성질의 균형은 여성의 사회적인 평등을, 심지어 가족의 위계질서 내에서 여성의 평등을 실현하지 못한다. 왜냐하면 경제적이고 철학적, 법률적인 요소들이 바로 여성을 열등한 처지에 내몰기 때문이다. 사회적으로 여성은 그 **결과**에서 평등하나 **원리**나 **관습**에서는 평등하지 않다.

프루동은 이 부분을 성공적인 결혼에 관한 몇 가지 흥미로운 성찰들로 끝을 맺었고, 이 생각은 사랑에 엄격한 규율을 부여했다. 최고의 결혼은 의무와 미덕이 주된 요소이고 사랑이 거의 없는 상태이다. 역설적이지만 "사랑의 시련에서 벗어나 그 행복을 얻는 비결은 진심과 영혼을 다해 모든 이성異性을 사랑하는 것이고 부부가 되어 그중 한 명을 사로잡는 것이다."

***

『혁명과 교회에서의 정의』의 마지막 장에서 프루동은 인간을 올바름으로 이끌 도덕적인 구속력을 다루는 전체 주제로 돌아간다. 프루동에 따르면, 정의가 지배하는 사회에서는 입법자가 상호 존중을 요구하는 도덕법과 사회적인 힘의 균형, 자유로운 영혼의 계발을 이해하면서 인간의 양심을 실현한다. 그런데 도덕법은 개인의 양심만이 아니라 사회의 관행으로도 나타난다. 그리고 도덕법의 우위는 일련의 도덕적인 구속력이 존재한다는 점으로 설명된다.

첫 번째 구속력인 형사상의 구속력은 정의를 따를 때 인간이 행복해지고 그것이 파괴될 때 고통을 받는다는 사실로 표현된다. 이 구속력은 인간 사회에 구현되어 있다. 범죄는 불완전한 사회적 관계의 결과이다. 그리고 다른 상황에서처럼 이 경우에도 호혜성이 힘을 발휘하기 때문에, [도덕적인] 의무는 범죄에 대한 책임이 있음을 알고 제도를 계속 개정해서 스스로를 개선하려는 사회에 의지한다.

두 번째 구속력은 도덕적인 동요가 경제적인 힘의 균형을 그만큼 무너뜨리고, 그래서 가난이 우리의 악덕과 부정을 응징한다는 사실에 있다. 세 번째 구속력은 정치적인 것으로, 도덕적인 균형을 잃은 사회가 독재와 국왕 살해로 대변되는 폭력으로 향한다는 점이다. 질료와 영혼이 정의의 힘 안에서 다시 통합될 때, 이 문제는 자동적으로 바로잡히고 사회 평화가 확립될 것이다. 마지막 구속력은 정의의 파괴가 도덕적 회의주의로 이끄는 형이상학적인 의문을 낳는다면, 정의를 회복하는 혁명이 확신의 문제를 해결하는 동시에 철학을 건전한 토대 위에 재구성한다는 점이다.

프루동은 마무리를 지으며 교회에 마지막 일격을 날리지 않을 수 없었고 마티유 추기경에게 아이러니하게 도전하며 제3권을 마무리했다. 교회가 혁명을 받아들이도록 하고 참된 정의를 확립하는 과업에 참여할 수 있도록 스스로를 고치자. 그러면 프루동 자신도 가족을 다시 교회로 데려갈 것이다. 추기경은 대답하지 않았다.

11

『혁명과 교회에서의 정의』에 대한 파리 대중의 반응은, 1852년 이후 다시 프루동의 이름으로 출판된 진지한 첫 저작에 대한 생생한 관심을 증명했다. 6천 부가 즉시 팔렸고, 프루동은 만일 대중적인 관심이 이어진다면 곧 2쇄를 찍으리라 기대했다. 그러나 이 기대를 실현할 수 있기 전에, 출판한 지 한 주가 채 지나기도 전에, 경찰은 출판업자의 손에 남아 있던 책들을 압수했다. 그 즉시 압수의 이유가 프루동에게 알려졌는데, 프루동이 일기에 기록했듯이 기소 목록은 엄청났다. "(1) 공적인 평화를 어지럽힐 수 있는 거짓된 소문으로 잘못된 믿음을 재생산한 점, (2) 시민들 사이에 증오를 자극한 점, (3) 가족의 권리를 공격한 점, (4) 공적인 도덕과 종교적인 도덕을 유린한 점, (5) 준법정신을 공격한 점, (6) 범죄와 비행으로 규정된 행동들을 옹호한 점."

기소의 중압감은 정부 당국이 기소를 철회하지 않으리라는 점을 의미했고, 프루동은 대중의 양심이 어떻게 결정하든 분명 자신이 법정에서 승소할 수 없으리라 생각했다. "모든 법률가들이 내게 5년의 징역형을 선고할 거라 얘기한다"고 프루동은 5월 1일에 적었다. 그리고 며칠 뒤 프루동은 모든 정파에게서 애도의 말을 들었다고 불평했다. "사실 그들은 내 장례식에 오고 싶은 듯하고, 인민들은 나의 죽음을 보길 원하는 듯하다!"

그러나 이런 심각한 상황에서도 프루동은 만족할 만한 핑곗

거리를 찾았다. 『혁명과 교회에서의 정의』가 압류된 뒤에 암시장 가격이 200프랑으로 올랐고, 프루동은 만일 그 책을 시중에서 판매한다면 3만 부가 팔릴 거라 확신했다. 함부르크와 프러시아 정부가 이 책을 판매 금지하기로 결정했지만, 한 독일 번역가는 라이프치히에서 책을 인쇄하고 있었다. 프루동은 "나는 실패하지 않았다"며 기뻐했다. "정의는 끝까지 살아남는다. 혁명이 일어나고 낡은 사회는 무너질 것이다. 자 이제, 파리에서도, 심지어 여학교에서도 그들의 말은 무시되리라!" 프루동이 보기에 자신의 재판은 무죄 석방을 위해서가 아니라 "혁명의 정의와 인권을 위해 싸우는" 하나의 전쟁터였다.

기소는 정해진 절차를 밟고 있었다. 5월 6일에 프루동은 치안판사에게 심문을 받았고 11일에는 상원에 탄원서를 제출했다. 상원 의원들은 이 탄원을 무시했다. 그리고 프루동이 대중에게 자신의 사건을 알리기 위해 이 탄원서를 소책자로 찍었을 때, 경찰은 이 탄원서가 죄를 더 무겁게 한다고 해석하고 "여론을 선동"하려고 했다는 이유를 들어 책자를 압수했다. 6월 6일에 징계재판을 하기 전에 열린 공판은 수상쩍게도 황급히 처러졌다. 판사는 프루동이나 변호사로 활동했던 친구 귀스타브 쇼데이가 계획한 방식으로 재판을 진행하는 것을 허락하지 않았고, 하루가 채 걸리지 않은 공판 뒤에 프루동은 3년형과 4천 프랑의 벌금을 선고받았다. 출판업자인 가르니에는 한 달의 구류와 1천 프랑의 벌금을, 인쇄업자 부르디에Bourdier는 15일의 구류와 1천 프랑의 벌금을 선고받았다. 분명히 재판은 급진적인 사상을 공격할 뿐 아니라 그런 사상을 표현하는 저술가를 지원하지 못하게끔 인쇄업자와 출판업자들을 위협하는 데도 이용되었다.

프루동은 인상적인 모습으로 포기하면서 자신의 처지를 받아들였다. 프루동은 "내 건강이 아직 쓸 만하고 평온해서 모든 이를 놀라게 해"라며 마우리스를 안심시켰다. 사실 재판과 관련해서 돌아다니고 그동안 긴장했는데도, 이미 병을 앓았던 프루동이 자신의 처지에 관해 거의 불평하지 않았다는 점은 매우 인상적이다. 심지어 프루동은 경제적인 상황도 철학적인 평온함으로 대처했다. 프루동은 가르니에 출판사에게 빚을 내서 4천 프랑의 벌금을 냈다. 하지만 모든 것을 따져 보면 프루동은 감옥에 있는 동안에도 7, 8천 프랑이 필요했다. 프루동은 "감옥이 내게는 헛되지 않을 것이다. 나는 일할 것이다" 하고 덧붙였다.

프루동은 탄원서를 쓰고 크레미외를 변호사로 고용하고서, 출판할 목적으로 긴 자서전을 준비했으며, [법정의] 심리審理가 열리기 전에 자신의 변호가 대중의 관심을 많이 모으기를 바라면서 법원의 결정을 상세하게 다루려 했다. 제국 검사는 이 자서전의 인쇄를 겨우 20부만 허락했는데, 프루동은 심지어 이 부수도 인쇄하기가 어려우리라고 봤다. 왜냐하면 이미 인쇄업자들은 자신들의 동료에게 부과된 판결과 프루동의 **어떠한** 출판물도 위험하다는 경찰의 경고로 겁을 먹어서, 어떤 식으로든 엮이는 것을 거부했기 때문이다. 많은 요인들이 공정한 심리를 받기 어려우리라는 점을 증명했고, 마침내 프루동은 망명을 떠나기로 결심했다.

망명은 정말 프루동이 마지못해서 내린 결정이었다. 한 달 동안 친구들이 망명을 떠나라고 권유해 왔지만 프루동은 그 충고를 거부했고, 심지어 때로는 망명을 확신이 부족하다는 신호로 해석하려 했다. 프루동은 에드몽에게 "그들은 내게 달아나라고 권하는 걸 그만둬야 해" 하며 불평했다. "아르콜 다리에서 보나파르트 같은 적 앞에서도 깃발을 들었지만 아무도 나를 지지하지 않았어!" 심지어 [망명을] 떠날 때에도 프루동은 부당하다고 여겼던 감옥행을 피하기 위해서가 아니라, 탄원서의 기초가 될 자서전을 출판할 방법을 찾기 위해서 떠나는 척했다. 그러나 프루동은 일단 망명을 떠나면 상황이 우호적으로 변하지 않는 한 돌아오지 못하리라는 점을 인정할 만큼 충분히 현실적이었다. 출발 전날 프루동은 마테에게 "새로운 삶이 시작되려 해. 내겐 해야 할 많은 일과 좋은 사람들이 있어" 하고 편지를 썼다.

7장

망명을
떠나다

    프루동은 7월 17일에 파리를 떠나 아무런 방해도 받지 않고 망명길에 올랐다. 프루동은 단 한 명의 경찰도 보지 못했다고 적었는데, 출발의 순조로움은 제국 정부가 그의 망명을 보며 기뻐했을 것이라는 점을 암시한다. 프루동은 부퀴에Bouquié라는 벨기에 사업가와 동행했다. 부퀴에는 프루동이 국경을 넘어 투르네로 가는 것을 본 뒤에, 파리로 돌아와 국경을 안전하게 넘었다고 전했다.

    브뤼셀에서 프루동은 부퀴에의 동생이자 '원죄'에 사로잡힌 한 기술자의 집에서 첫날밤을 보냈다. 이 사람은 술의 유해성을 설명하는 판화를 제작했고, 이 날에 "부패와 공갈, 사기, 횡령, 투기 등에 관한 엄청나게 많은 사실들"로 자신의 손님[프루동]을 즐겁게 했다. 이 얘기는 약간 얼떨떨했던 프루동에게 벨기에가 파리만큼 도덕적으로 타락했다는 점을 확신시켰다. 이 친구와 마음이 맞았지만 프루동은 묵을 곳을 알아보기 위해 떠나기로 결심했다. 다음날 생-조세-텡-누드 교외에 있는, 수다스럽고 영국인을 싫어하는 한 부인의 집에 잠시 묵었다. 그곳에서 프루동은 뒤르포르Durfort라는 가명을 썼고 수학 교수로 위장했다. "가명을 쓰는 건 경찰의 추적을 따돌리기 위해서가 아니오"라며 프루동은 유프라지를 안심시켰다. "대중의 관심으로부터 내 **신분을 감추기** 위해 잠시 동안 가명을 쓰는 거요."

실제로 프루동은 그 즉시 브뤼셀의 공공 치안국의 국장에게 가서 자신의 상황을 알렸다. 프루동이 거드름을 피우며 "예전에 스피노자가 헤이그에서, 데카르트가 스톡홀름에서, 볼테르가 페르니에서 철학을 했듯이, 철학을 할 허가"를 요구하자, 국장은 내무장관에게 거주 허가를 요청하라고 권유했다. 프루동은 체류를 허가받았다.

브뤼셀에 있던 그리 많지 않은 프랑스 이주민들은 프루동을 따뜻하게 환영했다. 왜냐하면 브뤼셀의 **망명객들**émigrés은 런던에 있던 동료들의 격렬한 분파주의에 중독되지 않았기 때문이다. 프루동은 안트베르펜에서 강의하며 『혁명과 교회에서의 정의』를 유명하게 만들었던 친구 마디에-몽토와 다시 만났다. 그리고 하루는, 죽었다고 생각했던 빅토르 콩시데랑을 길에서 만났다. 사실 콩시데랑은 전혀 다른 유토피아 집단들을 통합하려다 실패했던 텍사스에서 막 돌아온 길이었다. 마지막으로 프루동은 브뤼셀에서 12년 전의 독일인 친구 카를 그륀을 만났다.

망명에 대한 프루동의 첫 번째 반응은 거의 절망에 가까웠고, 만일 형량이 길지 않았다면 감옥행이 더 나을지 모른다고 생각했다. 프루동은 침체된 도시에서 비교적 고독하게 생활하며 따분해 했고, 불안정한 도피 생활은 염증을 재발시켰다. 그리고 프루동은 브뤼셀의 아주 습한 공기가 산 정상의 공기와 비슷했던 뎅페르 가의 공기와 대조적이라고 생각했다. 브뤼셀에서 사흘을 보내기도 전에, 프루동은 침묵을 강요당하는 프랑스로 돌아갈 의향이 없기 때문에 가족들이 가능한 한 빨리 자신과 합치도록 준비해야 한다고 유프라지에게 말했다. "그러지 않는다면, 자기 새끼와 멀리 떨어진 슬픔으로 끝내 죽음을 맞이할 동물원의 사자처럼 될 거요."

처음에는 아주 내키지 않는 듯했지만, 결국 한 곳에 자리를 잡기로 마음을 다스린 것은 망명객들만이 아니라 벨기에 자유주의자들의 아낌없는 환대 덕도 컸다. 도착한 지 한 주가 지나기도 전에 프루동은 필레에게 "나는 이미 소중한 공감을 얻었어"라고 말했다. 벨기에 작가들과 학자들 사이에서 프루동의 명성은 점점 높아졌다. 처음부터 프루동은 제한된 망명객들의 모임에 깊숙이 개입하는 것을 피했고, 우호적인 벨기에인들 사이에서 동료를 찾았기 때문에, 그리 잘 적응하지 못했던 몇몇 [다른] 동료들보다 망명의 육체적이고 정신적인 위험을 훨씬 쉽게 견뎌냈다.

2

그러는 동안에도 보나파르트주의의 정의正義는 자신의 길을 계속 가고 있었다. 망명을 떠나던 날 프루동은 7월 28일에 항소 법원으로 출두하라는 소환장을 받았다. 그날까지는 200쪽에 달하는 변호용 자서전을 준비하지 못한다고 프루동은 벨기에에서 답장을 보냈다. 법원은 궐석 재판으로 프루동의 형량을 확정했지만, 프루동은 판결에 이의를 신청해도 좋다는 허가를 받았고, 최종 심리는 11월로 연기되었다.

프루동은 정부 당국이 자신의 자서전을 대하는 방식에 따라 이후의 행동을 정하기로 결심했다. 만일 정부 당국이 프랑스에서 자서전을 자유롭게 유통하도록 허용한다면, 그래서 자신의 사건이 널리 알려지게 된다면, 돌아가서 항소 법원에 출두하려 했다. 자서전의 출판은 브뤼셀에 살며 작은 출판사를 경영하던 르베게Lebègue라는 파리 시민이 맡았다. 이 자서전은 9월 중순에 『교회가 추구하는 정의 La Justice Poursuivie par l'Eglise』라는 제목으로 출판되었지만, 프루동의 사상에 새로운 점을 전혀 덧붙이지 못했기에 우리가 다룰 필요는 없다. 저자 자신은 이 책을 "유익하고 흥미로우며 재미나다"라고 묘사했고 이 점은 모두 사실이다. 이 외에도 이 자서전은 언론의 자유를 탁월하게 옹호했다. 9월 22일에 프루동은 프랑스 내무장관에게 책을 한 권 보내서 이 책이 프랑스로 반입될 수 있을지 없을지를 결정해 달라고 요청했다. 프루동은 내무장관에게 "만일 당신의 판단이 다르다면[책 반입을 금지한다면], 슬픔에 가득 차 지금 있는 곳[벨기에]에 머물며 모국을 버릴 수밖에 없다고 당신에게 말할 것이다"라고 말했다.

이 작업이 마무리되자 프루동은 아르덴 언덕에서 산책하며 휴일을 보내려고 노동자 블라우스를 입고 등에는 꾸러미를 짊어진 채 떠났다. 함께 떠난 사람은 프루동이 죽을 때까지 가깝고 관대한 친구로 남았던 부유한 벨기에 작가 펠릭스 델아스Felix Delhasse와 동료 망명객 토레Thoré였다. 이들은 베스트르와 오르테 오블라드의 푸른 농촌 마을의 강을 따라 걸었고, 말메디에서 프러시아 땅으로 가는 국경을 가로질러 프루동이 "천하고 아주 불쾌한" 도박장을 봤던 스파Spa의 온천을 방문했다. 이들은 베르비에의 산업 도시를 여행했고 뮤즈로 내려와 마스트리흐트—브뤼셀을 떠난다면 살기에 편하고 적합한 곳이라고 판단했던—로 내려왔다. 이들은 10월 4일에 브뤼셀로 돌아왔다.

스파 온천에서 프루동은 『교회가 추구하는 정의』가 프랑스로 반입되지 못한다는 사실을 알게 되었다. 프루동은 "3년형을 각오하고 입국을 결심하지 않는 이상 자서전의 반입 금지는 나 자신을 배제하는 것과 같다"고 선언했다. "한마디로 말해 이것은 추방이다." 프루동은 항소 법원이 자신에게 유리한 판결을 내릴지 모른다는 희망을 포기하기로 결심했고, 브뤼셀에서의 거주를 확실히 하는 데 필요한 단계를 밟았다. 1858년 10월 말에 프루동은 가족이 와서 함께 살아도 좋다는 벨기에 경찰의 허가를 받았고, 그 다음 몇 주 동안 이사와 관련된 사항과 아파트를 구하기 어렵다는 불평으로 가득 찬 편지들을 아내에게 다급하게 썼다. "마치 벨기에의 중간계급을 제거하려는 듯이 지난 10년 동안 궁전과 막사 외에는 아무것도 짓지 않았기에 브뤼셀에서 집보다 더 찾기 어려운 건 없소."

결국 11월 말경에 프루동은 브뤼셀에서 깨끗한 지역 중 하나인 익셀 교외에서 아파트를 발견했다. 임대료는 파리에서 지불했던 것보다 조금 더 많은 1년에 372프랑이었지만, 프루동은 집이 "아주 아담하고 보석처럼 환하다"며 좋아했다. 시장은 불과 몇 발짝 거리 내에 있었고, 그륀과 마디에-몽토, 델스를 포함해 많은 친구들이 같은 동네에 살았다.

살 곳을 확보한 프루동은 가구 가게를 분주하게 돌기 시작했다. 그렇지만 유프라지가 그의 안목을 믿지 않았으므로 프루동은 즉시 필요하다고 여겨지는 것들만 구입했다. 프루동에게 필요한 것은 정말 단순했다. 한 개에 3프랑 50상팀인 튼튼하고 평범한 의자는 아주 괜찮아 보였고, 10프랑짜리 탁자를 책상으로 사용했다. 프루동은 유프라지에게 "사치스러운 것보다 깔끔한 것을 원한다는 점을 얘기하고 싶소. 새것이지만 평범한 종류의 것을 사는 이유는 바로 그 때문이오. 가구는 우리 처지에 맞고 이곳에서 보편적으로 받아들여지는 것이어야 하오. 내가 존중하고 받아들이도록 도와줬으면 하오. 그렇게 하는 게 이득이오. 잘못된 허영심이 없으니 당신이나 나나 잘 받아들이고 잘 유념하면 되오."

마침내 분주한 준비와 황급한 편지 교환의 주간이, 그리고 급한 구매와 여러 가지 세관 수속의 주간이 12월 1일에 끝났고, 그

날 정오 정각에 가족은 브뤼셀의 중앙역에서 상봉했다.

유프라지는 여행하면서 목이 쉬어 버렸지만, 도착한 다음날 새로운 아파트로 이사했을 때 당황스러울 정도로 빨리 회복되었다. 유프라지는 가구를 고르는 피에르-조제프의 안목이 "형편없다"며 심하게 불평했다. "남자가 집안일에서 여성을 기쁘게 할 수는 없는 걸까?" 프루동도 후회하며 투덜거렸다. 이런 상황 묘사를 접하고, 어떤 이는 이론적으로 생각했던 것만큼 프루동이 완전히 가부장적으로 가정을 지배하지는 않았다는 인상을 받는다. 유프라지는 프루동의 책을 읽지 않았고 그의 지적인 생활에 대해 최소한의 관심만 가졌으며, 결혼한 뒤에는 분명히 집안의 문제에서 상당한 독립성을 가졌다.

다른 점들에서 브뤼셀에 온 뒤로 유프라지의 태도는 프루동이 걱정했던 것보다 많이 나아졌다. 왜냐하면 유프라지는 "도시와 지역, 아파트에 만족"했기 때문이다. 무엇보다 프루동 자신도 파리를 떠난 뒤 그 어떤 시기보다도 더 행복했고, 아주 기뻐하면서 친구들에게 새로운 거처로 옮길 때의 혼란에 관해 묘사했다. "한 무더기의 책과 뒤죽박죽된 논문들은 *완전한 아나키야*!" 집과 300야드 떨어진 곳에서 '가족 교부 학교The Institution of Fathers of Families'라 불리던 학교를 발견했을 때 프루동은 아주 만족했다. 프루동은 성직자의 영향력에 감염되는 것을 두려워하지 않고 아이들을 학교에 보냈다.

3

가정의 재배치는 프루동이 브뤼셀을 완전히 받아들이도록
했다. 12월 중순에 프루동은 "더 이상 떠날 생각은 없어"라며 기
분 좋게 마우리스를 안심시켰다. "전 세계를 돌아다니기엔 너무
늦었어. 나는 이곳에 머무를 거야." 일단 이런 상황은 프루동의
계획을 많이 자극했지만, 프루동의 고질적인 신경질환이 재발하
면서 1859년의 시작은 새로운 불행을 가져왔다. 2주일 동안 프
루동은 잠을 잘 수 없었다. 한 달 넘게 프루동은 의자에 앉아 밤
을 지새워야 했다. 프루동은 "나는 운이 없고, 가장 불행한 건 계
속 돈을 빌리고 있다는 점이다" 하고 불평했다. 4월이 되어서야
프루동은 일을 시작할 수 있었고, 그 뒤에도 아주 천천히 일하는
것만 가능했다.

병이 아주 심했을 때에도 프루동은 이탈리아 전쟁이 불러온
문제들에 깊은 관심을 가졌다. 프루동은 나폴레옹이 이탈리아의
자유를 위해서가 아니라 자신의 독재가 붕괴하는 것을 막기 위
해 오스트리아와 전쟁을 벌이려 한다는 점을 알아챘다. 1859년
4월 말에 프랑스와 오스트리아의 전쟁이 사실상 선포되었고, 프
루동은 나폴레옹 3세가 이탈리아 독립의 투사로 등장한 것을 신
랄하게 비판했다. "나폴레옹은 반혁명이다. 그가 무엇을 할 수 있
을까? 아무것도, 전혀, 그 무엇도."

프루동은 전쟁과 계속되는 자유의 탄압―전쟁에 뒤이어 적개

심을 불러일으켰던 블랑키의 체포와 [이탈리아] 피에몬테에서 시민적 자유의 유예로 증명된—의 연관성을 재빨리 파악할 수 있었다. 그리고 프루동은 그 시대 이후 대부분의 전쟁이 그랬듯이 근대사회에서 전쟁이 쓸모없고 정복된 자만이 아니라 승자에게도 반드시 손해를 입힌다는 점을 깨달았다. 전쟁이 거의 한 달을 넘겼을 때 프루동은 구베르네Gouvernet에게 "승리의 기회를 잡는다 해도, 석 달 내로 우리가 승리한다 해도, 30만 명의 사상자를 내고 대부분 빌린 돈인 5억 프랑을 다 써 버릴 것이라는 점은 분명해. 그 결과가 어떨까?…우리는 오스트리아인들이 더 나쁘다고 말해. 그러나 그들의 죽음이 우리를 다시 살아나게 하지 못할 것이고, 그들이 지출한 돈도 우리의 금고로 들어오지 않아. 그건 아무런 보상도 없고 승자만 있는 이 전쟁에서 가장 큰 재앙이야" 하고 말했다.

전쟁의 진행 상황이 프랑스에게 유리했지만 프루동은 생각을 바꾸지 않았다. 7월에 프루동은 "우리는 승승장구하고 있지만 내가 말해 온 생각을 철회하도록 만들지 못한다. 나는 내 생각을 더 강하게 주장하고 인간을 짓누르는 이 가증스러운 전쟁의 목적이 무엇인지를 계속 묻는다" 하고 말했다. 프루동이 그 당시에 빠져 있던 민족 문제에 관한 소책자를 쓰려는 생각을 바꿔서 그 이후 몇 달 동안 사로잡혔던 전쟁과 평화의 문제에 관한 주요 저작을 준비하기 시작한 것은, 냉정하고 학문적인 연구 정신보다 쓸모없는 갈등에 자극을 받아서였다.

4

빌라프랑카 조약에 관한 소식과 함께 프랑스가 "승리"를 축하하기 위해 특별사면을 할 예정이라는 소문이 퍼졌고, 이 소문으로 프루동은 예상했던 것보다 더 빨리 고국으로 돌아갈 가능성을 진지하게 가늠했다. 프루동의 태도는 망명 생활을 계속하는 것이 가족 내에 긴장—분명 가부장의 품위에 대한 그의 생각을 방해했음이 틀림없는—을 일으켰다는 점 때문에 주로 흔들렸다. 처음에는 브뤼셀에서의 생활에 호의적인 반응을 보였지만, 그 뒤에 유프라지는 파리와 피에가르 일가를 애타게 그리워하기 시작했다. 유프라지는 피에르-조제프에게 그와 달리 자신이 "생각하는 재능"을 가지고 있지 않다고 단호하게 말했는데, 그런 유프라지의 불만은 프루동이 가족을 다시 파리로 돌려보내고 가끔씩 가족이 프루동을 찾아오는 것을 고려할 정도로 심각해졌다.

8월 17일에 황제가 언론법과 관련된 정치적인 범죄까지 사면을 하리라 예상되던 법령에 서명했을 때, 이런 과감한 조치를 취할 필요성은 없어지는 듯했다. 프루동은 친구들에게 뎅페르 가의 아파트를 다시 구해 달라고 부탁했다. 그리고 9월에 유프라지를 보내고 10월에 뒤따라가려는 계획을 짰다. 이렇게 결심한 지 하루 만에 프루동은 자신의 사건이 사면에 포함되지 않았다는 소식을 들었다. 내무장관은 이 사면이 정치적인 범죄에만 해당된다고 공고했는데, 법적으로 프루동은 공중도덕과 종교적인 도덕을 유린했다는 죄목으로 기소되었던 것이다. "분명 황제가 음란 소설 작가들을 사면했다면 나도 포함되었을 것이다"하고 프루동은 씁쓸하게 논평했다. 그러나 한 달이 채 지나기도 전에 여느 때처럼 프루동의 정신적인 쾌활함은 차분함을 선사했다. "망명 생활에 적응하지 못하는, 온전히 파리 시민인 내 아내만 아니라면, 내 친구들만 아니라면, 여기서는 너무 비싼 프랑스 와인만 아니라면, 나는 브뤼셀이나 쾰른, 취리히, 제네바, 토리노보다 [굳이] 파리에서 살기 위해 한 푼이라도 더 쓸 생각이 없다."

비싸긴 했지만 여전히 와인은 구할 수 있었다. 그리고 프루동은 엄청나게 많은 편지를 주고받으며 친구들과 연락했다. 심지어 브뤼셀을 지나가던 친구들이 한두 명씩 가끔 방문하기도 했다. 다른 한편으로 유프라지의 갈망은 다른 방법으로 달래지지 않았고, 유프라지는 휴일날 딸들을 데리고 파리로 가려고 준비했다.

유프라지는 9월 29일에 떠났고, 가족을 다시 만나 너무나도 기쁜 듯했다. 그래서 10월 5일까지도 아무런 소식을 듣지 못한 프루동은 불만스럽게 펜을 들었다. 프루동은 "당신의 침묵 덕분에, 아내는 남편의 소식들을 잘 들을 수 있지만 남편에게 자신의 근황을 알릴 필요가 없다고 생각한다는 걸 알았소"하고 투덜거렸다. 화가 난 듯 방종을 경고했던 이 편지의 어조는 의견이 심각하게 일치하지 않던 시기에 유프라지가 떠났다는 점을 계속 암시하고, 뒤로 가면 부부관계가 적어도 작은 위기에 이르렀을 수 있다는 점을 강하게 암시하는 구절이 나온다. 프루동은 "나로서는 당신에게 말할 게 아무것도 없소. 나는 편하게 일하오. 더 이상 집에서 고함이나 울음소리, 투덜거림을 들을 수 없기에 정말 쾌적하오. 당신이 돌아온 뒤에도—**만일 돌아온다면**—이 고요함이 유지될 수 있을까?" 하고 말했다.

자신이 무사히 파리로 돌아올 수 있다고 안심시키는 처남 테오도르Théodore의 편지를 받았을 때에도 프루동의 기분은 나아지지 않았다. 프루동은 처남이 자기 일에 참견하는 것이 유프라지를 편드는 배신의 신호라고 해석했고, 화가 나서 테오도르를 무시하고 유프라지에게 편지를 썼다. "당신을 더 서운하게 만들고 나를 더 화나게 만들 수 있을 뿐인 그 모든 객소리에 화가 나오. 아니, 당신에게 말하지. 나는 이런 상황에서 돌아가지 않겠소. 벨기에서 사는 게 당신에게 고통스럽다면, 좋소, 나는 당신이 희생하는 걸 원치 않는다고 말해 왔어요. 우리 화해하고 당신은 파리에 살아요. 나는 당신이나 딸들이 부족함 없이 살길 바라고 끝까지 홀로 내 운명을 따를 거요."

마음이 담기지 않은 제안은 파리에 머물겠다는 유프라지의 생각을 즉시 포기시키기에 충분했고, 10월 10일에 유프라지는 이 시기에도 프루동을 계속 따라다녔던 또 다른 불행을 안고 돌아왔다. 왜냐하면 두 아이가 성홍열에 걸렸고, 유프라지도 그 뒤 며칠 동안 앓아누웠기 때문이다. 혼자만 병에 걸리지 않았기에 프루동은 6주 동안 잠자리를 돌보고 음식을 만들며 환자를 간호했다. 프루동의 아내는 스테파니의 병이 위험한 수종성水腫性 상태로 들어갔을 때에도 거의 회복되지 않았다. 이 당시 프루동은 셋째 아이가 이른 나이에 죽을 수도 있다는 것을 받아들였지만, 기적적으로 스테파니는 고비를 넘기고 서서히 회복되기 시작했다.

12월이 되어서야 프루동은 다시 글을 쓸 수 있게 되었다. 12월 3일에 프루동은 동료 망명객 롤랑Rolland에게 "이렇게 소란스런 환경에서 내가 어떻게 일을 하겠나?" 하고 말했다. "낮에는 의사와 방문객이 드나들고, 밤에는 [내가] 간호해. 아내는 아무것도 못하고 집안은 뒤죽박죽이야. 어제 나는 펜과 종이, 잉크를 새로 준비했어. 그게 전부야." 그렇지만 12월 중순이 되면서 프루동은 다시 전쟁과 평화에 관한 글을 활기차게 써 나갔다. 프루동의 열정은 다시 살아났고 쇼데이에게 자신의 주제가 "웅장하고 숭고하며 엄청나다"고 말했다.

그러나 이 작업은 프루동의 유달리 어려웠던 경제 상황을 직접적으로 돕지 못했다. 프루동은 마테에게 1859년이 "팔자가 사나운 해"였다며 당연한 불평을 늘어놓았다. 프루동은 냉소적으로 "콩시에르주리 감옥에서 보낸 3년과 벨기에에서 보낸 5개월의 망명 생활이 약간 다를 수 있겠지만, 센의 법원이 내린 유죄 판결은 [내게] 일격을 가하고 그 목적을 달성할 거야" 하고 말했다. 비슷한 시기에 랑글루아에게 쓴 편지는 권태를 더 직접적으로 호소한다. "이제 내 가난의 무게를 느껴. 단지 3천 프랑의 확실한 수입만 생긴다면, 대중이 나에게 거의 아무 말도 들을 수 없을 거라고 맹세해. 나는 취리히나 제네바, 토리노나 니스에서 평화롭게 살 거고, 공소시효가 끝날 때까지 조국으로 돌아가는 건 꿈도 꾸지 않을 거야. 그러나 나는 일해야 해, 계속 일해야만 해! 그리고 내게 그 많은 분노와 증오를 주는 일 외엔 다른 일거리가 없어. 다섯 번의 재판과 두 번의 유죄 판결이라니!"

계속 고통을 겪던 프루동이 도움을 요청할 수 있는 유일한 사람들은 프랑스 출판업자들이었다. 프루동은 그들에게 호소하는 편지에서 "내가 복권되리란 희망을 버리지 않아요" 하고 말했다. "그건 단지 시간문제일 뿐이에요. 그런데 영국인들은 시간이 **돈**이라 말해요." 그리고 프루동은 250프랑을 미리 인세로 달라고 겸손하게 요청했다. 그러나 이 돈은 고난의 계절 동안 프루동이 쓴 돈의 일부에 불과했고, 곧 프루동은 다시 출판업자들에게 마지막으로 1천 프랑을 빌려 달라고 절망적인 어조로 요청하는 편지를 써야 했다. "나는 많은 의사들의 왕진비를 지불해야 하고 약간의 와인이 필요해요. 마침내 사방에서 공격을 받는 한 가족을 생각해 보세요. 그러면 당신은 이 1천 프랑으로 우리가 사치를 누리려는 게 아님을 이해할 겁니다. 여러분, 이런 초라한 말로 내 자신을 표현하는 게 부끄러워요.…그러나 나는 지쳤어요. 나는 내 [운명의] 몫 이상으로 고통을 겪고 있음을 깨닫기 시작했어요."

가르니에 출판사는 돈을 빌려주기로 했는데, 이는 이 불행한 겨울 동안 프루동에게 도움을 줬고 나중에 놀랄 만큼 신뢰를 회복하도록 도운 우정 어린 행동이었다. 나중에 프루동은 마테에게 "눈 깜짝할 사이에 모든 사람을 변화시키길 바라지 않지만, 나는 내 어려움에서 벗어나 내 처지를 많이 개선시키리란 희망을 그 어느 때보다도 더 많이 느껴"라고 짧게 말했다.

인류의 미래에 대해서도 프루동은 최후에는 낙관주의가 지평을 열 것이라는 장기적인 관점으로 이 시기를 바라봤다. 왜냐하면 프루동은 미슐레에게 세계가 이념과 영혼 모두의 혁명이라는 새로운 단계—두 사람 모두 달성하려고 노력했던—로 들어가고 있다고 말했기 때문이다. 볼테르에서 1848년까지 프랑스가 [혁명을] 이끌어 온 시대는 지나갔다. 이제 혁명은 모든 대지의 신봉자들 사이에서 세계화되고 있었다.

5

1860년 3월에 프루동은 『혁명과 교회에서의 정의』 제2판을 출간했다. 이 책은 12부의 시리즈로 출판되었는데, 각 부에는 진행 중인 사건들에 대한 일종의 국제적인 논평인 '혁명 소식'이라는 부록이 첨부되었다. 이 책은 당시의 정치 상황—프루동이 정확하게 꿰뚫어 본 바에 따르면, 1848년 7월부터의 오랜 침체기 이후 가장 빈곤한 계급의 불만이 점점 더 높아지던 상황—을 자세히 설명하는 일종의 장치였다. 급진적인 신문을 새로이 창간하려던, 오랫동안 포기되어 온 욕망은 이런 식으로 부분적으로나마 충족되었다. 그리고 프루동은 진행 중인 사안을 그렇게 정기적으로 조사하는 것이 결국 전 세계에 보급소를 둔 잡지로 성장하게 만들리라 희망했다. 사실 1부가 발간되었을 때 프루동은 당시 《종소리 the Bell》를 편집하던 게르첸에게 협력을 시작하자고 제안하는 편지를 썼는데, 이 가벼운 시작에서 프루동은 모든 국가에서 비슷한 생각을 가진 다양한 정파의 기고자들을 끌어들일 가능성을 보았다. 프루동은 "이 작은 노력으로, 우리는 여섯 달 내에 유럽에서 우리의 통신망을 갖출 겁니다" 하고 선언했다.

그런 원대한 희망이 실현되지는 않았지만, 새롭게 편집된 『혁명과 교회에서의 정의』의 개정판 출간과, 당대의 사건들을 논평하는 사람으로서 프루동의 재등장은 1860년 동안 확실히 그의 영향력을 증가시켰다. 1851년 이후 프루동은 거의 눈에 띄지 않게 살았고, 자신이 쓰고 싶었던 책을 드물게 출판할 수 있었으며, 출판을 해도 주로 스캔들로 성공하는 운명이었다. 그러나 1860년 이후 프루동의 영향력은 차츰 선정적인 소재에서 벗어나, 점차 아주 다양한 계급과 국가의 인민들의 진정한 공감을 끌어내게 되었다. 이 점은 프루동이 드러냈던 이념의 본질적인 가치와 더불어 급진적인 모임들이 정치적인 구상에서 사회적인 구상으로 전체적으로 이동했기 때문이었다. 프루동은 게르첸에게 보낸 편지에서 구상했던 국제적인 기고자 모임—프루동의 지지자들이 몇 년 뒤에 '국제노동자협회the International Workingmen's Association'로 만들게 될―을 결코 만들지 못했지만,『혁명과 교회에서의 정의』의 영향력은 조직적이지 않은 방석으로 꾸준히 성장하던 사상운동과 프루동을 연결하는 수단이 되었다.

1859년 말기에 프루동은 국제적인 명성이 높아지고 있다는 점을 깨달았다. 프루동은 "더 진보할수록 나는 더 세계적인 인물이 된다"고 선언했다. 스페인에서는『혁명과 교회에서의 정의』가 번역되고 있었다. 이탈리아에서는 2백 부의 주문이 들어왔다. 프루동은 독일에서 "거의 독일인"이었다. [러시아] 차르의 관리가 톰스크에서 프루동에게 축사를 보냈다. 그리고 1860년 4월에 톨스토이가 방문했다. 프루동은 이 러시아 작가가 브뤼셀에서 보낸 며칠 동안의 시간 대부분을 함께 보냈다. 이들은 농노의 해방에 관해 논의했고, 톨스토이는 서유럽을 여행하고서야 프루동이 가톨릭주의를 공격하면서 강조했던 내용을 이해할 수 있었다고 얘기했다. 프루동은 게르첸에게 "톨스토이 씨"가 자신을 방문했던 많은 러시아인들 중에서 단연 가장 위대한 인물이었다고 말했다.

프랑스에서도 프루동이 다시 명성을 떨치기 시작했다는 점은 그를 만나는 것을 중요하게 여기던 많은 프랑스 방문객들로 증명된다. 1860년 여름에는 공화주의 천문학자인 에티엔 아라고 Etienne Arago가 방문했고, 거의 같은 시기에 프루동이 "모모모 자작"이라고 얘기했던 사람이, 부르봉 왕가 지지자들의 지도자 격으로 가장 대립했던 파벌의 대표가 방문했다. 1861년 초에는 프루동의 오랜 라이벌이었던 블랑키가 방문했다. 프루동은 생의 반을 갉아먹은 연이은 옥살이로 "많이 늙은" 음모자를 보고 가슴 아파했다. 심지어 친구의 집에서 우연히 마주친 빅토르 위고가 호감을 보이며 손을 내밀자 프루동은 그 손을 잡았다. "그러나 그게 전부다. 나는 내 똥 무덤dunghill 위에, 그는 자신의 똥 무덤 위에 있었다. 우리는 서로 맞지 않았다."

프루동이 가장 기뻐했던 점은 1848년 이후 [다른] 어떤 시기보다도 자신의 사상에 대한 프랑스 노동계급의 관심이 크게 늘어났다는 점이었다. 1860년 8월에 프루동은 "내일 이후의 혁명 계획을 내게 묻는 훌륭한 루앙Rouen 노동자들의 모임의 대표 몇 명"을 접대했다. 그리고 그들이 "2월 혁명의 전야인 듯" 행동했다고 비아냥대는 기록을 남기기는 했지만, 프루동은 분명 그들이 자신에게 다가오려 한다며 즐거워했다. 나중에 파리에서 온 또 다른 노동자 모임의 밀사는 조언을 몹시 바랐지만, 프루동은 신중하게도 이런 관심의 표명에 지나치게 높은 가치를 두려 하지 않았다. 몇 년 전에 프루동은 베르흐만에게 "나는 모험을 원치 않아. 내 나이가 모험을 허용하지 않아" 하고 말했다. 그리고 프루동이 프랑스 노동자들 사이에서 한 명의 정치 지도자는 아니더라도 어느 정도 한 명의 지식인이 될 가능성을 생각했을 때, 이 경계심은 정당했다. 다리몽이 노동자 대표들의 방문을 지나치게 낙관적으로 해석했을 때, 프루동은 아주 상세하게 자신의 의심을 드러냈다.

"네가 사용한 용어인 **프루동주의** 정파의 출현이라는 이 하나의 사실로만 결론을 내리자면, 나는 그 점이 우리를 아주 커다란 환상에 빠뜨릴 거라 믿어. 인민은 블랑키주의자나 마치니주의자, 가리발디주의자 정파 어디에나 속할 수 있어. 즉 자신이 **믿고** 음모를 꾸미며 싸우는 정파에 관해 얘기할 거야. 그래서 인민은 이치를 따지고 생각하는 하나의 정파에는 결코 속하지 못해. **쿠데타** 이후 가끔씩 내게 호의를 보이는 대중이 줄어들지 않고 늘어나고 있다고 믿을 만한 이유가 있는 건 사실이야. 이 증거를 찾는 데는 일주일도 걸리지 않아. 그러나 이 **엘리트** 독자들도 하나의 정파를 구성하지 못해. 이들은 내게 책과 사상, 토론, 철학적인 연구를 원하는 사람들이고, 만일 그들에게 하나의 정파를 만들고 내 지도를 받는 비밀결사를 자발적으로 조직하라고 말한다면, 내일에는 대부분이 불만을 터뜨리며 나를 버릴 사람들이야."

자신의 지지자들을 과대평가하지 않으려 했지만, 지지가 회복되었고 지지가 늘어난다는 생각은 1860년의 힘든 전반기에 프루동이 의지를 굽히지 않는 데 많은 도움을 줬다. 그리고 미슐레에게 건넨 얘기의 이면에는 진정한 확신이 있었다. 즉 "나는 힘과 담력을 되찾았어요. 내 사기는 이보다 더 좋을 수 없어요."

6

1860년 5월에 프루동의 삶은 동생 샤를과 사촌 멜쉬오르의
죽음으로 또 한 번 어두워졌다. 샤를이 죽었다는 소식을 듣고 프
루동은 불쌍한 대장장이에게 더욱더 잘 해 주지 못했다며 죄의
식을 느꼈다. 프루동은 롤랑에게 "나는 여러 해 동안 샤를이 죽
으리라 예상했어" 하고 말했다. "그럼에도 동생과 아버지, 어머
니, 내 가족 모두가 내게 의지하고 내게서 일정한 물질적인 도움
을 기대했다는 점을 생각하면, 사회주의자의 충동 때문에 내가
성공의 조건 바깥에서, 부와 가깝지 않은 곳에서 내 자리를 찾
았다는 점을 생각하면, 괴롭고 다시금 후회하게 돼.…네게 편지
를 쓰는 동안, 나는 내 아이들을 내 동생들보다 더 잘 보살피지
못할 것이라는 점을 너무 강하게 느꼈어."

이미 많은 빚을 지고 있었지만 프루동은 동생의 아이들을 교
육시키고, 귀가 멀고 제정신을 잃은 미망인이 보살핌을 받을 수
있는 곳에 정착할 돈을 마련하기 위해, 빚을 더 냈다. 친지를 돕
기 위해 그런 부담을 더 졌었기에 프루동은 자기 자신만 무심
하다고 여겼을 뿐 거의 아무런 비난도 받지 않았다.

대체로 프루동은 감탄하면서 자기 동생이 살아온 삶─후반기
에는 끊이지 않는 병치레로 "게으르다는 비난을" 받았던─을 돌
아봤다. "전체적으로 동생의 마지막 순간은 가장 용기 있고 영예
로웠다." 그러나 사촌 멜쉬오르의 죽음은 정말 실망스러웠다. 왜

냐하면 이 예전의 자코뱅은 결국 신부에게 굴복하고 교회에서 죽었기 때문이다. 프루동은 "이건 내 몸과 영혼을 모욕하려는 게 아닐까?"라며 한탄했다. 그러면서 프루동은 브장송 동부 지부 연설가의 가치 없는 종말과 동생 샤를의 태연한 죽음을 비교했다. "쇠약함이 결국 나이든 철학자를 이겼다. 그는 회개했고 영성체를 했으며, 간단히 말해 교화를 받고 죽었다. 뷔르질의 불쌍한 대장장이는 더 강했다. 비록 후회는 했지만 그는 아버지처럼 두려움이나 치욕을 느끼지 않고 죽었다. 그는 아이들에게 아무것도 남기지 못한 걸 후회했다."

7

1860년 동안 프루동은 『혁명과 교회에서의 정의』의 개정판을 준비하고 전쟁에 관한 논문을 완성하면서, 그리고 스위스의 보 Vaud 주州가 여름에 공고를 낸 논문 공모에 참여할 과세에 관한 논문을 쓰면서 "갤리선의 노예처럼" 일했다. 1천2백 프랑의 상금만이 아니라 논문 주제도 프루동의 마음을 사로잡았다. 9월에 프루동은 180쪽에 달하는 보고서를 제출했다. 프루동은 스위스 언론인 들라라제아즈Delarageaz에게 "과세에 관해 엄격한 연역법을 완벽하게 적용한 이론을 만든 건 처음이에요" 하고 흡족하게 말했다.

로잔 심사 위원회는 44개의 경쟁 논문을 천천히 검토했는데, 다음해 1월이 되자 프루동은 떨어졌을 거라고 생각하고 기대를 접었다. 그래서 1861년 5월에 자신의 논문이 1등을 차지했다는 소식을 들었을 때, 프루동은 놀라고 기뻐했다. 프루동에게 더 큰 기쁨을 준 것은 상금보다 인정이었다. "프루동 씨는 정치경제학 논문으로 한 주권 국가의 주 의회가 주는 상을 받았어요" 하고 프루동은 들라라제아즈에게 우쭐대며 말했다. "이 순간은 19세기 혁명사에서 주목할 만한 날이 될 겁니다."

아나키스트가 정부—스위스의 조그만 주 정부라 해도—의 인정을 받았다는 사실에 기뻐했다니 뭔가 아주 우스꽝스러운 면이 있다. 이 점은 프루동을 자극했던 역설적인 충동을 넘어선 차원이다. 그보다 이 기쁨은 종종 지적인 봉기를 공격했던 사회, 자신이 반항했던 바로 그 사회에 대한 갈망이었다. 사실 프루동의 「과세 이론 *Théorie de l'Impôt*」은 프루동의 글 중에서 혁명적인 어조가 거의 없기로 유명하다. 프루동은 마테에게 "심사 위원회는 내 논문이 아주 보수적이라고 봤어"라고 말했다. 그리고 심사 위원회는 옳았다. 이 논문에서 프루동은 자신이 사회에서 자주 봤던 도덕률 폐기론자antinomial의 성향을 보여 줬다. 『혁명과 교회에서의 정의』의 개정판이 혁명적인 사상의 무기로서 훨씬 더 예리해졌다면, 바로 뒤를 이은 「과세 이론」은 상을 안겨 줬지만, 친구들에게는 당혹감을 줬던 조심스러움에서 벗어나지 못했다.

확실히 아나키즘의 축소된 영향은 국가가 순전히 행정적인 기능만을 맡아야 하고 그 지출이 철저히 삭감되어야 하며 그 기능 또한 최대한 분권화되어야 한다는 주장에서나 드러난다. 그러나 당시 과세의 관례를 논의하면서 프루동의 논문은 더 소심해졌다. 왜냐하면 프루동은 누진소득세를 거부한 반면, 소비재에 대한 세금과 관세, 인지세—가장 빈곤한 계급에게 가장 무겁게 매겨지던 바로 그 세금—를 유지시키기 때문이다.

프루동이 구체적인 행정 정책을 구성하면서 보여 준 조심스러움과 어색함은 어느 면에서는 사회 개혁을 세부적으로 구상할 능력이 없다—사회 발전이나 역사 발전이라는 더 보편적인 측면에 대한 뛰어난 통찰력과 매우 대조되는 무능력—는 점을 드러낸다. 그러나 이 점 외에도 프루동주의 저작에서 이 논문을 특이하게 만든 점은 대담한 조치에 대한 두려움에서 두드러진다. 나는 이 두려움을 이데올로기적인 의미보다 심리적인 의미로 받아들여야 한다고 주장한다. 엄청난 불안감과 돌아온 탕아로서 인정받고 자신의 반항을 속죄하려는 욕망—비록 오래 가지 못했지만—은, 파리에서가 아니라면 적어도 로잔에서 자신을 학자로 만들려는 노력이 성공했을 때의 참 순진하기까지 했던 그 기쁨으로 설명할 수 있다. 이것을 성공으로 볼 수 있을지 모르겠지만, 이 작은 성공으로 프루동이 경험했던 기쁨은 너무 솔직하고 순진해서 더 이상 마키아벨리주의적인 동기를 탓하기가 꺼려진다.

8

10월 28일에 『전쟁과 평화 *La Guerre et la Paix*』의 초고가 완성되어 가르니에 출판사로 넘어갔다. 한 달 뒤에도 프루동은 여전히 가르니에 출판사에서 아무런 소식도 받지 못했고 그들이 자신의 책을 경찰에 넘길지 모른다고 두려워하기 시작했다. 마침내 가르니에 출판사가 보낸 답변은 '절대 거부'였다. 가르니에 출판사의 변호사들은 『전쟁과 평화』가 위험한 책이라고 경고했고, 프루동의 수정 제안마저도 가르니에 출판사가 『혁명과 교회에서의 정의』를 출판하면서 겪었던 어려움을 다시 겪을 각오를 하도록 만들지는 못했다.

새로운 출판업자를 찾는 분통 터지는 시간이 여러 달 동안 이어졌다. 한 회사는 책을 출판하는 데 동의했지만 그 제목을 쓰려고 하지 않았다. "허수아비"가 제안되었지만 나중에 철회되었다. 프루동은 자포자기해서 "이런 젠장!"하며 한탄했다. "확실히 나는 교범이나 교과서 외에는 더 이상 쓰고 싶지 않다." 결국 뎅튀 Dentu가 『전쟁과 평화』를 받아들였고, 1861년 5월 21일에 책이 출간되었다.

『전쟁과 평화』의 기본 주장은 옛날에는 전쟁이 사회진화의 한 요소로 기능했지만, 사회가 발전할수록 전쟁이 그 원래의 목적에서 멀어지게 되고 더욱더 그 기능을 남용하게 된다는 것이었다. 사실상 전쟁은 바로잡을 수 없게 되었다. 즉 우선은 전쟁이 긍정적인 방향으로 변하도록 압박하고 [결국에는] 전쟁을 폐기할 시간이 다가오고 있다. "**군국주의의 종말**은 끝없는 타락으로 고통을 받았던 19세기의 사명이다."

이런 단순한 설명은 이 두껍고 열정적인 책의 복잡하고 때로는 비뚤어지기까지 한 주장을 충분히 설명하지 못한다. 전쟁이라는 현상에는, 삶이란 끝없는 변화와 갈등의 과정에 있다고 생각했던 프루동의 인생관을 반드시 사로잡을 수 있는 요소들이 있었다. 그리고 『전쟁과 평화』의 전반부 대부분은 과거의 영예로운 전투를 찬양하는 호머의 글처럼 읽힌다. 프루동은 전쟁이 인간의 미덕을 이끌어낼 수 있다고 주장한다. 전쟁은 인간 진보의 요소들 중에서 무시될 수 없는 "힘의 권리right of strength"를 나타낸다. 과거에 전쟁은 [도덕적으로] 정당하다고 여겨졌고 상호 보호의 필요 때문에 사회를 만들었다. 때때로 [전쟁에 관한] 논증에서 두 가지 측면 모두를 말하려는 열정은 프루동이 군국주의를 열광적으로 신봉했던 사람처럼 말하게 한다. 그러나 전쟁의 긍정적인 측면을 주장할 때에도 예민한 독자들이 안심하도록 논증은 예상 밖의 전환을 한다. 프루동이 찬양한 전쟁은 동등한 힘을 가진 인간이 똑같은 무기를 들고 전장에서 만나는, 이상적이고 기사도적인 충돌이었기 때문이다. 그러나 그런 전쟁은 신화에서나 일어났기에, 프루동은 처음부터 무력 충돌이 잔인함과 약탈, 배반을 동반하며 더럽고 야비하게 진행되었다는 점을 인정해야 했다. 따라서 아주 신중해서 책을 버리지 않을 반反군국주의자라면, 저자가 갑자기 자신의 편을 들기 시작한다는 점을 깨닫는다. 영원한 갈등이라는 견지에서 전쟁이 숭고한 성질을 가지고 있다 해도, 전쟁의 부패한 요소들은 그 가능한 이점들을 부정한다.

전쟁이 부패하는 원인은 경제 때문이고, 이것은 극도로 빈곤한 상황이다. 여기서 프루동은 극도의 빈곤과 가난을 구분하는 중요한 기준을 만든다. 가난은 인간이 자신의 필요에 맞게 충분히 일을 함으로써 도달하는 이상적인 조건이고, 가난을 통해 우리는 가장 자유롭고 감각과 욕망의 주인이 되며 우리 존재를 고양시킬 수 있다. 그런데 이 이상적인 조건을 모든 사람에게 제공하는 유일한 방법은 공동체 내에서 생산물과 서비스의 몫을 평등하게 보장하는 것이다. 평등과 넉넉함은 분리될 수 없다. 그러나 이 법칙은 계속 어겨졌고 부에 대한 갈망은 자유의 균형 상태를 파괴해 왔다. 강자의 탐욕은 자신들의 부를 위해 극도의 빈곤을 낳았고, 이것은 국가가 무자비한 전쟁에 탐닉하면서도 부자들의 재산을 빼앗지 않는 내부의 불균형이 가져올 결과를 피하기 위한 것이다. 따라서 근대 시기에 전쟁은 경제 혼란을 낳는 자본주의 체제의 결과이다.

이 상황을 개선할 방법은 사회 구성원 간의 경제 균형을 회복하는 것이다. 이 방법이 실현된다면 더 이상 정복 전쟁을 할 필요가 없을 것이다. 그렇다고 뒤따르는 평화가 적대와 갈등의 종식을 의미하지는 않을 것이다. 평화는 적대와 갈등이 전쟁보다 경제적이고 사회적인 발전에서 건설적으로 활용되는 힘으로 변하는 것을 의미할 것이다. "앞으로 영웅주의는 산업에게 자리를 내놓아야 한다." 그리고 인류는 무한한 화해의 시대를 시작해야만 한다. 협객은 전설 속에서 자신들의 영광스런 자리를 지킬 수 있지만 "나는 군림하는 헤라클레스와 동등한 평민 헤라클레스를 원한다."

『전쟁과 평화』는 논쟁을 불러일으켰고, 제목에서 드러나는 분명한 대립은 주제를 풀어 가는 방법 때문에 이상하게 강조되었다. 프루동의 어떤 책도 이렇게 분명하지 않게 집필되고 서로 모순되는 사상 조류가 섞여 있는 책은 없었다. 그리고 때때로 특유의 호전적인 표현으로 넘쳐흘렀던 신랄한 개인감정이 이토록 많은 영향을 미친 책도 없었다. 그렇지만 프루동의 기본 입장은 전쟁이 하나의 사회 현상—전쟁을 끝내자고 말할 수 있기 전에 그 본질을 이해해야 한다—이기 때문에, 전쟁을 수동적으로 반대하는 전통적인 평화주의가 효과적이지 않다는 능동적인 깨달음에서 생겼다.

『전쟁과 평화』에 대한 반응은 또 한 번 프루동이 그 시대에서 심한 고립감을 느끼게 했다. 그런 반응은 프루동이 운동을 배신했다고 성급하게 외치던 사회주의자나, 시대의 가장 타협할 줄 모르는 개인주의자를 공격할 또 다른 기회라며 기뻐했던 경쟁 정파의 언론인들에게서 나타났다. 프루동은 자신의 입장에 대해 다시 골똘히 생각하기 시작했다. 6개월 동안 친구들과 대체로 의미 없는 논쟁을 벌이고 상대방의 입장에서 아주 가혹하고 적대적으로 해석한 뒤인 1861년 말에야, 프루동은 구베르네에게 편지를 쓸 수 있을 만한 정신 상태가 되었다. "내가 이 세계에서 벗어나 있는 건지, 세계에 속해 있는 건지, 아니면 살아 있는 사람들을 위협하고 그들 식으로 기도하기를 거부하는 사람으로 돌아가 방황하는 영혼으로 여겨야 하는지를 내 자신에게 더 많이 묻고 있어." 물론 프루동의 성격이 그런 고립을 추구했던 면도 있었고, 동일한 편지에서 다음과 같이 도전적으로 선언할 수 있다는 사실보다 이 사람을 더 잘 표현하는 사실은 없다. "우리가 바로 혁명이야. 이 신성한 단어가 잘못 쓰이는 건 불쾌하지만 혁명에 참된 의미를 주는 것은 우리 몫이야."

9

1860년 12월 12일에 마침내 나폴레옹 3세는 프루동이 1년 전에 바랐던 사면령을 내렸다. 사면을 받은 사람[프루동]은 기쁨과 의심이 뒤범벅된 시각으로 사면령을 해석했다. 프루동의 즉각적인 반응은 환영이었고, 12월 19일에 프루동은 쇼데이에게 자신의 상황과 가족의 형편이 허락한다면 가능한 한 빨리 돌아가고 싶다고 얘기했다. 그러나 며칠이 지나자 프루동의 열의는 수그러들었다. 프루동은 사면이 자유롭게 글을 쓸 수 있음을 의미하지 않는다는 것을 깨달았고, 파리에서 한두 권의 책을 출판하고 프랑스 출판업자들이 자신의 책에 대해 안심할 때까지 돌아가지 않겠다고 롤랑에게 말했다. 얼마 뒤에 프루동은 무관심한 듯 거드름을 피우며 프랑스에 입국할 자유가 보장되는 한 브뤼셀에 있건 포부르 몽마르트르에 있건 크게 문제가 되지 않는다고 말했다. 당시 프루동은 남은 겨울만이 아니라 1861년의 "좋은 계절 good season[봄]"에도 벨기에에 남을 생각이었다. 그리고 가르니에 출판사가 『전쟁과 평화』의 출판을 거부했을 때, 프루동은 "만일 내 사상이 계속 배척되고 고통을 받는다면, 조국으로 돌아가는 게 무슨 소용이 있을까?" 하고 씁쓸해 했다. 사실 프루동이 파리를 그리워한 진짜 이유는 친구들에 대한 생각 때문이었다. "오십 이후에 낯선 땅에서 다시 한 번 진정한 친구를 만드는 건 불가능해" 하고 프루동은 구베르네에게 말했다. "누구도 첫사랑을 대체할 수 없듯이 말이야."

이 망명 가족의 더 내밀한 생활을 흥미롭게 기록한 한 묶음의 편지 덕분에, 우리는 프루동이 정치적인 필요성보다 경제적인 필요성 때문에 국외를 떠돌던 사람들의 암흑가에서 보낸 시기를 엿볼 수 있다. 특히 1861년 설날에 보르도의 포도주 상인 부종 Buzon에게 보낸 한 통의 편지는 가정 내의 상황을 한 순간에 생생하게 담았다.

"새해를 맞이해서 당신의 유쾌한 편지에 답장을 쓰려 했지만, 아내가 요리사와 하녀 등의 역할을 맡는 가정에서 한 철학자의 고민을 보세요! 많은 편지들을 받고 가끔 그 편지들을 뭉치로 묶어 두는데, 책상이나 장롱이 없기 때문에 나는 내 논문과 초고들 사이에 있는 커다란 상자 밑에, 이미 답장을 보낸 다른 많은 편지들 속에 실수로 당신의 편지를 놓아 뒀어요. 내 아내는 겨울을 대비해서 꽤 많은 사과를 논문들 위에 올려놨죠. 그리고 상자 위에는 어제 세탁한 리넨 천 더미가 있어요. 내가 **연구실**이라 부르는 방은 아내가 세탁물을 널어놓는 작은 방이라는 점을 당신에게 말해야겠네요. 그래서 나는 책과 논문, 비누, 가족의 식량, 가족과 관련된 모든 것들 속에서 일해요. 나는 가장 완벽하게 뒤죽박죽된 상태에서 살아요. 내가 알기로 이런 환경은 사상가나 개혁가에게 그다지 유익하지 않죠. 어떻게 생각하세요? 내 어리석은 행동 중 하나는 자식을 가지려는 욕망이었어요."

이 비좁고 초라한 가정에서 지난해의 긴장[프루동과 유프라지의 불화]은 완전히 사라지지 않았고, 유프라지는 스토브 앞에서 시간을 보내며 프루동과 친구들의 대화에 참여할 수 없게 되자 분노하면서 주부로서 자신의 처지에 점점 더 불만을 품게 되었다. "그건 혁명가와 결혼했기 때문이죠" 하고 프루동은 빅토르 필 Victor Pilhes에게 이야기했다. "아내는 자신의 방식으로 저항해요. 아내와 관련된 상황에서 당신은 언젠가 아버지와 남편으로서의 내 권위가 무너지는 것을 보게 될 겁니다. 아, 그런 감정들로 활기를 찾는 파리의 선량한 사람들을 만난다면, 얼마나 빨리 위로를 받을까!"

엄마가 부엌에서 반란을 일으키는 동안, 카트린은 가족 내에서 점점 더 쓸모 있고 자발적인 [어린이로] 성장하고 있었고, 당시 딸들의 수업료를 대기 위해 대부분의 시간을 뜨개질로 보내던 유프라지에게 지워진 많은 일들 중 몇 개를 덜어 주고 있었다. "카트린은… 램프를 준비하고 엄마가 꼼짝 못할 때면 불을 지피고 수프를 데우며 손수건과 니트의 가장자리를 감친다. 그러나 [카트린은] 무자비하게 강탈하는 채소 장수에게서 자신을 보호하는 법은 알지 못한다."

자신의 건강이 약해지자 두려움을 느낀 프루동은 아무런 대책 없이 자식들을 남겨 놓을 경우에 필요할 수 있는 실용적인 지식들을 딸들이 빨리 배우게 하고 싶었다. 그래서 프루동은 자식들이 학교에서 좋은 점수를 받았을 때에나 집안에서 어떤 일을 완수했을 때에 용돈을 주면서 세심하게 돈에 대한 감각을 익히게 했다. 딸들은 독립하게 될 때를 대비해서 이런 수입을 저축하라는 권유를 받았다. 그런 점을 생각하기에 충분한 나이였던 카트린은 "옷의 관리나 바느질, 수선하는 일을 하겠다고" 약속했다. 가정사에 관한 프루동의 가부장적인 생각을 비판할 수 있을지라도, 프루동이 딸들을 귀부인으로 기르지 않고 실제로 딸들이 자기 자신의 능력으로 살아가야 한다는 점을 깨닫도록 권장했던 방식은 옳았다. 프루동은 "유행하는 재능보다 선의와 자기 손으로 하는 노동을 더 중요하게 여긴다"고 말했다.

10

1861년 여름이 되자 프루동은 브뤼셀에서의 체류를 무기한 연장할 필요가 있다고 봤고, 망명 생활을 계속해야 한다면 그것에 적합한 집필 계획을 세우기로 했다. 『전쟁과 평화』에서 국제 관계에 대한 생각을 밝힌 그는 이제 당대의 민족주의라는 특수한 문제에 관심을 가졌다. 일반적으로는 1848년에 시작된 민족주의 전통 속에 숨겨진 위험, 그리고 특수하게는 프랑스의 자코뱅들과 다른 국가의 비슷한 정파의 소중한 희망인 '더 큰 국가로의 통합'을 이룬 이탈리아와 폴란드 사례에 숨어 있던 반동의 위험을 깨달은 몇 안 되는 자유주의자들 중 한 명이 바로 프루동이었다. 『전쟁과 평화』에서 이런 문제들을 다뤘지만 이제 프루동은 그 문제들을 집중적으로 다루려 했고, 가장 소중한 몇몇 친구들과 일련의 논쟁을 벌이면서 민족주의자들을 비판하는 편지 캠페인을 시작했다. 친구들과의 논쟁은 폴란드 문제에 대한 입장 때문에 감정이 상한 오랜 동지 샤를 에드몽과의 불화를 빚었고, "정치적인 자유만이 아니라 경제적인 권리, 사회 개혁도 대표하지 않는 이 모든 음모를" 도왔다고 비난했던 게르첸과도 불화를 낳았다.

1861년 늦여름 동안 민족주의 문제에 대한 프루동의 관심은 벨기에와 독일 라인 지방—민족주의 문제의 한 측면인 소위 "자연적인 국경"이 존재하는지, 아닌지를 연구하기에 좋은 소재를 제공하는 듯했던 지방—을 두루두루 여행하게 했다. 6월 초에 프루동은 오스텐드와 헨트, 안트베르펜으로 갔고 그 후에는 나무르로, 8월에는 보통 민족 문제를 얘기할 때 논쟁이 되던 강江의 중요성을 연구하기 위해 라인 강을 따라 여행했다. 델아스와 함께 프루동은 아헨을 지나 쾰른으로 여행했고 그 뒤 본과 코블렌츠, 마인츠를 지나 프랑크푸르트로 갔다. 그곳에서 프루동은 라인 강을 따라 내려오는 증기선으로 돌아왔다. 이런 여행을 통해 프루동은 지역의 실제 문화가 많이 비슷하고 "모든 도시가 비슷하며 모든 상점들이 동일한 재화를 제공하고 모든 사람이 동일한 특징을 가지며 모든 여성이 크리놀린 스커트를 입는다", 그리고 라인 강이라는 유명한 "자연적인 국경"이 사회적인 영향력의 상호 침투를 막는 장벽을 세우지 못했다는 결론에 이르렀다.

대부분의 프랑스인들처럼 프루동은 여행에 익숙하지 않았다. 그렇다고 해서 나중의 글에서 유용하게 써먹을 자료들을 모으지 못한 것은 아니다. 프루동은 "기차를 타고 녹초가 되어, 프랑스의 낡은 여인숙을 떠올리게 하는 커다란 호텔에서 자는 것"보다 "스파 지방의 그늘과 평온함, 신선한 우유" 속에 머무는 것이 훨씬 더 좋았다. 불편하고 속상했지만 프루동은 가족을 잊지 않고, 유프라지에게 "아이들이 일을 하고 일에 전념하며 가끔 휴식을 취하면서도 **결코 게을러지지 않도록** 돌봐요. 게으름은 혐오스러운 악덕이오" 하고 당부했다.

게으름은 프루동이 한 번도 경험하지 못한 악덕이었다. 왜냐하면 브뤼셀로 돌아가자마자 그는 한층 커진 에너지로 다시 글

을 쓰기 시작했기 때문이다. 엘리아스 르뇨Elias Regnault가《언론》
에 썼던 폴란드에 관한 몇몇 기사는, 마침내 프루동이 폴란드 민
족주의의 반동적인 성격을 폭로하고 프랑스 민주주의자들에게
서 잘못된 편견을 제거하려는 의도로 책을 준비하겠다는 결심
을 하도록 만들었다. 이 책[의 원고]는 1862년에 완성되었지만,
출판되지는 못했다. 프루동은 혁명적인 동지애의 요청을 받아들
인 것은 아니지만 그 요청에 민감했다. 폴란드 사람들이 1863년
에 반란을 일으켰을 때, 프루동은 곤경에 처한 폴란드 사람들을
공격하는 것처럼 보이면 안 되기에 그 책을 출판하지 않기로 결
심했다. 그리고 프루동은 책의 출판이 많은 오랜 친구들—특히
게르첸과 에드몽, 1861년에 시베리아를 탈출해 폴란드 반란자들
을 도우려고 실패한 원정을 떠났던 바쿠닌 같은 친구들—에게
미칠 수 있는 영향을 우려했다. 이런 이유들로 프루동은 그 많은
노력의 결실을 포기하고 책을 출판하지 않기로 결심했다. 아직도
가족들이 보관하고 있는 이 초고는 프루동이 우정의 의무를 진
지하게 받아들였다는 점을 보여 주는 좋은 예이다.

　다소 복잡한 과정을 밟으면서, 폴란드 문제에 관한 이 연구는
프루동이 작가로서 첫 출발을 했던 소유에 관한 기본적인 생각
을 다시 정리하게 했다. 예전의 지적인 고민으로 돌아가서 얻은
결론은 [프루동의] 사후에 출판된 『소유 이론 Théorie de la Propriété』
에 구체화되었다. 많은 사람들은 프루동이 독창적인 급진주의에
서 후퇴했다는 증거가 『소유 이론』이라고 보았다. 분명히 『소유

이론』은 『가진 자들에게 보내는 경고』보다 훨씬 더 절제된 표현을 썼지만, 본질적인 면에서 후퇴했다고 말할 수는 없다. [『소유이론』에서] 프루동이 한 작업은 소유의 말뜻을 바꾸는 것이었다. 즉 그 당시에 해방의 보호 수단으로 소유를 정당화했을 때, 프루동은 초기 저작에서 비난했던 고리대금에 의한 소유가 아니라 농민과 장인의 독립성을 보장하는 소유를 생각하고 있었다. 프루동은 새로운 이율배반, 즉 소유 대 국가라는 문제를 제기했다. 소유는 개인주의를 대변하고 국가는 개인의 해방을 극단적으로 부정한다. 따라서 프루동은 인간이 국가로부터 독립해 자신의 운명을 통제하는 것을 돕도록 소유 [개념]을 조정하려 했다.

프루동은 소유가 다른 식으로 남용되는 것을 막기 위해 설계된 일련의 사회적 감시 장치가 이런 조정을 실현할 수 있기를 희망했다. 자유로운 신용대부와 조합으로 이루어진 상호주의 제도는 소유의 남용을 막을 것이다. 분권화와 연방 기구는 국가의 강제로부터 인간을 구원할 것이다. 근본 원리가 없는 소유는 사악하다. [그러나] 근본 원리가 통제하는 소유는 "고삐 풀린 산업주의의 공격에 맞서는" 사회의 지원군이 될 수 있다.

이런 개념상의 변화 때문에 프루동은 더욱더 보수적으로 비춰졌지만, 그 변화는 근본적인 것이 아니었다. 왜냐하면 프루동은 자신의 토지와 작업장을 통제할 생산자의 기본권을 계속 고수했기 때문이다. 프루동은 당분간 완화된 형태의 소유를 계속 유지하는 데 동의했다. 왜냐하면 프루동은 자신이 원한 만큼 정의감이 잘 발달되지 않은 세계에서 평범한 사람의 자유를 보호할 다른 수단을 찾을 수 없었기 때문이다. 나이를 먹으면서 프루동이 자기만족적으로 변했다는 의심을 벗어나려면, 프루동이 소유라는 개념에 대해 개인적인 감정을 밝힌 『소유 이론』의 마지막 구절을 읽으면 된다.

"나는 소유를 이해할 수 있고 합리적이며 정당하게 만드는 고려 사항들을 발전시켜 왔다. 그런 고려 사항 밖에서는 여전히 소유가 강탈이자 증오할 만한 것이다. 그렇지만 그런 [이해할 수 있고 합리적이며 정당한] 조건에서도 소유는 여전히 내게 잘 맞지 않는 이기적인 무언가를 계속 지니고 있다. 증오와 힘의 남용을 거부하는 나의 평등주의적이고 통치에 반대하는 이성은 소유를 하나의 보호 장치로서, 약자를 보호하기 위한 목적으로서 소유를 인정하고 지지할 수 있다. [그러나] 내 심장은 결코 소유를 충실히 대할 수 없다.…

사적 소유! 나는 광활한 길이 시작하는 지점에서 통행을 막는 보초처럼 커다란 글씨로 적힌 이 단어를 읽곤 한다. [그럴 때마다] 인간으로서의 내 존엄이 혐오감을 느꼈다고 맹세한다. 아, 그럴 때마다 나는 초연함을 권하고 겸손과 영혼의 소박함, 마음의 가난을 설교하는 그리스도의 가르침을 지켜 왔다. 탐욕스럽고 무자비한 옛날 귀족을 내쫓고 오만한 호족과 욕심 많은 부르주아, 고약한 농민을 내쫓아라! 그런 인간들은 내게 혐오감을 준다. 따라서 나는 그들을 사랑하거나 이해할 수 없다."

11

1861년 말에 프루동은 지난 몇 년 동안 누렸던 것보다 훨씬 좋은 경제 상황을 누렸다. 『전쟁과 평화』와 「과세 이론」이 프루동의 지불능력을 회복하도록 많은 도움을 주었고, 프루동은 곧 빚에서 벗어날 수 있으리라 희망하기 시작했다. 이것은 프루동이 지난 20년 동안 습관적으로 봐 왔던 신기루였다. 또다시 이 신기루는 프루동을 실패하게 만들었다. 왜냐하면 1862년 전반기에 신경쇠약이 재발했고 가장 심상치 않은 증상을 동반했기 때문이다. "나는 거리에서 비틀거렸다. 끔찍한 악몽이었다. 그림자에서 나를 따라다니는 유령을 봤다.…그 순간 손발을 하나도 움직일 수 없었다."

의사는 프루동에게 6개월 동안 아무 일도 하지 말라고 처방했지만, 그렇게 쭉 게으르게 사는 것은 프루동에게 불가능했다. 프루동은 건강이 허락할 때마다 고집스럽게 일했다. 그럼에도 피할 수 없는 무기력한 시기가 오래 이어졌고, 그러는 동안 프루동은 자신의 처지를 우울하게 여기며 고통스러워했다. 프루동은 자신의 나이를 의식했고 남은 인생을 계속 허약하게 지낼 수밖에 없다고 생각했으며, 그 병을 처음 의식하게 된 이래로 나아질 가능성이 거의 없다는 점도 알아챘다. 프루동은 자기 내부에서 청년기의 열정이 죽어가고 있고 기사도적인 관대함이 완전히 사라졌으며 "무자비한 정의에 대한 열정만"을 느꼈다.

친구들이 파리로 돌아가야 한다고 충고했을 때 프루동은 거의 병적으로 거부했다. 많은 사건들은 프루동이 황제의 진심을 의심하게 만들었다. 블랑키는 다시 수감되었고, 정치범으로 사면을 받아 죄가 완전히 없어졌던 그레포도 체포되어 마자스 감옥에 석 달째 갇혀 있었다. 더구나 여전히 프랑스 경찰은 프루동의 활동에 적절하지 않은 관심을 보였다. 프루동을 방문했던 한 친구는 프랑스로 돌아간 뒤에 심문을 받았다. 다른 친구들이 보낸 편지는 서투르게 뜯긴 채 배달되었다. 결국 프루동은 일단 프랑스로 돌아가면 자신의 펜이 위험한 논쟁적인 다툼에서 벗어나기 어려울 것이라고 인정했다. "나는 《세기 *Le Siècle*》와 《토론 *Les Débats*》의 신사들과 정말 맞붙어 싸우고 싶어. 그러나 첫 말을 꺼내자마자 제국 검사가 내게 **사형선고***auto-da-fe*를 내리는 걸 상상할 수 있어" 하고 프루동은 롤랑에게 말했다.

망명객이 돌아올 적절한 때라고 생각하고, 파리에서 책 출판이 어려운 것은 너무 오래 밖에 머무는 것이 주된 원인이라며 제롬 보나파르트가 다리몽에게 말했을 때, 프루동은 자신의 처지를 이해하지 못하는 플롱플롱*PlonPlon*[나폴레옹의 별칭]의 생각 없음을 강하게 비난했다. "귀환이 그렇게 오래 연기되었다고 나폴레옹 왕자가 나를 비난하기는 쉽다. 여기서 이사하려면 1,500프랑이 들고 또 이사를 하려면 그만큼 비쌀 것이라는 점을, 즉 그동안 상당히 심각한 어려움을 겪었고 몇 달 전부터 경제적인 어려움을 겨우 벗어나기 시작했다는 점을 왕자가 알까? 그리고 그

밖에도 내가 그렇게 급하게 돌아가야 할 이유가 있을까? 황제의 규율을 따르면서 생활이 유쾌할 수 있을까?"

그때까지 [귀환이라는] 절실한 요구를 매우 괴팍한 고집으로 버텨 왔고, 보나파르트 왕가가 프루동의 귀환을 갈망하는 듯 했다는 바로 그 사실, 그래서 그들이 민주적인 정책을 새롭게 쓴다는 증거로 프루동의 귀환을 내세울 수도 있다는 사실이, 프루동의 고질적인 병과 브뤼셀의 습한 기후로 인한 아내의 류머티즘에도 망명 생활을 계속했던 훌륭한 추가적인 원인일 수 있다. 심지어 프루동은 큰 어려움 없이 [돈을] 지불할 수 있었던 잠시 동안의 프랑스 여행도 꺼려했다. 그리고 여름에는 유프라지와 함께 파리로 가지 않고 델라스와 함께 **상류사회**haut monde의 공포스럽고 해괴한 짓을 지켜봤던 스파 지방을 여행했다. 유프라지가 함께 가고 싶어하자 프루동은 "스파에 오는 이는 모두 귀족주의자나 착취자, 사기꾼이거나 성을 사려는 사람이오" 하고 말했다. "이곳은 정숙한 가족에게 어울리지 않는 뻔뻔하고 사치스러운 곳이오. 멋대가리 없는 모자와 싸구려 구두, 접어 젖힌 칼라를 한 나는 53세이고 프루동 씨이기 때문에 모든 곳을 다니오. 그러나 한 부인과 두 아가씨의 경우는 다르오."

프루동은 건강이 회복되고 글을 쓸 수 있다고 느꼈던 8월의 셋째 주 사이에 [브뤼셀로] 돌아갔다. 그러나 한 달도 지나지 않아 솔직하고 노골적인 글이 다시 한 번 말썽에 휘말렸기 때문에 곧 방해를 받았다. 1862년 여름 동안 국제 상황에서 다양한 경향들이, 특히 이탈리아 통일이라는 쟁점이 프루동을 괴롭혔다. 마치니와 가리발디, 이탈리아 혁명가들 대다수는 드디어 자신들의 손에 들어온 듯한 자유를 포기하고 중앙집권화된 민족국가를 건설하려 했다. 대부분의 프랑스 민주주의자들은 그들을 지지했지만 프루동이 보기에 그 정책은 자살행위였다. 이후의 사건들이 예언을 증명하리라 여기면서 프루동은 강력한 이탈리아 국가가 내부의 전제정치로 인민을 억압할 뿐 아니라 국제정치를 붕괴시키는 새로운 요소가 되리라고 봤다. 프루동 자신의 해결책은 당시의 작은 공국principalities 방식으로 이탈리아에서 선호되던 연방주의였다. 즉 연방주의는 이탈리아에서 맹목적인 애국주의의 성장을 저지하고, 사회진보를 반대하는 중앙정부의 출현을 막을 것이다.

1862년 7월 13일 프루동은 르베게의 신문 《홍보부 L'Office de la Publicité》에 "마치니와 이탈리아 통일"이라는 제목의 글을 실었다. 그 글에서 프루동은 이탈리아 지도자와 프랑스 후원자들의 정책을 날카롭게 비판했다. 그 글은 유럽 전역에서 자코뱅의 분노를 불러일으켰지만, 프루동이 제기했던 비판은 민족성이라는 문제를 더 폭넓게 연구할 필요성이 있다는 점을 그 자신에게 새삼 확신시켰다. 프루동은 위험이 심각해졌다고 느꼈다. 프루동은 8월에 부종에게 "일단 통일 이탈리아가 세워지면 반동 세력이 유럽 전역에 영향력을 미칠 것이고, 해방의 진정한 문제인 사회 문제는 오랜 시간 뒤로 미뤄질 것입니다" 하고 말했다. 그리고 프루동은 9월 7일에 실은 두 번째 글 "가리발디와 이탈리아 통일"에서 이 주제를 다뤘다.

이때의 소란은 예전보다 더 심했다. 왜냐하면 벨기에 애국자들의 분노한 함성이 이탈리아 민족주의자들과 결합했기 때문이다. 통합주의unionist 원리의 위험성을 설명하기 위해 프루동은 이탈리아 통일의 결과가 벨기에를 포함한 샤를마뉴 제국의 변경을 통합하려는 프랑스의 팽창으로 이어질지 모른다고 지적했다. 이 주장은 나폴레옹 3세에게 보내는 아이러니한 경고로 드러났다. "폐하, 용기를 내시오, 마치니가 비토리오 에마누엘레Victor Emmanuel에게 말했듯이, 라인, 룩셈부르크, 벨기에, 네덜란드, 게르만계Teutonic 프랑스 전역, 샤를마뉴의 옛날 재산이 당신의 것이오." 프루동이 의미한 바는, 프랑스가 북해 연안의 낮은 지대를 병합하는 것은 이탈리아가 단일 국가로 통일되는 것과 마찬가지로 어리석다는 점이었다. 그러나 벨기에인들은 이 말을 자기 나라를 침공하라는 직접적인 선동으로 여기기로 결심했다. 브뤼셀만이 아니라 벨기에와 룩셈부르크의 거의 모든 도시에서 언론은 공공연한 비난의 함성을 질렀고 사람들의 지지를 받았다. 프루동을 공격하는 소책자들이 발간되었고, 프루동에게 그 주장을 설명하도록 요청할 것인지에 관해 정부 관리들의 문서가 분주하게 교환되었다. 이런 집단적인 오해를 이해하기란 어렵다. 그리고 실제로 프루동이 드러내놓고 영토 합병에 반대했던 소수의 프랑스 민주주의자들 중 한 명이었기 때문에, 이 점은 매우 아이러니하다.

　이 엄청난 언론 캠페인 때문에 프루동은 벨기에서 가능한 형태의 모든 안전을 잃어 버렸다. 그리고 9월 16일 저녁, 벨기에 민족주의자 무리가 집 밖에서 북을 치고 벨기에 국가를 부르며 "합병론자를 때려눕히자!" 하고 외치며 시위를 벌였을 때, 프루동의 위험은 극적으로 확인되었다. 두 명의 경찰이 군중을 해산시키고 세 명의 주모자를 몇 시간 동안 감옥에 가뒀다. 다음날 저녁에 다시 찾아온 시위대는 길이 차단되고 경찰이 경비 중이며 사냥감이 사라졌다는 것을 알게 되었다.

　그 사건이 있기 몇 주 전부터 프루동은 책의 출판을 협상하기 위해 파리를 방문하는 것을 고려하고 있었는데, 16일의 시위대는 그 즉시 출발을 결심하게 만들었다. 그리고 프루동은 조금 덜 소란스런 상황에서 자신에 대한 비판에 답할 수 있으리라 여겼다. 9월 17일 아침, 프루동은 유프라지와 딸들의 정서적인 안정을 조금도 고려하지 않은 채 그들을 익셀에 남겨 둔 채 출발했다.

8장

고통스러운
노년을 보내다

"파리의 거대한 웅장함은 그곳을 떠났다가 리옹이나 브뤼셀 같은 큰 도시에서 돌아온 사람을 언제나 놀라게 한다. 그건 마을 교회와 노트르담 성당을 비교하는 것과 비슷하다." 프루동은 망명지에서 돌아온 인상을 이렇게 표현했다. 그리고 유프라지에게 보낸 긴 편지에서 1858년 이후 프랑스인의 생활에서 나아진 점을 자세히 설명했으며, 불로뉴 숲을 찬양했다. 그러고 나서 당시 파리에 살고 있던 앙투안 고티에를 만나러 파시 가로 걸어갔다. 그곳에서 롤랑과 베슬레이, 다리몽, 크레텡, 쇼데이 같은 친구들과 다시 즐겁게 만났다. 프루동은 가족이 브뤼셀에서 예상보다 더 빨리 이사할지 모른다고, 친구들에게 미리 넌지시 귀띔했다.

당시에 프루동이 보이던 우유부단함은 벨기에에서 프루동을 비판하는 언론 캠페인이 계속 위협하고 르베게가 《홍보부》에 더 이상의 협력을 포기한다는 글을 올리자 해소되었다. 이 소식을 듣자마자 프루동은 프랑스에 남기로 결심했다. 프루동은 유프라지에게 "돌아가는 건 무의미하오. 그곳에서 더 이상의 불법 행위가 있을 것이라고 믿지 않는다 해도 나는 벨기에에 더 머물고 싶지 않아요. 그들은 계속 나를 프랑스 앞잡이로 여기거나 내가 그곳에 있다는 점에 굴욕감을 느낄 거요. 두 사람이 서로에게 상처를 줄 때, 그들은 더 이상 함께 살 수 없어요. 이 점은 한 국가의 주민들과 그 속에 사는 이방인에게도 마찬가지요."

10월 초에 프루동은 벨기에의 언론에 답하는 『이탈리아에서의 연방과 통일 La Fédération et 'Unité en Italie』이라는 책을 인쇄할 업자를 구할 수 있었다. 주된 내용은 논쟁이었지만 이탈리아 민족주의자들의 활동에서 문제점을 드러내는 것을 목적으로 삼았기 때문에, 이 책은 "4천만 명의 제국"이라는 단일[국가]보다 더 넉넉하고 행복하게 살 수 있는 "자유로운 도시들의 연합"이라는 건설적인 구상을 제시했다. "작은 국가에는 부르주아지가 이윤을 얻을 곳이 없다.…문명은 진보하고, 서비스는 제국의 광활함과 반비례하여 세계에 공급된다.…분명 제한된 영토 내에 자리 잡고 그 공간에서 독립적인 삶을 살아갈 수 있는 사람들의 무리는 자치를 의미한다. 권력분립 원리의 자연적인 결과인 연방 원리는, 인민의 집적과 행정적인 중앙집중화라는 비참한 원리와 대조된다."

가장 물의를 일으킨 구절은 프루동이 마치니의 반反교황 정치를 비난하는 부분이다. 프루동을 비판하던 사람들은 『혁명과 교회에서의 정의』의 저자를, 교황제의 지지자로 만들 구실을 찾으려고 했다. [그러나] 이 비난이 부당하다는 점은 다음의 중요한 구절을 꼼꼼하게 읽으면 분명해진다. "한 정치인이 신앙의 문제에 대해 어떤 의견을 가지든, 혁명적인 선전으로 무장하고 혁명정부를 위해 일하지 않는 한 그가 종교 사상과 제도에 맞서는 것을 허용할 수는 없다.···마치니가 말하듯이, 교황이 대변하는 이념은 고갈되었다. 그 이념은 나머지와 함께 제물로 바쳐져야 한다. 멋지다! 그러나 동시에 이 이념의 자리를 어떤 것이 채워야만 한다. 우리가 필요하기 때문이다.···마치니가 채택한 **신과 인민** *Dio e popolo*이라는 구호 이상의 어떤 것을."

프루동이 주장한 것은, 약간 애매한 자유주의 신조의 이름으로 이탈리아 인민의 전통적인 사유 방식을 파괴하거나, 단지 이탈리아 왕국으로 전통적인 사유 방식을 통합하기 위해 교회 정부를 억압하는 것은 분명히 이치에 맞지 않다는 점이었다. 1858년에 이미 주장했듯이 프루동은 혁명적인 정의의 이름으로 [인민이] 이득을 볼 때에만 교황제가 타도될 수 있다고 주장했다.

프루동은 『이탈리아에서의 연방과 통일』이 운 좋으면 파리로의 이주 경비를 댈 수 있길 희망했는데, 정말 예기치 않은 인기를 얻어 2월에 1만2천 부 이상이 팔렸다. 실질적으로 이 책은 고국으로 돌아온 프루동의 운 좋은 시작을 알렸고 프루동을 대중적인 논쟁의 중심으로 복귀시켰다. 자유주의 언론은 온 힘을 모아 프루동을 공격했고, 프루동은 피에몽테즈Piedmontese 대사가 이 공격을 조장했다고 의심했다. 반대로 왕조와 성직자를 추종하는 언론인들은 프루동이 폭로한 이탈리아 통일의 환상을 자신들의 목적에 맞추려 했고, 프루동은 연방주의 사상의 참된 영혼이 무시되고 있다고 불평했다. 자신의 이론에 대한 이런 혼란 때문에,

프루동은 연방주의의 일반 원리를 자세하게 설명하는 책을 집필해 달라는 뎅튀의 제안을 받아들였다.

그러나 일을 시작하기 전에 프루동은 가족의 귀환을 준비해야 했다. 고티에 부인의 도움으로 프루동은 파시 가의 큰 길 10번지에서 적당한 방을 발견했다. 10월 10일에 프루동은 유프라지에게 "정말 작은 방인데 8백 프랑이나 해요"라고 말했고, 며칠 뒤에 브뤼셀을 향해 떠났다. 10월 25일에 드디어 프루동 가족은 벨기에를 떠나 저녁에 마젠타 대로에 있는 삭스 호텔에 도착했다. 카트린과 스테파니의 몸이 좋지 않았고 유프라지도 짐을 옮기고 여행하느라 완전히 탈진했으며 프루동도 두통이 다시 심해졌기 때문에, 가족은 "구경보다 치료에 더 관심을 쏟으며" 3일을 더 머물렀다. 그렇지만 27일이 되자 가족은 파시 가의 아파트로 이동할 만큼 충분히 회복되었다.

혁명 이후 프루동이 계속 말려들었던 소동은 프루동에게 영향을 미치기 시작했다. 결정적인 치료법이 없고 나이를 먹을수록 점점 더 건강이 나빠질 수밖에 없다고 확신하게 만들었던 병, 정기적으로 재발하던 프루동의 만성질환은 당시 생활상의 어려움을 더 견딜 수 없게 만들었다. 그리고 안절부절못하던 그의 성격도 병을 깊게 만들었다. 11월이 되어서야 프루동은 다시 일을 시작할 수 있었는데, 그때에도 건강을 회복했다고 보기는 어려웠다. 왜냐하면 연방주의에 관한 논문을 끝내기도 전인 1863년 1월에 고질적인 증상이 아주 심하게 재발했기 때문이다. 프루동은 다리몽에게 "나는 완전히 지쳤어" 하고 말했다. "머리가 큰 맥주통 같아. 걸으면 멀미가 나고 더 이상 똑바로 걸을 수 없는 허약한 상태가 되었어."

이런 상태는 죽음을 2년 남기고 차츰 심상치 않게 변하던 육체적인 쇠락의 최종 단계가 시작되었음을 알렸다. 그러나 몸이 안 좋아졌어도 프루동의 정신은 여전히 날카로웠고 의지는 전만큼 강했다. 그리고 이 마지막 2년 동안 병으로 방해를 받고 시대의 흐름과 동떨어진 사람의 운명으로 끊임없이 낙담했지만, 프루동이 생산한 글은 양과 중요성에서 모두 뛰어났다. 그리고 여전히 프루동은 나폴레옹 정권이 붕괴하던 이 중요한 시기에 사건을 구체화하는 중요한 역할을 맡았다.

2

연방주의에 관한 프루동의 연구는 단순히 사회 이론의 과제로 그치지 않았다. 프루동은 민족주의와 중앙집권화로 흐르던 당대의 민주적 경향에 연방주의가 저항력을 기를 수 있는 실천 정책을 제시하리라 봤다. 이 연구를 출판업자에게 소개하면서 프루동은 "여기 많은 실수들에 맞서 적당한 시기에 나타난, 강력하고 상상력 풍부한 사상이 있소.…이 사상은 대다수 대중을 납득시킬 터이고 그런 방식으로 사상에서의 혁명을 일으킬 것이오" 하고 말했다.

이 책은 심한 정신적 진통을 겪으며 완성되었다. 1월 말에 프루동은 부종에게 "당신이 출판할 만한 가치가 없다고 판단할까 봐 정말 두려웠던, 초라한 소책자를 쓰기 위해 지난 석 달 동안 피와 땀을 흘렸어요" 하고 말했다. 초기 저작을 쓰면서도 종종 그랬듯이, 프루동의 사상은 글로 써 내려가자 놀라울 만치 양이 급격히 늘어났다. 그리고 프루동은 원래 계획했던 논쟁적인 글이 문제에 잘못 접근했다고 생각하기 시작했다. 다시 한 번 프루동은 교정쇄를 가지고 책을 완전히 재구성했고, 인쇄가 시작되었을 때에도 [내용을] 고치고 보완하기 위해 작업을 중단시켰다. 결국 책은 300쪽을 넘겼다. 저자는 책의 결함을 잘 알고 있었다. "이건 책이지만 책이 아니다.…아마도 내용이 형식을 구원할 거라고 내 자신에게 말했다.…그러나 내 두뇌는 불타고 있고 머리는 잘 익은 배와 같다."

프루동의 의문은 대부분 옳았다. 온 힘을 쏟았지만 『연방주의의 원리 The Federal Principal』는 건설적인 정치 논문과 시사적인 논쟁 모음 사이에서 서투르게 타협했다. 그 형식은 산만했다. 전체 3부로 나눠진 내용에서 제1부가 가장 중요한데, 제2부는 이탈리아 문제를 그대로 반복했고 제3부는 "통합 언론the unitary press"에 관해 장황하게 답했다. 그러나 제1부는 다양하고 실험적인 형태로 여러 저작들에서 이미 나타나고 있던 아나키와 연방주의에 관한 생각을 체계적으로 요약했다는 점에서 [애초에 그 생각들이 실렸던] 원저작들보다 훨씬 훌륭했다. 사실 책을 쓰는 도중에 오랜 동료 밀레에게 쓴 한 통의 편지는 프루동이 목표로 삼던 사회 구상을 스스로 가장 잘 요약한 듯하다.

"통치라는 개념에 대한 비판의 결론인 아나키로 1840년을 시작했다면, 나는 유럽 인민들의 권리이자 나중에 모든 국가조직의 필수적인 기반이 될 연방으로 끝을 맺으려 해.⋯시민의 해방과 양심인 **아나키**, 모든 제한과 경찰, 권력, 판사, 군대 등이 없는 아나키에 직접 의존하는 공공질서는 최상의 사회 미덕과 비슷한 말이자 더 나아가 인간적인 정부human government의 전형이 될 거야. 물론 우리는 아직 그런 단계에 이르지 못했고, 그런 이상이 달성되려면 수세기가 지나야 하겠지. 그렇지만 우리의 **법칙**은 그 방향을 따라야 하고, 끊임없이 그 목표에 다가서야 해. 그래서 나는 연방이라는 원리를 고집해."

프루동의 연방[개념]이 세계 정부나 국가들의 연합을 의미하지 않았다는 점은 강조되어야 한다. 프루동에게 연방이라는 원리는 사회의 가장 단순한 단위에서 시작된다. 행정기관은 지역을 기초로 하고 가능한 인민들의 직접 통제를 받는다. 이 기초단위를 넘어서는 연방 조직은 행정기관보다는 점점 더 지역 조직들 사이의 협력 기관이 된다. 따라서 국가 자체는 지역들의 연방이 될 것이고, 유럽은 가장 작은 지방의 이해관계가 가장 큰 지방의 이해관계와 동등하게 표현될 연방들의 연방이 될 것이다. 그 이후 모든 사안은 상호 합의와 계약, 중재로 해결될 것이다.

드디어 1863년 2월 14일에 『연방주의의 원리』가 출간되었고 그 즉시 성공을 거뒀다. 출판한 지 3주가 채 지나기도 전에 6천 부가 팔렸고 새로운 판본이 제작되고 있었다. 그렇지만 프루동은 자신의 메시지가 비교적 정적인 형태인 책에만 의존해야 한다는 점에 만족하지 못했다. 프루동은 변화하는 사건의 양상에 계속 적용해서 생명력을 유지할 수 있는 정기간행물의 형태로 책을 뒷받침하고 싶었다. 그래서 파리로 돌아오자마자 자신이 책임 편집을 맡는 잡지의 계획을 다시 추진했다. 1863년 2월에 프루동은 내무장관에게 《연방 *Federation*》이라는 주간지를 만들도록 허가해 달라고 요청하는 편지를 썼다. 그러나 프루동의 파리 귀환을 허용하고 관용의 징표로 책을 다시 출판하는 것을 기꺼이 허용했다 해도, 보나파르트주의자들은 1848~50년의 혁명적인 시기 동안 프루동이 언론계에서 활동하며 행사했던 영향력을 다시 확보하도록 눈감아줄 순 없다고 여겼다. 프루동의 요청은 거부되었다. 프루동은 이 거부를 최종적인 것으로 받아들일 수 없었고 몇 달 동안 적절한 시기에 잡지를 만들려는 중단된 계획을 계속 추진했다. 그러나 정부 당국은 여전히 단호했고, 프루동은 종종 자신의 영광스런 경력으로 여겼던 언론계 경력을 다시 시작할 허가를 받지 못했다.

3

언론계로 복귀하는 것을 금지당했지만, 정치적인 사안의 장에 활동적으로 개입하는 것을 금지당하지는 않았다. 의원 선거가 1863년 5월로 예정되자,『연방주의의 원리』를 이미 끝냈던 프루동은 다시 한 번 완벽한 투표 거부를 지지하기 시작했다. 프루동은 투표 거부 전술이 일시적인 가치를 가질 뿐 아니라, 연방주의와 아나키의 노선에 따라 사회를 실질적으로 재구성하기 위해 헌신할 새로운 운동의 출현을 이끌 수 있다고 주장했다. 프루동은 "이제 대담하게 분열의 깃발을 들고, 음모가들 패거리와 단절하며, 로베스피에르가 말했던 역사 청산 운동을 시작할 작정이다. 이것은 당연히 민주적인 이성과 자각을 재건하는 것으로 끝날 것이다"라고 선언했다.

2월 초 프루동과 가까운 친구들―베슬레이, 마솔Massol, 크레텡, 랑글루아, 쇼데이 등이 가장 적극적이었다―은 보나파르트 정권을 약화시키고 연방주의를 지향하는 운동을 촉진시킬 능동적인 수단으로 의정 활동을 거부하는 운동, "젊은 민주주의Young Democracy"라는 정파를 만들려는 운동을 시작했다. 투표거부위원회Committees of Abstention가 파리와 보르도―부종이 주도했다―에서 구성되었다. 이 위원회의 핵심 활동은 예전부터 프루동을 지지했던 사람이나 지난 3년간 프루동이 관계를 맺었던 노동계급 투사들로 이루어졌지만, 이들이 운동에 참여한 유일한 사람들은 아니었다. 공화주의자 중에서도 많은 사람들이 참여했고, 이들은 대부분의 점에서 프루동과 차이를 보였지만 독재에 맞서는 투쟁의 수단으로 투표를 거부하자는 주장에 영향을 받았다. 가장 유명한 인물은 1848년에 임시정부에서 외무장관을 지냈고 그 무렵 프루동이 "정파에서 가장 존경할 만한 인물"이라고 묘사했던 쥘 바스티드Jules Bastide였다. 그런 지지를 받으며 프루동(당시에 "나는 30년 이상 패배한 대의를 고집하는 버릇을 지녔다"고 인정했다)은 처음에 예상했던 것보다 훨씬 더 강한 영향을 줄 수 있는 기회라고 느끼기 시작했다.

프루동이 투표 거부 운동에 첫 번째로 기여한 일은 일반 대중에게 알리기 위해 자신의 주장을 상세하게 설명하는 글이었다. 이 글은 1863년 4월에 『선서하는 민주주의자들과 선서하지 않은 사람들 Les Démocrates Assermentés et les Réfractaires』이라는 제목으로 발간되었다.

제목이 암시하듯이 프루동의 주요한 목적은 의원 후보가 되어 제한적이나마 기꺼이 제국과 협력하려는 사람들과, 헌법상의 국가를 전적으로 반대하는 것으로 만족하는 자신과 같은 사람들을 분명하게 구분하는 것이었다. 프루동은 이를 "보통선거권에 관한 소소한 철학"이라 묘사했고 "민주주의의 가장 위대한 원리가 연방주의 원리에서 자연스럽게 나타날 수밖에 없다는 점을 증명했다." 하지만 언론이 자유롭지 않고, 행정 권력이 군주의 손에 확실하게 쥐어져 있으며, 인민의 대표들이 정부의 활동을 논의하거나 비판할 수 없는 거짓 민주주의의 허구성, 보통선거권이라는 가상의 주권이 사실상 황제에 대한 충성의 맹세를 은폐할 뿐인 거짓 민주주의의 허구성을 폭로함으로써, 프루동은 [실제로는] '소소한' 목적을 넘어섰다. 프루동은 그런 상황에서 선거라는 헛짓거리에 참여하는 것을 거부하는 인민만이 황실의 권력을 흔들고 혁명적인 노선의 부활을 준비할 수 있다고 주장했다.

『선서하는 민주주의자들과 선서하지 않은 사람들』은 설득력 있게 논증하는 소책자였다. 그리고 간결하고 날카로웠기에 많은 관심을 받으며 읽혔다. 그러나 이 점이 여론의 큰 반향을 자극하지는 못했고, 새로운 혁명 정파를 형성하게 되리라는 프루동의 기대에 부응하는 적극적인 대중은 그때까지도 거의 존재하지 않는 듯했다. 투표 거부를 지지하는 움직임이 약했던 반면에, 프루동과 친구들이 견뎌야 했던 어려움은 상당했다. 영악하게도 정부 당국은 프루동의 활동에 직접 간섭하지 않기로 결심했다. 왜냐하면 멀리까지 순교의 냄새를 풍기게 하는 정부 당국의 행동은 그 당시 사회 세력들의 미묘한 균형에 미치는 프루동의 영향력을 오히려 높일 수 있었기 때문이었다. 그러나 의회 반대파의 신문들은 프루동을 악착같이 공격했다. 특히 지라르댕은 《언론》을 통해 모욕을 가하고 있었다. 프루동이 반박문을 보냈을 때에도 지라르댕은 몇몇 주장이 언론법을 공격한다는 평계를 대며 반박문을 싣지 않았다. 투표 거부 선전을 막으려 했던 이 방침은,

운동이 쓰던 보이콧 방식을 반대로 써서 운동을 억압했고, 신문으로 끝나지 않았다. 부종이 조직한 위원회가 성명서를 발표했을 때, 서점이 그 성명서를 받지 않았을 뿐 아니라 거리의 신문팔이들도 그것을 팔지 말라는 경찰의 경고를 받았다.

프루동은 실제 투표 거부자의 수가 1857년보다 적었지만, 투표 거부의 도덕적인 승리라고 찬양했던 선거 결과에서 약간의 위안을 받았다. 파리의 유권자 31만7천 명 중에서 15만 명이 보나파르트주의 후보자들에게 반대표를 던졌고 8만5천 명이 기권했다. 기권 비율은 투표거부위원회가 효과적으로 선전을 했던 세 지역, 보르도와 리옹, 루앙에서 높았다. 프루동은 [선거] 결과가 미래의 길조를 나타낸다고 생각했다. 프루동은 바스티드에게 "너무 많이 묻지 마세요" 하고 말했다. "이제 관건은 그 승리가 불꽃놀이처럼 사라지게 하지 않는 것입니다."

그러나 투표거부위원회의 구성원들은 너무나 이질적이어서 확장 계획이나 지속적인 계획에 관해 의견을 모으지 못했고 선거 운동이 끝나자마자 빠르게 해체되었다. 그렇지만 투표거부위원회는 적어도 두 개의 중요한 요소, 즉 정치 행태에서 지배적인 요소이던 편의주의expediency[37]를 거부하고, 투표를 정치의 보편적인 만병통치약처럼 여기던 민주주의의 신화를 거부하는 운동으로,

---

37 [옮긴이 주] 어떤 문제를 처리함에 있어 근본적인 원인을 건드리지 않고 그 순간만을 적당히 넘기려 하는 주의. 근대 정치의 본질적인 특성이라고도 할 수 있다.

특히 아나키즘과 생디칼리슴으로 이어졌다.

4
___

전기의 도식적인 패턴은 인물의 삶에서 특정 시기를 지배했을 관심사가 실제 사건보다 훨씬 더 강하다는 인상을 종종 준다. 프루동처럼 안정되지 않고 영원히 탐구하는 심성을 가진 사람을 다룰 때, 특히 이런 방식의 잘못된 강조는 자제되어야만 한다. 그리고 만일 앞의 장들이 질병을 부정적인 요인으로, 연방주의와 투표 거부를 파리로 돌아간 뒤의 세월을 완전히 지배했던 활동적인 동기로 여기게 한다면, 친근한 환경으로의 복귀가 많은 점에서 프루동의 사상을 자극했던 이 몇 달의 시기에, 연방주의나 투표 거부가 중요한 주제였을 뿐이라는 사실은 강조되어야만 한다. 이 몇 달 동안의 기록을 힐끗 보기만 해도, 새로운 생각들이 많이 등장할 뿐 아니라 과거에 제쳐 놓았던 오래된 생각들도 부활했다는 점을 간파할 수 있다.

폴란드에 관한 책은 여전히 프루동을 괴롭혔다. 프루동은 소유에 관한 생각을 수정하려 했고, 페미니스트들을 공격할 틀을 대략적으로 구상했으며, 황제주의와 기독교의 관계를 연구했다. 프루동은 벨기에에서 썼던 저작물 판권에 관한 몇 개의 글을 묶어 1863년 봄에『문학적 재산 *Les Majorats Littéraires*』이라는 책으로 출판했다. 이 책은 잘 썼고, 문학적인 지식과 출판물을 제약하는 사항을 설득력 있게 비판하는 주장들로 채워졌지만, 거의 성공을 거두지 못했다. 분명 프루동이 가장 많은 관심을 받았던 책은 당대에 정치적으로 뜨겁게 달아오르는 사안들을 다룬 책이었다.

당시 프루동의 저작[활동]은 특정한 단편들로 나눠졌고, 오래 집중하는 데 어려움을 겪었다. 이 점은 프루동의 후기 저작들 대부분이 사후에, 그리고 불완전하게 출판되어야 했던 이유를 설명해 준다. 분명히 프루동의 건강 상태가 지속적으로 글을 쓰는 것을 점점 더 어렵게 만들었다는 점은 틀림없다. 1863년 7월에 프루동은 "일이 부족하지는 않다. 홀로 일에 집중할 수 있다면, 하루에 열 시간씩 일하며 집을 떠나지 않을 텐데.…그러나 읽고 쓰고 편지를 나누는 일이 나를 완전히 질리게 하는, 그런 피곤하고 넌더리나는 상태이다. 나는 불로뉴 숲까지 겨우 갈 만큼의 체력만 남아 있고, 그곳에서 건조한 잔디 위의 그늘에 누워 온종일 잠을 잔다"고 말했다.

정신 상태에 관해서도 프루동은 9월에 드퐁텐Defontaine에게 우울하고 애처로운 심정을 드러냈다. "우울하고 시무룩해지고 있어. 전적으로 신뢰할 수 있는 친구 외엔 그 누구도 진정 기쁘게 맞이하지 못해. 우리 시대의 풍경이 나를 슬프게 해. 나는 프랑스에 대한 확신을 잃었어. 점점 늙고 있다고 느끼고, 건강이 안 좋아지고 힘이 약해지는 것도 알아." 몇 주가 지난 뒤 프루동은 고통에 가까운 좌절감에 빠져 부종에게 불평했다. "쉬지도 일하지도 못하는 이 애매한 방식이 무엇보다도 더 심하게 나를 괴롭혀요. 죽거나 아니면 계속 일하거나 생산하도록 해 달라고 내 자신에게 기원해요. 그러나 힘도, 죽음이나 악마도 찾아오지 않아요." 프루동은 음울함이 머릿속을 돌아다니고 있다고 느꼈고 가끔씩 친근하고 아주 부드러운 손이 어깨에 얹히는 것을, "이제 그만!" 하고 말하는 목소리를 느끼는 것 같았다.

아마도 그것은 마지막 남은 시간을 계산하는 것이었을 테다. 죽음을 예감하고 있던 1863년의 불행한 나날 동안, 프루동은 자신의 사상과 개성에서 가장 당황스러운 측면들에 대해 종종 의미심장한 통찰력을 보이며 반성하는 편지를 자주 쓴다. 예를 들어, 프루동은 이념의 모순이라는 문제로 돌아갔고 한 친구에게 이렇게 말했다. "진실은 하나이지만 우리에게 단편적으로, 그리고 아주 다양한 각도로 드러나. 실재나 외양에 대해 모순되게 말하건 말하지 않건, 우리의 의무는 우리가 본 그대로 설명하는 것이야." 그리고 또 다른 친구에게 프루동은 다음의 문장으로 자기 사상의 특징을 아주 분명하게 정의했다. "내 정신의 본성은 한 문장으로 요약될 수 있어. 유동성 그 자체, 하지만 언제나 균형으로 돌아가려 하지."

유동성이라는 개념은 삶의 갈등이 결코 끝나지 않지만 종종 대립하는 힘의 균형으로 안정된다고 본 프루동의 생각과 연관된다. 이 상징적인 전쟁에서 프루동이 자기 자신을 영원한 전사로 봤다는 점은 놀랄 만한 일이 아니다.

프루동은 마우리스에게 "어떤 직업을 가지든 인간의 삶은 모두 똑같아" 하고 말했다. "사실상 삶은 전쟁이야. 사람은 적을 없애거나 자신을 파멸시키며 포기해야 하지.…이 전쟁에서 탈출할 수 없기 때문에 나는 전쟁을 잘 치러야 해. 나이와 경험이 쌓일수록 나는 승부를 더 잘 판가름할 수 있어."

영원한 갈등의 와중에 서 있는 존재라는 프루동의 기분은 가끔 터무니없이 거만한 행동으로 드러났다. 그러나 이런 거짓된 허풍의 갑옷 속에는 더 내밀한 우정으로 나타났던 진정한 겸손함이 감춰져 있었다. 이 점은 보르도의 친구인 부종이 과분하게 자신을 칭찬하자, 그에게 보낸 한 통의 편지에서 드러난다. 프루동은 이렇게 단언했다. "솔직히 당신은 나를 부끄럽게 만들어요. 만일 우리가 서로 이해하길 바란다면, 내게 편지를 쓸 때, 독창적인 정신을 가진 늙은 시골 사람에게 말을 걸고 있다는 점을 잊지 말아야 해요. 그 시골 사람은 공부를 조금 했고, 그런 대로 어리석음을 잘 벗어난 사람이지만, 그 공부는 본성의 결함을 늘리고 촌스러움을 두드러지게 했답니다."

이런 결점의 인정은 프루동의 겉으로 드러난 자존심이 내면의 결함에 대한 끊임없는 인정에서 비롯되었다는 점을 알려 준다. 부종에게 보낸 이 편지는 브장송에서 바이스를 퇴짜 놓았던 소년, 다구 백작 부인의 접근을 아주 무례하게 거부했던 남성, 나중에 파리와 스파[온천]의 고상함을 아주 불쾌하게 봤던 성인 남성의 모습을 모두 인정한다. 프루동이 한 유일한 타협은 거만함의 원인을, 붙임성 있고 관대하며 심지어 친절하기까지 한 천성을 지키지 못한 빈곤의 결과나 시골식 양육의 결함으로 돌리는 것이었다.

자기 자신의 불행을 뚜렷이 느꼈지만 프루동은 다른 사람의 곤경에, 심지어 가족이라는 범주 밖에 있는 사람들의 곤경에도 민감했다. 1863년 말 무렵 고질병과 경제적인 불안, 계속된 정부의 적대감(당시 내각은 학자들에게 프루동이 "위험한 저술가"라고 공식적으로 선언했다)으로 괴롭힘을 당할 때에도, 프루동은 의지할 곳 없이 늙어 버린 자신의 라이벌, 피에르 르루를 도울 기부금을 모으기 위해 짬을 냈다.

그리고 프루동은 친구들의 도덕적인 곤경에도 민감했다. 페네 Penet가 절망에 빠졌을 때, 프루동은 비록 불행하다 해도 청년기에 정의를 위한 투쟁을 처음 시작했을 때 자신을 고취시켰던 것만큼의 헌신—비록 동일한 활력은 아닐지라도—으로 일하고 싸워야 한다는 철학을 밝히며 꾸짖는 편지를 페네에게 썼다.

프루동은 페네에게 이렇게 충고했다. "아무리 사소한 것이라도 너는 이제 인간의 참된 삶을 살기 시작하고 마지막 희망을 정리하며 유언장을 쓰는 사람의 언어로 네 자신에게 이야기해야 한다는 점을 깨달았으면 해. 인간의 존재 목적이 생산하거나 획득하거나 즐기는 것 중에서 하나를 선택하는 거라고 생각하는 사람이 될 거니? 그 어느 쪽도 아냐. 우리가 일하는 목적은 그것이 우리의 법칙이기 때문에, 우리가 배우는 조건이기 때문에, 우리가 우리 자신을 강화하고 단련시키며 생존을 보장하는 조건이기 때문에, 우리가 서로 의존해서 생활하는 사람이기 때문이야. 그러나 일이 우리의 목적은 아니야. 이 목적은 초월적이거나 종교적인, 또는 초자연적인 목적이 아니라 세속적이고 종교적이지 않은, 전적으로 인간적인 목적을 의미해. 인간이 되는 것, 자기 스스로 세속적인 불행을 극복하는 것, 성경이 하듯이 신의 이미지를 우리 내부에서 재생산하는 것, 결국 이 지구상에 영적인 지배를 실현하는 것이 우리의 목적이야. 이 목적은 유년기나 성년기에 가능하지 않고, 위대한 작품이나 우리가 달성할 수 있는 업무적인 노력에도 있지 않아. 반복하지만 그 목적은 정념이 가라앉기 시작할 때, 더욱더 해방된 영혼이 무한을 향해 나래를 펼칠 때 완전히 성숙해."

이 구절에서는 프루동의 사상에 깔려 있던 신비주의의 암류가 표면 가까이 드러난다. 프루동은 인간이 형이상학을 넘어 발전하듯이 종교를 넘어 발전한다고 봤다. 그러나 프루동은 과거의 모든 미숙한 장식물을 없앤 뒤에 인간이 도달할 그런 조건이, 결코 독단적인 유물론자의 빈약한 공적일 수 없다고 봤다. 오히려 영적인 삶은 영원성이라 불리는 우주의 모든 충돌하는 힘들의 광활하고 최종적인 균형과 직접 접촉하는, 인간 성취의 새롭고 더 순수한 형식으로 갑자기 출현할 것이다.

5

사실 삶을 바라보는 프루동의 관점은 언제나 다방면에 걸쳐졌고 결코 단순하지 않았다. 프루동은 경제적이고 사회적인 과제들을 합리적으로 조직해서 인간 존재를 더욱더 생산적으로 만든 역동적인 추진력을 해방시키는 세계를 고대했다. 대립물의 투쟁을 더 높은 단계로 고양시키는 것은 지적인 활동을 강화할 것이다. 그래서 정의의 기본 원리를 분명히 밝히고 그 원리를 사회생활에 적용할 수 있는 방법을 결정하는 데 집중하는 것과 더불어 프루동은 인간 존재가 시야를 넓힐 수 있고 자기 자신과 환경을 분명하게 이해하도록 돕기 때문에 문학과 예술에도 관심을 쏟았다. 연극에 대한 초기의 관심은 이런 장르에 대한 관심을 증명했고, 나중에 『문학적 재산』과 『혁명과 교회에서의 정의』의 많은 지면을 할애해서 문학과 사회의 관계를 다양한 관점으로 다뤘다. 1863년에는 쿠르베의 제안에 따라 시각예술과 그것의 사회적인 맥락에도 관심을 가졌다.

쿠르베만큼 프루동에게 공감했던 예술가를 생각하기란 어려울 것이다. 두 사람 모두 콩데의 농민 출신이었고, 오랫동안 우정이 이어졌다. 1848년 이후 쿠르베는 프루동의 영원한 동지였고, 솔직하고 거친 화법으로 유프라지의 초상화—유프라지가 불쾌하다고 말했던—를 그렸을 뿐 아니라 프루동의 초상화와 *가족*en famille의 그림도 그렸다. 쿠르베는 프루동과의 대화와 그의 글을 즐겼고 평범한 인민에 대한 사랑을 공유했으며 프루동의 이론을 받아들였다. 메시지를 최대한 전달하려고 했던 쿠르베의 그림은 노동의 존엄성과 노동자를 착취하는 사람들의 타락을 그린 프루동주의적인 것이었다. 낭만주의나 고전주의 전통만이 아니라 '아카데미'의 전통과도 단절했던 쿠르베의 스타일은, 프루동의 문체와 비슷하게 힘 있고 직설적이었다. 프루동은 이 친구가 시대의 모습을 가장 훌륭하게 예술로 표현하는 진정한 예술가라고 봤다. 그리고 프루동은 자신이 "내재적인 정의"라는 이론으로 표현했던 것의 다른 측면을 보여 주는 작품을 그리는 "비판적이고 분석적이며 종합적인 인본주의 화가"이자 "자본주의의 종말과 생산자의 주권"을 가져올 운동과 어울리는 예술가로 쿠르베를 정했다.

쿠르베의 그림 '회의의 복귀La Retour de la Conférence'는 성직자를 아주 좋지 않게 그려서 살롱에서 [전시를] 거부당했는데, 런던에서 전시회를 열 생각이던 쿠르베는 프루동에게 이 그림의 이론적 기초를 설명할 글을 짧게 써 달라고 부탁했다. 애초의 제안은 겨우 4쪽에 불과한 짧은 글이었지만, 예술의 보편적인 기능에 관한 새로운 생각으로 가득 찬 프루동은 자극을 받아 여느 때처럼 집필 과정에서 분량을 엄청나게 늘렸다. 화가의 격려(프루동은 베르흐만에게 "쿠르베는 고뇌하고 있어" 하고 말했다. "쿠르베는 여덟 쪽이나 되는 편지로 나를 암살하려 해. 그가 글을 쓰고 논쟁하는 방식은 너도 알잖아!")를 받으며 8월까지 프루동이 빠른 속도로, 전단에서 책 한 권으로 분량을 늘여 가고 있었기 때문에, 아무튼 짧게 쓰겠다는 생각은 완전히 사라졌다.

[그동안] 쿠르베는 프루동에게, 장황하면서도 잘못된 철자와 비문으로 가득 찬 편지를 계속 보냈다. 6월에 프루동은 쇼데이에 게 이렇게 불평했다. "쿠르베에게 엄청난 양의 편지를 받고 있어. 나는 쿠르베가 내게 편지를 쓰기 위해 가장 상스럽고 선정적이며 조잡한 학생의 연습장을 찾으려고 오르낭에서 가장 오래된 잡화 상 가게를 둘러보고 있다고 믿어. 어떤 이는 이 편지가 구텐베르 크Gutenberg의 것이라 해도 믿을 거야. 잉크도 그와 어울려. 쿠르 베는 자주 편지를 쓰지는 않지만 편지를 쓰기 시작하면 조심해 야 해! 이제 쿠르베는 포도주 찌꺼기로 14쪽이나 메꿔. 그 모든 편지에 답하는 것도 하나의 일거리가 될 거야!" 그러나 그런 가 르강튀아 같은 괴롭힘도 피곤에 절어 있던 프루동이 책을 완성 하도록 재촉할 수는 없었다. 죽음이 임박하자 프루동은 콩데 출 신의 소설가 막스 뷔콩Max Buchon을 통해 쿠르베에게 책을 끝낼 수 없겠다고 유감을 표하는 소식을 보냈다. 결국 프루동이 죽은 뒤에 쿠르베 스스로 쇼데이의 도움을 받아 출판 준비를 마무리 하게 된다.

『예술의 원리 *Du Principe de l'Art*』라는 제목으로 사후에 출판된 이 책은 예술비평사에서 상당한 중요성을 가진다. 왜냐하면 이 책 은 오로지 예술과 사회의 연관성만을 다룬 최초의 연구 중 하나 였기 때문이다. 솔직히 프루동의 접근법은 러스킨Ruskin의 접근법 처럼 훈계조이다. 즉 예술은 도덕적인 목적을 가져야 하고 그러지 않는다면 의미가 없다. 동시에 예술을 일종의 정치적인 선전으로 봤던 사회적 리얼리즘social realism 같은 이론의 직계 조상 반열에 프루동을 올려놓는 것도 잘못이다. 확실히 예술이 시대에 부응해야 하고 예술이 생산되는 사회 내의 인간 열망에 응답해야 한다고 주장했지만, 예술을 인간의 지적이고 도덕적인 발전의 자극제로 보는 프루동의 관점은 매우 이해하기 어렵다.

일찍이 모든 인간에게 시의 맹아가 있다고 봤던 것처럼, 프루동은 미적인 능력을 몇몇 사람이 다른 사람보다 더 능숙하게 표현할 수 있는 인간의 공통된 속성으로 여겼다. 미적인 능력은 "자기 자신과 사물에서 아름다움과 추함을, 보기 좋음과 꼴사나움을, 숭고함과 하찮음을 인식하거나 알아차리는, 그리고 이 인식을 새로운 기쁨의 수단으로 만드는" 능력이다. 실제로 이 미적인 능력의 목적은 "보통 이상ideal으로 알려진 것"이고, 이 목적은 "실재를 순전히 자연적으로 재현하는 것보다 예술 작품을 더 우월하게 만든다." "예술은 이상을 제외하면 아무것도 아니다. 따라서 가장 위대한 예술가는 가장 위대한 이상가이다." 프루동이 얘기하는 이상주의는 플라톤 철학과 비슷하다. 즉 이상은 개념과 부합하는 것이고, "개념은 모든 물질성을 무시하는 사물의 지적인 형태로, 전형적이고 특정하며 고유한 이념이다." 이런 개념은 암묵적으로 엄격한 리얼리즘을 배제한다("물리적인 실재는 영혼과 이상이 그 속에서 숨 쉴 때에만 가치를 가진다."). 그리고 동시에 이 개념은 "어느 것에도 의지하지 않는 것은 아무것도 아니"

기에 "예술을 위한 예술"이라는 사조를 분명하게 거부한다. 예술은 인간을 위한 예술처럼 사회적인 맥락 내에 존재할 때에만 정당화될 수 있다. 예술은 "우리의 모든 사상—가장 비밀스런 사상—과 모든 성향, 모든 미덕과 악덕, 어리석음을 드러내어서 우리 자신을 인식하게 한 뒤에, 존엄의 발전과 존재의 완성에 이바지하도록 이끄는 것을 목적으로 삼는다." 프루동은 쿠르베와 그의 유파가 당시 예술의 목적을 가장 성실하게 수행하는 화가들이라고 봤다. 그리고 쿠르베가 소멸해 가는 과거의 예술 형식에서 반드시 필요했던 혁명을 대표했기 때문에, 역사적인 관점에서도 프루동이 옳았다. 따라서 『예술의 원리』는 '아카데미'의 비현실성에 대한 건강한 문제 제기이자 예술가들에게 주변 생활의 풍부하고 영감을 주는 현실성을 꼭 회복하라고 요청하는 것으로 이해되어야 옳다.

예술이 그 영감을 생활에서 끌어내어야 한다고 봤다면, 프루동은 반대로 예술이 생활을 빛나게도 한다고 봤다. 프루동은 『문학적 재산』에서 공업과 노동이 예술과 연관되면 고상해질 수 있다고 주장하며 윌리엄 모리스William Morris나 근대의 공예 디자이너들보다 앞서 나갔다. 즉 기계류와 정밀기계, 방직, 출판에서 프루동은 모든 인민이 공유할 수 있는 집단 예술의 시초를 봤다. 그리고 프루동은 예술의 이로운 영향이 공업을 넘어 새롭고 더 넓은 생활 영역으로 퍼지는 것을 구상했다. "우리의 전체 생활과 말, 행동, 우리에게 가장 공통된 것, 우리가 하는 모든 것, 존재하는 모든 것은 예술을 요청하고 예술에 의해 고양될 것을 요구한다." 프루동은 예술이 프랑스 도시들의 재건축에 큰 영향력을 행사할 수 있다고 봤고, 오랫동안 적용할 수 있고 각 지역의 환경적 요구를 존중하는 새로운 스타일이 나타나고 있다고 봤다. 다른 모든 것에서처럼 예술에서도 프루동은 중앙집중화와 획일화, 대도시주의metropolitanism를 강력하게 반대했다. 예술가가 별개의 [분리된] 인간이기를 포기하고 동시대의 일상생활로 다시 통합되는 사회에서, 프루동은 그 권리와 공동의 존엄성을 공유하는 평등한 노동 세계를 구상했다.

6

프루동이 머릿속으로 구상하고 책상에서 절반쯤 작성했던 계획은, 남은 생의 몇 달 동안 생각과 일을 독차지해 버린 사건에 연루되면서, 1864년 초반부터 갑자기 미뤄졌다. 2월 17일에《민족의 여론 L'Opinion Nationale》은, 「60년대 선언 The Manifesto of the Sixty」으로 알려졌고, 프랑스 사회주의 운동사에서 역사적인 문서가 될 한 통의 편지, 한 노동자 모임이 서명한 편지 한 통을 실었다.

이미 봤듯이 1860년대 초반은 1848년 6월 이후 비교적 잠잠하던 프랑스 노동자들이 활동을 재개하던 시기였고, 프루동의 상호주의와 연방주의 사상은 발생 단계에 있던 운동에 아주 폭넓게 영향을 미쳤다. 프랑스 역사가들은 당시에 프루동이 마르크스를 확실하게 능가하는, 심지어 블랑키를 능가하는 가장 영향력 있는 사회주의 이론가였다는 점을 인정한다. 1863년에는 운동의 부활이 구체적인 형태를 띠기 시작했다. 즉 생산력을 가진 협동조합들이 제법 설립되었고, 저축은행이자 상호금융mutual banking이라는 프루동주의 이론을 약간 변형시켜 이용하던 신용대부협회들Societeis of Credit이 협동조합과 함께 등장했다.

이런 사회적 상호주의의 등장 외에도, 낡은 부르주아 정당이 아니라 작업장이나 공장 출신이 의회로 진출하고 임기가 다하면 다시 동료들 틈에서 일하는 대표자를 통해 의회에서 [자신들을] 대변하고자 하는 노동자들의 욕망 때문에, 새로운 운동이 정치 영역에서 모습을 드러내기 시작했다.

서로 다른 계급의 이해관계를, 그리고 이미 오래 전에 디즈레일리Disraeli가 영국에서 관찰했던 하나의 산업 세계 내의 "두 국민"을 인정하는 것은, 프루동 자신이 1848년 7월 국민공회에서 연설했던 부르주아와 프롤레타리아 접근법의 차이를 확장시킨 것이었다. 그리고 자신들의 요구 사항들을 제시한 이 노동자 모임은 많은 점에서 프루동의 사상으로부터 영향을 받았다. 이들은 연방주의자이자 상호주의자였고, 사회적인 불화가 결국 계급이 없는 아나키로 해결되리라고 기대하면서도, 의회 활동을 거부하지 않았다는 점에서, 그리고 1863년 선거에 노동계급의 이해관계를 대변할 3명의 후보를 내고 아주 적은 지지를 받았다는 점에서 프루동과는 달랐다.

이들은 이 조그만 성공에 멈추지 않았다. 이 소모임은 1864년 보궐선거가 실시되기 전에 「60년대 선언」을 준비하고 배포했다. 비발Bibal이라는 교사를 제외하면 이들은 모두 노동자였고, 몇 명은 2년 전에 런던에서 개최된 만국박람회에 파견된 노동자 대표단에 참여했었다. 그리고 다른 사람들은 당시 영국 노동자와 독일 노동자들이 오랜 만남의 결과로 건설한 '국제노동자협회'—제1 인터내셔널—의 일원이었다. [이들 중] 오직 3명—인터내셔널에서 가장 활동적이던 프랑스 설립자 앙리 톨랭Henri Tolain과 샤를 리무쟁Charles Limousin, 7년 뒤의 코뮌에서 사소한 역할을 했고 1940년대까지 프랑스 공산당의 나이든 마스코트로 어울리지 않게 살아남았던 카멜리나Camélinat—만이 당시의 역사에 흔적을 남겼다.

톨랭이 대부분 작성했던 선언문은 그 형식에서 절도 있는 기품이 두드러졌다. 선언문의 핵심은 다음의 구절로 드러날 수 있다.

"보통선거권은 정치적인 면에서 우리를 성인으로 만들지만, 우리 스스로를 사회적으로 해방시키는 과제는 아직 우리의 몫이다. 제3계급[부르주아지]이 그토록 많은 활력과 끈기로 쟁취했던 해방은 프랑스라는 민주 국가에서 모든 시민에게 확대되어야 한다. 평등한 정치적 권리는 반드시 평등한 사회적 권리를 포함해야 한다. 더 이상 어떠한 계급도 없다는 얘기는 신물이 나도록 되풀이해서 얘기되어 왔다. 1789년 이후 모든 프랑스인은 법 앞에 평등하다. 그러나 노동력 외에 아무런 재산도 가지지 못한 우리는, 자본주의의 법적인 조건 또는 독단적인 조건으로 매일 고통 받는 우리는, 우리의 존엄과 우리의 이익을 해치는 예외적인 법률―[정치적인] 연합coalition에 관한 법률처럼―하에 살아가는 우리는 그런 주장을 믿기가 매우 어렵다는 점을 깨달았다."

그 당시의 사회가 노동자의 이익을 가로막는 방식을 증명하는 것으로 논의를 확대한 뒤에, 선언은 서명한 사람들의 목적을 요약하기 시작한다. "법률은 떨어져 살건 집단으로 살건 각각의 인간이 자신의 재능을 충분히 발전시키고 다른 사람의 자유―이익은 아닐지라도―에 영향을 미칠 경우 외에는 어떠한 제약도 받지 않고 자신의 정치력과 경제력, 지성을 충분히 이용하도록 허용해야 한다.…노동과 신용대부, 연대의 자유, 이것이 우리의 꿈이다. 조국의 영광과 번영을 위해 그 꿈이 실현되는 날, 더 이상 부르주아지나 프롤레타리아, 고용주나 노동자는 존재하지 않을 것이다. 모든 시민은 그 권리에서 동등할 것이다."

선언문은 당시의 의회 상황을 살피면서, 하원 의원들이 자신들의 선거구민을 완전히 대변한다고 주장하지만 사실상 친밀한 관계를 맺고 있는 제한된 이해관계만을 대변한다는 점을 증명했다. 이 점에서 선언문은 "온화하지만 확고하게 우리의 희망과 욕망, 권리를" 공식적으로 드러낼 대표가 필요하다는 점을 추론해 냈다.

즉시 프루동은 선언의 중요성을 인정했다. 프루동은 랑글루아와 베슬레이, 뒤센 같은 친구들, 카멜리나를 비롯한 몇몇 서명자들과 열심히 토론했다. 프루동은 쇼데이에게 "선언은 어떤 사건이 될 수 있다"고 말했고, 그것에 관한 책을 쓰기로 결심했다. 프루동은 대부분의 남은 에너지를 이 책을 준비하는 데 사용했다.

「60년대 선언」을 마지막 책의 주제보다는 그럴싸한 소재로 삼겠다는 생각은, 주로 이 선언이 프랑스 노동계급 내에서 연쇄반응을 일으켰고 노동계급의 대표에게 생각을 묻는 편지를 썼던 많은 모임을 만들었기에 가능했다. 3월 8일, 프루동은 노동계급의 정치적 역할에 관한 사상의 토대를 다지는 16쪽의 초고를 그런 모임들 중 하나인 루앙 모임에 편지로 보냈다.

강조점은 (1) 사회주의 이념의 재각성, (2) 노동자들이 대변되지 않는 이 상황이 변해야만 한다는 점, (3) 당시 사회의 계급적인 성격에 관한 확인이다. "프랑스 사회는 근본적으로 두 개의 계급으로 구분됩니다. 즉 한 계급은 오로지 노동으로만 살아가고 그 임금은 보통 1년에 1,250프랑을 밑돌며 한 가구당 4명 정도가 삽니다. 그리고 다른 계급은 그 자본의 수입으로 살아갑니다." 이런 사회적 분할은 정의에 반하고 "정의의 법칙과 경제 법칙을 더 폭넓게 적용하여" 변해야 한다.

그러나 현존하는 정당과 정부 제도들이 유산계급을 돕기 위해 고안되었기 때문에, 자신이 그런 체계와 연루되어 있다는 점을 깨달은 노동자는 무기력하게 될 것이다. 즉 노동자들은 좌절감에 빠진 보잘것없는 존재나 정치적인 권리를 파는 인간이 될 것이다. 프루동은 유일한 해결책이 사회 내의 이런 분할선에 따라 인식하고 행동하는 것이라고 결론을 내렸다. 여기서 프루동은 내키지 않지만 19세기 후반기에 프랑스를 휩쓸었던 지배자와 노동자 사이의 격렬한 투쟁을 예언했다. "내 영혼의 모든 힘과 슬픔을 담아 당신에게 말합니다. 즉 당신과 결별한 사람들과 당신을 떼어놓으시오. 과거 로마의 인민들이 자신들을 귀족과 구분했듯이 당신 자신을 떼어내시오.…이런 분리로 당신은 승리할 겁니다. 대표도 없고 후보도 없습니다no representative, no candidates."

노동계급의 조직들 내에서 점점 확산되던 「60년대 선언」에 대한 반응은 곧 프루동의 희망을 부풀게 했다. 4월에 프루동은 "사회 공화국이 겉보기보다 더 빠르게 실현되고 있다"고 외쳤다. 그러나 고질병은 이 새로운 운동의 이데올로기를 발전시키려는 노력을 방해했다. 6월이 시작되면서 프루동은 단독丹毒으로 쓰러졌고, 7월 초가 되어서야 의사는 프루동에게 회복되고 있다고 말했다. 프루동은 여전히 매우 허약했고 1854년의 콜레라 이후에 그렇게 쓰러진 적이 없었다고 말했다. "내 눈은 읽고 있는 책에서 활자들이 춤을 추는 것을 본다. 내 손은 떨리고, 아주 용을 써야 겨우 생각을 집중할 수 있다."

다시금 병이 경제적인 부담을 줬지만 프루동은 친구들의 배려로 당장의 근심을 덜게 되었다. 델아스가 즉시 2천 프랑을 보내준 덕분이다. 프루동은 감사하며 "이 돈은 내게 사실상 몸값이야"하고 적었다. 이제 프루동은 "동요나 흥분 없이 충만한 힘과 침착한 이성으로 다시 일을 시작할" 수 있었다. 프루동은 아마도 자신이 마지막 관문—그러나 그의 경력에서 "가장 중요하고 결정적인" 국면—에 들어서고 있다는 생각을 델아스에게 이야기했다. 그래도 프루동은 활동적으로 일하며 10년이나 12년을 더 즐기고 싶었다. "더 이상은 바라지 않아. 내 머리와 가슴 속에는 아주 많은 것들이 들어 있어."

고생을 하며 느리게 회복되었지만 프루동은 계획하던 중요한 작업을 계속하려는 결심을 포기하지 않았다. 분명히 프루동의 육체는 예전보다 더 빨리 늙고 있었지만 내면의 기력은 줄어들지 않았다. 7월 중순에 프루동은 "아아, 이제 나는 늙은 운동선수처럼 회복되고 있어요" 하며 부종을 잔인하게 놀렸다. "내 쇠약한 팔다리와 나약해진 근육, 지친 신경을 바라보며 눈물을 흘려요. 불꽃이 꺼지지 않는 심장만이 남았어요. 나는 끝까지 싸울 거예요.…내 사상을 최대한 발전시키기 전에는 죽고 싶지 않아요."

7
———

1864년 여름에도 프루동의 상태는 거의 나아지지 않았다. 마침내 환경을 바꿔서 건강을 회복하려는 희망을 품고 프루동은 다시 프랑슈-콩데로 가기로 결심했다. 프루동은 절친한 주치의이자 동종요법 의사인 크레텡과 함께 8월에 떠났다. 비록 몸이약해지긴 했지만 쥐라로의 이 마지막 여행은 예전에 경험했던 그어떤 여행보다도 열정적이었다. 프루동은 뭐든지 경험하고 모든곳을 방문하며 모든 친구들을 만나고 싶어 했다. 프루동이 잃어버린 건강과 지난 청춘을 되밟아 간 이 여행에 관해 아내에게 설명했던 일련의 편지들에는, 불운하고 가슴 아리는 면이 있다.

그중 첫 번째 편지는 8월 21일, "프랑스에서 가장 좋은 공기를숨 쉴 수 있는 곳으로 거대한 깔때기" 같은, 가파른 산비탈에 있는 작은 도시 생 이폴리트에서 왔다. 휴식은 좋은 날씨로 시작되었다. 프루동은 산에서 보낸 첫 날에 "이번 여행으로 내 건강이 많이 좋아지길 바라오" 하고 적었고, 이틀 뒤에는 호흡이 아주 좋아졌다고 썼다. 산지 사람들은 의도적으로 프루동을 즐겁게 해 주었다. 프루동은 지사와 저녁을 먹었고, 프루동을 환영하는 옥외 낚시 파티에는 150명이 참석해서 황혼녘까지 먹고 마시며 춤을 췄다. 프루동은 지역을 마차로 돌아보며 "세상에서 가장아름다운 절벽"을 보고 지하로 강이 흐르는 큰 동굴을 둘러보며조사했다.

그러나 곧 불안한 내용이 편지에 실렸다. 프루동의 낙관주의는 너무 때가 일렀다. 낮에는 괜찮았지만 밤에는 습한 안개가 프루동을 덮쳤고, 프루동은 의자에 똑바로 앉아 잠을 자야 했다. 그럴 때마다 프루동은 생 이폴리트에서의 즐거운 환대와 크레텡의 "정신 나간 유쾌함"을 잊어버리고 가족에게로, 무엇보다도 아내에게로 돌아가고 싶어 했다. "그럴 때마다 당신이 필요했소. 누구도 내 곁에서 당신을 대신할 수 없다는 점을 당신도 알 거요. 분명 당신은 내가 이렇게 말하는 게 이기적이라고 하겠지. 신이여, 축복하소서! 사랑하는 여보, 우리 행동은 언제나 약간 이기적이오. 아무튼 확실한 건 아프든 안 아프든, 무엇보다도 내 보금자리를 지키고 싶고 예전보다 당신을 더 사랑한다는 거요."

8월 말에 프루동은 브장송으로 가서 당시 86세이던 바이스를 방문했다. 바이스는 프루동을 포옹하며 한편으로는 기쁨으로, 다른 한편으로는 지팡이에 의지해 힘겹게 방으로 걸어 들어오는, 알아보지 못할 만큼 변해 버린 남자의 모습 때문에 눈물을 흘렸다. 두 친구는 자신들의 사상과 당시의 작가들에 관해 논하며 아침을 보냈고, 프루동은 어린 시절 자신이 거만하게 퇴짜 놓았던 그 선의의 관심에 관해 바이스에게 진 빚을 인정했다. 프루동은 늙은 학자에게 "당신은 제 영적인 아버지예요" 하고 말했다. "내가 보기에 당신은 18세기의 마지막 성육신이에요. 당신도 내가 19세기의 성육신 중 한 명이라는 점을 이해할 수 있겠죠."

프루동은 마게 박사의 간호를 받으며 담-피에르에서 나머지 휴가를 보냈다. 그리고 여행 중에 또 다른 오랜 친구 기유맹을 만나기 위해 프레장에 머물렀다. 프루동은 기유맹이 62세의 나이에도 부러워할 만큼 건강하다는 것을 알았다. "그의 턱수염과 머리칼이 완연한 백발이 아니었다면, 나이를 먹지 않았다고 믿을 뻔했어요. 기유맹은 하루에 열여섯 시간을 사냥하고 아침으로 굳은 빵 한 조각과 포도주 한 잔만을 먹어도 돼요." 프루동 자신은 그런 불멸성의 조짐을 보이지 않았다. 프루동은 담-피에르에서 단독丹毒 때문에 머리카락이 빠지고, 여행을 출발할 때 금발이던 턱수염이 며칠 지나지 않아 선명한 회색으로 변했다고 아내에게 말했다. 이런 신호들은 건강이 실제로 좋아질 수 있다고 스스로에게 확신시키려는 노력을 좌절시키는 듯했다. 프루동이 담-피에르에서 델아스에게 쓴 편지에는 더 절망적인 허세가 드러난다. 이 편지는 사회혁명을 촉진시킬 "유럽인의 전체적인 파산, 즉 정치적, 경제적, 사회적, 도덕적 파산"을 예언했다. 프루동은 "허약하지만 나는 그 붕괴를 볼 때까지 살아야 해" 하고 덧붙였다.

9월 중순에 프루동은 여행 중에 만났던 친구들의 환대로 많은 즐거움을 얻고 파시 가로 돌아왔다. 심지어 프루동은 같은 부류의 친구들과 쥐라 마을의 상쾌한 공기 속에서 인생을 마감할 수 있도록 프랑슈-콩데로 돌아가는 것도 생각했다. 그러나 여전히 프루동은 자신의 상황을 걱정했다. 프루동은 베슬레이에게 치료 받는 대신 병에 익숙해지는 게 더 낫겠다고 농담을 했지만, 델아스에게는 마치 자신이 이미 죽을 지경이라는 걸 안다는 듯이 우울한 어조로 편지를 썼다. "인간이란 그렇게 열심히 삶에 집착하는데, 나는 포기하고 살아. 저 세상의 부름을 받는다 해도 나는 전혀 놀라지 않을 거야. 내 손으로 유언을 작성할 수 없다는 점만이 후회돼. 내 유언―예수와 모세를 흉내 내듯 보이지 않고 말할 수 있다면—은 정의에 관한 내 사상을 완전히 밝히는 거야." 10월이 되어 크레탱이 점점 더 주기적으로 발병하던 천식 징후에 관해 경고하자 프루동은 불평을 했다. 그리고 프루동은 갑작스런 쇠약을 막을 조짐도 없이 예전보다 [몸이] 더 약해졌다고 선언했다. "내년에도 이렇게 살아있으리라고 생각하지 않아. 최대한 생각해도 내년 여름이 지나도 이 병—너는 익숙해지고 있지만—을 이기지 못한다면 결심을 하고 마지막 소원을 정리해야 한다고 믿어."

이제 시간이 얼마 남지 않았다는 것을 깨달은 사람의 필사적인 심정으로, 프루동은 병을 무시하고 일을 하려고 했다. 10월 말에 프루동은 부종에게 "매일 7시부터 한밤중까지 일해요. 그건 슬픔과 분노, 혐오감, 죽음에 대한 갈망으로 고무된 유쾌하지 않은 노동이고 여태껏 끝낼 수 없었던 일이죠.…신을 무시하고, 모든 것을 무시하고, 나는 마지막 말을 쓸 겁니다" 하고 말했다. 그리고 때론 숨쉬기 위해 싸우고 죽음을 더 미룰 수 없을 거란 확신과 투쟁하면서 일하던 프루동은, 자기 주변에서 목격한 감격으로 버텼다. 프루동은 자신의 사상을 부분적으로 따르는 프랑스 노동자들이 주도해서 '인터내셔널'을 만들었다는 소식을 듣고 기뻐했다. 프루동은 델아스에게 '인터내셔널'의 창설이 "민주주의가 도처에서 자각되고 있고 그 연대를 받아들이고 있"는 증거라고 말했다. 프루동은 부종에게 "심상치 않은 분노가 퍼지고 있어요"라고 말했다.

프루동이 마지막 힘을 쏟은 것은 반란의 사상을 일깨우도록 돕고 이 심상치 않은 분노를 표현하는 것이었다. 11월 초가 되자 프루동은 정치적인 주제에 대한 두려움을 버리고 자신의 책을 출판하자고 가르니에 출판사를 설득하려 했다. 11월 23일에도 프루동은 열심히 일했고 델아스에게 다음 주면 책 원고가 완성될 것이라고 말했다. 이 책은 저작 활동의 마지막 결실이었다. 프루동은 넌더리를 내며 이렇게 덧붙였다. "책은 나를 못 견디게 해. 앞으론 기사만 쓰기로 결심했어." 그러나 이 제한적인 야심조차도 프루동으로서는 장담할 수 없는 일이었다. 놀랍게도 며칠 뒤에 병은 심각한 고비를 맞았다. 그리고 프루동은 글을 쓰는 것을 완전히 포기해야 했다. 천식이 너무 심하게 발병하고 몸을 약화시켜서 프루동은 더 이상 펜을 쥘 수도 없었다. 심지어 읽기도 힘들었다. 11월 30일에 마우리스에게 편지를 쓸 때에는 당시 열다섯 살이던 딸, 카트린이 비서 역할을 해야 했다. 프루동은 애써 편지에 서명하는 것 외에, 다시는 쓰지 못했다.

이 중병을 앓은 지 얼마 지나지 않아 20년 전의 친구이자 가장 만만찮은 문하생인 미하일 바쿠닌이 마지막으로 프루동을 방문했다. 바쿠닌과 프루동은 폴란드 문제에 관해 의견을 달리했지만, 1862년에 두 사람이 만났을 때 프루동은 볼테르처럼 쓰고 싶은데 언제나 루소처럼 글을 끝내는 듯하다는 자신의 느낌을 고백했다. 바쿠닌은 1863년 말에 다시 파시로 왔었고, 1864년 11월에는 마지막으로 프루동을 만나기 위해, 플로렌스로 가던 여행을 중단했다. 예전처럼 두 사람은 부르고뉴 가에서 오랫동안 기분 좋게 논쟁했고, 뛰어난 통찰력을 가졌던 바쿠닌은 프루동이 한때는 성경에, 다음에는 로마법에 흔들렸고, 이제는 회복할 수 없을 만큼 이상주의에 흔들리고 있다고 비판했다. 프루동의 답변은 기록되지 않았지만, 당시 성장하던 노동자 운동에 대해 보인 바쿠닌의 열정이, 꺼질 듯한 불꽃처럼 보이던 프루동의 활력을 북돋웠을 것이라고 우리는 충분히 상상할 수 있다.

12월 동안 프루동의 심장이 심하게 감염되었다는 점은 분명해졌고, 팔다리가 부어 거의 잠을 잘 수 없었다. 그렇지만 이렇게 육체적으로 쇠약해졌어도, 프루동의 정신적인 재능은 예전만큼 날카로웠고, 침상에 누운 프루동은 자신이 『노동계급의 정치적 능력 De la Capacité Politique des Classes ouvrières』이라고 제목을 붙인 마지막 책의 끝 구절을, 귀스타브 쇼데이에게 헌정했다.

다시 한 번 친구들은 최대한 프루동을 돕기 위해 뭉쳤다. 관대한 델아스는 위독하다는 소식을 듣고 1천 프랑을 더 보냈는데, 카트린이 어린 손으로 쓴 애처로운 감사 편지는 [지금까지] 전해지고 있다. "우리가 익히 잘 알고 있던 아저씨의 우정은 아빠를 감동시켜서 눈물을 흘리게 했어요. 건강을 회복한다면, 그때 느낀 감정은 아빠만이 말할 수 있을 거예요."

베르흐만과 베세토 같은 아마추어 의사들 외에도 프루동을 돌보던 열 명의 의사들—그들 모두 친구였다—은 입을 모아 아직 고칠 수 있다고 주장했지만, 프루동은 점점 더 회의적으로 변했다. 10월에 이미 크레텡에게 자신의 상태를 솔직하게 말해 달라고 요구했던 프루동은 "바보나 겁쟁이처럼 죽게 하지 마. 가치있고 용감한 사람으로 죽게 해 줘" 하고 말했다. 그리고 아버지와 동생을 본받아, 프루동은 이제 체념하며, 다가오는 죽음을 태연하게 바라봤다. 1865년 1월 4일, 프루동의 구술을 받아서 카트린이 마게 박사에게 쓴 용감한 편지에서 프루동은 죽음이 임박했다고 느끼는 이유들을 얘기했다.

"병이 엄청나게 빠른 속도로 진전되고 있어요.…2주 전만 해도 식사를 할 힘이 있었어요. 이제 아빠는 씹는 게 피로하고 호흡을 곤란하게 한다는 이유로 먹는 것도 거부해요. 2주 전만 해도 낮에는 침대에 누워 있지 않았어요. 이제 자신에게 달려 있겠지만 아빠는 전혀 일어나지 않아요. 아저씨께 얘기했듯이 2주일 전에는 고비가 한 주에 거의 한두 번도 되지 않았어요. 이제 아빠는 계속된 위기 속에 살아요. 만일 이 속도가 멈추지 않는다면, 아빠는 2주일 내에 자신이 더 이상 일어날 수 없게 될 거라고 말해요.…아빠는 자신이 건강하게 정신을 유지하고 생각의 자유를 누리기 때문에, 의사들이 자기를 검진할수록 더욱더 희망을 품고, 그래서 잘못 판단했대요. 육체와 영혼의 분리가 선언되었어요. *생명*이라 불리는 건 양립할 수 없대요."

이 점은 프루동이 옳았다. 1월 12일 프루동은 부종의 과일 선물에 감사하는 편지에다 머리글자를 서명하기 위해 마지막으로 어렵사리 펜을 들었고 이렇게 말했다. "지금은 예전보다 더 괴로워요. 예전만큼 회복되리란 걸 믿지 않아요. 그리고 편지에 서명하는 데도 피와 땀을 흘려요. 이렇게 맹세하고 싶지 않지만, 당신에게 마지막이 되지 않기를."

고통은 걱정스런 경과를 보이며 며칠 더 이어졌다. 그리고 1865년 1월 19일 새벽 2시, 피에르-조제프 프루동은 아내와 친구 아마데 랑글루아의 품 안에서 죽었다. 프루동은 끝까지 자신의 원칙에 충실했다. 원한다면 신부를 부르겠다고 하자 프루동은 거부했다. 그리고 아내를 향해 얼굴을 돌리며 말했다. "당신에게 고해할래."

8

프루동이 죽었다는 소식은 파리의 민주 진영 모두에게 충격을 주었다. 귀스타브 르프랑세가 회상했듯이 프루동의 장례식 날인 1월 23일은 "사회주의 혁명가들에게 슬픈 날이자 동시에 좋은 날이었다." [그 이유는] 프루동 스스로 기대하지 않았던 대중적인 애도가 이루어졌는데, 이 애도가 성장하던 반란의 영혼을 자연스럽게 표현했기 때문이다. 30년간의 투쟁으로 맺어진 오랜 친구들과 오랜 경쟁자들이 집의 안마당이나 집밖 거리에 무리를 지어 모였고, 오랫동안 만나지 못했던 1848년의 동지들이 감옥과 망명에 대한 기억을 나눴다. 노련한 혁명가와 자유주의 언론인들이 많았지만, 묘지로 떠나는 프루동을 애도하기 위해 그랑드 가에서 기다리던 6천 명의 많은 사람들 대부분은 파리의 이름 없는 노동자들이었다.

행렬이 파시의 공동묘지로 막 출발하려 할 때, 이상한 사건이 벌어졌다. [이 얘기는] 전설이 아니라, 프루동의 가족과 르프랑세 같은 전기 작가도 증명하는, 실제 사건이다.

르프랑세는 "갑자기 북소리가 울려 퍼졌다"고 회상한다. "그 소리는 점점 커졌고 더 가까워졌다. 곧 우리는 대령을 앞세우고 행진해 오는 군대를 보았다. 똑같은 생각이 우리 모두를 엄습했다. 군대가 우리를 강제로 해산시키고 장례 행렬을 따르지 못하도록 막기 위해 출동한 것 아닌가! 즉시, 자발적으로 움직여서, 우리는 간격을 좁히고 길을 막았다. 우리의 모습은 불안했지만 단호했다. 부대는 철수하거나 우리를 짓밟고 행진해야 했다. 지독한 침묵이 시끄러운 대화를 대체했다.

랑글루아와 뒤셴은 대열의 맨 앞줄과 거의 50보 정도 떨어져 있던 대령에게 다가갔다. 랑글루아는 프루동이 죽었고, 대중이 묘지까지 관을 따르려 한다고 설명했다. 대령은 아무것도 몰랐다. 부대는 라 페피니에르의 막사까지 행진한 뒤 복귀하는 중이었다. 대령은 진로를 바꿀 수 없으니, 부대가 계속 길을 갈 수 있도록 우리 대열을 열어 달라고 랑글루아에게 부탁했다.

우리는 비로소 상황을 이해했다. 군중은 길을 열었고, 부대는

1865년 1월 19일 새벽 2시, 피에르-조제프 프루동은 아내와 친구 아마데 랑글루아의 품 안에서 죽었다. 프루동은 끝까지 자신의 원칙에 충실했다. 원한다면 신부를 부르겠다고 하자 프루동은 거부했다. 그리고 아내를 향해 얼굴을 돌리며 말했다. "당신에게 고해할래."

1월 23일, 묘지로 떠나는 프루동을 애도하기 위해 그랑드 가에서 기다리던 인파의 대부분은 파리의 이름 없는 노동자들이었다. 귀스타브 쿠르베 그림.

두 개의 살아 있는 장벽 사이를 통과했다. 그때 갑자기 큰 목소리가 터져 나왔다. '받들어 총!' 대령은 본능적으로 칼을 뽑았고 북소리는 장례식 행진을 연주했다. 우리 모두 모자를 벗었고, 부대는 '받들어 총'을 하며 고인의 집 앞을 행진해 갔다."

역설은 끝까지 프루동을 따라다닌 셈이다. 국가의 군대가 아나키스트 1세대에게 바친 이 뜻밖의 선물이라는 아이러니를 프루동은 즐겼으리라고 상상할 수 있다. 그 뒤에 거대한 추모 행렬은 묘지까지 거리를 따라 평화적으로 행진했다. 묘지에서는 시신을 매장하기 전에 25년간의 투쟁에서 프루동의 동지였던 랑글루아, 쇼데이, 마솔이 해방의 정신을 고무한 투사이자 친구를 사귀는 비상한 재주를 가졌던 한 인간에게 헌사를 바쳤다.

9장

에필로그

많은 작가들이 프루동을, 그리고 이념과 운동의 세계에 미친 그의 철학을 인상적으로 규정할 말을 찾아 왔다. 마르크스는 프루동을 "프티부르주아"로 간단히 처리했고, 많은 프랑스 작가들은 프루동을 농민 급진주의의 대표로 분류해 왔다. 프랑스 작가들의 규정은 매우 타당한데, 왜냐하면 프루동의 기질이 동시대의 다른 어떤 사회주의자들보다도 프랑스 시골 사람에 더 가까웠다는 점을 떠올릴 때, 프루동에 관한 많은 혼란스러운 점들이 더 분명해지기 때문이다.

프루동의 행동을 특징짓는 고집과 성급함의 조합, 이방인에 대한 의심과 친구임을 증명한 사람들에 대한 풍부한 애정, 가끔 교활한 전술과 고결한 원칙을 결합시키려 했던 불운한 시도, 전형적인 농민의 개인주의와 농촌 환경에서 익힌 상호부조의 경향을 조화시키려는 끊임없는 노력, 이 모든 특징들은 프루동이 태어나고 자란 그 농민 세계에 분명하게 뿌리를 내리고 있다. 같은 근거로 우리는 훌륭한 프랑슈-콩테인이 되어야 한다고 계속 의식했던 지역주의를, 정치적인 중앙집권화에 대한 적개심을 자극했던 탐욕스러운 국가에 대한 불신을 설명할 수 있다. 근본적인 사회 변화로 정의를 확립하려는 욕망과 결합된 전통에 대한 자각은 농민 사회에서 되풀이되던 현상인 농민계급Jacquerie의 아나키한 열정과 보수적인 생활 방식 사이의 동요를 반영한다. 프루동의 재치는 보수주의와 급진주의를 역설적으로 뒤섞었던 또 다른 시골 사람 윌리엄 코베트William Cobbett의 재치를 닮아서 저속하고 활기찼다. 그리고 프루동은 자신의 유년기를 산맥의 양치기로 서술하거나 시골 조상을 찬양할 때에야말로 가장 설득력 있는 글을 썼다. 심지어 프루동이 모범으로 삼은 가정도 농민의 가정이었다. 가족의 유대감은 아내와 자식들만이 아니라 부모와 형제들을 포함할 만큼 아주 강했다. 프루동은 유대인식 가부장주의 방식으로 가족을 다스리려 했고, 소수의 프랑스 농민들만이 여성의 역할에 관한 프루동의 생각을 반대할 것이다. 결국 프루동은 땅에 깊은 애정을 품고 접촉하는 사람 외에는 좀처럼 강하게 경험하지 못하는 물질적인 생활에서도, 그리고 도덕적인 생활에서도 대지가 중요하다고 생각했다.

그렇지만 프루동의 모든 개성적인 측면이 농촌이라는 배경으로 설명될 수 있는 것은 아니다. 프루동을 농민 무리에서 끌어낸 것은 그의 개인적인 자질이었는데, 이 자질은 언제나 주목을 받지 못했다. 프루동의 거만하고 과장된 *자존심*amour propre—유년기의 불운으로 설명될 수 있는—은 유쾌하지 않다. 그러나 이런 불쾌함은 더욱더 긍정적인 특성들로 균형을 맞췄다. 프루동은 도덕적인 용기와 신체적인 용기 모두를 가졌고 가장 불운한 환경을 견디며 완강히 버텼다. 프루동의 우정은 경계가 없었고, 관대함은 자신의 부족하고 잘 관리하지 못했던 재산의 한계까지, 때론 그 한계마저 넘어섰다. 논쟁적인 전투의 열기가 상대방을 부당한 말로 공격했을 수 있지만, 프루동의 거친 비난을 자극한 것은 개인에 대한 증오가 아니라 도덕적인 분노였다. 프루동은 인쇄물에서 사나웠던 것만큼 사적인 면에서는 온화하고 명랑했으며, 블랑키와 르루 같은 경쟁자를 존중했다. 프루동은 관대해지는 법을 알았다. 프루동은 근본적인 행동 지침을 철저히 지켰다. 심지어 돈이 가장 필요했을 때에도 프루동은 명예롭지 않다고 생각하는 방식으로 돈을 버는 것을 거부했고, 정의가 요구한다면 언제나 인기 없는 대의를 옹호할 준비가 되어 있었다.

사실 기질적인 면에서 어느 정도 프루동은 완고한 청교도의 모습을 보였다. 프루동은 검소한 가난을 미덕으로 선포하고 실천했다. 노동 규율을 찬양했으며 순결을 설교하고 육체적인 사랑의 유혹을 모독으로 의심하며 거부했다. 그렇지만 프루동은 금욕주의자의 옹색한 생활에 감화되지 않았고, 그 나름대로 생활은 충만하고 풍요로웠다. 편지들은 유머와 아량을 곁들였고, 좋은 대화를 즐기고 적당히 포도주를 즐겼으며 좋은 음식을 알아봤다. 프루동은 자연적인 아름다움에 민감했다. 프루동은 박식했고 프랑스 문학과 [서구의] 고전문학에 관한 지식은 거의 백과사전 수준이었다. 프루동은 당대의 가장 중요한 그림을 감상하고 이해했으며 음악을 좋아하고 (여배우를 불신했지만) 연극을 즐겼다. 프루동은 훌륭한 장인 정신의 진면목과 일상생활의 수수한 검소함을 결합시켰다. 만일 대담하고 인상적인 프루동 사상에, 프루동이 당시의 세계에서 발휘하던 날카롭고 때때로 예언적인 통찰력, 자신의 사상을 표현하던 힘차고 미묘한 문체를 이런 사실들에 덧붙인다면, 프루동에 관한 전체 그림은ㅡ매우 큰 본성이 더 명백하게 만든 결점을 고려하더라도ㅡ그 시대나 다른 시대에도 드물었던 활력과 고결함, 인간성을 가진 사람의 모습이다.

나는 프루동의 경력을 설명하려는 대부분의 다른 일반화보다, 그를 농민 급진주의자로 보는 것이 진실에 더 가까운 듯하다고 주장하면서 이 장을 시작했다. 전 세계 농민들의 불만이 긴급한 위기 상황에 처한 오늘날, 농민 급진주의자의 역할은 프루동의 직계 후계자들에게 매우 적절해 보이지만, 그렇다고 프루동을 단지 농민계급의 예언자로만 여기는 것은 잘못일 수 있다. 얼마 지나지 않아 [다양한] 경험은 농촌 마을에서 발견될 수 있는 빈민의 생활보다 훨씬 더 폭넓은 시각을 프루동에게 제공했다. 그리고 노동계급의 다양한 분파들에 대한 지식이 점점 더 쌓여 감에 따라 프루동 사상이 겪었던 발전 단계를 떠올려도 좋다.

1840년에 쓴 『소유란 무엇인가?』는 농민과 수공업자만을 고려한 듯한 사회의 재구성을 제안했다. 그렇지만 1848년까지 리옹의 직조공들과 교류하면서 프루동은 협동의 필요성을 깨달았고, 인민은행 계획은 농민과 소규모 작업장 사이에서 생산물을 교환하기 위한 조합이라는 생각에서 나왔다. 나중에 산업주의와 철도가 확산되자 프루동은 산업 시대의 더 커진 계획이 각 업계에서 촘촘하게 연계된 노동자들의 생산조합을 만들도록 요구한다고 생각했다. 마침내 1860년대 노동계급 운동의 부활은 프루동이 『노동계급의 정치적 능력』을 쓰게 했다. 이 책은 시골의 인민과 파리의 장인만큼 프랑스 공장 노동자들에게도 호소했고, 19세기 후반의 급진 운동을 형성함에 있어서 프루동의 초기 저작이나 더 괜찮은 저작들보다도 더 많은 영향을 미쳤다.

『노동계급의 정치적 능력』에서 프루동은 노동자들이 정치의 장에 독립된 세력으로 진입할 것을 강조했다. 프루동은 "정치적 능력을 가지는 것은 자신을 집단의 일원으로 *의식*하게 하고, 이 의식의 결과로 *이념*을 확정하며, 그 이념의 *실현*을 추구하게 만든다. 이런 세 가지 조건을 결합하는 사람이라면 누구든지 실력이 있다"라고 설명했다. 프루동은 프랑스 프롤레타리아트가 실제로 세 가지 조건을 충족시키기 시작하고 있다는 점을 「60년대 선언」이 증명했다고 선언했다. 공동체에서 중요해진 다른 모든 계급들처럼, 프롤레타리아트의 생활과 욕구가 사회 내에서 자신의 위치를 가지고 사회진화에서 자신의 사명을 갖는 독립된 집단으로 만들어졌다는 점은 분명했다. 이렇게 드러나기 시작하던 자기의식의 결과인 *이념*은 상호성Mutuality의 이념이다. 상호성 이념의 점유와 발전은 (농민을 포함하는) 노동하는 계급을 부르주아지와 구별했고 노동계급에게 진보적인 성격을 부여했다. 왜냐하면 상호관계가 발달하면서 결국에는 노동자들이 사회의 경제생활에 정의를 도입하고, 부르주아 계급의 반反상호주의적 정신이 실행을 막아 왔던 평등주의 기반 위에 사회를 조직할 수 있기 때문이다.

정치적인 면에서 상호주의는 인민의 참된 주권을 보장할 **연방주의**로 표현되었다. 왜냐하면 연방 공화국에서 권력은 아래에서 위로 올라가고, 일련의 대표들을 통해 인민의 일반의지를 실행하는 조정 위원회들에 결합하는 '자연집단들natural groups'[38]에 의지하기 때문이다. 연방주의의 엄청난 민감성은 특정한 대표를 직접 해임할 수 있다는 점으로 보장될 수 있다. '자연집단들'이 사회의 노동 단위와 일치하기 때문에, 국가의 성격은 정치적인 것에서 경제적이고 사회적인 것으로 변할 것이고, 인간의 통치를 사물의 관리로 대체하려던 생시몽의 전망이 결국 실현될 것이다.

만일 **대大부르주아지**grande bourgeoisie와 화해할 수 없다는 점을 깨달았더라면, 프루동은 산업 봉건주의의 확산으로 그 독립성을 위협받고 있던 중간계급이라는 더 커다란 분파의 지지를 확

---

38 [옮긴이 주] 자연집단은 외부의 인위적인 개입 없이 자연적인 사건이나 대인관계, 공통의 욕구에 따라 형성된 집단을 가리킨다. 가족이나 친구, 동료 모임 등이 여기에 속한다.

보하려는 희망을 포기하지 않았을 것이다. 프루동은 중간계급을 가장 빈곤한 임금생활자의 수준으로 끌어내려서 얻을 것이 전혀 없다는 점을 알았다. 즉 사회의 진보는 아래로가 아니라 위로 진행되어야 하고, 혁명가의 목표는 모든 사람을 빈민으로 노예화하는 것이 아니라 경제적인 독립성을 보장해서 모든 이를 자유롭게 만드는 것이어야 한다는 점을 알았다. 따라서 상호주의 이념을 받아들이는 노동자만이 근본적인 사회 변화─프루동이 "사회정화social liquidation"라는 애매한 명칭으로 서술했던─를 주도할 수 있다면, 노동자들은 매우 지친 중간계급과 동맹을 맺어야 했다. 그래서 언제나 프루동이 자유의 건전한 성장에 해롭다고 여겼던 내전의 폭력 없이도 전체 공동체는 해방을 향해 나아갈 수 있다. 당시에 사회의 분열 구조를 인식하고 사실상의 계급투쟁이 존재한다는 점을 깨달았지만, 프루동은 이 투쟁의 유동성에서 상호주의의 균형이 나타날 수 있다고 믿었다. 이런 이유 때문에 프루동은 계급투쟁을 제도화해서institutionalising 영원한 분열을 만들 수 있는 어떠한 방법도 피하려고 노력했다.

동시에 프루동은 인민이 직접 목소리를 내지 못하고 언론의 자유와 건전한 교육이 불가능하며 신용대부나 교환이 보장될 수 없는 체제를 영속화하는, 정부government라는 부르주아적인 이념을 노동자들이 분명하게 거부해야 한다고 믿었다. 노동자들은 절대 다수가 자신들의 이념으로 전향하도록 노력해야 하고, 그런 뒤에 수와 정의의 힘으로 진정한 인민주권을 확립해야 한다. 프루동은 이 승리를 달성할 방법에 관해 말하지 않았고, 대체로 그 이유는 고드윈처럼 진실과 이성의 힘이 스스로를 강제하고 거의 그 자신만의 힘으로 오류를 몰아내서 반동 세력을 패배시킬 날을 기대했던 것 같다.

프루동의 가르침은 부분적으로 『노동계급의 정치적 능력』을 통해, 그리고 부분적으로 그의 친구들(특히 베슬레이와 쇼데이, 랑글루아, 뒤센)과 '인터내셔널'의 초대 서기였던 톨랭과 리무쟁, 프리부르Fribourg 같은 노동자 제자들을 통해 1860년대 운동에 스며들었다. 처음에 사회주의 운동 내에서 프루동주의는 전폭적으로 수용되었다. 왜냐하면 '인터내셔널'의 프랑스 지부는 거의 모든 세부 항목에서 『노동계급의 정치적 능력』이 제시한 정책을 따랐기 때문이다. 프랑스 지부의 구성원들은, 전략적으로 런던의 총평의회General Council에 자리를 마련하고 자신의 정책을 진행하는 도구로 '인터내셔널'을 바꾸려 했던 마르크스가 주장했던 정치 활동과 타협하지 않고 그것을 반대했다. 대신 프랑스 국제주의자들은 신용조합과 대중은행popular banks, 협동조합과 산업조합을 만들려고 노력했다. 이들은 국가가 사멸하고 신용의 자유가 모든 사람에게 독립적인 또는 협동적인 생산수단을 허용하는, 분권화되고 연방화된 사회로 시선을 돌렸다. 이들은 마르크스주의자들보다 훨씬 더 강하게, 노동자의 해방이 노동자 스스로의 과제라고 주장했고 '인터내셔널'에서 노동하지 않는 사람들non-workers을 모두 배제하자고 제안할 정도로 이 생각을 관철시켰다.

심지어 프루동의 반反페미니스트 사상이 여성도 배제하자고 요청했어도, 결코 라틴계 노동자의 반감을 사지 않았다는 점을 이들은 증명했다.

이 초기 4년 동안 마르크스와 그의 집산주의collectivism[39] 정책, 정치 행동 노선을 계속 패배시켰던 프랑스 상호주의자들이 '인터내셔널'을 이끌었다. 1866년 10월에 마르크스는 화가 나서 쿠겔만Kugelmann에게 "프루동이 큰 해악을 미치고 있어요" 하고 불평했다. "그의 비평과 유토피아주의자들에 대한 반박문은 가장 먼저 젊은 인민을, 학생을, 그 뒤에 노동자들을 타락시키고 있어요." 1868년 브뤼셀 대회에서 결국 상호주의자의 우위가 무너졌지만, 이들은 '인터내셔널'에서 배제되지 않았다. 마르크스는 미하일 바쿠닌과 그의 스위스, 스페인, 이탈리아 동지들의 수정된 프루동주의와 충돌하면서 겨우 상호주의자들을 압도했다.

바쿠닌의 아나키즘은 많은 중요한 점들에서 프루동의 아나키즘과 달랐다. 바쿠닌은 단호하게 계급투쟁을 추구하고 특정 상황에서는 폭력을 쓰라고 가르쳤으며, 노동자와 부르주아지의 화해 가능성을 부정했다. 바쿠닌은 (자신을 공산주의자라고 부르지는 않았지만) 집산주의자였다. 결국 엄밀한 의미에서 정당을 만들

---

39 [옮긴이 주] 토지, 공장, 철도, 광산 등 주요한 생산수단을 국유화하여 정부가 관리해야 한다는 사상. 생산의 사회적 소유를 주장한다는 점에서 바쿠닌의 집산주의와 비슷하다. 그러나 바쿠닌이 자유로운 협동조합을 기초로 한 집산주의를 주장했다면, 마르크스주의의 집산주의는 프롤레타리아 독재를 통해 직접 생산을 관리하려 했다.

자고 제안하지 않았지만, 바쿠닌은 프루동이 의도적으로 피했던 음모적인 활동을 낭만적으로 갈망했다. 다른 한편으로 바쿠닌은 기본적으로 프루동의 이념에서 많은 부분을 수용했다. 즉 바쿠닌은 국가를 거부했고 국가를 경제적이고 사회적인 조직의 연방 구조로 대체하려 했다. 바쿠닌은 정치 활동을 비난했고, 프롤레타리아 독재—마르크스주의자가 블랑키에게서 차용한 개념—를 거부했으며, 농민을 잠재적인 혁명 집단으로 기꺼이 받아들이면서 프루동에게 동참했다.

이 이단적인 제자는 프루동의 중요한 구상들을 가장 효과적으로 19세기 급진주의의 주류에게 전달했다. 왜냐하면 바쿠닌과 마르크스의 갈등은 '인터내셔널'을 리버테리언 사회주의자와 권위주의적 사회주의자라는 화해할 수 없는 파벌로 분열시켰고, 1846년에 마르크스와 프루동이 편지를 교환하면서 시작된 차이를 마무리 지었기 때문이다. 이 갈등에서 아나키스트의 힘을 과소평가하지 말아야 한다. 왜냐하면 '제1 인터내셔널'은 흔히 마르크스주의 조직으로 기억되어 왔지만, 사실 상호주의자와 바쿠닌주의자의 연합 세력이 마르크스주의자의 세력만큼 강하지 않았던 시기는 없었고 때로는 좀 더 강력했기 때문이다.

종종 마르크스주의자들이 '인터내셔널'을 자신들의 것이라 주장한다 해도, 1871년 파리 코뮌에서 프루동이 마르크스보다 훨씬 더 강한 영향력을 행사했다는 사실은 결코 반박되지 못한다. 즉 쿠르베와 베슬레이, 롱게Longuet와 카멜리나, 테이스Theisz, 드보크Debock, 뒤셴 같은 '인터내셔널'의 인물들이 직접 공공 행정에 관여했고, 코뮌 지지자들이 자주 쓰던 연방주의자라는 호칭은 프루동의 분권 이론에서 영향을 받았기 때문이다.『이탈리아에서의 연방과 통일』에서 프루동은 "파리 시민들을 위한 파리!"를 외쳤고, 이 슬로건의 의미는 자신들이 1848년의 선배들처럼 반동적인 국가의 통치로 위협을 받고 있는 혁명 도시의 일원이라고 본 코뮌 지지자들의 상상력을 자극했다. 연방주의는 자신들이 처한 곤경에 적용하도록 만들어진 해결책인 듯했다. 그리고 모든 다양한 의견들 중에서 코뮌 지지자들이 동의한 듯한 한 가지 점은, 자코뱅들이 꿈꿔 온 단일 국가를 상호주의자들이 설파하던 자유로운 코뮌과 느슨한 지역 연합으로 대체하려 했다는 점이다. 이 점은 프루동이 썼을 수도 있는, 1871년 4월 19일 프랑스 인민에게 보내는 코뮌의 선언에 나오는 요구들이다.

"코뮌의 절대적인 자치는 각 코뮌의 완전한 권리를 보장하고 모든 프랑스인이 인간이자 시민, 노동자로서 자신의 소질을 완전히 발휘하도록 보장함으로써 프랑스의 모든 지방으로 확대된다. 코뮌의 자치권은 계약을 충실히 지키는 다른 모든 코뮌들의 평등한 자치권에 의해서만 제한될 것이다. 즉 코뮌들의 연합은 프랑스의 해방을 보장해야 한다."

프루동의 영향을 받으며 성장했던 운동은 코뮌의 패배와 그 뒤를 이은 '인터내셔널'의 탄압으로 무너졌고, 그 뒤 순수한 형태의 상호주의는 사회 역사에서 거의 사라졌다. 그렇지만 그 개념상 프루동주의는 정말 유연한 이론이다. 프루동 스스로도 변화하는 상황에 맞추거나 진실에 관한 더 정확한 견해인 듯 보이는 것을 설명하도록 끊임없이 자신의 이념을 수정했다. 프루동은 "25년이라는 시간이 흐른 뒤에도 일관되게 보이려 하는 저자를 믿지 않는다"고 선언했다. 그리고 언제나 보편 이론을 고집했지만, 거의 확실히 프루동은 그 이념이 변화되지 않은 채 살아남으리라고 기대하지 않았다. 아마도 프루동의 직계 제자들이 채택했던 고정된 입장은 프루동의 진보적인 정신이라기보다 그의 제자들이 단일한 사상을 발전시키려는 경향을 보인 탓이다.

파리 코뮌 이후 프루동의 사상은 바쿠닌주의와 크로포트킨주의 아나키즘이라는 변형된 방법으로 출현했다. 이 책은 프루동이 죽은 뒤부터 오늘날까지 이어지는 아나키스트 운동에 관해 온갖 이야기를 나누는 자리가 아니다. 그런 이야기들은 때때로 거의 믿을 수 없을 만큼 환상적이거나 불온하며 애처롭고, 아나키스트 사상가들의 이상주의와 그 성인들의 헌신으로 일시적으로 고무되었던 아주 길고 복잡한 역사이다. 아마도 많은 점에서 아나키스트들이 프루동의 가르침에서 벗어났을지라도―종종 비극적인 결말을 맞이했다―, 프루동의 본질적인 주장들을 항상 잘 간직했고 모든 지역, 모든 인간의 권리와 자유가 상호 협정으로 보장되는 연방들의 더 큰 연방으로 국가를 대체하고 모든 사람이 상호 합의에 따라 보호받기 위해 싸웠다고 말하는 것으로 충분할 것이다. 오랜 세월 동안 아나키즘은 프랑스와 이탈리아에서 가장 활동적인 노동계급 운동이었고, 스페인의 시민전쟁[40]과 진압이라는 그 흥망사에서 아나키스트들은 급진주의자 그룹들 중에서 가장 끈질기고 수가 많았다.

프루동주의의 영향력은 아나키즘을 통해 오늘날까지도 프랑스의 노동조합주의에 상당한 영향을 미치는 혁명적 생디칼리슴 운동으로 이어졌다. 생디칼리슴은 프랑스 노동자들이 제3공화국 초기의 부패한 정치 활동에 극도의 환멸을 느끼면서 전투적인 형태를 취했다. 그리고 주로 생디칼리슴은 '제1 인터내셔널'의 전통, 특히 연방주의 정파로 표현된 전통에서 영향을 받았다.

바쿠닌처럼 생디칼리스트들은 폭력적인 계급투쟁을 믿었고, 그들이 좋아하던 무기는 언젠가 혁명의 천년왕국으로 인도하리라 희망하던 총파업이었다. 그러나 대체로 생디칼리스트들은 프루동과의 차이점보다 공통점을 더 많이 보였다. 프루동처럼 생디칼리스트들은 사회 투쟁의 조건이 쉴 새 없이 변한다고 봤고, 그 [변하는] 조건을 창조적인 힘으로 기꺼이 받아들였다. 생디칼리스트들은 경제조직이 인간의 "가장 기본적이고 가장 영구적인" 조직이라고 선언했고, 미래 사회를 경제 사안을 관리하는 기업 연합과 노동조합의 네트워크로 건설하려고 노력했다. 그리고 국

---

40 [옮긴이 주] 보통 civil war를 '내전'으로 옮기지만, 스페인 시민전쟁은 한 국가 내의 전쟁이 아니라 유럽의 모순이 한 국가 내로 투영된 싸움이었다. 이는 조지 오웰의 『카탈로니아 찬가』를 보면 잘 드러난다.

가를 필요 없게 만들어서(자본가 계급의 정치조직으로서의 국가를 해체해서) 인간이 자유롭게 자신들의 일을 관리하도록 했다. 생디칼리스트들은 자신들이 "일반의지라는 허구"로 간주하던 것에 의지하던 민주 정부라는 속임수를 비난했다. 또 프루동이 사용했던 것과 거의 비슷한 표현으로, 노동자들의 해방이 그들 자신의 과제이며, 바로 그렇기 때문에 권력의 영원한 지배를 보장하도록 돕는 정치 활동에 개입하지 말아야 한다고 선언했다.

라틴계 국가들 외에는 프루동의 영향력이 러시아에서 가장 강했을 것이다. 게르첸과 나로드니키Narodniks[41]는 국가에 대한 불신과 분권주의, 농민의 중요성에 대한 인식을 받아들였다. 톨스토이는 프루동의 글에 영향을 받아 소유와 정부에 대한 프루동주의 비판들을 자신의 비폭력 아나키즘으로 흡수했다. 그리고 톨스토이의 『전쟁과 평화』는 프루동의 책에서 그 제목만이 아니라 전쟁과 지도력의 본질에 관한 이론 대부분을 빚졌다. 두 명의 위대한 아나키스트―바쿠닌과 크로포트킨―가 프루동에게 많은 영향을 받았다는 점은 이미 언급했다. 두 사람의 가르침은 서유럽에서 가장 많은 영향력을 발휘했는데, 두 사람의 영향을 받아 러시아에서 생겨난 아나키스트 운동은 차르 시대의 중요한 혁명 집단에서 그리 큰 세력은 아니었지만 우크라이나의 농민

---

41 [옮긴이 주] 농노 해방과 봉건제 타도를 부르짖으며 농촌 공동체를 토대로 러시아를 개조하려 했던 인민주의자들을 가리킨다. 대대적인 농민 계몽 운동이 특징이다.

들 사이에서 아나키즘은 가장 큰 영향력을 가졌다. 미국에서 프루동주의는 인민주의자들Populists의 금융 개혁 사상[42]과 워블리 Wabblies[43]의 소박한 아나키즘에서, 리오그란데를 넘어 멕시코 농민운동에서 메아리쳤다. 영국에서는 소규모 아나키스트 운동 외에도 상호주의의 영향이 길드 사회주의자들Guild Socialists[44] 사이에서 가장 강력하게 나타난 것 같다.

이들이 만든 초기 형태의 사회사상과 운동은 거의 이어지지 않았지만, 우리는 가끔 강력한 이론들이 시야에서 사라졌다가, 지하수가 표면으로 나오듯이 역사에서 어느 정도 시간이 흐른 뒤에 다시 등장하는 것을 목격한다. 이런 현상은 프루동의 가르침에도 어느 정도 적용된다. 프루동의 영향을 받아 만들어진 대규모 아나키스트 운동과 생디칼리스트 운동은 '코민테른 Comintern'[45]의 성장으로 흔들렸고, 스페인 공화국이 붕괴하자 헌

---

42 [옮긴이 주] 찰스 다나Charles A. Dana와 윌리엄 그린William B. Greene, 벤자민 터커 등은 프루동의 사상을 번역하고 활용하며, 금융 개혁을 통한 사회문제 해결을 주장했다.

43 [옮긴이 주] 이곳저곳으로 떠돌며 노동조합을 결성하고 파업을 선동했던 실천적인 노동운동가들을 가리키는 말로, '세계산업노동자조합'의 조합원을 일컫는다. 리처드 O. 보이어와 허버트 M. 모레이스가 지은 『알려지지 않은 미국 노동운동 이야기』를 보면 워블리의 활약상을 알 수 있다.

44 [옮긴이 주] 집산주의와 생디칼리즘에 대한 비판을 통해 제기된 영국의 사회주의 운동. 길드와 국가의 균형을 맞춰 조화를 이루겠다는 사상으로, 한때 영국의 노동운동에 영향을 미쳤다.

45 [옮긴이 주] 공산주의 인터내셔널Communist International을 지칭하는 말로, 제1차 세계대전으로 '제2 인터내셔널'이 와해된 뒤에 레닌이 주도하여 1919년에 모스크바에서 창립했다.

신적인 투사와 이상주의적인 지식인들, 노쇠한 감상주의자들의 뼈대만 남은 모임으로 전락했다.

그러나 조직이라는 장식물과는 별개로—분명 프루동은 조직을 원했을 수 있지만—, 프루동의 사상은 아직도 세계 속에 살아 있다. 프루동이 그렇게 강하게 공격했던 소유의 절대 불가침성은 [이제] 거의 고리타분한 생각으로 여겨지고, 아주 소수의, 그리고 아주 떳떳하지 못한 사람들만이 그런 생각을 지지할 뿐이다. 상호은행이라는 이념은 전 세계에서 수천 개의 신용조합으로 나타나고 있고, 금gold이 아니라 전체 생산성에 기초한 풍부한 신용체계 이론은 사회적 신용Social Credit이라는 다소 공상적인 전망만이 아니라, 금본위에서 벗어나 더 합리적인 통화의 기반을 만들려는 정통 경제학자들의 사상에서도 나타나고 있다. 전체주의의 등장과 많은 국가들이 경험한 권위주의적 사회주의 정권은 중앙집권화된 국가에 대한 새로운 불신을 낳고 있고, 우리 세기의 사건들은 민족주의의 위험성에 대한 프루동의 경고를 더욱더 부각시키며 연방주의 해결책에 새롭게 호소하고 있다.

때때로 자신의 사상을 혼란스럽게 표현하고 모순을 드러내기도 했지만, 프루동은 계속 반복되는 문제들을 다뤘다. 그리고 언제나 그의 건설적인 전망이 비판적인 통찰력만큼 뛰어나지는 않았지만, 프루동의 저작에는 예외적으로 살아남아 때때로 그 타당성을 잃지 않는 자극적인 견해를 제시하는 많은 구절들이 있다. 프루동의 저작이나 삶이 우리 자신의 문제들에 완전한 해결책을 제시할 수는 없다. 왜냐하면 그 해결책들은 어쩔 수 없이 프루동이 살았던 시대로 제한되기 때문이다. 그러나 그 저작과 경력은 적절한 경고들을 아주 많이 포함하고 있으며, 건설적인 사유의 가능성을 매우 폭넓게 열어 준다. 따라서 그가 가장 치열하게 저항했던 바로 그 중앙집권화와 민족주의라는 사악한 열매를 수확하고 있는 지금 이때, 프루동은 그 저작이 우리 시대에도 의미와 연관성을 가지는 소수의 19세기 사회사상가 중 한 명이다.

이 서지 목록은 솔직히 자의적이다. 소책자와 권위 있는 논문부터 전기와 전문 연구서까지, 프루동에 관한 엄청난 프랑스어 자료를 접했고, 특히 프루동 시대의 신문, 파리와 브뤼셀, 브장송의 공공문서보관소, 동시대인들의 회고록에서 더 많은 2차 자료를 접했기에, 나는 프루동 자신의 저작, 프루동과 직접 연관된 책으로 목록을 제한하기로 결심했다. 그렇지만 그 당시의 시대와 사회주의 전통 속에서 더 성실하게 프루동을 보고 싶어 할 독자들을 위해서 다음의 개론서를 추천한다.

이 책들은 존경과 비난을 망라해서 프루동의 중요성을 풍부하게 다뤘다. G. 베이유Weill의 『프랑스 사회운동사: 1852~1902 Histoire du mouvement social en France, 1852~1902』(1904), 알렉산더 그레이 경Sir Alexander Gray의 『사회주의자의 전통: 모제스에서 레닌까지 The Socialist Tradition: Moses to Lenin』(1946), E. 돌레앙Dolléans의 『노동운동사 Histoire du mouvement ouvrier』 1권(1936), 브누아 말롱 Benoît Malon의 『사회주의의 역사 Histoire du socialisme』 2권(1883), 막스 네틀라우 Max Nettlau의 『아나키의 탄생 Die Vorfrühlung der Anarchie』(1925), 콜G. D. H. Cole의 『사회주의 사상사 History of Socialist Thought』 1권과 2권(1953~54).

프루동 자신의 저작 중에서는 신문 기사들을 다시 인쇄해서 나중에 세 권 짜리 『문집 Mélanges』으로 묶은 1848~49년의 소책자들만 제외했고, 프루동과 관련된 목록에는 진지한 연구들을 모두 포함시켰다. 프루동이 생산한 수

많은 논쟁적인 소책자들 중에서 나는 프루동의 삶에서 결정적인 역할을 했던 것만 언급했다.

중요한 한 가지 기본 자료는 서지 목록에서 언급되지 않는다. 나는 1843년 부터 1865년까지의 아주 중요한 프루동의 일기에 주목했고, 자손들이 가지고 있는 11개의 초고를 다뤘다. 참고를 허락 받은 이 일기는 1908년《비평지 *La Grande Revue*》에 빈약한 발췌문이 실렸을 뿐, 전체가 출판된 적은 없다.

1. 프루동의 저작

『일반문법 시론 *Essai de Grammaire générale*』(베르지에의 『언어의 기본 요소 *Eléments primitifs des langues*』에 관한 발문격인 익명의 연구). Besançon, 1837.

『주일 예배의 유용성 *De L'Utilité de la Célébration du Dimanche*』. Besançon, 1839.

『소유란 무엇인가? 권리와 통치의 원리에 대한 연구 *Qu'est-ce que la Propriété? ou Recherche sur le principe du Droit et du Gouvernement*』. Paris, 1840.

『블랑키 씨에게 보내는 편지 *Lettre à M. Blanqui sur la Propriété*』. Paris, 1841.

『가진 자들에게 보내는 경고 *Avertissement aux Propriétaires*』, 또는『콩시데랑 씨에게 보내는 편지 *Lettre à M. Considérant*』. Besançon and Paris, 1842.

『소유권에 관해 검찰에 제시된 해명 *Explications présentées au Ministère Public sur le Droit de Propriété*』(1842년 2월 3일 두Doubs의 순회법정에서의 변론). Besançon, 1842.

『인류에게서 질서의 탄생, 또는 정치조직의 원리에 관하여 *De la Création de l'Ordre dans l'Humanité, ou Principes d'Organisation politique*』. Besançon and Paris, 1843.

『미제레레 또는 왕의 고해성사 *Le Miserere ou La Pénitence d'un Roi*』(1845년 자신의 사순절 연설에 관해 R. P. Lacordaire에게 쓴 편지). Paris. 1845.

『철도와 항로의 일치에 관하여 *De la Concurrence entre les Chemins de Fer et les Voies navigables*』. Paris, 1845.

『경제 모순의 체계, 또는 빈곤의 철학 *Système des Contradictions économiques ou Philosophie de la Misère*』. 두 권, Paris, 1846.

『사회문제의 해결 *Solution du Problème social*』. Paris. 1848.

『소득세에 관한 상대적인 주장 *Proposition relative à l'Impôt sur le Revenu*』(1848년 7월 31일, 프루동이 국민공회에서 한 연설). Paris, 1848.

『노동의 권리와 소유의 권리 *Le Droit au Travail et le Droit à la Propriété*』. Paris, 1848.

『사회문제에 관한 요약. 교환은행 *Résumé de la Question Sociale. Banque d'Echange*』. Paris, 1848.

『인민은행 *Banque du Peuple*』(자료집). Paris. 1849.

『어느 혁명가의 고백 *Les Confessions d'un Révolutionnaire*』. Paris, 1849.

『이자와 원금. 자본의 이자에 관한 프루동 씨와 바스티아 씨의 토론 *Intérêt et Principal. Discussion entre M. Proudhon et M. Bastiat sur l'Intérêt des Capitaux*』. Paris, 1850.

『19세기 혁명의 일반 이념 *Idée Générale de la Révolution au XIX Siécle*』. Paris, 1851.

『12월 2일의 쿠데타로 증명된 사회혁명 *La Révolution sociale démontrée par le Coup d'Etat du 2 Décembre*』. Paris, 1852.

『진보의 철학 *Philosophie du Progrès*』. Brussels, 1853.

『증권 거래 교본 *Manuel du Spéculateur à la Bourse*』. Paris, 1852.(이 판본은 익명으로 출판되었다. 프루동의 서명이 추가된 것은 1857년의 증보판이다.)

『철도 경로 활용에서 개선 방안 *Des Réformes à opérer dans l'Exploitation des Chemins de Fer*』. Paris, 1855.

『혁명과 교회에서의 정의 *De la Justice dans la Révolution et dans l'Eglise*』. 세 권, Paris, 1858.

『교회가 추구하는 정의 *La Justice Poursuivie par l'Eglise*』. Brussels, 1858.

『전쟁과 평화. 국민 권리의 원리 및 구성에 관한 연구 *La Guerre et la Paix. Recherches sur le Principe et la Constitution du Droit des Gens*』. 두 권, Paris, 1861.

『과세 이론 *Théorie de l'Impôt*』. Paris, 1861.

『문학적 재산 *Les Majorats Littéraires*』. Brussels, 1862.

『이탈리아에서의 연방과 통일 *La Féération et l'Unité en Italie*』. Paris, 1862.

『연방주의의 원리와 혁명정당을 구성할 필요성에 관하여 *Du Principe Fédératif et de la Nécessité de reconstituer le Parti de la Révolution*』. Paris, 1863.

『선서하는 민주주의자들과 선서하지 않은 사람들 *Les Démocrates assermentés et les Réfractaires*』. Paris, 1863.

『1815년 조약이 더 이상 존재하지 않는다면? *Si les Traités de 1815 ont cessé d'exister?*』 Paris, 1863.

『이탈리아 통일에 관한 새로운 연구 *Nouvelles Observations sur l'Unité Italienne*』. Paris, 1865.

『노동계급의 정치적 능력 *De la Capacité Politique des Classes ouvrières*』. Paris, 1865.

『예술의 원리 및 그 사회적 사명에 관하여 *Du Principe de l'Art et de sa Destination Sociale*』. Paris, 1865.

『소유 이론 *Théorie de la Propriété*』. Paris, 1865.

『성서 주해 *La Bible annotée*』. 두 권, Paris. 1866.

『프랑스와 라인 강 *France et Rhin*』. Gustave Chaudey 편. Paris, 1867.

『정치적 모순: 19세기 입헌운동론 *Contradictions Politiques: Théorie du Mouvement Constitutionnel au XIX Siècle*』. Paris, 1870.

『근대에서 창녀 정치와 여성 *La Pornocratie ou Les Femmes dans les Temps Modernes*』. Paris, 1875.

『황제주의와 기독교주의 *Césarisme et Christianisme*』. J.-A. Langlois 편. 두 권. Paris, 1883.

『예수와 기독교주의의 기원 *Jésus et les Origines du Christianisme*』. Clément Rochel 편. Paris, 1896.

『나폴레옹 1세 *Napoléon Ier*』. Clémont Rochel 편. Paris, 1898.

『푸쉐의 비망록에 관한 논평 *Commentaires sur les Mémoires de Fouché*』. Clément Rochel 편. Paris, 1900.

『나폴레옹 3세 *Napoléon III*』. Clément Rochel 편. Paris, 1900.

2. 프루동 저작의 영어 번역본

『소유란 무엇인가? *What is Property?*』 Benjamin Tucker 옮김. Princeton, 1876. (이
번역본은 *Qu'est-ce que la Propriété*와 *Lettre à M. Blanqui*를 담고 있다.)

『경제 모순의 체계, 또는 빈곤의 철학 *System of Economic Contradictions: or the
Philosophy of Poverty*』. Benjamin Tucker 옮김, Boston, 1888. (이 번역본은
*Système des Contradictions économiques*의 1권만 번역했다. 터커의 2권 번역본은 출
판되지 않았다.)

『19세기 혁명의 일반 이념 *General Idea of the Revolution in the Nineteenth Century*』.
John Beverley Robinson 옮김. London, 1923.

『프루동의 사회문제 해결책 *Proudhon's Solution of the Social Problem*』. New York,
1927. (이 책은 상호은행에 관한 프루동의 기사와 소책자들을 선별하고, Henry
Cohen과 Charles Dana, William B. Greene의 글을 함께 담고 있다.)

3. 전집과 선집, 편지

『전집 *Oeuvres Complètes*』. 스물세 권. Paris, 1867~1870. (17, 18, 19권은 *Mélanges*
라고 불리고 *Le Représentant du Peuple*과 *La Voix du Peuple*, *Le Peuple*에서 두 번
의 시리즈로 1848년과 1850년 사이에 실린 가장 중요한 기사들을 뽑아서 만들어
졌다.)

『편지 모음집 *Correspondance*』. 열네 권. Paris, 1874~1875.

『프루동 저작 요약 *Abrégé des Oeuvres de Proudhon*』. Hector Merlin 편. 두 권.
Paris, 1896.

『쇼데이와 여러 콩데인에게 보내는 편지 *Lettres à Chaudey et à divers Comtois*』,
1839~1864. E. Droz 편, Besançon, 1911.

『전집 *Oeuvres Complètes*』. Paris, 1920~1939. (C. Bouglè과 H. Moysser가 편집을 맡
고 Marcel Rivière가 출판한 이 프루동 전집은 가장 신뢰할 만하다. 불행히도 이 전

집은 1939년 전쟁의 발발로 중단되었고 다시 발간되지 않았다. 그러나 이 전집은 프루동의 주요 저작에서 분명하고 꼼꼼히 주석을 단 원문을 대부분 실었다.)

『피에르-조제프 프루동의 편지 Lettres de Pierre-Joseph Proudhon』. Daniel Halévy와 Louis Guilloux 편. Paris, 1929.

『프루동 Proudhon』. C. Bouglé 편. Paris, 1930.

『프루동 Proudhon』. Armand Cuvillier 편. Paris, 1937.

『프루동의 살아 있는 사상 La Pensée Vivante de Proudhon』. Lucien Maury 편. 두 권. Paris, 1945.

『프루동 Proudhon』. Alexandre Marc 편. Paris, 1945.

『시민 롤랑에게 보내는 편지, 1858~1862 Lettres au Citoyen Rolland, 1858~1862』. Jacques Bompard 편. Paris, 1946.

『프루동이 부인에게 보낸 편지 Lettres de Proudhon à sa Femme』. Suzanne Henneguy 편. Paris, 1950.

『예수의 초상 Portrait de Jésus』. Robert Aron 편. Paris, 1951.

4. 프루동에 관한 책들

Amoudruz, Madeleine. 『프루동과 유럽 Proudhon et l'Europe』. Paris, 1945.

Berthod, Aimé. 『프루동과 소유: 농민을 위한 사회주의 P.-J. Proudhon et la Propriété; un Socialisme pour les Paysand』. Paris, 1910.

Bertrand, P. 『프루동과 리옹 사람들 P.-J. Proudhon et les Lyonnais』. Paris, 1904.

Boniface, Joseph. 『벨기에의 비방, 프루동 씨에게 답한다 La Belgique Calomniée, réponse à M. Proudhon』. Brussels, 1867.

Bouglé, C. 『프루동의 사회학 La Sociologie de Proudhon』. Paris, 1911.

Bourgeat, Jacques. 『프루동, 프랑스 사회주의의 아버지 Proudhon, Père du Socialisme Français』. Paris, 1943.

Bourgeois, Nicholas. 『프루동의 국제법 이론 Les Théories du Droit International Chez

Proudhon』. Paris, 1926.

Bourguin, Hubert. 『프루동 *Proudhon*』. Paris, 1901.

Bourguin, Hubert. 『프루동과 카를 마르크스의 관계 *Les Rapports entre Proudhon et Karl Marx*』. Lille, 1892.

Brogan, D. W. 『프루동 *Proudhon*』. London, 1936.

Desjardins, Arthur. 『프루동의 삶, 저작, 이론 *P.-J. Proudhon, Sa Vie, Ses Oeuvres, Sa Dontrine*』. 두 권. Paris, 1896.

Diehl, Karl. 『프루동, 그의 이론과 삶 *P.-J. Proudhon, Seine Lehre und Sein Leben*』. 세 권. Jena, 1888~96.

Dolléans, Edouard. 『프루동 *Proudhon*』. Paris, 1948.

Dolléans, Edouard와 J.-L. Puech. 『프루동과 1848년 혁명 *Proudhon et la Révolution de 1848*』. Paris, 1948.

Droz, Edouard. 『프루동 *P.-J. Proudhon*』. Paris, 1909.

Duprat, Jeanne. 『프루동, 사회학자이자 도덕주의자 *Proudhon, Sociologue et Moraliste*』. Paris, 1929.

Gazier, Georges. 『푸리에와 프루동의 생가 *Les Maisons Natales de Fourier et de Proudhon*』. Besançon, 1905.

Guy-Grand, Georges. 『프루동의 사상을 알기 위하여 *Pour Connaîte la Pensée de Prouhon*』. Paris, 1947.

Halévy, Daniel. 『프루동의 청년기 *La Jeunesse de Proudhon*』. Paris, 1913. (이 책의 개정판은 생-보베Sainte-Beuve의 『프루동 *P.-J. Proudhon*』과 묶여서 『프루동의 삶 *La Vie de Proudhon*』이라는 제목으로 파리에서 1948년에 출판되었다.)

Halévy, Daniel. "*Proudhon d'après ses Carnet inédits, 1843~1847.*" 『어제와 내일 *Hier et Demain*』, 9권, 1944.

Haubtmann, Pierre. 『마르크스와 프루동 *Marx et Proudhon*』. Paris, 1947.

Labry, Raoul. 『게르첸과 프루동 *Herzen et Proudhon*』. Paris, 1928.

Lossier, Jean. 『프루동이 본 예술의 사회적 역할 *Le Rôle social de l'Art selon Proudhon*』. Paris, 1937.

Lubac, Henri de. 『프루동과 기독교주의 *Proudhon et le Christianisme*』. Paris, 1945. (이 책은 R. E. Scantlebury가 1948년에 런던에서 영어로 번역해 『마르크스주의가 아닌 사회주의자: 프루동에 관한 연구*The Unmarxian Socialist: A Study of Proudhon*』라는 잘못된 제목으로 출판되었다.)

Marx, Karl. 『철학의 빈곤 *La Misère de la Philosophie*』. Paris, 1847.

Mirecourt, Eugène de. 『프루동 *Proudhon*』. Brussels, 1855.

Mülberger, Arthur. 『프루동, 삶과 저작 *P.-J. Proudhon, Leben und Werke*』. Stuttgart, 1899.

Pirou, Gaëtan. 『프루동과 혁명적 생디칼리슴 *Proudhon et Syndicalisme Révolutionnaire*』. Paris, 1910.

『프루동과 우리 시대 *Proudhon et Notre Temps*』. C. Bouglé가 연 심포지엄. Paris, 1920.

Puech, J.-L. 『국제노동자협회에서의 프루동주의 *Le Proudhonisme dans l'Association Internationale des Trvailleurs*』. Paris, 1920.

Raphaël, Max. 『프루동과 마르크스, 피카소 *Proudhon, Marx, Picasso*』. Paris, 1933.

Sainte-Beuve, Charles Augustin. 『프루동, 그의 삶과 서신 교환집, 1838~1848 *P.-J. Proudhon, Sa Vie et Sa Correspondence, 1838~1848*』. Paris, 1872.

Sudan, Elisan. 『1848년의 사회주의 활동 *L'Activité d'un Socialiste de 1848*』. Fribourg, 1921.

Thuriet, Ch. 『브장송으로 가는 프루동의 마지막 여행 *Le Dernier Voyage de Proudhon à Besançon*』. Besançon, 1896.

『프루동 평전』이 출판되기 바로 전 해인 1955년은 프루동에 대한 연구가 활발했던 시기였다(특히 프랑스에서). 프루동에 관한 많은 책과 빛바랜 프루동의 글들을 묶어서 1940년대와 50년대 초에 출판된 책들은 초판의 서지 목록에서 [이미] 언급했다. 프루동의 재조명은 프랑스에서 저항의 시기와 해방의 첫 10년을 재발견하는 데 중요한 역할을 했다. 아래에서 열거할 책들이 시사하듯이 바쿠닌과 함께 프루동의 이름과 기억이 자주 거론되었던 1968년 파리의 위대한 학생 반란에 뒤이은 1960년 후반과 1970년대 초에는 프루동에 대한 두 번째 재조명이 이루어졌다.

1956년부터 아나키스트의 사상과 활동에 관한 중요한 일반 역사책들이 많이 출판되었고, 그 전통 속에 프루동이 자리를 잡았다. 이런 책들로는 내가 쓴 『아나키즘 Anarchism』(Cleveland, 1962, 1987년 London의 개정판)과 제임스 졸James Joll의 『아나키스트들 The Anarchists』(Boston, 1964)을 포함한다. 두 권의 책 모두 프루동과 그의 영향력을 다뤘고, 1970년 뉴욕에서 다니엘 게랭Daniel Guérin의 『아나키즘 Anarchisme』의 영어 번역본(메리 클로퍼Mary Klopper가 『아나키즘 Anarchism』이라는 제목으로 번역하고 노엄 촘스키Noam Chomsky가 서문을 쓴)이 출판되었다.

최근 프루동에 대한 영어권의 더 중요한 연구물로는 햄프덴 잭슨Hampden Jackson의 『마르크스와 프루동, 유럽 사회주의 Marx, Proudhon and European

Socialism』(London, 1958), 앨런 리터Alan Ritter의 『피에르 조제프 프루동의 정치사상 *The Political Thought of Pierre-Joseph Proudhon*』(Princeton, 1969), 로버트 루이스 호프만Robert Louis Hoffman의 『혁명적 정의: 피에르 조제프 프루동의 사회사상과 정치사상 *Revolutionary Justice: Th Social and Political Thought of Pierre-Joseph Proudhon*』(Urbana, Ill., 1972)이 있다. 니콜라스 리아소놉스키Nicholas J. Riasonovsky의 『샤를 푸리에의 가르침 *The Teaching of Charles Fourier*』(Berkeley, 1969)은 프루동의 학설이 발전된 배경과 그의 사상에서 무시되어 온 측면들―귀스타브 쿠르베나 인상주의 학파와 관련된 미학―에 관해 중요한 정보를 제공한다. 프루동의 미학은 도널드 에그베르트Donald G. Egbert가 『사회급진주의와 예술: 서유럽 편 *Social Radicalism and the Arts: Western Europe*』(New York, 1970)에서 심도 깊게 다루었고, 유제니아 허버트Eugenia W. Herbert의 『예술가와 사회개혁: 프랑스와 벨기에, 1885~1898 *The Artist and Social Reform: France and Belgium, 1885~1898*』(New Haven, 1961)에서도 나타난다.

프루동에 대한 프랑스 작가들의 많은 최신작들로는 조르주 귀르비트Georges Gurvits의 『프루동의 삶과 저작 *Proudhon, sa vie, son oeuvre*』(Paris, 1965), 피에르 오트만의 『프루동, 무신론자의 탄생 *Proudhon, genèse d'un antithéiste*』(Paris, 1969), 장 바카Jean Baca의 『프루동: 다원주의와 자주관리 *Proudhon: pluralisme et autogestion*』(Paris, 1970), 제라드 뒤프라Gérard Duprat의 『마르크스와 프루동: 사회갈등론 *Marx, Proudhon: théorie du conflit social*』(Paris, 1973), 자크 랑글루아Jacques Langlois의 『프루동에 대한 옹호와 그 현실성 *Défense et actualité de Proudhon*』(Paris, 1976), 다니엘 게랭의 『프루동, 진실과 오해 *Proudhon, oui et non*』(Paris, 1978)가 있다. 프루동의 일대기에 관해서는 다니엘 아레비Daniel Halévy의 『프루동의 결혼 *Le Mariage de Proudhon*』(Paris, 1955)이 있다.

프루동 자신의 저작 대부분은 이 책이 출판된 시기에 재조명되거나 다시 출판되었다. 그리고 그 이후 분명 가장 중요한 새로운 항목이 『연구 노트 *Carnets*』(당시 프랑스 국립문서보관소에 있던)로 출판되었다. 피에르 오트만이 편집한 이 중요한 노트들은 1961년과 1962년, 1968년에 각각 세 권으로 출판되었는데, 아직 영어로 번역되지 않았다. 『소유란 무엇인가? *What is Property?*』는 내 서문을 덧붙여 1970년에 뉴욕에서 다시 발행되었다. 그러나 다른 단행본은 영어로 다시 발행되지 않고 있거나 새로 번역되지도 않고 있다. 20세기 후반의 중요하고 유일한 번역본이자 최초로 폭넓게 프루동의 글을 선별해서 영어로 번역한 책은 스튜어트 에드워드Stewart Edwards가 편집하고 엘리자베스 프레이저Elizabeth Fraser가 번역한 『피에르-조제프 프루동 선집 *Selected Writings of Pierre-Joseph Proudhon*』(Garden City, New York, 1969)이다.

그리고 최근에 프루동은 중요한 세 권의 아나키스트 선집에서 거론되었다. 어빙 호로위츠Irving L. Horowitz가 편집한 『아나키스트들 *The Anarchists*』(New York, 1964), 마샬 샤츠Marshall Shatz가 편집한 『아나키즘의 기본 저작 *The Essential Works of Anarchism*』(New York, 1971), 조지 우드코크George Woodcock가 편집한 『아나키스트 독본 *The Anarchist Reader*』(London, 1977)이 그 책들이다.

예전처럼 지금도 완역본이나 훌륭한 번역서가 없는 이유는 이해하기가 어렵지 않다. 왜냐하면 프루동은 **값어치**만큼 훌륭한 맛을 내지만 외부로 운송되면 맛이 나빠지는 프랑슈-콩데의 포도주를 아주 즐겼기 때문이다. 즉 프루동의 주저인 『정의론』보다 더 흥미롭게 읽을 수 있는 저작은 없지만, 헌신적인 독자들이 읽을 수 있도록 영어로 번역하는 것은 한 세기 이상 모든 번역가들을 곤란하게 만든 숙제이다.

1. 피에르-조제프 프루동의 생애

2. 주요 인물, 사건, 단체, 개념 등

뒤셴, 조르주 Duchêne, Georges **248, 291, 368, 487, 498, 509, 512**

뒤프레스, 마르크 Dufraisse, Marc **326, 327, 336, 339, 347**

드로, 조제프 Droz, Joseph **104, 105**

드보크 Debock **248, 512**

드퐁텐 Defontaine **473**

들라라제아즈 Delarageaz **436, 437**

들레클뤼즈, 샤를 Delescluze, Charles **283**

디드로, 드니 Diderot, Denis **68, 391**

라마르틴 Lamartine **244**

라메네 Lamennais **63, 138, 142, 149, 158, 267, 280**

라블레 Rabelais **68, 347**

라스파이 Raspail **191, 229, 259, 280, 282, 283, 321**

라코르데르 Lacordaire **267**

랑글루아, 아마데 Langlois, .-A. **112, 249, 301, 320, 428, 468, 487, 497, 498, 500, 509**

랑베르 Lambert **88, 91, 92, 93**

러스킨, 존 Ruskin, John **480**

로베스피에르 Robespierre **45, 112, 246, 334, 468**

로셍, 테오도르 Royssen, Theodore **131**

로시니 Rossini **182**

롤랑 Rolland **428, 435, 444, 453, 460**

롤랑 부인 Roland, Mme **298**

롱게 Longuet **511**

루게, 아르놀트 Ruge, Arnold **193, 197**

루소 Rousseau **68, 101, 110, 334, 494**

루이-필리프 Louis-Philippe **85, 138, 144, 152, 154, 221, 240, 245, 246, 261, 319**

뤼박, 피에르 드 Lubac, Pierre de **378, 393**

르낭, 에르네스트 Renan, Ernest **112**

르뇨, 엘리아스 Regnault, Elias **449**

르드뤼-롤랭 Ledru-Rollin **280, 281, 282, 283, 300**

르루, 피에르 Leroux, Pierre **145, 146, 147, 176, 180, 187, 261, 280, 365, 476, 504**

르베게 Lebègue **419, 455, 460**

르프랑세, 귀스타브 Lefrançais, Gustave **256, 497, 498**

리무쟁, 샤를 Limousin, Charles **485, 509**

리베롤 Ribeyrolles **232**

리옹의 상호주의자들 Mutualists of Lyons **169, 170, 171, 174**

마게 박사 Maguet, Dr. **274, 290, 291, 293, 305, 327, 365, 376, 386, 491, 496**

마디에-몽토 Madier-Montjau **358, 381, 417, 421**

마르크스, 카를 Marx, Karl **9, 11~13, 41, 42, 113, 119, 124~127, 130, 158, 172, 178, 193~200, 203, 208, 215~219, 255, 274, 354, 390, 484, 502, 509~511**

마우리스 Maurice **88, 93, 108, 162, 167, 169, 175, 187, 215, 235, 237, 247, 287, 290, 298, 328, 329, 343, 383, 384, 386, 413, 423, 475, 494**

마치니 Mazzini **336, 434, 455, 456, 461, 462**

마테 Mathey **287, 292, 321, 386, 414, 428, 430, 437**

마티유 추기경 Mathieu, Cardinal **379, 410**

말롱, 브누아 Malon, Benoît **218, 219**

맬서스 Malthus **82, 111**

메레, 니콜라 Mairet, Nicholas **248**

3. 단행본, 잡지, 선언문, 작품 등

후기에 빠질 수 없는 게 자기 고백이다. 이념의 시대가 지나고 지향 없이 헤매던 시기에, 여전히 국가 폭력이 시민의 생명을 앗아가고 삶을 짓누르던 시기에 아나키즘을 처음 접했다. "파괴의 충동이 창조의 충동"이라는 바쿠닌, "인류애의 필요성과 그 필요를 만족시킬 경제 수단"을 연구했던 크로포트킨, "내가 춤출 수 없다면 혁명이 아니다"라는 골드만의 외침을 곱씹으며 어떻게 살아야 할지 고민했다. 위대한 혁명가 크로포트킨의 자서전을 읽으며 감동을 받았다. 하지만 '각성한 귀족'이 아닌 '평민'의 삶에서 우러나오는 이야기도 듣고 싶었다. 이 책 『프루동 평전』을 접하고 그 바람을 충족시킬 수 있었다.

살면서 여러 고비가 있었고, 언제나 후회가 남는 선택을 해

왔다. 프루동만큼은 아니지만, 친구들과 잡지를 발간하고 단체와 협동조합을 만들고 정당 활동에 나서는 등 이것저것 많은 일을 해 봤다. 성공보다는 실패가 많았지만, 그렇게 만난 친구들과 함께 버티는 삶을 고민하고 있다. 수도권을 떠나 농촌에서 귀농도 귀촌도 아닌 애매한 경계의 삶을 살며, 기득권을 나부터 내려놓고 구조를 뒤흔들 방법을 찾고 있다.

그동안 치열하게 잘 살았냐는 질문을 받는다면 그렇다, 하고 답할 자신은 없다. 때로는 대범하게, 때로는 소심하게, 그냥 남들 사는 거에서 한 발가락 정도 더 나아가 살았던 것 같다. 그렇게 한 발가락이라도 나아갈 용기를 준 것은 생각해 보면 아나키즘 같다. 항상 '아나키'하게 살진 않지만, 어떤 결정의 순간에 아나키즘은 내 등을 툭 떠민다.

그리고 아나키즘에 충실했냐는 질문을 받는다면 글쎄, 라고 답할 듯하다. 내게는 국가 없는 사회를 공허하게 주장하는 것보다 그 국가와 강권을 어떻게 극복할 것인가, 구체적인 방법을 찾는 것이 훨씬 더 중요했다. 아나키즘에서 연방주의와 정치 활동을 강조한 건 한국 현실에서 돌파구를 찾기 위한 선택이었다. 국가를 넘어설 실력을 기르거나 그 실체를 파악할 노력도 하지 않으면서 말로만 떠드는 건 내 체질과 잘 맞지 않는다. 이념의 순수성에 충실하기보다는 현실의 복잡성에 충실하며 살고 싶다.

조지 우드코크는 이 평전을 쓰면서 프루동에게 동화되었다고 얘기하는데, 나 역시 이 평전을 옮기면서 프루동에 대해 많이 생각하게 되었다. 사람들에게 얘기를 듣거나 세상을 볼 때마다 프루동을 떠올리는 일이 잦아졌다. 나와 떨어진 시·공간의 사람, 죽음을 앞두고서도 굴복하지 않던 사람과 수시로 대화할 수 있다는 것은, 내가 현실을 살아가는 데 큰 힘이 되어 주었다.

이 책을, 한국에는 많지 않은 지역 출판사인 한티재에서 내는 건 일종의 운명 같다. 대구는 1925년에 '진우연맹'이 조직된 곳이고, 해방 이후 '자주인 사상'을 외쳤던 하기락 선생이 활동했던 무대이기도 하다. 대구는 아나키즘과 인연이 많은 곳인데, 그곳의 출판사와 『프루동 평전』을 내는 건 시·공간을 뛰어넘은 협업일지 모른다. 19세기의 원조 아나키스트에 관한 책을, 20세기 아나키스트 운동의 무대에서, 21세기의 출판사가 냈으니. 한국 사회에서 여전히 생소한 프루동과 아나키즘에 관한 책을 선뜻 내자고 결의해 준 도서출판 한티재에 고마움을 전한다.

번역을 하는 것은 장거리 마라톤 경기를 반복하는 것과 같다. 힘겹게 한 코스를 완주하고 숨을 고르면 또 다시 똑같은 코스를 반복해서 뛰어야 한다. 반복해서 뛰는 만큼 속도가 붙고 익숙해지며 좋은 기록을 세우겠지만, 쉬고 싶다는 욕망도 커진다. 그리고 내가 정한 코스가 아니기에 내 글을 쓰는 것보다 훨씬 더 힘이 든다. 그래서 번역은 어려운 작업이다.

초역을 끝낸 지 15년이 흘렀다. 그 세월 동안 나도 결혼을 하고 어린이와 함께 살고 있다. 프루동처럼 불안정한 처지라 생계가 계속 고민이다. 내가 지켜야 할 정의의 원칙을 지키는 게 쉽지 않다는 건 충분히 아는 나이라, 그만큼 두려움도 생긴다. 하지만 스스로 선택한 길이니, 누군가가 더 나아가길 바라면서 갈 수 있는 만큼 걸어가 볼 생각이다.

마지막으로 『프루동 평전』 번역·출판 협동 프로젝트를 통해 이 책을 출간하는 데 함께해 주신 독자들께 감사드린다. 앞으로 더 많은 이야기를 나눌 수 있기를 바란다.

2021년 6월

하승우

조지 우드코크(1912~1995)

캐나다의 작가이자 언론인, 시인, 문학비평가이다. 프루동만이 아니라 윌리엄 고드윈, 오스카 와일드, 표트르 크로포트킨, 올더스 헉슬리, 간디, 조지 오웰에 대한 평전과 비평을 썼고, 아나키즘 운동에 관한 역사를 정리하기도 했다. 우드코크는 양심적 병역 거부자였고, 국가가 주는 상을 거부했던 작가이자, 티베트 난민과 인도의 시골 사람들을 지원하는 활동가이기도 했다. 그는 평생에 걸쳐 사상과 삶을 일치시키려는 노력을 게을리하지 않았다.

『윌리엄 고드윈 전기』(1946년), 『아나키스트 공작 : 표트르 크로포트킨 전기』(1950년), 『피에르-조제프 프루동 평전』(1956년), 『아나키즘 : 리버테리언 사상과 운동의 역사』(1962년), 『맑은 영혼 : 조지 오웰 연구』(1966년), 『간디』(문고판, 1972년), 『아나키스트 독본』(1977년), 『오웰의 메시지 : 1984와 현재』(1984년), 『캐나다의 사회사』(1989년), 『아나키즘과 아나키스트 : 에세이』(1992년) 등 40권 이상의 책을 썼다.

하승우

대학의 비정규직 교수, 시민단체의 운영/연구위원, 소비자생협의 감사, 협동조합의 이사장, 대안지식공동체의 공동운영자, 정당의 정책위원장 등으로 살다가, 지금은 1인 연구소를 만들어 일하고 있다. 아나키즘의 이념을 생활정치, 주민자치, 대안경제, 지역공생 전략으로 녹여 내고 싶고, 정통 노선의 후계자가 되는 것보다는 이단의 지지자로 살고 싶다. 누군가가 "당신은 아나키스트냐?"고 물으면 "글쎄" 하고 답한다.

그동안 아나키즘과 관련해 쓰고 옮긴 책으로『참여를 넘어서는 직접행동』(2004년),『아나키스트의 초상』(번역, 2004년),『세계를 뒤흔든 상호부조론』(2006년),『아나키즘』(문고판, 2008년),『나는 순응주의자가 아닙니다』(공저, 2009년),『민주주의에 반하다』(2012년),『풀뿌리 민주주의와 아나키즘』(2014년),『국가 없는 사회』(번역, 2014년) 등이 있다.

그 외에『공공성』(문고판, 2014년),『아렌트의 정치』(공저, 2015년),『껍데기 민주주의』(공저, 2016년),『시민에게 권력을』(2017년),『내가 낸 세금 다 어디로 갔을까』(공저, 2018년),『정치의 약속』(2019년),『최저임금 쫌 아는 10대』(2019년),『시민불복종 쫌 아는 10대』(2019년),『선거 쫌 아는 10대』(2020년),『신분 피라미드 사회』(2020년),『탈성장 쫌 아는 10대』(2021년) 등을 썼다.

강민경 강구민 강명지 강미순 강성규 강성수 강연수 강유니스 강재민 강지혁 강지혜/이켐 강하은 고춘자고 구도완 구모룡 구영식 구인호 권단 권명보(메이) 권옥자이동우 권준희 권혁범 기호철 김경렬 김규환 김기달 김기범 김기언 김남희 김동은 김동훈 김문주 김미정 김민규 김박동학 김범일 김상철 김상출 김서분 김설희 김성경 김성아 김성환 김소연 김소연 김소연 김수상 김수지 김신범 김양양 김연진 김영규 김영민 김영준 김용락 김우진 김윤상 김윤성 김윤지 김은희 김이경 김익태 김일한 김자경 김재현 김정목 김정은 김종민 김준현 김지호 김진국 김진영 김태은 김필성 김한 김해원 김헌덕 김현호 김형수 김형영 김혜봉 김혜인 김호정 김효경 꼼지락 나상문 남가온 남산강학원 남소라 남준희 남태식 노시영 노윤영 노지훈 도임방주 도지훈 두근오 디요니 라서우 라수 류귀자 류미례 류혜영 리승수 림보 림보책방 명주회 모모 모수지 모은영 문금화 문형렬 미기재 민들레와달팽이 민승준 박경미 박누리 박명준 박병창 박부분 박성수 박성훈 박수진 박시중 박신정 박연희 박영심 박윤준 박일환 박정민 박천용 박하서 박학수 박현서 반영경 배세현 배수정 백경록 백연재 백정우 백혜린 부깽 새시비비 서보영 서영인 서재은 서준혁 성주연 소크라_백새연 손영익 손정림 송기호 송나경 송성호 송영우 송원호 송정혜ㅎㅅㅎ 송지현 송호상 수나미 수팅이 승은기훈 신윤호(申竉篇) 신은영 신태규 신현정 신현주 심재수 ㅇㅎㅅ 아기사슴 아나키스트연대 아는사람 안미현 안상연 안수민 앨 야달농원 양동경 양진호 어용선 엄문희 엄성훈 엄은희 엄지호 여은영 염무웅 오동석 오벨리타수빈 오수일 & 임봉순 오윤석 오은지 오정순 오정윤 온수진 유다영 유성상 유찬근 유쾌한 말미잘 유한혜진 윤관 윤기정 윤도경 윤도현 윤동규 윤보성 은종복 의왕생글인문학당 이가을 이경 이경은 이권열 이권희 이권희 이귀영 이규빈 이규원 이기원 이길무 이길훈 이나라 이동원 이미선 이미지 이민경 이산 이상우 이상희 이서영 이선아 이성균 이수목 이수환 이승렬 이시도 이영준 이영진 이예영 이웅현 이원기 이윤우 이재성 이재영 이재형 이재훈 이정연 이정희 이제이 이종우 이종춘 이종호 이진 이택기 이하나 이혁수 이현경 이호 이호 이호흔 이화정 임영순 임찬성 임해진 자캐오 장덕희 장동순 장동엽 전성환 전재동 전주완 정기석 정동희 정명숙 정민형 정예진 정요한 정용성 정은정 정재인 정종민 정준호 정지창 정창준 정춘진 정혜윤 정혜진 조성찬 조약골 조원옥 조유지 조윤숙 조응현 조재형 조중훈 조한진 조현경 조현혁 조효진 주성기 지동섭 지성성 지해찬더미 진호성 채장수 채형복 책방토닥토닥 천덕우 천용길 천은아 최광호 최예정 최용식 이영이 최우석 최재봉 최정 최정우 최주섭 최준규 최진규 최혁봉 키옹 탁류 태태 펀딩이 성공하시길 빕니다!! 제발~~~ 피재현 하나의책장 하서현 하승수 하영균 하유민 한규섭 한보람 결 한석주 한승인 한재각 한정태 한종서/김혜선 한준현 함은세 허준회 허희필 호 홍권호 홍성수 홍세호 홍소윤 황규관 황우승 황종욱 황창근 황현정 흔들히옥스 GaryOwen INSOOKIM KimMinju Liger 익명 5명

총 361명이 함께해 주셨습니다.

프루동 평전

초판 1쇄 발행 2021년 8월 2일

지은이 조지 우드코크
옮긴이 하승우

펴낸이 오은지
책임편집 변홍철
편집 변우빈
표지디자인 박대성
본문디자인 이수정
펴낸곳 도서출판 한티재

등록 2010년 4월 12일 제2010-000010호
주소 42087 대구시 수성구 달구벌대로 492길 15
전화 053-743-8368 | 팩스 053-743-8367
전자우편 hantibooks@gmail.com
블로그 blog.naver.com/hanti_books
한티재 온라인 책창고 hantijae-bookstore.com

ISBN 979-11-90178-61-7 03990
책값은 뒤표지에 있습니다. 잘못된 책은 바꾸어 드립니다.